RETORNAR

Título original:
Retornar. Traços de Memória do Fim do Império

Revisão: Inês Guerreiro

Capa: FBA
Imagem de capa: «Lisboa – Caixotes contendo as bagagens de retomados das ex-colónias no cais da Gare Marítima de Alcântara». s/d. Autor: Gouveia, SNI – Arquivo Fotográfico. Imagem cedida pelo ANTT. PTITT/SNI/ARQF/DO-014-OOSA/29393/NG28

Depósito Legal n.º 426592/17

Biblioteca Nacional de Portugal – Catalogação na Publicação

RETORNAR

Retornar. Traços de Memória do Fim
do Império / coord. Elsa Peralta, Bruno Góis,
Joana Gonçalo Oliveira. - (Extra-coleção)
ISBN 978-972-44-1923-7

I – PERALTA, Elsa
II – GÓIS, Bruno
III – OLIVEIRA, Joana Gonçalo

CDU 325

Paginação:
MA

Impressão e acabamento:
ARTIPOL - ARTES TIPOGRÁFICAS, LDA.
para
EDIÇÕES 70
Maio de 2017

EDIÇÕES 70, uma chancela de Edições Almedina, S.A.
Avenida Engenheiro Arantes e Oliveira, 11 – 3.º C – 1900-221 Lisboa / Portugal
e-mail: geral@edicoes70.pt

www.edicoes70.pt

ELSA PERALTA
BRUNO GÓIS
JOANA OLIVEIRA
[COORD.]

RETORNAR
TRAÇOS DE MEMÓRIA DO FIM DO IMPÉRIO

70

Eu, o homem de cor, quero apenas uma coisa: que jamais o instrumento domine o homem. Que cesse para sempre a escravização do homem pelo homem. Ou seja, de mim por um outro. Que me seja permitido descobrir e amar o homem, onde quer que ele se encontre.

Frantz Fanon

A construção histórica é dedicada à memória dos sem nome.

Walter Benjamin

Índice

PARTE II
ATLAS: FOTOGRAFIAS QUE MARCAM

PARTE III
TESTEMUNHO: NARRATIVAS DE MEMÓRIA

Índice de imagens

Agradecimentos

Cumpre-nos agradecer o contributo e o apoio de todas as pessoas e instituições que tornaram possível este livro, bem como a exposição de onde ele parte:

À Joana Gomes Cardoso, presidente do Conselho de Administração da EGEAC, pelo convite que nos endereçou para comissariar a exposição *Retornar – Traços de Memória*, e pelas tantas possibilidades que deu a este projeto expositivo.

Ao presidente da Câmara Municipal de Lisboa, Fernando Medina, e à sua vereadora da Cultura, Catarina Vaz Pinto, por todo o apoio dado à iniciativa.

À equipa da EGEAC que trabalhou na realização da exposição, em particular à Lucinda Lopes, ao João Mourão e ao André Maranha, das Galerias Municipais, pela paciência e empenho demonstrados no desenrolar do projeto.

À Margarida Kol de Carvalho, diretora do Padrão dos Descobrimentos, pela presença assídua e colaborante.

Aos fotógrafos da Câmara Municipal de Lisboa – Alberto Plácido, Francisco Levita, Humberto Mouco e José Frade, pelo acompanhamento no registo de imagens e pelos momentos de boa disposição que partilhámos.

A toda a equipa dos Silvadesigners, bem como a todas as demais pessoas envolvidas no tratamento de imagens para a exposição.

À Ana Canas, do Arquivo Histórico Ultramarino, pela forma prestimosa com que se disponibilizou a discutir as possibilidades de utilização do Arquivo, em particular do arquivo do IARN.

Ao Arquivo Municipal de Lisboa – Arquivo Fotográfico, ao Arquivo Nacional da Torre do Tombo, à Biblioteca Nacional de Portugal e ao Museu de História Natural/Universidade do Porto, pela facultação de documentos. Uma palavra especial de agradecimento ao Fernando Costa, do Arquivo Nacional da Torre do Tombo. Muitas das imagens apresentadas neste livro não seriam mostradas sem a sua boa vontade.

Ao Arquivo/Biblioteca da Cruz Vermelha Portuguesa, em particular à pessoa do seu vice-presidente, MGEN Fernando Governo Maia, pela confiança depositada na disponibilização de imagens.

Àqueles que cederam a sua palavra a este projeto de investigação, em particular aos que tiveram a coragem de lhe dar a face, aceitando ser retratados.

Ao Bruno Simões Castanheira, por ter retratado estas pessoas na sua humanidade e pelo tanto que deu de si, todo o tempo.

Aos que confiaram o empréstimo das suas fotografias pessoais para serem expostas.

Ao António Mello, um carinhoso agradecimento pelo apoio ao projeto e pelo intenso labor de angariação de fotografias junto dos muitos grupos de «retornados» a que pertence.

Aos grupos do Facebook e blogues, e seus representantes, nomeadamente, «A Diáspora Portuguesa», «Retornados e Refugiados de Angola», «A.N.A.M. – Associação de Naturais e Amigos do Moxico», «Angolanos», «Amigos de Nova Lisboa», «Sanzaleiros», «Cidade Lobito» e «CPPLP», pelo envio de imagens.

Ao Manuel Santos Maia, um «retornado», pelos cruzamentos de vida, de pensamento e de criação que connosco encetou.

À Cláudia Castelo e à Zé Lobo Antunes, por terem participado no projeto expositivo, o que tanto o enriqueceu, e pela seriedade do trabalho realizado.

A todos os que participaram neste livro por terem acolhido o desafio de partilharem pensamento sobre um tema que, muitas vezes não sendo objeto próprio de pesquisa obrigou a um exercício de investigação particularmente responsável e exigente.

Às Edições 70, em particular à Suzana Ramos, por ter aceitado o desafio de publicar um livro a partir de uma proposta de edição menos convencional, deixando-se também inspirar pela importância do tema e pela forma de o abordar.

PREFÁCIO

LISBOA AO ENCONTRO DO «RETORNO»

JOANA GOMES CARDOSO

As pontes aéreas de 1975, que resultaram na vinda de milhares de pessoas do que eram até então as «colónias ultramarinas portuguesas», na sequência das suas independências, constituíram um momento singular na história de Portugal com especial incidência na sua capital, Lisboa, onde centenas de caixotes com os pertences daqueles que se tornaram conhecidos por «retornados»[1] ficaram à beira-rio, à espera de serem reclamados. Não será exagero dizer que a memória coletiva da cidade deste período ficou marcada pela silhueta desses caixotes empilhados a rasgar o horizonte da zona ribeirinha e que o fim do império colonial português teve em Lisboa a sua expressão visual máxima: encaixotado nas margens daquela que foi a capital da sua metrópole.

Foi a partir deste pressuposto – reclamar esse momento enquanto memória da cidade – que a Empresa de Gestão de Equipamentos e Animação Cultural de Lisboa (EGEAC) tomou a iniciativa de assinalar a efeméride dos 40 anos das pontes aéreas de 1975, que resultaram na vinda de milhares de pessoas do que eram até então as «colónias ultramarinas» portuguesas, na sequência das suas independências. Ao fazê-lo, posicionou-se deliberadamente, enquanto ator público na esfera pós-colonial.

Internacionalmente, há algum tempo que este pensamento influencia as políticas públicas de cidades e de países que, como Portugal, têm um passado colonial e uma diáspora dele resultante. A influência deste pensamento manifesta-se nas políticas culturais de cidades como Liverpool, que, em 2007, inaugurou o Museu Internacional da Escravatura[2], ou Bruxelas, que converteu o *Palácio das Colónias* de Tervuren, inaugurado em 1897 como mostra dos espólios coloniais para a Exposição Mundial de então, num museu «de memória colonial e de diálogo entre culturas e gerações» dedicado à Africa Central[3]. Note-se também como na recente cerimónia de inauguração dos Jogos Olímpicos, no Brasil, a escravatura foi representada com destaque por centenas de figurantes[4].

Em Lisboa, apesar de iniciativas municipais com o *Festival África* que de 2005 a 2007 integrou as Festas de Lisboa, e mais recentemente o projecto *Africa.cont*[5], continua a não existir um museu dedicado a África, à diáspora ou

[1] Utiliza-se esta denominação sem pretender sancionar o nome que foi dado na história aos deslocamentos em questão, mas como convite à sua reflexão.
[2] http://www.liverpoolmuseums.org.uk/ism/
[3] http://www.africamuseum.be/about-us/museum/mission
[4] https://www.washingtonpost.com/news/early-lead/wp/2016/08/05/brazil-didnt-shy-away-from-its-history-of-slavery-during-opening-ceremonies/
[5] http://www.africacont.org/

à escravatura, embora uma parte importante da população da cidade tenha origem africana, e não se organizou tão-pouco uma grande exposição pública que a contemple[6]. Aliás, contrariamente às tendências internacionais, em Portugal os poderes públicos têm vindo a apropriar-se do imaginário das «Descobertas Portuguesas» no seu discurso público, quase sempre omitindo a sua associação à escravatura e ao colonialismo.

Foi, pois, partindo de uma análise crítica deste contexto que, em início de 2015, se iniciou um conjunto de atividades culturais que, desde logo e pela primeira vez, assinalaram o 40.º aniversário da independência dos países colonizados por Portugal. Sob o mote da canção independentista de Cabo Verde, *Levanta o Braço, Grita a Tua Liberdade*, o grupo *Os Tubarões* reuniu-se ao fim de 20 anos no Cinema São Jorge, na Avenida da Liberdade. O encontro contou com cinema, música e a exposição *Filhos do Vento* (sobre os filhos não reconhecidos de militares portugueses com mulheres africanas)[7] e com debates sob a curadoria de pessoas como o músico General D. Embora algumas embaixadas tenham estado associadas, procurou-se ir além do posicionamento institucional e privilegiar as perspetivas dos portugueses de ascendência africana que nasceram e vivem em Lisboa e arredores, com dupla herança e identidade. A questão *O Passado no Presente, a Herança do Colonialismo na Sociedade e Cultura Portuguesas*[8] foi um dos muitos temas que marcaram os debates, nos quais diversos portugueses de origem africana tiveram oportunidade de explicar como a sua história pessoal se cruza com a dos livros de História e como é que essa herança se transporta para a sua vivência de hoje, em Lisboa. Nesse mesmo ano, as *Festas de Lisboa* foram marcadas por outra efeméride relevante: os 500 anos da Torre de Belém. Num clima de festa, com música e *performance*, o monumento e o período histórico que marca a sua construção até aos dias de hoje foram retratados no espetáculo de encerramento das Festas da cidade.

Alguns meses depois, em setembro, Lisboa assinalou os 40 anos do início das pontes aéreas que marcaram a deslocação de milhares de pessoas para Portugal. Ainda que estes momentos históricos estejam relacionados e o seu cruzamento venha um dia a proporcionar um momento de reflexão conjunto enriquecedor, o assinalar do «retorno» foi deliberadamente distinto, desde logo porque, independentemente do debate político que o enquadra, a deslocação em massa está objetivamente associada à dor e à perda para as pessoas que a viveram. Ao contrário das celebrações, longínquas no tempo e no espaço, da Torre de Belém e das independências africanas, este é um tema recente e próximo de muitos portugueses que não têm tido oportunidade de o debater num espaço público, livre da disputa ideológica e partidária que durante anos levou a um debate viciado que ora diabolizava, ora vitimizava as pessoas vindas das ex-colónias.

Assim, uma das primeiras decisões tomadas foi justamente a de não tentar reconstituir o «retornar» a partir da sua memória pública e institucional e apresentar este momento a partir de memórias privadas de pessoas anónimas. Este olhar seria acompanhado pelos olhares de diversos académicos e artistas que se têm vindo a debruçar sobre o tema, frequentemente de forma isolada. Como curadora e coordenadora científica da exposição central à iniciativa, foi

[6] A ausência da história de África em Portugal afeta também outros sectores, veja-se a investigação *Raça e África em Portugal: Um Estudo sobre Manuais Escolares de História*, do Centro de Estudos Sociais da Universidade de Coimbra. De salientar, porém, a exposição *Casa dos Estudantes do Império, 1944-1965. Farol da Liberdade*, que esteve patente na Galeria dos Paços do Concelho em 2015.

[7] http://www.rotaserituais.com/

[8] http://www.rotaserituais.com/o-passado-no-presente-a-heranca-do-colonialismo-na-sociedade-e-cultura-portuguesas/

convidada a antropóloga Elsa Peralta, autora de uma pesquisa sobre as manifestações de memória dos impérios coloniais nas cidades e coordenadora de um projeto de investigação que analisa as narrativas de perda, guerra e trauma do fim do império português, tendo realizado diversas entrevistas com «retornados»[9]. Apoiada por um núcleo de investigadores composto por Joana Gonçalo Oliveira, Bruno Góis, Maria José Lobo Antunes e Cláudia Castelo, a exposição contou com perspetivas cruzadas de antropologia, história, estudos de memória e estudos pós-coloniais.

A iniciativa partiu da exposição *Retornar - Traços de Memória,* que inaugurou uma nova galeria municipal (a Galeria Avenida da Índia) e de uma instalação com contentores alusivos aos caixotes do passado, junto ao Padrão dos Descobrimentos. Daqui desdobrou-se para vários locais da cidade, com uma programação paralela que contou com momentos de literatura, teatro, visitas e debates, proporcionando um encontro raro de diferentes pessoas, pontos de vista e reflexão conjunta[10]. Todas as opções, especialmente a utilização da expressão «retornar» e a sua inclusão no título da exposição, foram extensamente debatidas e explicadas nos textos de sala. Optou-se também por alargar o enfoque da exposição para incluir o antes e o depois do momento das pontes aéreas, permitindo assim uma maior e melhor contextualização e compreensão do acontecimento. A investigação académica realizada propositadamente para a exposição conviveu na Galeria com a obra conceptual e autobiográfica do artista Manuel Santos Maia bem como com os retratos e as vozes, frequentemente contraditórias, de «retornados» na secção *Testemunhos.* A junção destes universos e as diferentes formas de apresentar o mesmo tema permitiram que várias visões pudessem coexistir e oferecer um questionar das construções vigentes, possibilitando assim que cada visitante construísse a sua *verdade.*

Em simultâneo, no Padrão dos Descobrimentos foi montada uma instalação com contentores a partir de uma fotografia desconstruída de Alfredo Cunha, no preciso lugar em que a original foi tirada, quarenta anos antes. No interior dos contentores vazios liam-se frases retiradas dos testemunhos da exposição, como: «*Já o meu bisavô tinha nascido em Angola. Aquela terra não era dele, mas ele era daquela terra.*»; ou «*O retorno é um exercício obrigatório de todos.*». Não se pretendeu fazer uma reconstituição literal e sim uma alusão aos caixotes de 1975, que surpreendesse tanto os condutores da Avenida da Índia como os milhares de visitantes do vizinho Padrão dos Descobrimentos, subitamente confrontados com outra dimensão da história das Descobertas.

Não é possível neste texto descrever todos os momentos da programação que constituíram a iniciativa do *Retornar* na sua totalidade e que cumpriram, cremos, pelo menos o objetivo de cruzar visões, pessoas e projetos de áreas distintas sobre este momento da história, gerando diversas abordagens e, quem sabe, novos projetos. A iniciativa foi também muito enriquecida por vários momentos não previstos. Como aquele em que, no final da leitura integral do *Caderno de Memórias Coloniais,* pela atriz Beatriz Batarda, a autora, Isabela Figueiredo, ofereceu ao público reunido na cave do Padrão dos Descobrimentos objetos pessoais da sua vivência em África (entre gazelas de madeira e panos

[9] http://www.comparatistas.edu.pt/investigadores/membros-integrados/elsa-peralta.html

[10] A programação paralela contou com diversos participantes, como os atores/encenadores Mónica Calle, Joana Craveiro, Beatriz Batarda e André Amálio; as autoras Dulce Maria Cardoso e Isabela Figueiredo; académicos como Miguel Vale de Almeida e Diogo Ramada Curto, artistas visuais como Ângela Ferreira e Vasco Araújo, ou jornalistas como Diana Andringa, Helena Matos e Pedro Santos Guerreiro, entre vários outros. Ver programação completa aqui: //www.retornar-tracosdememoria.pt/programa/

étnicos ofereceu o seu vestido de batizado e o bilhete de identidade do seu pai). Ou os diversos testemunhos espontâneos que invariavelmente interromperam as visitas comentadas, quebrando o seu registo académico, reveladores da necessidade de exprimir, resgatar e legitimar memórias (sobretudo por parte dos descendentes deste processo). E a adoção espontânea da Galeria Avenida da Índia como ponto de encontro de famílias, sendo frequente ver cadeiras de rodas a cruzarem-se com carrinhos de bebé da mesma família ao domingo, ou ainda as pessoas anónimas que passavam horas a tirar notas das «gavetas» da exposição, quem sabe à procura da história da sua família.

Sabemos também que muitas pessoas ficaram perturbadas com a mera ideia de que o tema estava a ser alvo de uma exposição e optaram por não ir. Assim como aqueles que, no livro de comentários, expressaram a sua desilusão, considerando que a exposição não teve a dimensão necessária. Foi também registado o desconforto gerado pelas duas fotografias que mostravam soldados portugueses a exibirem-se a tocar no peito de jovens mulheres negras. Vários comentários registados no livro são sobre estas duas pequenas fotografias, inseridas no meio de centenas na secção *Atlas*. Para alguns, a sua utilização foi reveladora da «má vontade» dos responsáveis da exposição para com os «retornados». Na verdade, para preservar a dignidade das pessoas fotografadas e permitir que a exposição fosse vista por públicos jovens, foram excluídas dezenas de outras fotografias bem mais gráficas.

Se por um lado ficou claro que a cidade ainda não estará reconciliada com esta memória, gostaríamos de pensar que a iniciativa *Retornar – Traços de Memória* constituiu um momento relevante de assunção de responsabilidades públicas na promoção do diálogo e da reflexão pós-colonial, dando a conhecer este período da História da cidade de Lisboa e do país a gerações mais novas que o desconhecem. Assumindo plenamente que a opção de colocar este tema no âmbito da atividade municipal cultural foi um gesto político – na medida em que a toda a manifestação de cidadania ativa, promotora de pensamento, reflexão e debate, o é – a motivação prendeu-se exclusivamente com a visão de que é um dever das entidades públicas combater o esquecimento e ajudar a problematizar questões que continuam a influenciar a cidade e os seus cidadãos. Um projeto desta natureza nunca está completo mas, passados quarenta anos, foi possível festejar as independências de diversos países africanos e assinalar um momento delicado como o «retorno» em Lisboa, que assumiu desta forma a responsabilidade de pensar a sua condição pós-colonial.

Agradeço a toda a equipa de investigação (Joana Gonçalo Oliveira, Bruno Góis, Cláudia Castelo, Maria José Lobo Antunes) e ao Bruno Simões Castanheira, ao João Mourão e a toda a equipa das Galerias Municipais; à Margarida Kol e a toda a equipa do Padrão dos Descobrimentos; à Paula Nunes, responsável pela programação da celebração das independências, e à equipa de programação e comunicação de Espaço Público da EGEAC; ao José Frade, ao Atelier Silva Designers, ao Alfredo Cunha e ao Manuel Santos Maia, a todos os responsáveis das entidades que generosamente cederam materiais para a exposição (Ana Canas do Arquivo Histórico Ultramarino, Silvestre Lacerda da Torre do Tombo) e a todos os participantes da programação paralela pelos seus contributos ímpares; aos meus colegas do Conselho de Administração da EGEAC, ao presidente da Câmara de Lisboa, Fernando Medina, e muito especialmente à vereadora da Cultura, Catarina Vaz Pinto, pela confiança total no desenvolvimento deste projeto, e à Elsa Peralta pela cumplicidade, nem sempre fácil de manter, num projeto exigente e arriscado como este.

Uma última palavra para o meu pai, cujo percurso foi marcado pela luta anticolonial, que teve oportunidade de visitar a exposição com o seu olhar simultaneamente exigente e generoso, mas já não foi a tempo de corrigir as vírgulas deste texto.

INTRODUÇÃO

RETORNAR, OU *TRAÇOS DE MEMÓRIA* NUM TEMPO PRESENTE

ELSA PERALTA

Os desterrados, como eu, são pessoas que não puderam regressar ao local onde nasceram, que com ele cortaram os vínculos legais, não os afectivos. São indesejados nas terras onde nasceram, porque a sua presença traz más recordações. Na terra onde nasci seria sempre a filha do colono. Haveria sobre mim essa mácula. A mais que provável retaliação. Mas a terra onde nasci existe em mim como uma mácula impossível de apagar.[1]

As palavras de Isabela Figueiredo, autora de *Caderno de Memórias Coloniais*, trazem consigo a aporia da pertença e da moral na condição do desterrado. Os desterrados, diz Isabela Figueiredo, são pessoas que como ela foram arrancadas ao local onde nasceram, pela força da lei ou da guerra, mas não da vontade. Objetos da repressão ou sujeitos da compaixão, as suas vidas são instaladas na tensão entre universalismo e totalitarismo, e entre a moral humanitária e as fronteiras securitárias, as nacionais ou as internacionais.

Todos os desterrados carregam consigo o flagelo da impotência. Impotência perante o desterro e perante o sofrimento causado pelo desterro. A impotência condu-los ao lugar da vítima, um lugar indesejado, que tem de ser governado pela lei e pelo discurso. Para o decreto da vítima, não basta haver sofrimento. Tem de haver discurso. Como bem refere Didier Fassin, o discurso da vítima «é uma forma particular de subjetivação que é imposta aos indivíduos (...) através da qual eles podem existir politicamente».[2] Uma existência política que tem como corolário a produção do testemunho da vítima, condição própria e possibilidade de uma existência legítima, de uma vítima legítima, portadora de um sofrimento legítimo, caucionados pelo capital de credibilidade dos agentes, humanitários ou académicos, que publicitam o seu testemunho e mobilizam a compaixão pública pela crise política que está na origem do sofrimento da vítima e também pela dor, geralmente subjetivada em trauma, que tal crise gerou.

Mas a Isabela não pôde caber o lugar da vítima. Sobre ela recai uma mácula. Isabela seria sempre a filha do colono, a colona exploradora do colonizado.

[1] Isabela Figueiredo, *Caderno de Memórias Coloniais* (Coimbra: Angelus Novus, 2009), p. 133.

[2] Didier Fassin, «The Humanitarian Politics of Testimony: Subjectification Through Trauma in the Israeli–Palestinian Conflict», *Cultural Anthropology*, vol. 23 (3) (2008), pp. 531-558, p. 534.

A mais que provável retaliação, como reconhece. Coube-lhe um lugar indesejado. Um lugar nomeado através de uma categoria normativa torpe, deformada, em princípio, da possibilidade de abstração inclusiva do direito e da universalidade da moral. Um nome com mácula, o de «retornado»[3].

A categoria surge como resultado da atuação do estado português na resposta ao movimento migratório massivo das colónias, espoletado pela descolonização portuguesa dos territórios africanos sob sua administração. A mudança de regime em Portugal, com o 25 de Abril de 1974, põe fim à política colonialista e bélica do Estado Novo erigida em defesa da integridade territorial e política de Portugal Continental e Ultramarino, contra as aspirações independentistas dos movimentos de autodeterminação organizados nos territórios coloniais. O derrube do Estado Novo e o fim das guerras de libertação travadas em Angola, na Guiné-Bissau e em Moçambique abre assim o caminho para a independência dos territórios coloniais portugueses, que se sucedem ao longo de 1975.

A saída das populações colonas de Angola e de Moçambique e das outras colónias africanas começa a delinear-se logo a partir de Abril de 1974 e, alguns meses após a mudança de regime em Portugal, há quem comece cautelosamente a preparar a saída. Mas o futuro das colónias não era então ainda claro, e entre soluções políticas ensaiadas pelo novo regime situadas entre o «federalismo» e a «independência», grande parte das populações colonas está convencida de que vai ficar, de que pode ficar, de que a sua presença é legítima. É apenas quando se dá o colapso da ordem pública e a violência se torna arbitrária que a saída se revela inevitável. De Moçambique, as vagas mais intensas aconteceram logo no final do verão de 1974, depois do Acordo de Lusaka e dos acontecimentos de setembro e de outubro. Mas a grande vaga migratória acontece apenas a partir de meados de 1975, quando as lutas pelo poder entre os três movimentos de libertação angolanos (FNLA, MPLA e UNITA) criam um cenário de violência generalizado e um clima de pânico que empurram milhares de colonos, antigos e recentes, para a fuga. Através de uma ponte aérea que envolveu o exército e a aviação civil portugueses, com o apoio da aviação americana, russa, britânica, belga e alemã, 260 000 indivíduos foram obrigados a sair de Angola, entre meados de julho e novembro de 1975. Durante o pico da ponte aérea, uma média de 7000 pessoas chegava ao aeroporto de Lisboa todos os dias.

Como resultado da descolonização, estima-se que entre 500 000 e 800 000 colonos portugueses tenham abandonado a sua residência em África. Na sua maior parte, estas populações vêm para Portugal, fazendo uso de laços familiares ainda não quebrados para prover ao acolhimento na antiga metrópole. Muitas, sobretudo as que vieram na ponte aérea, chegam destituídas, com a roupa que trazem no corpo, deixando para trás todos os seus bens materiais, já que podiam apenas trazer consigo uma quantidade muito pequena das suas economias. Mas outras possibilidades se delinearam, sobretudo a África do Sul e outros países africanos governados por minorias brancas como a então Rodésia e a Namíbia, sob protetorado sul-africano, e também o Brasil, onde então governava uma ditadura militar, o que podia agradar a uma população pouco dada

[3] As palavras «retornado» e «retorno» serão colocadas, ao longo deste texto, sempre entre aspas, para sublinhar o seu carácter normativo e socialmente construído, bem como o seu entendimento conflitual no campo social.

a arroubos revolucionários e também onde estava estabelecida uma diáspora portuguesa com ligações familiares a populações coloniais, sobretudo as oriundas de Angola. Estes nunca seriam contabilizados nas estatísticas do «retorno», tornando impossível estimar o volume da massa humana envolvida no fenómeno. No seu seio desenharam-se quadros de vidas díspares, atravessados por diferentes causalidades históricas, oportunidades económicas e idiossincrasias pessoais.

Esta é, com efeito, uma população heterogénea. De diferentes classes, fenótipos, géneros e idades, com ligações mais fortes ou mais ténues à realidade portuguesa e com diferentes graus de participação no sistema colonial. Alguns pertenciam a uma vaga de colonização antiga, chegados a África no quadro dos projetos de colonização oficial de Angola de finais do século XIX. Outros formavam um contingente populacional muito mais numeroso envolvido nas migrações do pós-guerra. Mas oficialmente, bem como coloquialmente, todos foram nomeados nessa categoria única e abrangente de «retornado», primeiro consagrada normativamente a partir do Instituto de Apoio ao Retorno de Nacionais (IARN), criado em 1975 para dar resposta a este movimento populacional maciço, e depois no senso comum.

Neste contexto, a palavra «retornado» rapidamente se torna um estigma, sendo muitas vezes usada de forma pejorativa. As imagens noticiosas de crianças e adultos acampados nas instalações do aeroporto, dormindo em bancos ou no chão, à espera da chegada da sua bagagem, do transporte para a casa de parentes, ou de um alojamento à custa do estado, por maior consternação que possam ter causado, não foram suficientes para se considerar estas populações como vítimas do processo de descolonização. No conturbado período pós-revolução, a chegada repentina dos «retornados» foi recebida com hostilidade e ressentimento. Afinal, eram eles os colonialistas exploradores dos negros, aqueles por cujos privilégios os portugueses metropolitanos foram forçados a sacrificar a vida dos filhos nas guerras coloniais. Chegados a um país pobre, imerso num processo de transformação política e social radical, muitos «retornados» foram olhados com suspeição. Os portugueses metropolitanos viam-nos como uma presença malquista, potencialmente concorrente num mercado de trabalho já muito escasso, sentindo-se especialmente ultrajados com o facto de estes migrantes terem acesso a apoios especiais por parte do estado. Além disso, os seus hábitos sociais e as suas práticas de vida são rapidamente estigmatizados, sendo associados ao consumo de drogas, a sociabilidades lascivas, à prostituição. Enquanto isso, os «retornados» caracterizavam tanto o clima como as gentes da metrópole pelo seu cinzentismo, desdenhando do seu atavismo, do seu preconceito e do seu paroquialismo.

A descolonização havia solicitado, portanto, um embate cultural, social e político entre cidadãos da mesma nação, no seio do qual se situa uma fratura identitária que que persiste até hoje. Esta fratura é instaurada, logo por princípio, pelo próprio nome de «retornado». Se «retorno», entendido à letra, é o ato ou efeito de voltar ao ponto de onde se partiu e «retornado» é aquele que retornou a esse ponto, muitas das pessoas incluídas nessa categoria rejeitam a classificação. Um terço deles já havia nascido nas ex-colónias, não se percecionando como «retornados». Além disso, todos foram obrigados a deixar o local onde viviam. Em alternativa, muitos preferem autoapresentar-se como refugiados, isto é, como vítimas da violência da guerra e do deslocamento, embora de acordo com a lei não tivessem sido considerados como tal. A classificação importa, contudo, menos pela sua exatidão formal e mais pelo seu alcance político. «Refugiado» e «retornado» são dois conceitos opostos de pertença. Nomear estas pessoas enquanto «retornados» – e não como refugiados das guerras civis entre os movimentos de libertação – é classificá-las na sua condição transitiva – de colono –, beneficiária da doutrina do salazarismo e do sistema colonial. Se são «retornados», regressaram à sua terra natal como ex-colonos de um território que ocupavam e exploravam, colando-se-lhes para sempre à pele uma mácula: a mácula da vergonha, de quem sendo desterrado não é vítima da violência que provocou o desterro, mas antes seu perpetrador. Se são refugiados, são vítimas da guerra e da história e, nessa medida, portadores de um sofrimento legítimo. Mas a lei não lhes permitiu esse estatuto; a moral da história não lhes deu essa absolvição.

A fábrica da história única, da *stasis* dos vencedores e dos vencidos, exclui todas as complexidades e as zonas de ambivalência. No período pós-revolução, ora por razões de má consciência relativamente ao processo de descolonização, ora devido às tensões manifestas no seio da sociedade civil e das forças armadas sobre a questão colonial, a guerra e o êxodo africano estão, usando a terminologia de José Gil, «não-inscritos» no espaço público – memorial e imagético – nacional. Dizemos que são não-inscritos assinalando, precisamente, essa não-inscrição como um ato de omissão, uma *falta* sobre os acontecimentos que marcaram o fim do domínio colonial português. Trata-se, assim, de *acontecimentos que não aconteceram*, desaparecendo, citando José Gil, pelo «buraco negro que suga o espaço público»[4].

A medida dessa não-inscrição, que subsiste até ao tempo presente, é a da narrativa da integração socioeconómica relativamente bem-sucedida destas populações. A narrativa de quem se safou, de quem deu a volta à vida, das histórias de sucesso. Menos fácil, porém, é a sua integração nas duas grandes narrativas que projetam a identidade nacional portuguesa até aos dias de hoje. Por um lado, a narrativa do império e das descobertas, que continua a marcar os discursos políticos, as agendas das instituições culturais e as banais aceções do senso comum, no seio da qual Portugal continua a ser imaginado como império e está fortemente enraizada a ideia da bondade inata do projeto imperial português[5]. Por outro, a narrativa da Revolução dos Cravos, da herança democrática e de viragem para a Europa, mas que lida mal com as fraturas deixadas pelas descolonização. Os assim nomeados «retornados» desestabilizam ambas as narrativas, trazendo colada à pele a mácula de uma herança ilegítima, bastarda, colocada fora do discurso da história e, pelo tanto, fora da ordem social[6]. Não se trata de silenciamento, porque nada foi verdadeiramente silenciado, não do ponto de vista dos processos coercivos de silenciamento. Também não se trata de amnésia. As pessoas (na sua condição física, emocional, mental, moral e social de pessoa) lembram-se. Trata-se de ilegitimidade, de uma forma

[4] José Gil, «Portugal e a síndrome de Liliput», in *Trópico*, http://www.revistatropico.com.br/tropico/html/textos/2845,1.shl

[5] Elsa Peralta, «Fictions of a Creole Nation: (Re)presenting Portugal's Imperial Past», in H. V. Bonavita (org.), *Negotiating identities: constructed selves and others* (Amesterdão/Nova Iorque: Rodopi, 2011), pp. 193-217.

[6] Giorgio Agamben, *O Poder Soberano e a Vida Nua – Homo Sacer* (Lisboa: Editorial Presença, 1998).

de exceção, nem dentro nem fora do sistema, excluída, mas por ele regulada, carregando fantasmas que dramatizam identidades párias e assombram uma subjetividade dividida.

Hannah Arendt observou que a pior coisa na condição de pária não são os maus-tratos infligidos pelo estado. «A maior injúria que a sociedade pode infligir e inflige», diz Hannah Arendt, «é fazer (o pária) duvidar da realidade e da validade da sua própria existência, reduzi-lo, aos seus próprios olhos, ao estatuto de uma não-entidade»[7]. Destituído na sua circunstância histórica, o pária habita apenas um lugar regulado pela normativa das instituições do estado – neste caso pelo IARN –, um lugar sem história e sem identidade, reduzido ao estado de *vida nua*, como designado por Giorgio Agamben[8]. Este é um lugar sem discurso e sem testemunho, sem fala e sem ação, situado fora do campo dos excluídos pelo fenótipo, pela classe ou pelo género. Um lugar que «traz más recordações», como diz Isabela Figueiredo.

Este é um lugar de desidentificação, habitado por cidadãos de uma mesma nação e fundado numa convivialidade assente na ocultação. A ocultação a que todos esses portugueses *outros* voluntariamente se submeteram devido à necessidade de integração. Talvez essa ocultação tenha sido indispensável à estabilização da transformação em curso. Paul Connerton designa estes processos de «esquecimento prescritivo», um tipo de esquecimento necessário para que a vida na *polis* tenha continuidade após momentos de grande rutura e conturbação e para que uma nova identidade possa ser constituída.[9] Primo Levi chamou ao «dever de memória» o dever de não esquecer. Mas existem momentos em que o dever de memória, pelo menos para aqueles que carregam más memórias, encontra o direito de não lembrar.

Talvez por isso a história do «retorno» esteja ainda largamente por fazer. Com apenas algumas exceções, o tema é praticamente invisível na historiografia portuguesa. Também dos pontos de vista sociológico e cultural, está tudo por estudar: como foi a integração destas populações na sociedade portuguesa? Quais são as suas inclinações ideológicas? Que práticas e mundividências detêm que possam dar corpo a um projeto de identidade? No mesmo sentido, até há muito pouco tempo o «retorno» foi um não-evento na memória coletiva nacional. Um campo memorial tem vindo, porém, a abrir-se paulatinamente, sobretudo a partir dos anos 2000, para os *legados negros* que marcaram o fim do império português – a guerra e o «retorno». Sobretudo a partir de autobiografias e de séries televisivas, que nos fornecem versões mais ou menos romanceadas da nossa melancolia pós-colonial, uma memória pública do «retorno» começa a ser articulada.

Seguindo a abertura deste campo memorial, a exposição *Retornar – Traços de Memória* aproveitou a efeméride dos 40 anos do «retorno» de nacionais à antiga metrópole durante os processos de descolonização, o qual conheceu o seu auge com a ponte aérea de 1975, para se propor discutir as condições e as implicações que este evento situa na sociedade portuguesa. Partindo de uma investigação em curso financiada pela Fundação para a Ciência e Tecnologia sobre as narrativas testemunhais dos ditos «retornados»[10], e realizada no âmbito

[7] Hannah Arendt, «The Jew as Pariah: A hidden tradition», *Jewish Studies*, 6 (1944), pp. 99-122, p. 114.

[8] Giorgio Agamben, *O Poder Soberano...*

[9] Paul Connerton, «Seven types of forgetting», *Memory Studies*, vol 1(1) (2008), pp. 59-71.

[10] Projeto Exploratório *Narrativas de Perda, Guerra e Trauma: Memória Cultural e o Fim do Império Português* (IF/01530/2014), associado ao Programa Investigador FCT, em curso no Centro de Estudos Comparatistas da Faculdade de Letras da Universidade de Lisboa.

do programa cultural da Câmara Municipal de Lisboa e produzida pela EGEAC, a exposição teve a intenção de inscrever este tema no espaço público *político*, onde ainda não tinha sido inscrito[11]. Patente num espaço expositivo da Galeria Avenida da Índia, em Belém, a exposição contou ainda com uma instalação de grandes dimensões, com contentores empilhados colocados ao lado do simbólico Padrão dos Descobrimentos, nos quais é estilhaçada a imagem icónica de Alfredo Cunha, de 1975, com os caixotes de madeira junto ao rio. No interior dos contentores vazios, apenas frases, sem legendas, de fantasmas à solta tiradas da fala dos entrevistados, criando um espaço de expressão do paradoxo, da contradição, e da fragmentação. Estabelecida no centro simbólico da representação imperial da identidade nacional, na zona de Belém[12], *Retornar* pretendeu assim estilhaçar o sentido representacional cristalizado, ora nas representações celebratórias da grandiosidade da nação imperial incorporadas na paisagem da cidade, ora nas imagens *cliché* de crianças e famílias abandonadas à sua sorte no aeroporto ou de caixotes empilhados junto ao rio, as quais retratam o «retorno» como uma calamidade súbita, um susto no qual a nação *toda* se mantém suspensa. Não houve *um* «retorno», tal como não existe apenas *uma* memória do «retorno», mas muitas variações e pluralidades manifestas, nos seus paradoxos, nas suas contradições, nos seus silêncios. Nestas variações também não existe *o* «retornado», não sendo possível apreender essa «massa» de portugueses que «retornaram», frustrando o desejo de generalização presente na investigação sociológica e defraudando as expectativas do público. Nestas variações não se procuram nem acusações nem expiações. Não existem marionetas inocentes, vítimas de um sistema colonial que a todos acometeu. E também não existem figuras de cera museificadas num idílio colonial de privilégio e exploração. Entre ambos os polos existem muitas zonas de complexidade e de ambivalência. Entre ambos os polos existem muitas «zonas cinzentas», como lhes chamou Primo Levi[13].

Nessa zona cinzenta reside toda a «potência» do não dito, essa potência que coincide com a «impotência de dizer»[14], que está colada à lembrança dos que viveram esse evento chamado «retorno». Neste «não-lugar da articulação»[15], ainda não existe memória. Apenas traços lacunares, «constelações sobrecarregadas de tensões» de um passado em falta, segundo Walter Benjamin[16]; breves «instantes de verdade»[17], como lhes chamou Hannah Arendt, que são tudo de que dispomos para organizar o pensamento e a partir daí criar memória: a memória *possível* e, dentro dessa possibilidade, a única memória *verdadeira*. Não a verdade da autenticidade do passado, mas a verdade da experiência humana.

Ao invés de memória já feita, instamos, portanto, à rememoração, exercitada, como sugere Jeanne Marie Gagnebin, a partir da exploração dos recantos, para se abrir «aos brancos, aos buracos, ao esquecido e ao recalcado, para dizer, com hesitações, solavancos, incompletude, aquilo que ainda não teve direito nem à lembrança nem às palavras.»[18] A exposição *Retornar* teve precisamente a intenção de abrir um espaço, resgatando-o a esses brancos, a esses buracos, e, a partir daí criar um *Arquivo*, não só de documentos, mas também de vozes, de objetos,

[11] Sobre esta exposição ver o catálogo *Retornar – Traços de Memória* (Lisboa: EGEAC, 2016).

[12] Nuno Domingos e Elsa Peralta (orgs.), *Cidade e Império: Dinâmicas Coloniais e Reconfigurações Pós-coloniais* (Lisboa: Edições 70, 2013), pp. 361-407.

[13] Primo Levi, *Os que Sucumbem e os que se Salvam* (Lisboa: Teorema, 2008), p. 39.

[14] Giorgio Agamben, *Ce qui reste d'Auschwitz: L'archive et le Témoin. Homo Sacer III* (Paris: Rivages, 1999), p. 216.

[15] *Idem, Ibidem.*

[16] Walter Benjamin, «Sur le concept d'histoire», *Écrits Français*, org. J. M. Monnoyer (Paris: Gallimard, 1991 [1940]), p. 346.

[17] Hannah Arendt, «Le procès d'Auschwitz» (1966), *Auschwitz et Jérusalem* (Paris: Éditions Deuxtemps Tierce, 1991), pp. 257-258.

[18] Jeanne Gagnebin, *Lembrar, Escrever, Esquecer* (São Paulo: Editora 34, 2006), p. 55.

de imagens, de espectros, um arquivo *possível*, situado à escala do humano. Um *Arquivo* de Traços; uma *Exposição* de Traços. Do que foi e não voltará a ser. Do que tendo sido não cessará jamais. Porque «tudo o que foi», lembra-nos o antropólogo existencialista Michael Jackson, «deixa sempre um *traço*»[19]. Traços que se vão revelando em geometrias difusas, em palavras soltas, em silêncios, suspiros e impressões de pele, e que resistem ao dito. Traços, enfim, que, apesar de constituírem «um território incompleto, resgatado, fragmentário», lembra-nos Didi-Huberman, «afinal são o que há de mais precioso para a memória: o seu possível imaginável»[20]. *Retornar*, aqui colocado propositadamente na sua forma verbal, é apelar a esse movimento de imaginação a partir do presente. Nunca um movimento nostálgico. Antes um movimento de anterioridade, para situar o presente que habitamos *lá*, nesse passado em falta, e, a partir desse sítio, olhar a constituição da condição colonial de Portugal e agir sobre a sua condição pós-colonial.

Porque não basta fazer a evocação da experiência irrepetível, empurrá-la ora para o domínio do trauma, ora da nostalgia. Voltamos a Primo Levi: a zona cinzenta não pode ser «o suficiente para confundir a nossa necessidade de julgar.»[21] Rememorar é também construir a história. Apesar da nossa incapacidade de ter acesso à experiência direta dos acontecimentos, apesar da incompletude do ato de recordação, apesar dos tantos ângulos a partir dos quais olhar, *apesar de tudo*, como nos diz de novo Georges Didi-Huberman[22]. É aceitar, enfim, o compromisso sugerido por Walter Benjamin de oferecer a construção histórica à memória dos sem nome[23], àqueles que estão fora da história como representação e fora das suas construções totalizantes, mesmo as dialéticas. Reconhecer a validade da experiência vivida por essa gente sem nome, e aceitar a natureza fragmentária dessa experiência é, pois, criar um campo de reconhecimento, de alteridade e de transformação. Devemos rememorar essa experiência, devemos *retornar*, não para celebrar o passado, nem para o resgatar, e muito menos para o rever. Mas para o *presenciarmos*. Para sermos presentes à herança *toda* dessa história que ficou por contar, com os seus afetos, gestos e hábitos, com os seus sistemas de relação, com a sua violência e barbárie, com as suas inocências coniventes e com os seus falsos paternalismos. E enfrentando sem medo essa presença, utilizar, como sugere Daniel Blaufuks[24], o seu poder para modificar o nosso presente e a nós mesmos. E, a partir desse lugar mais clarificado, julgar a História, para dizer sem pejo: não há colonialismos bons; só há colonialismos maus.

*

Cruzando diferentes perspetivas disciplinares e olhares críticos sobre o fenómeno do «retorno», este livro, tal como a exposição que esteve na sua origem, pretende inscrever em lugar próprio um debate sobre a dimensão afetiva e simbólica do fim do império português e sobre a escala humana das experiências de deslocação e desapossamento que acompanharam esse fim. O seu propósito é o de fornecer linhas cruzadas de pensamento que permitam

[19] Michael Jackson *Lifeworlds: Essays in Existential Anthropology* (Chicago: University of Chicago Press, 2013), p. xv., itálico meu.

[20] Georges Didi-Huberman, *Imagens Apesar de Tudo* (Lisboa: KKYM, 2012), p. 38.

[21] Primo Levi, *Os que Sucumbem…*, p. 39.

[22] Georges Didi-Huberman, *Imagens Apesar…*

[23] Walter Benjamin, «Teses sobre Filosofia da História» in Flávio Kothe (org.), *Walter Benjamin: Sociologia* (São Paulo: Ática, 1985), pp. 153-164.

[24] Daniel Blaufuks, *Toda a Memória do Mundo* (Lisboa: Museu Nacional de Arte Contemporânea, Museu do Chiado, Imprensa Nacional Casa da Moeda, 2014).

olhar, pensar e refletir sobre este fenómeno a partir do seu lastro num tempo presente a partir de fontes históricas, testemunhos pessoais, registos imagéticos e conceitos artísticos, contando para tal com contribuições de vários investigadores, pensadores, artistas e escritores.

As secções que estruturam este volume são inspiradas nas secções da própria exposição, embora com os ajustamentos necessários ao formato de um livro. Marcado por uma forte visualidade, resultante da seleção de materiais que compuseram a exposição, este livro não se remete, contudo, ao formato de um catálogo, antes pretendendo aportar a densidade analítica que o fenómeno de que tratamos impõe.[25] Reunindo uma coleção de textos ensaísticos de autores vinculados a tradições epistemológicas e filiações ideológicas diversas, este livro é necessariamente um volume que não se sistematiza numa versão única da história, abrindo-se antes a leituras díspares e livres. É no seio desta abertura que pretendemos acolher um sentido para um entendimento mais profundo do evento do «retorno» e do fim do império colonial na sociedade portuguesa contemporânea.

A primeira parte, com o título «Arquivo: Contextos do Retorno», oferece uma contextualização do evento do «retorno», colocando o sujeito histórico no seu tempo social e político. Nele se propõe um interrogatório sobre as condições históricas, políticas e sociais que acompanharam as migrações entre metrópole e colónias africanas, desde o século XIX até ao tempo da descolonização e aos deslocamentos populacionais consequentes. Este interrogatório estende-se a uma descrição crítica da população portuguesa «retornada», bem como ao carácter babélico da operação de acolhimento e integração, com a complexa relação entre o estado, e os indivíduos e as instituições.

A segunda parte, «Atlas: Fotografias que Marcam», sugere olhar o tempo paradoxal que liga as vivências de ordem política, económica e social em novas ordenações. Indo para além das classificações sociais cristalizadas, pretende-se nesta secção mostrar como a matéria da memória histórica se cria em tempo aberto, descontínuo, possibilitando o acesso a experiências da vida passada, e reconhecendo, ainda assim, a sua circunstância histórica. Deslocando a atenção do tempo histórico linear, a exploração desta memória faz-se a partir da evidência da fotografia naquilo que ela conserva do passado e transmite nos seus efeitos para um presente. As vivências do quotidiano em África, a exploração e a violência coloniais, bem como a guerra são também interrogadas a partir destes registos impressivos.

A terceira parte, «Testemunho: Narrativas de Memória», pretende ser um movimento imersivo na memória pessoal. Mediante a apresentação de relatos, sejam em testemunho direto ou ficcionados, esta parte propõe uma exploração da experiência pessoal, emocional e sensorial daqueles que foram participantes na história. Procurando desta forma dar conta das muitas complexidades que fazem a experiência humana, esta secção situa o dilema ético da voz e do silêncio na sua circunstância histórica, reconhecendo o valor da perda e do sofrimento, bem como o poder da redenção e a capacidade de ação. Através de fragmentos literários e excertos testemunhais intercomunicantes, pretende-se, ao invés de

[25] A exposição foi acompanhada da edição de um catálogo próprio: Catálogo *Retornar – Traços de Memória* (Lisboa: EGEAC, 2016).

comemorar o passado, criar um momento novo, de disponibilidade, para olhar e ouvir, em diferentes ângulos, a experiência da vida humana.

A quarta e última parte, «Atmosferas: Discursos no Pós-colonial», pretende expor pensamento sobre o evento do «retorno» e sobre o fim do império colonial português, a partir de algumas correntes que, em sentido diverso, atravessam a sua atmosfera discursiva. Esta parte não intende fornecer chaves interpretativas nem uma conclusão para o tema de que se trata, mas tão-somente inscrever em lugar próprio um debate plural, amplo e livre, feito de vozes díspares, sobre a dimensão simbólica do fim do império português e sobre o seu lastro no tempo presente.

Referências

Agamben, Giorgio, *O Poder Soberano e a Vida Nua – Homo Sacer* (Lisboa: Editorial Presença, 1998).

Agamben, Giorgio, *Ce qui reste d'Auschwitz: L'archive et le Témoin. Homo Sacer III* (Paris: Rivages, 1999).

Arendt, Hannah, «The Jew as Pariah: A Hidden Tradition», *Jewish Studies*, 6 (1944), pp. 99-122, p. 114.

Arendt, Hannah, «Le procès d'Auschwitz», *Auschwitz et Jérusalem* (Paris: Éditions Deuxtemps Tierce, 1991[1966]), pp. 257-258.

Benjamin, Walter, «Teses sobre Filosofia da História» em Flávio Kothe (org.), *Walter Benjamin: Sociologia* (São Paulo: Ática, 1985), pp. 153-164.

Benjamin, Walter, «Sur le concept d'histoire», *Écrits Français*, org. J. M. Monnoyer (Paris: Gallimard, 1991 [1940]), p. 346.

Blaufuks, Daniel, *Toda a Memória do Mundo* (Lisboa: Museu Nacional de Arte Contemporânea, Museu do Chiado, Imprensa Nacional Casa da Moeda, 2014).

Connerton, Paul, «Seven types of forgetting», *Memory Studies*, vol. 1(1) (2008), pp. 59-71.

Didi-Huberman, Georges, *Imagens Apesar de Tudo* (Lisboa: KKYM, 2012).

Domingos, Nuno e Peralta, Elsa (orgs.), *Cidade e Império: Dinâmicas Coloniais e Reconfigurações Pós-coloniais* (Lisboa: Edições 70, 2013).

Fassin, Didier, «The Humanitarian Politics of Testimony: Subjectification Through Trauma in The Israeli-Palestinian Conflict», *Cultural Anthropology*, vol. 23 (3) (2008), pp. 531-558.

Figueiredo, Isabela, *Caderno de Memórias Coloniais* (Coimbra: Angelus Novus, 2009).

Gagnebin, Jeanne Marie, *Lembrar, Escrever, Esquecer* (São Paulo: Editora 34, 2006).

Gil, José, «Portugal e a Síndrome de Liliput», in *Trópico*, http://www.revistatropico.com.br/tropico/html/textos/2845,1.shl.

Jackson, Michael, *Lifeworlds: Essays in Existential Anthropology* (Chicago: University of Chicago Press, 2013).

Levi, Primo, *Os que Sucumbem e os que se Salvam* (Lisboa: Teorema, 2008).

Peralta, Elsa, «Fictions of a Creole Nation: (Re)presenting Portugal's Imperial Past», in H. V. Bonavita (org.), *Negotiating Identities: Constructed Selves and Others* (Amesterdão/Nova Iorque: Rodopi, 2011), pp. 193-217.

PARTE I

ARQUIVO: CONTEXTOS DO RETORNO

AS CONDIÇÕES POLÍTICAS E SOCIAIS DA DESCOLONIZAÇÃO

PEDRO AIRES OLIVEIRA

As pressões para a descolonização

Aquilo que à primeira vista parece mais surpreendente na cronologia da descolonização portuguesa é o seu desfasamento em relação aos calendários europeus das dissoluções imperiais. Por volta de meados da década de 70, todas as antigas potências coloniais do velho continente haviam virado essa página, não obstante alguns *dossiers* ainda em aberto (a questão da Rodésia/Zimbabué, resolvida apenas em 1980). Nenhum desses processos foi exatamente pacífico. A opção pela «saída com honra» foi, em muitos casos, precedida por disputas intercomunais, confrontos armados com forças nacionalistas locais ou tensões com grupos de colonos hostis a qualquer espécie de solução negociada.[1]

De uma maneira geral, os decisores europeus duvidavam da possibilidade de muitos dos seus territórios coloniais, nomeadamente os africanos, realizarem transições à independência bem-sucedidas, nos calendários reclamados pelos movimentos nacionalistas. Até finais da década de 50, vários esforços foram empreendidos no sentido de se amalgamarem territórios em estruturas federais (uma das apostas dos britânicos), ou de se promoverem estruturas de tipo confederal entre a metrópole e as colónias (o projeto da Comunidade Francesa, apadrinhado por De Gaulle). Nenhuma destas vias seria bem-sucedida. O acesso aos atributos plenos da soberania, incluindo um assento nas Nações Unidas, tornou-se inegociável para a generalidade dos ativistas anticoloniais.

No início da década de 60, os custos de gerir a contestação à soberania colonial começaram a ser vistos como politicamente insustentáveis. Para potências democráticas, escrutinadas por uma imprensa e tribunais independentes, as operações de segurança requeridas pela manutenção do império tinham-se tornado uma fonte de embraço doméstico e internacional. Os campos de detenção no Quénia, ou as denúncias da tortura na Argélia, feriram a consciência liberal humanitária de britânicos e franceses. Poderem relacionar-se em termos amistosos com os estados que na ONU levavam a sério o repúdio do colonialismo e imperialismo era um requisito importante para o exercício de um módico de influência internacional. Para países com interesses políticos e económicos globalizados, como era o caso da Grã-Bretanha e da França, essa preocupação

[1] Entre várias introduções possíveis a uma visão comparada dos processos de descolonização europeus, cf. M. Thomas, B. Moore e L. J. Butler, *Crisis of Empire. Decolonization and Europe's Imperial States*, 1918-1975 (Londres: Hodder Education, 2008). Cf. igualmente a síntese de António Costa Pinto, *O Fim do Império Português. A Cena Internacional, a Guerra Colonial e a Descolonização, 1961-1975* (Lisboa: Livros Horizonte, 2001), pp. 69-72.

[1] Os diplomatas Vasco Garin e Franco Nogueira numa sessão da Assembleia-Geral das Nações Unidas, 1963. *Diário da Manhã* e *Época*, 29/07/1963. Imagem cedida pelo ANTT.

passou a figurar no topo das suas prioridades de política externa. E era também nesse sentido que os seus aliados norte-americanos os encorajavam a prosseguir – a descolonização (com contornos ditos «neocoloniais») seria, afinal de contas, o melhor antídoto contra os desígnios de expansão do bloco soviético.

Este tipo de estímulos e pressões esteve largamente ausente do contexto português. Desde os seus anos formativos que o Estado Novo operara uma fusão entre a «mística imperial» e a sua narrativa nacionalista. O *Acto Colonial* (1930) – a pedra de toque dessa ideologia – estabelecia a inalienabilidade do património ultramarino, a nação pluricontinental do «Minho a Timor», e o regime manteve-se irredutível até ao fim neste ponto. Quando as pressões para a descolonização se começaram a fazer sentir com maior intensidade, após o termo da Segunda Guerra Mundial, Portugal ainda beneficiou de alguma contemporização, ou mesmo apoio, por parte dos EUA e dos seus parceiros imperiais, alguns deles também membros da NATO – foi a maré alta da cooperação intercolonial em África.

Mas esses apoios começaram a vacilar quando, no quadro da ONU, estados com uma memória hostil ao imperialismo europeu – a coligação afro-asiática –, passaram a dominar a Assembleia-Geral e vários dos seus comités. Em 1960, um ano em que 16 novos países oriundos de vários processos de descolonização ingressaram na organização, um conjunto de resoluções emanadas da AG fazia uma condenação sem rodeios do colonialismo e exortava estados como Portugal a reconhecerem a autodeterminação dos seus «territórios dependentes». No decurso do ano seguinte, uma sucessão de acontecimentos parecia sugerir que os «ventos da mudança», anunciados pelo primeiro-ministro MacMillan, estariam na iminência de varrer a resistência portuguesa à descolonização. Os motins urbanos em Luanda, o levantamento da UPA no norte de Angola, os embates com a administração Kennedy na ONU, a tentativa de golpe palaciano do general Botelho Moniz, a queda simbólica da fortaleza de São João Baptista de Ajudá, e, finalmente, a invasão de Goa, Damão e Diu pelas forças armadas da União Indiana levaram muitos observadores a acreditar que os domínios ultramarinos portugueses não tardariam a conhecer o mesmo destino das outras colónias europeias. Porém, tal cenário não se viria a concretizar.

Se na opinião pública, tanto a doméstica como a internacional, era algo que os decisores políticos das potências coloniais democráticas tinham de ponderar devidamente, essa variável teve um impacto muito mais limitado num contexto como o português. Sob o Estado Novo não existiram nunca condições para um debate aberto sobre as opções do país em matéria de descolonização. Sem liberdade de expressão, a sociedade portuguesa nunca se pôde inteirar devidamente das condições em que o domínio colonial português era exercido, da contestação que lhe era movida ou das dinâmicas de mudança que conduziram à independência dos territórios ultramarinos europeus. As abordagens de norte-americanos e outros aliados junto de Salazar para lhe sugerir uma saída controlada de África (a mais relevante delas sendo uma diligência do presidente Kennedy, em 1963, envolvendo a promessa de ajudas financeiras para um plano de descolonização a dez anos) permaneceram secretas e foram rejeitadas[2]. Fora alguns círculos oposicionistas, muito pouca informação alternativa chegava à generalidade dos portugueses sobre a guerra que entre 1961 e 1964 o país passou a ter de conduzir em três teatros de operações em África (Guiné, Angola e Moçambique), ou mesmo sobre o significado profundo dos realinhamentos geopolíticos produzidos pela descolonização de outros impérios europeus.

No espaço público, prevaleciam os discursos e as imagens fabricados pela propaganda do regime. Esses discursos e imagens estavam impregnados de um forte maniqueísmo, que apresentava o esfoço de guerra português ora como uma cruzada anticomunista, ora como uma missão civilizacional de roupagens «desenvolvimentistas». Uma adaptação seletiva das ideias do sociólogo Gilberto Freyre[3] procurava conferir uma caução multicultural ao sistema colonial português, apresentando-o como um caso singular de convívio harmonioso de povos e culturas – era, como notaria Eduardo Lourenço, o mito do «colonialismo inocente»[4]. Saber até que ponto tais construções ideológicas terão sido acriticamente assimiladas pela generalidade da população é, ainda hoje, difícil de aferir. É possível que, numa primeira fase, a vitimização procurada pela exploração das imagens dos ataques da UPA às fazendas de colonos em Angola (março de 1961) tenha surtido o seu efeito. Mas, à medida que levas sucessivas de portugueses regressavam das suas comissões militares em África com uma visão menos idílica do sistema colonial, e o conflito se arrastava sem fim à vista,

[2] Sobre essa abordagem específica e outras, cf. Luís Nuno Rodrigues, *Salazar--Kennedy. A Crise de uma Aliança* (Lisboa: Editorial Notícias, 2002).
[3] Cláudia Castelo, *«O Modo Português de Estar no Mundo». O luso-tropicalismo e a ideologia colonial portuguesa 1933-1961* (Porto: Afrontamento, 1999).
[4] Eduardo Lourenço, *Do Colonialismo como Nosso Impensado* (Lisboa: Gradiva, 2014).

O SÉCULO

Director — João Pereira da Rosa

800 MORTOS EM ANGOLA

SÓ NAS CHACINAS DE 15 E 16 DE MARÇO

—REVELA UM JORNALISTA BELGA

QUE DESCREVE AS HORRÍVEIS BARBARIDADES COMETIDAS PELOS TERRORISTAS

[2] Ataques da UPA em 1961. *O Século*, março de 1961.

[3] Quibexe – crianças e adultos assassinados, 1961. SNI – Arquivo Fotográfico. Imagem cedida pelo ANTT.

[4] Brancos assassinados. SNI – Arquivo Fotográfico. Imagem cedida pelo ANTT.

manifestações de dúvida e ceticismo não tardaram a aparecer, desde a quebra das matrículas na Academia Militar aos números crescentes de refratários que engrossavam as vagas de emigração e exílio para a Europa Ocidental[5].

No plano interno, foram também inquietantes para as autoridades os sinais de alienação de sectores tradicionalmente comprometidos com o regime. No período marcelista, a radicalização política de parte das classes médias e dos meios católicos operou-se muito por via da contestação à Guerra Colonial. Nos liceus e nas universidades, o espectro da mobilização militar e a empatia com as críticas «anti-imperialistas» da esquerda internacional tornaram-se fatores de consciencialização política de muitos jovens. Nos círculos próximos da Igreja, a orientação mais «terceiro-mundista» da Santa Sé, acentuada durante os pontificados de João XXIII e Paulo VI, levaria um número assinalável de católicos

[5] Cf. John P. Cann, *Contra-Insurreição em África 1961-1974. O Modo Português de Fazer a Guerra* (Lisboa: Atena, 1998), pp. 126-128.

[5] Visita às obras de Cahora Bassa, visita do ministro do Ultramar a Moçambique, 1973. Arquivo Histórico Ultramarino.

ditos «progressistas» a uma militância anticolonial empenhada e à agudização das tensões entre o regime e figuras da hierarquia e organizações missionárias católicas em África (sobretudo em Moçambique).

Seja como for, até inícios da década de 70 estes focos de dissidência mais domésticos não foram suficientes para pôr em xeque a política portuguesa de resistência à descolonização. O mesmo se poderá dizer quanto às pressões internacionais. Embora muito próximo do estatuto de pária em arenas como a ONU, Portugal nunca chegou a ser alvo de sanções equiparáveis àquelas que, por exemplo, incidiram sobre a Rodésia e a África do Sul. O regime conseguiu também capitalizar um certo sentimento de fadiga dos seus parceiros da NATO face à retórica «antiocidental» que prevalecia entre o movimento afro-asiático, e comprometer alguns desses aliados através da concessão de oportunidades económicas em Angola (exploração petrolífera) e Moçambique (empreendimento de Cahora Bassa). Terá então o império cedido a partir de pressões originadas nas «periferias», nomeadamente nos territórios que viveram situações de guerra?

O colonialismo tardio em registo português

À semelhança de outras potências coloniais, Portugal não foi insensível à necessidade de encontrar novas formas de legitimação do seu paradigma colonial – essa foi uma preocupação que ganhou maior premência a partir do momento em que o país se viu sujeito a um maior escrutínio internacional (coincidente com a entrada na ONU em 1955), por um lado, e ao surgimento de focos de contestação nacionalista em África, por outro. Ainda antes da deflagração dos conflitos armados, o regime começara a dar alguns passos no sentido de conferir uma face mais apresentável às suas políticas coloniais perante algumas instâncias internacionais, sendo disso um exemplo a adesão à Convenção da OIT sobre o Trabalho Forçado (1930) em 1956. Concomitantemente, os Planos de Fomento passaram a afetar verbas significativas ao fomento ultramarino, pondo fim a décadas de negligência neste domínio. Tratava-se, porém, de investimentos predominantemente orientados para infraestruturas de apoio à exploração económica ou para esquemas de colonização branca; poucos recursos seriam alocados a iniciativas que colocassem a ênfase na capacitação ou na melhoria das condições de vida das populações autóctones, tais como equipamentos escolares ou de saúde. Também os grandes projetos de renovação urbana que deram uma fachada modernista a cidades como Luanda ou Lourenço Marques refletiam a lógica segregadora que continuava a impregnar todo o sistema imperial. Num plano político-institucional, os limites do reformismo ultramarino seriam porventura ainda mais evidentes. Uma revisão constitucional empreendida em 1951 substituía as comprometedoras expressões «império» e «colónias» por termos resgatados a uma (alegada) tradição liberal-assimilacionista, «Ultramar» e «províncias ultramarinas». Mas essa viragem semântica dificilmente poderia ser vista como um aceno às aspirações autonomistas ou de autodeterminação. Ela antecipava as interpelações que Portugal, como potencial futuro membro da ONU, iria receber ao abrigo do artigo 73.º da Carta relativa às informações a submeter ao S-G sobre os progressos políticos, sociais e económicos dos seus «territórios não-autónomos».[6] Por outro lado, a consagração do integracionismo ia ao encontro das preocupações de uma corrente ainda influente nos meios oposicionistas portugueses, os políticos veteranos da Primeira República, cuja ligação ideológica à vocação colonial do país não era negligenciável (veja-se, a este respeito, os termos em que Norton de Matos, o grande procônsul colonial republicano, concebia o projeto da «Nação Una» nos seus escritos de finais dos anos 40/inícios de 50). Ao nível dos territórios, permaneceu a matriz fortemente centralizadora do modelo de governança colonial herdada das reformas estado-novistas de 1930. Pouca iniciativa era concedida a conselhos legislativos ou câmaras municipais, que nunca se puderam constituir, sequer, como órgãos de capacitação política para as elites colonas (circunstância que acabaria por hipotecar a viabilidade de quaisquer soluçoes de tipo rodesiano).

O grande impulso modernizador teria, pois, de esperar pelo choque da guerra em 1961. Uma vez observado algum compasso de espera em relação ao *timing* dos levantamentos armados e das exortações internacionais, Salazar decidiu dar

[6] Bruno C. Reis, «As Primeiras Décadas de Portugal na ONU. Um Estado Pária contra a Norma da Descolonização», in M. B. Jerónimo e A. Costa Pinto (org.), *Portugal e o Fim do Colonialismo. Dimensões Internacionais* (Lisboa: Edições 70, 2014), pp. 179-215.

[6] Angola, visita do ministro do Ultramar, Adriano Moreira, 1961. SNI – Arquivo Fotográfico. Imagem cedida pelo ANTT.

uma oportunidade a um dos rostos da corrente reformadora que começaram a ganhar expressão no interior do Estado Novo, o professor universitário Adriano Moreira. O seu mandato foi relativamente curto (1961-1962), mas repleto de medidas de grande impacto simbólico, como a revogação do regime de indigenato, verdadeira pedra de toque de toda a engrenagem do trabalho compelido que continuava a ser um dos traços distintivos do colonialismo luso. Mas sob a sua égide seriam igualmente aprovadas iniciativas como os estímulos a esquemas de povoamento branco, manifestamente em contradição com o sentido das políticas dos poderes europeus, que, em vez de colonos, estavam sobretudo interessados em começar a enviar empresários e técnicos de cooperação para os estados saídos dos seus processos de descolonização. A agenda reformadora de Moreira, contudo, rapidamente ficou refém das tensões entre grupos de pressão com agendas conflituantes, desde os interesses capitalistas metropolitanos e estrangeiros implicados na exploração do Ultramar às elites brancas e suas reivindicações autonomistas. O avolumar dessas tensões levaria a um conflito de autoridade entre o governador do território, general Deslandes, e o ministro, o qual Salazar acabaria por resolver, salomonicamente, com a demissão de ambos[7].

A intransigência salazarista em admitir uma solução negociada para a dissolução do império não deixou aos movimentos nacionalistas que entretanto se tinham formado na década de 50 outra alternativa que não fosse o recurso à luta armada. Estes situavam-se num largo espectro de opções ideológicas, que iam desde o socialismo marxizante (PAIGC, MPLA, FRELIMO) a um nacionalismo mais tradicionalista, por vezes com um apelo étnico (UPA/FNLA e UNITA), para nos cingirmos apenas àqueles que lograram conduzir, de forma relativamente sustentada, operações de guerrilha contra as forças armadas portuguesas. Contrariamente a outros poderes europeus, Portugal pouco ou nada fez para cultivar ou preparar «terceiras forças» que pudessem, no âmbito

[7] Cf. Fernando Tavares Pimenta, *Angola, os Brancos e a Independência* (Porto: Afrontamento, 2008), em especial o capítulo 5.

de uma transição de poderes desencadeada por si, surgir como interlocutores «fiáveis». Nesse sentido, a tentativa de resolver pela via militar o desafio do nacionalismo africano não pôde senão encorajar o sentido mais militante e revolucionário dos movimentos independentistas, os quais, com o prolongar da guerra, não deixaram de ir estreitando os seus laços com os países do bloco socialista e assumindo uma retórica mais abertamente «anti-imperialista», se não mesmo «antiocidental».

Os treze anos de guerra foram um período de intensas mudanças sociais nos territórios mais diretamente atingidos pelas operações militares. Seguindo os ensinamentos de outros conflitos de contrainsurreição, Portugal procurou isolar as guerrilhas do resto da população através de iniciativas como os «aldeamentos estratégicos», uma tática ensaiada com êxito pelos britânicos na Malásia. Centenas de milhares de camponeses angolanos e moçambicanos foram abrangidos por programas de reassentamento em colonatos e aldeias «securitizadas». Tais programas de engenharia social combinavam-se também com iniciativas de ação «psicossocial» das forças armadas – a fórmula clássica de conquista de «corações e mentes» através da propaganda e da prestação de serviços orientados para o bem-estar das populações[8]. Mas essas iniciativas tinham, claro está, o seu reverso: eram sentidas pelas comunidades como intrusivas e perturbadoras de modos de vida há muito estabelecidos e nunca deixavam de ter subjacente uma forte dimensão de controlo e coerção. Noutros casos, porém, o envolvimento de cientistas e técnicos em programas de desenvolvimento rural, como aquele que foi dirigido aos camponeses ovimbundos do Planalto Central em Angola, evitou algumas destas facetas e terá sido um dos elementos que contribuíram para a estabilização da situação de segurança no território no início dos anos 70. A permanência de um significativo corpo expedicionário em África (nunca abaixo dos 80 mil militares metropolitanos entre 1967 e 1973, muitos deles acompanhados de familiares), uma maior abertura ao investimento estrangeiro e o fim do condicionamento industrial aplicado ao Ultramar em 1965 seriam, por outro lado, fatores indutores de um surto de crescimento económico sem precedentes em territórios como Angola e Moçambique. Sobre a primeira, aliás, a expressão «milagre económico» chegaria mesmo a ser usada para dar conta das taxas de crescimento anuais na ordem dos 5 por cento, muito estimuladas pelo dinamismo de sectores exportadores como o café, o petróleo e os diamantes. Essa expansão, porém, não eliminou, nem sequer terá mitigado decisivamente, as desigualdades que estavam no cerne da situação colonial portuguesa, nos mais diversos planos. Apesar da abolição do indigenato, as perspetivas de progressão social e económica dos africanos negros permaneceram limitadas. As escolas secundárias e as novas universidades (criadas em 1962) continuaram a ser predominantemente frequentadas pelos filhos de colonos brancos, os empregos mais bem remunerados eram monopolizados por indivíduos de ascendência europeia e as marcas da segregação racial/exclusão social em contexto urbano eram evidentes para qualquer visitante de Luanda ou Lourenço Marques (a clássica dualidade entre a cidade do «cimento» e a cidade dos «musseques» ou do «caniço»).[9]

[8] Sobre a dimensão propagandística, cf. Aniceto Afonso e Carlos de Matos Gomes, *A Conquista das Almas. Cartazes e Panfletos da Acção Psicológica na Guerra Colonial* (Lisboa: Tinta da China, 2016); sobre os restantes aspetos, cf. Aniceto Afonso e Carlos de Matos Gomes (org.). *Guerra Colonial. Angola-Guiné--Moçambique* (Lisboa: *Diário de Notícias*, 1999-2000).

[9] Cf. Elsa Peralta e Nuno Domingos (coord.), *Cidade e Império. Dinâmicas Coloniais e Reconfigurações Pós-Coloniais* (Lisboa: Edições 70, 2013).

[7] «Musseque» (não identificado) em Angola, *Flama*, 05/04/1974. Imagem cedida pelo ANTT.

Seja como for, terá o surto económico do colonialismo tardio permitido a Portugal granjear, se não a adesão, pelo menos a expectativa benevolente, de uma parte substancial da população nativa – a chave para o êxito de qualquer estratégia «contrassubversiva»? Esta é, mais uma vez, uma questão de difícil resposta. O mais provável é que, numa lógica de sobrevivência, a generalidade dos africanos tenha adotado uma atitude de «esperar para ver», evitando comprometer-se com qualquer um dos lados em confronto. Este tipo de atitude, claro está, dificultava as hipóteses de qualquer *coup de grâce* – estes eram conflitos de desgaste lento, de teste à resiliência dos contendores.

A partir de finais dos anos 60, vários elementos da oligarquia estado-novista convenceram-se de que o tempo podia não correr a seu favor. As pressões para um estreitamento dos laços com a Europa do Mercado Comum, cada vez mais o parceiro económico por excelência de Portugal, começaram a tornar-se mais evidentes durante o consulado de Marcello Caetano (1968-74), levando um número crescente de pessoas a interrogarem-se sobre a racionalidade

[8] O Governo da chefia de Marcello Caetano ao tomar posse perante o Chefe do Estado, 1968. SNI – Arquivo Fotográfico. Imagem cedida pelo ANTT.

de uma atitude de entrincheiramento imperial, o grande obstáculo à liberalização política e à europeização. Mas ao resignar-se aos termos definidos pelo Presidente da República, Américo Thomaz, para o nomear como sucessor de Salazar (a intocabilidade da política ultramarina), aquele aceitara para si próprio um espartilho difícil de romper. A ideia de uma «vitória decisiva», por muito problemática que pudesse parecer à luz das lições de outros conflitos de contraguerrilha, foi então perseguida por Caetano.

Sucede que não só esse desígnio se revelaria ilusório (dos três teatros operacionais, apenas no angolano é que as coisas correram de feição a Portugal, em grande medida pelas divisões e fragilidades das guerrilhas nacionalistas), como lhe acabaria por criar uma série de problemas intrincados, nomeadamente com as forças armadas. Ao dar carta-branca a alguns dos seus comandantes militares, figuras ambiciosas como Spínola, na Guiné, e Kaúlza de Arriaga, em Moçambique, Caetano dispôs-se a correr sérios riscos. A estratégia salazarista de uma guerra de custos contidos e de baixa tecnologia começou a dar lugar a uma lógica de escalada, com planos operacionais que implicavam a violação da soberania de estados vizinhos, com todas as complicações internacionais daí resultantes. Spínola tentou também explorar canais de diálogo com o PAIGC, usando a mediação do presidente senegalês, Leopold Senghor, iniciativa que o levaria a um embate com Caetano. Manietado pela vigilância dos sectores «ultra», este foi deixando que todas as vias para uma abordagem mais imaginativa ao impasse ultramarino se fechassem por volta de 1972, ano da reeleição de Américo Thomaz como Presidente da República, o órgão político onde residia, em última análise, a chave para uma mudança política a partir do interior do regime.

Se em 1961 Salazar tivera o seu *Annus Horribilis*, Caetano experimentou algo de semelhante em 1973, quando a deterioração militar na Guiné (desaires de Guidaje, Guilege e Gadamael) e uma sucessão de eventos de ordem político--diplomática (a revelação do escândalo de Wiriyamu, o apoio dado na ONU à declaração unilateral de independência da Guiné pelo PAIGC, as retaliações exercidas por vários países produtores de petróleo pelo uso das Lajes pelos EUA no âmbito da guerra do Yom Kippur) mostraram que a política de resistência à descolonização se estava a tornar, a vários títulos, insustentável. Em abril de 1974, os militares chamaram a si o papel de agentes «regeneradores» de um regime bloqueado. Embora a génese do Movimento das Forças Armadas possa ter radicado em motivações de índole corporativa, estas estavam intrinsecamente ligadas ao impasse gerado pela guerra de resistência à descolonização.

Descolonização em contexto revolucionário

Nenhum outro estado europeu conduziu o seu desengajamento imperial nas circunstâncias de Portugal, ou seja, em pleno turbilhão revolucionário. Nos meses críticos que se seguiram ao golpe de estado, uma disputa intensa entre vários atores (por um lado, Spínola; por outro, a Comissão Coordenadora do MFA e, de certa forma, o PCP e as principais forças partidárias emergentes) pela melhor abordagem ao problema ultramarino levou o poder metropolitano a ter de enveredar por uma conduta essencialmente reativa e a resignar-se, em muitos momentos, a um exercício de controlo de danos.[10]

Essa circunstância explica, em grande medida, algumas das facetas distintivas da dissolução dos vínculos coloniais portugueses: a aceleração dos calendários para a transferência dos poderes (entre Abril de 74 e janeiro de 75 tudo foi negociado); a impotência do governo metropolitano face ao incumprimento de princípios acordados para regular a transição política na colónia onde residia o maior núcleo de colonos (Angola); ou, num caso mais extremo, a anexação de um dos seus territórios (Timor) por uma potência regional, a Indonésia, que, na década de 50, sob um regime diferente, havia assumido um papel de liderança moral no movimento afro-asiático.

A derradeira tentativa portuguesa de procurar reter alguma espécie de influência institucional, por via de um esquema confederal, vagamente semelhante ao que os franceses haviam ensaiado em finais dos anos 50, com a sua «lei--quadro» – o projeto spinolista de uma «Comunidade Luso-Afro-Brasileira» (esboçado no seu livro *Portugal e o Futuro*, publicado em fevereiro de 1974) – saldou-se por um fracasso em toda a linha. A ideia de organizar plebiscitos, ou consultas de autodeterminação, em territórios onde o aparelho de estado

[10] Para o período pós-1974, vejam-se, entre outros, N. MacQueen, *The Decolonization of Portuguese Africa. Metropolitan Revolution and the Dissolution of Empire* (Londres: Longman, 1997) e F. Rosas, M. Machaqueiro e P. Aires Oliveira (org.), *O Adeus ao Império. 40 Anos de Descolonização Portuguesa* (Lisboa: Nova Veja, 2015), em especial o ensaio de B. C. Reis, que aborda, com pormenor, as posições das diferentes forças partidárias face à descolonização.

colonial e o extenso dispositivo militar português se mantinham intactos foi universalmente mal recebida. Desde logo pelos movimentos independentistas, os quais, cientes das clivagens entre Spínola e os oficiais mais jovens do MFA, enveredaram por uma intensificação das ações armadas, que rapidamente produziu um efeito desmoralizante na tropa portuguesa de conscrição. Em Luanda, o clima de indefinição deu espaço aos simpatizantes do MPLA para dinamizarem ações contestatárias nos bairros onde se concentrava a maior parte da população africana. Em pouco tempo, as tensões sociais e inter-raciais voltaram a atingir o mesmo nível de intensidade de 1961 e os soldados africanos do exército colonial manifestaram-se contra a aparente passividade das autoridades face às incursões punitivas dos colonos nos musseques. Nos três teatros de operações, plenários alargados das comissões locais do MFA não tardaram a enviar moções a Lisboa que configuravam verdadeiros ultimatos. Como se dizia num deles, o poder metropolitano deveria, sem mais demoras, procurar um entendimento com os movimentos nacionalistas armados, «não para negociar o direito à independência, mas tão-só os mecanismos conducentes à transferência de poderes».[11]

Gorada saiu também a tentativa, encorajada por Spínola ou por elementos identificados com o seu projeto, de fomentar o aparecimento de «terceiras forças», ou seja, organizações partidárias autónomas em relação aos movimentos armados. Sobre elas recaiu o estigma de serem animadas por elementos que, de alguma forma, tinham cultivado relações de proximidade com o poder colonial na sua fase final; como tal, as estruturas locais do MFA, encorajadas pelos «companheiros de estrada» dos movimentos de libertação, exerceram fortes constrangimentos à sua atuação, tanto no período que precedeu a celebração dos acordos de independência como na fase de transição nos territórios onde ficara definida a realização de eleições para assembleias constituintes.

Na metrópole, a preferência por um desfecho rápido das hostilidades parecia também colher a aprovação de uma parte significativa da população e, desde logo, daquela que evidenciava uma maior apetência para o protesto e mobilização de rua – os *slogans* da extrema-esquerda «nem mais um soldado para África» cobriram muitos murais da capital e serviram de palavras de ordem em manifestações contra o embarque de novos contingentes. No entanto, uma consulta aos programas e pronunciamentos das forças políticas mais moderadas, do PS ao CDS, revelava que esta era igualmente uma questão encarada como potencialmente desestabilizadora relativamente ao processo político em que todos estavam empenhados. O horizonte dos jovens quadros políticos dessas forças (que haveriam de recolher mais de 70 por cento dos votos nas eleições constituintes de 1975) era europeu e pós-imperial; a questão de transformar o reconhecimento da independência dos novos estados africanos num novo facto de bloqueio na política portuguesa (que poderia propiciar uma tentativa de presidencialismo autoritário por parte de Spínola) não era do agrado de ninguém. Nesse sentido, os políticos civis envolvidos nos primeiros governos provisórios constituídos após o golpe de Abril acabariam por se entender com os principais estrategos do MFA – entre todos, o major Melo Antunes – para dar os passos necessários a uma solução essencialmente pragmática do contencioso colonial.

[11] A. E. Duarte Silva, *A Independência da Guiné-Bissau e a Descolonização Portuguesa* (Porto: Afrontamento, 1997), p. 418.

O JORNAL DE MAIOR EXPANSÃO NO MUNDO PORTUGUÊS

DIÁRIO POPULAR

Director interino: MANUEL MAGRO

IMEDIATO RECONHECIMENTO DO DIREITO À INDEPENDÊNCIA DOS POVOS DOS TERRITÓRIOS ULTRAMARINOS

— declarado pelo Presidente da República

O Presidente da República, general António de Spínola, reiterou solenemente «o reconhecimento do direito dos povos dos territórios ultramarinos portugueses à autodeterminação, incluindo o imediato reconhecimento do seu direito à independência» — na declaração que dirigiu, esta manhã, ao País através dos meios de informação.

Precisando melhor esta declaração, o Presidente da República afirmou ela querer significar «que estamos prontos, a partir de agora, para iniciar o processo de transferência de poderes para as populações dos territórios ultramarinos reconhecidamente aptos para o efeito, nomeadamente a Guiné, Angola e Moçambique».

PÁGINA 9

O general Spínola ao proferir a sua importante comunicação

A DOENÇA DOS HOSPITAIS E A SAÚDE DO POVO PORTUGUÊS

• Revelações sobre a situação sanitária (e não só) nos hospitais dos Capuchos e Santa Maria

PÁGINA 13

A PARTIR DE HOJE NO DIÁRIO POPULAR

O BRIGADEIRO SARAIVA DE CARVALHO CONTA A HISTÓRIA DO 25 DE ABRIL

A lição colhida da intentona das Caldas constitui a primeira parte da entrevista que o herói do 25 de Abril concedeu ao nosso redactor BOTELHO DA SILVA

PÁGINA 10

Hoje: 32 páginas

[9] Notícia alusiva à Lei 7/74 com o General António de Spínola. *Diário Popular*, 27/07/1974.

A 27 de julho, o próprio Spínola se resignava à inviabilidade da sua via plebiscitária e promulgava aquela que viria a ser uma espécie de lei-quadro da descolonização portuguesa (Lei 7/74), na qual o direito das populações ultramarinas à autodeterminação e independência era reconhecido sem ambiguidades. Tal medida desbloqueou de vez a busca de cessar-fogos e entendimentos políticos entre Portugal e os movimentos nacionalistas, ou seja, aqueles que instâncias como a ONU e a OUA haviam certificado como os únicos «interlocutores válidos» de um processo negocial para a independência – na maioria dos casos partidos que tinham protagonizado ações armadas nos territórios ou que tinham levado a cabo uma diplomacia bem-sucedida junto daquelas organizações internacionais (como o MLSTP, de São Tomé e Príncipe).

Os acordos de independência revestiram-se de várias cambiantes e especificidades, mas, no seu conjunto, exprimiam uma fórmula coerente: Portugal acertava diretamente com movimentos de libertação os termos da transferência de poderes e não se imiscuía no desenho do quadro constitucional dos novos países. Nos casos da Guiné-Bissau e de Moçambique isso significou reconhecer ao PAIGC e à Frelimo uma primazia incondicional na definição dos processos conducentes à formação dos órgãos de soberania dos novos estados; nos casos de Cabo-Verde e São Tomé, territórios onde não tinham ocorrido ações armadas, definiram-se as modalidades para eleições constituintes; no caso de Angola, estabeleceu-se um esquema complexo de desmobilização dos três partidos armados – FNLA, MPLA e UNITA – que deveria depois ter como desfecho uma consulta eleitoral à população, também com vista à formação de uma assembleia constituinte.

As cerimónias de independência decorreram, na maior parte dos casos, num clima de alguma euforia – os pontos de contacto entre as utopias da esquerda metropolitana e as elites dos novos países africanos pareciam augurar um relacionamento livre das patologias denunciadas pelos críticos das «independências de bandeira» da década de 60. No entanto, nenhuma destas transições na África Lusófona se desenrolou sem episódios violentos ou acusações de «parcialidade» dirigidas aos responsáveis portugueses.

Na Guiné, à semelhança do que sucedeu com os *harkis* na Argélia pós-1962, houve ajustes de contas sangrentos entre as novas autoridades e os antigos combatentes africanos das forças armadas portuguesas. Em Moçambique, ocorreu uma tentativa de contragolpe por parte de brancos radicalizados e elementos mais comprometidos com o antigo *status quo* – o movimento do 7 de Setembro – seguido de vários incidentes raciais graves no mês seguinte, o que fez acelerar o êxodo da população branca ainda antes da independência a 25 de Junho de 1975. Nos arquipélagos de Cabo Verde e São Tomé e Príncipe, o desejo dos militares portugueses de assegurarem um cenário pós-independência o mais estável possível levou-os a condescender com as estratégias hegemónicas dos movimentos de libertação, assim facilitando a instituição de regimes de partido único. Em Angola, onde se concentrava a maior parcela de colonos portugueses (324 mil em 1973), as divergências insanáveis entre os três movimentos cruzaram-se com dinâmicas geopolíticas de contornos regionais e globais e o resultado foi a deflagração de uma guerra civil ainda antes da data acordada para a independência (11 de Novembro de 1975). Em consequência, Portugal viu-se forçado a declarar a suspensão do acordo de Alvor e a apelar à boa vontade de algumas potências para realizar uma ponte aérea que permitisse retirar os milhares de indivíduos que, à luz da nova Lei de Nacionalidade aprovada a 24 de junho desse ano, podiam solicitar esse repatriamento. As circunstâncias dramáticas do seu regresso, e a devastação material e humana entretanto verificada em Angola (bem como, a breve trecho, também em Timor, invadido pela Indonésia perante a impotência portuguesa e a cumplicidade de várias potências

[10] Independência de Moçambique. No Estádio da Machava, Arrear da Bandeira Portuguesa. 25/06/1975. Fotografia de Eurico Chalbert. Imagem cedida pelo ANTT.

ocidentais), rapidamente tornaram dúbia a invocação do carácter supostamente «exemplar» da descolonização portuguesa.

Diferentemente das suas congéneres europeias, as elites do Estado Novo nunca contemplaram a possibilidade de um desengajamento imperial planeado e negociado. Talvez isso também não tivesse garantido relações pós-imperiais isentas de ressentimentos, mal-entendidos e desconfianças mútuas – à semelhança, aliás, do que sucedeu com outros processos de descolonização europeus. Porventura também não teria evitado o advento de regimes ditatoriais, como acabaria igualmente por acontecer na grande maioria dos estados saídos das descolonizações britânica, francesa e belga, após um breve período inicial de experiências constitucionais e democráticas. Mas atendendo ao que era a expressão demográfica e económica dos interesses portugueses em África, antes do deflagrar das guerras coloniais, os custos da dissolução dos vínculos coloniais em 1961 teriam sido seguramente mais fáceis de gerir do que viriam a ser em 1975. Um país economicamente fragilizado (vivia-se a primeira grande recessão europeia desde o pós-Segunda Guerra Mundial), teve de absorver cerca de

550 mil «retornados» e arcar com uma série de compromissos financeiros herdados do colonialismo tardio (o mais pesado deles todos foi os custos da barragem de Cahora Bassa, que, em meados da década de 80, representavam cerca de metade do serviço da dívida externa portuguesa). Os impactos da descolonização seriam menos desestabilizadores para a jovem democracia portuguesa do que se chegou a temer, não dando origem, por exemplo, a partidos políticos que apostavam na exploração de sentimentos de ressentimento entre os antigos colonos. Os seus legados mais íntimos e pessoais, porém, constituem um fenómeno complexo, o qual só recentemente começou a ser interrogado pela história e pelas ciências sociais.

Referências

Afonso, Aniceto e Carlos de Matos Gomes (org.). *Guerra Colonial. Angola-Guiné--Moçambique* (Lisboa: *Diário de Notícias*, 1999-2000).

Afonso, Aniceto e Carlos de Matos Gomes, *A Conquista das Almas. Cartazes e Panfletos da Acção Psicológica na Guerra Colonial* (Lisboa: Tinta da China, 2016).

Cann, John P., *Contra-Insurreição em África 1961-1974. O Modo Português de Fazer a Guerra* (Lisboa: Atena, 1998).

Castelo, Cláudia, *«O Modo Português de Estar no Mundo». O Luso-tropicalismo e a Ideologia Colonial Portuguesa 1933-1961* (Porto: Afrontamento, 1999).

Duarte, António E., *A Independência da Guiné-Bissau e a Descolonização Portuguesa* (Porto: Afrontamento, 1997).

Lourenço, Eduardo, *Do Colonialismo como Nosso Impensado* (Lisboa: Gradiva, 2014).

MacQueen, Norrie, *The Decolonization of Portuguese Africa. Metropolitan Revolution and the Dissolution of Empire* (Londres: Longman, 1997).

Peralta, Elsa e Domingos, Nuno (coord.), *Cidade e Império. Dinâmicas Coloniais e Reconfigurações Pós-Coloniais* (Lisboa: Edições 70, 2013).

Pimenta, Fernando Tavares, *Angola, os Brancos e a Independência* (Porto: Afrontamento, 2008).

Pinto, António Costa, *O Fim do Império Português. A Cena Internacional, a Guerra Colonial e a Descolonização, 1961-1975* (Lisboa: Livros Horizonte, 2001).

Reis, Bruno C., «As primeiras Décadas de Portugal na ONU. Um Estado Pária contra a Norma da Descolonização», in M. B. Jerónimo e A. Costa Pinto (org.), *Portugal e o Fim do Colonialismo. Dimensões Internacionais* (Lisboa: Edições 70, 2014).

Rodrigues, Luís Nuno, *Salazar-Kennedy. A Crise de uma Aliança* (Lisboa: Editorial Notícias, 2002).

Rosas, Fernando, Mário Machaqueiro e Pedro Aires Oliveira (org.), *O Adeus ao Império. 40 Anos de Descolonização Portuguesa* (Lisboa: Nova Vega, 2015).

Thomas, Martin, Bob Moore e L. J. Butler, *Crisis of Empire. Decolonization and Europe's Imperial States, 1918-1975* (Londres: Hodder Education, 2008).

MIGRAÇÃO COLONIAL PARA ANGOLA E MOÇAMBIQUE (SÉCULOS XIX-XX)*

CLÁUDIA CASTELO

* Texto baseado em Cláudia Castelo, «Migração ultramarina: contradições e constrangimentos», *Ler História*, n.º 56 (2009), pp. 69-82.

A emigração e a colonização são dois dos fenómenos que, ao longo dos tempos, mais marcaram a sociedade portuguesa. Interligados entre a expansão europeia iniciada no século XV e a independência do Brasil em 1822, voltaram a articular-se parcialmente nas últimas décadas do império colonial português em África. Apesar da persistência do mito dos 500 anos de presença portuguesa neste continente, a mobilidade espacial e socioeconómica entre Portugal e as suas colónias africanas é tardia e circunscrita: decorre sobretudo no século XX, atingindo o auge no pós-Segunda Guerra Mundial, e dirige-se fundamentalmente a Angola e a Moçambique. Neste texto apresenta-se uma análise panorâmica da migração ultramarina, entre a segunda metade do século XIX e as vésperas da descolonização, em 1975.

Depois da perda do império brasileiro e de uma fase de alguma indecisão, as colónias africanas passam a ser vistas como um campo privilegiado de afirmação da nação portuguesa. Em meados do século XIX, o estado português toma as primeiras medidas avulsas de criação de colónias agrícolas em Angola e transporta a título gratuito algumas centenas de colonos. Após 1870, é promulgada legislação que visa desviar para África parte da emigração portuguesa destinada ao Brasil, em crescimento acelerado com o fim da guerra do Paraguai e a abolição do tráfico de escravos. Os núcleos de povoamento enfrentam obstáculos de vária ordem e apenas a colónia de Moçâmedes (1849-1850), criada por contingentes de emigrantes portugueses saídos de Pernambuco (Brasil), e a do Lubango (1884-1885), formada por madeirenses e transmontanos, deixarão rasto.

A «corrida» das potências europeias a África, no último quartel do século XIX, dá um impulso decisivo ao interesse do estado português pelo Ultramar e pelo povoamento de Angola (sobretudo) e Moçambique com naturais da metrópole. Na imprensa e nos fóruns políticos argumenta-se que os colonos portugueses podem assegurar a soberania nacional e ser um fator de civilização dos africanos e de progresso económico daqueles territórios. Apesar das intenções dos governos, fatores económicos, demográficos e simbólicos repelem eventuais interessados e apenas os que não têm nada a perder se arriscam a partir para as colónias, orientando-se, à chegada, sobretudo para atividades comerciais.

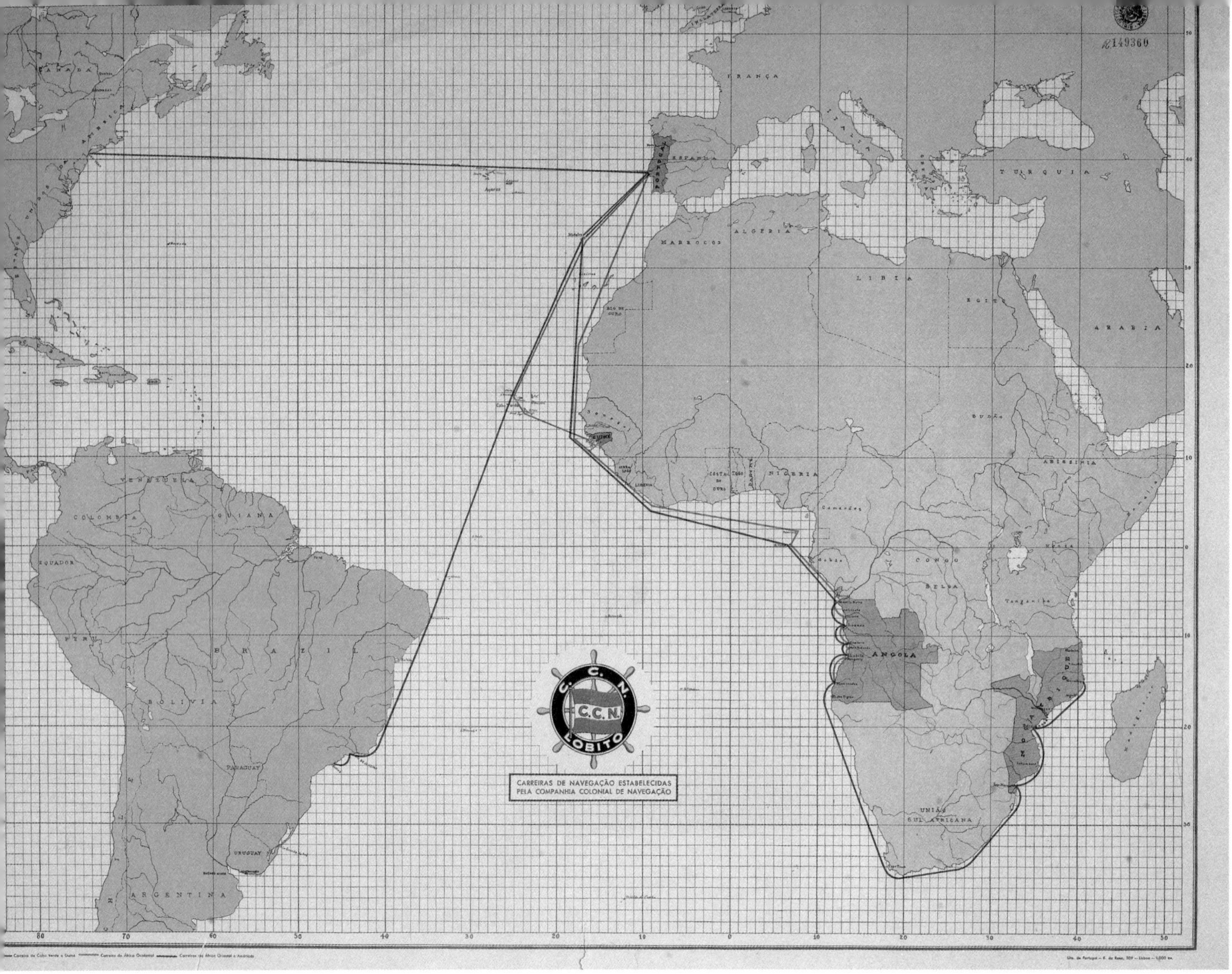

[11] Mapa das Carreiras da Companhia Colonial de Navegação, 1942. Biblioteca Nacional de Portugal.

[12] Quadro histórico representando o Brigue «Douro» da Real Marinha Portuguesa que chegou a Moçâmedes no dia 1 de agosto de 1849, transportando os primeiros colonos portugueses vindos de Pernambuco. ACTD.

Bernardino Freire de Figueiredo Abreu e Castro chefe da Primeira Colónia.

Reprodução duma fotografia oferecida pelo fotografado a Acácio de Oliveira. Lêem-se, registadas, no reverso, as notas biográficas que se seguem: «Meu muito amigo Bernardino Freire de Figueiredo Abreu e Castro, chefe da colónia que primeiro veio para Moçâmedes, de cuja povoação foi o núcleo em 1849. Homem, para todos que conheciam as suas qualidades, muito estimado,—pugnador incansável dos benefícios dos pobres e dos órfãos... e mais útil aos estranhos que a si próprio». (a) Acácio de Oliveira.

Ano provável: 1885. Uma reunião em casa de Manuel Joaquim Torres e Maria José da Costa Torres, componentes da Segunda Colónia. Deste grupo de sete senhoras, três ainda vivem: a primeira; a que está sentada à máquina de costura; e a que está sentada ao piano.

(Interior de uma das primeiras casas construídas em Moçâmedes. Mobília e indumentária características da época).

Amélia Torres Bastos, filha de Manuel Joaquim Torres e de Maria José da Costa Torres, componente da Segunda Colónia; foi esposa de Manuel José Alves Bastos, componente da Primeira.

Maria José da Costa Torres

N. 1827 — f. 24 Jul. 1912, natural da ilha de S. Miguel, proprietária, componente da Segunda Colónia; foi esposa de Manuel Joaquim Torres, também componente da Segunda Colónia. Repousa, em jazigo de família, no cemitério de Moçâmedes.

José Joaquim de Pinho, natural de Aveiro, componente da Primeira Colónia, foi proprietário duma fazenda situada na várzea da Boa Esperança. Faleceu em 27 de Novembro de 1875. Repousa, sob gracioso mausoléu, no cemitério da cidade.

[13] Elementos das primeira e segunda colónias de Moçâmedes, in Manuel J. Torres, *O Distrito de Moçâmedes*, Lisboa, Agência Geral das Colónias, 1950.

Em 1896, o passaporte para a «África portuguesa» passa a ser gratuito, de modo a incentivar a migração espontânea de metropolitanos; em 1907, é mesmo abolido, impondo-se a conceção de que não se trata de emigração, mas de mobilidade populacional no interior do império. Porém, na passagem de século, a população branca nas colónias de Angola e Moçambique é relativamente reduzida, respetivamente 9198 indivíduos e 2064 (no território diretamente administrado pelo estado português).

A ocupação militar, concluída na segunda década do século XX, possibilita a expansão da administração civil e do povoamento branco. Por alturas da Primeira

Est. V-A — *Rua principal do Lubango, nos fins do século XIX; corresponde à actual Rua Pinheiro Chagas (estampa XXIV-B) (extraído de* J. A. da Cunha Moraes, Álbum Fotográfico e Descritivo... *cit.; reprodução de* Foto Avelino, Sá da Bandeira).

Est. VI-A — *Casas de colonos na Chibia (fins do século XIX)* (idem).

Est. VI-B — *Trabalhos agrícolas no Lubango, pouco tempo depois da fixação dos primeiros colonos* (idem).

Est. IV-A — *Casa de boers da Humpata (fins do século passado) (extraído de* J. A. da Cunha Moraes, Álbum Fotográfico e Descritivo..., *cit.; reprodução* de Foto Avelino, Sá da Bandeira).

Est. IV-B — *Carro dum boer da Humpata (fins do século passado)* (idem).

Est. III-B — *Trecho da estrada de Moçâmedes a Sá da Bandeira, na Leba, escarpa da Chela.* Foto Avelino, Sá da Bandeira.

[14] Manuel J. Torres, *O Distrito de Moçâmedes*, Lisboa, Agência Geral das Colónias, 1950.

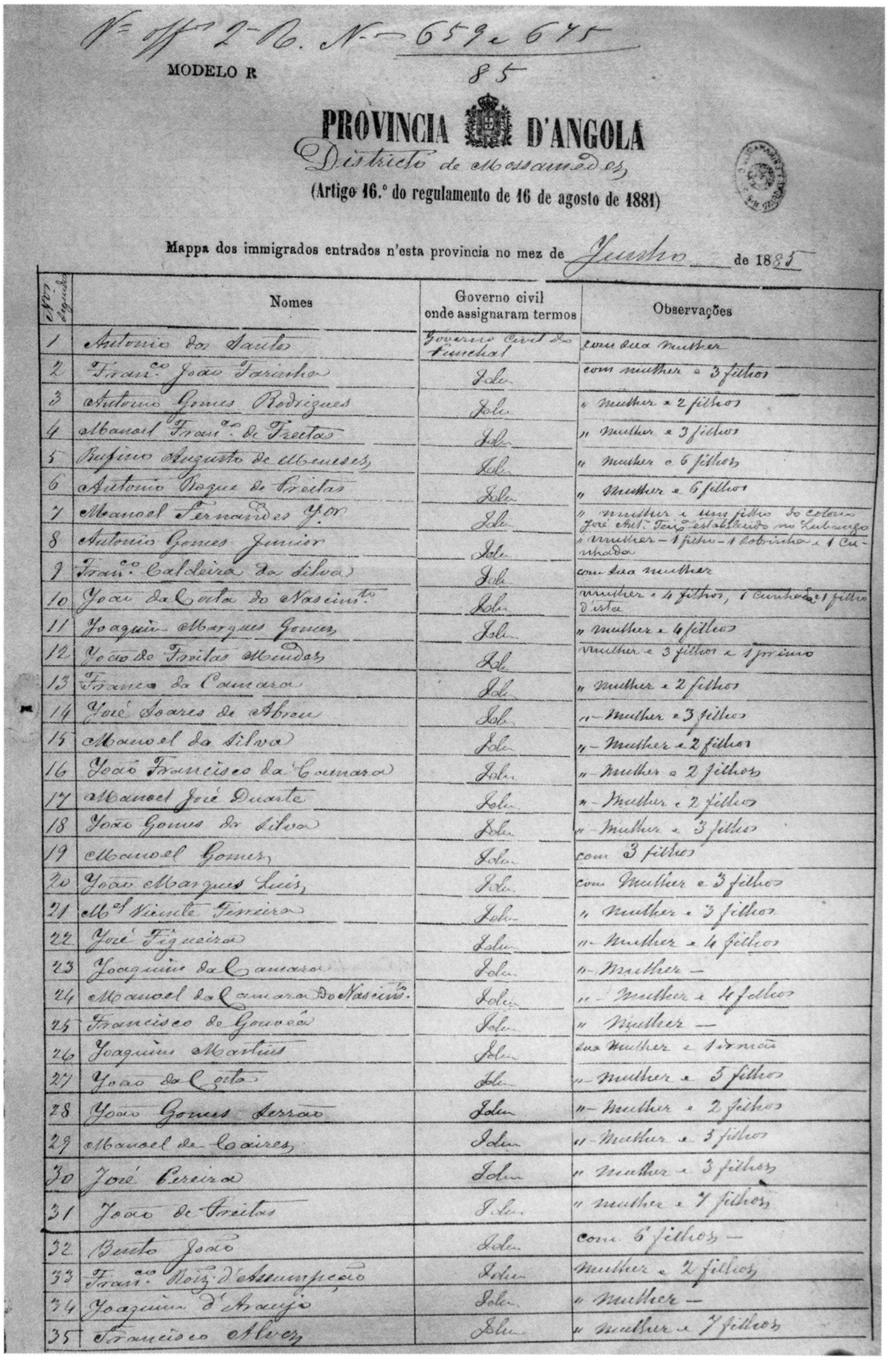
N.º Off.º 2.ª R. N.º 659 e 675

MODELO R

85

PROVINCIA D'ANGOLA

Districto de Mossamedes

(Artigo 16.º do regulamento de 16 de agosto de 1881)

Mappa dos immigrados entrados n'esta provincia no mez de Junho de 1885

N.os de ordem	Nomes	Governo civil onde assignaram termos	Observações
1	Antonio dos Santos	Governo Civil do Funchal	com sua mulher
2	Fran.co João Farinha	Idem	com mulher e 3 filhos
3	Antonio Gomes Rodrigues	Idem	" mulher e 2 filhos
4	Manoel Fran.co de Freitas	Idem	" mulher e 3 filhos
5	Rufino Augusto de Menezes	Idem	" mulher e 6 filhos
6	Antonio Roque de Freitas	Idem	" mulher e 6 filhos
7	Manoel Fernandes J.or	Idem	" mulher e um filho do colono José Ant.º Teix.ª estabelecido no Lubango
8	Antonio Gomes Junior	Idem	" mulher – 1 filho – 1 sobrinha e 1 cunhada
9	Fran.co Caldeira da Silva	Idem	com sua mulher
10	João da Costa do Nascim.to	Idem	mulher e 4 filhos, 1 cunhada e 1 filho d'esta
11	Joaquim Marques Gomes	Idem	" mulher e 4 filhos
12	João de Freitas Mendes	Idem	mulher e 3 filhos e 1 primo
13	Franc.o da Camara	Idem	" mulher e 2 filhos
14	José Soares de Abreu	Idem	" – mulher e 3 filhos
15	Manoel da Silva	Idem	" – mulher e 2 filhos
16	João Francisco da Camara	Idem	" – mulher e 2 filhos
17	Manoel José Duarte	Idem	" – mulher e 2 filhos
18	João Gomes da Silva	Idem	" – mulher e 3 filhos
19	Manoel Gomes	Idem	com 3 filhos
20	João Marques Luis	Idem	com mulher e 3 filhos
21	M.el Vicente Ferreira	Idem	" mulher e 3 filhos
22	José Figueira	Idem	" – mulher e 4 filhos
23	Joaquim da Camara	Idem	" – mulher –
24	Manoel da Camara do Nascim.to	Idem	" – mulher e 4 filhos
25	Francisco de Gouvêa	Idem	" mulher –
26	Joaquim Martins	Idem	sua mulher e 1 irmão
27	João da Costa	Idem	" – mulher e 5 filhos
28	João Gomes Serrão	Idem	" – mulher e 2 filhos
29	Manoel de Caires	Idem	" – mulher e 3 filhos
30	José Pereira	Idem	" mulher e 3 filhos
31	João de Freitas	Idem	" mulher e 7 filhos
32	Bento João	Idem	com 6 filhos –
33	Fran.co Roiz d'Assumpção	Idem	mulher e 2 filhos
34	Joaquim d'Araujo	Idem	" mulher –
35	Francisco Alves	Idem	" mulher e 7 filhos

[15] Emigração para Moçâmedes no final do século XIX. Arquivo Histórico Ultramarino.

Guerra Mundial a população branca de Moçambique ronda as 11 000 pessoas e, em 1920, os brancos em Angola são já 20 700 indivíduos. Provavelmente, esse crescimento deve-se à radicação nas colónias de expedicionários envolvidos nas campanhas de ocupação militar e na Grande Guerra, entretanto desmobilizados, à chegada de funcionários administrativos acompanhados pelas suas famílias e à progressiva substituição do sistema económico de recoleção e troca por um sistema baseado na economia de plantação, na pequena produção agrícola e no setor mineiro (em Angola). Os altos-comissários da República em Angola

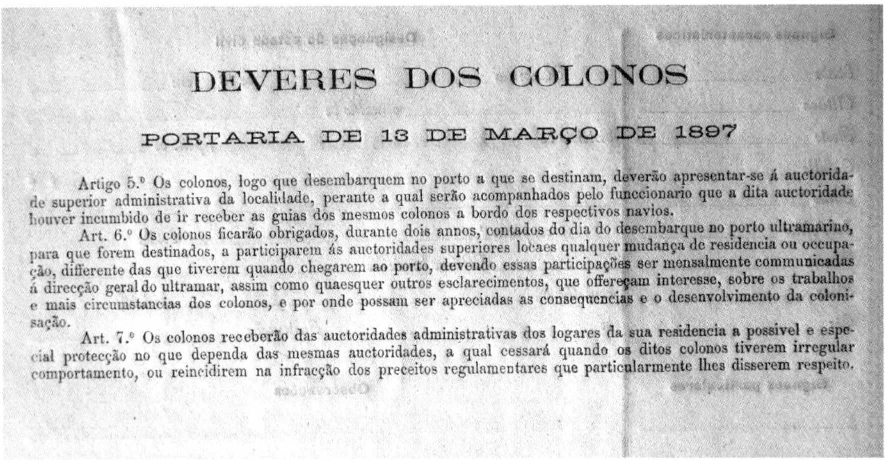

DEVERES DOS COLONOS

PORTARIA DE 13 DE MARÇO DE 1897

Artigo 5.º Os colonos, logo que desembarquem no porto a que se destinam, deverão apresentar-se á auctoridade superior administrativa da localidade, perante a qual serão acompanhados pelo funccionario que a dita auctoridade houver incumbido de ir receber as guias dos mesmos colonos a bordo dos respectivos navios.

Art. 6.º Os colonos ficarão obrigados, durante dois annos, contados do dia do desembarque no porto ultramarino, para que forem destinados, a participarem ás auctoridades superiores locaes qualquer mudança de residencia ou occupação, differente das que tiverem quando chegarem ao porto, devendo essas participações ser mensalmente communicadas á direcção geral do ultramar, assim como quaesquer outros esclarecimentos, que offereçam interesse, sobre os trabalhos e mais circumstancias dos colonos, e por onde possam ser apreciadas as consequencias e o desenvolvimento da colonisação.

Art. 7.º Os colonos receberão das auctoridades administrativas dos logares da sua residencia a possivel e especial protecção no que dependa das mesmas auctoridades, a qual cessará quando os ditos colonos tiverem irregular comportamento, ou reincidirem na infracção dos preceitos regulamentares que particularmente lhes disserem respeito.

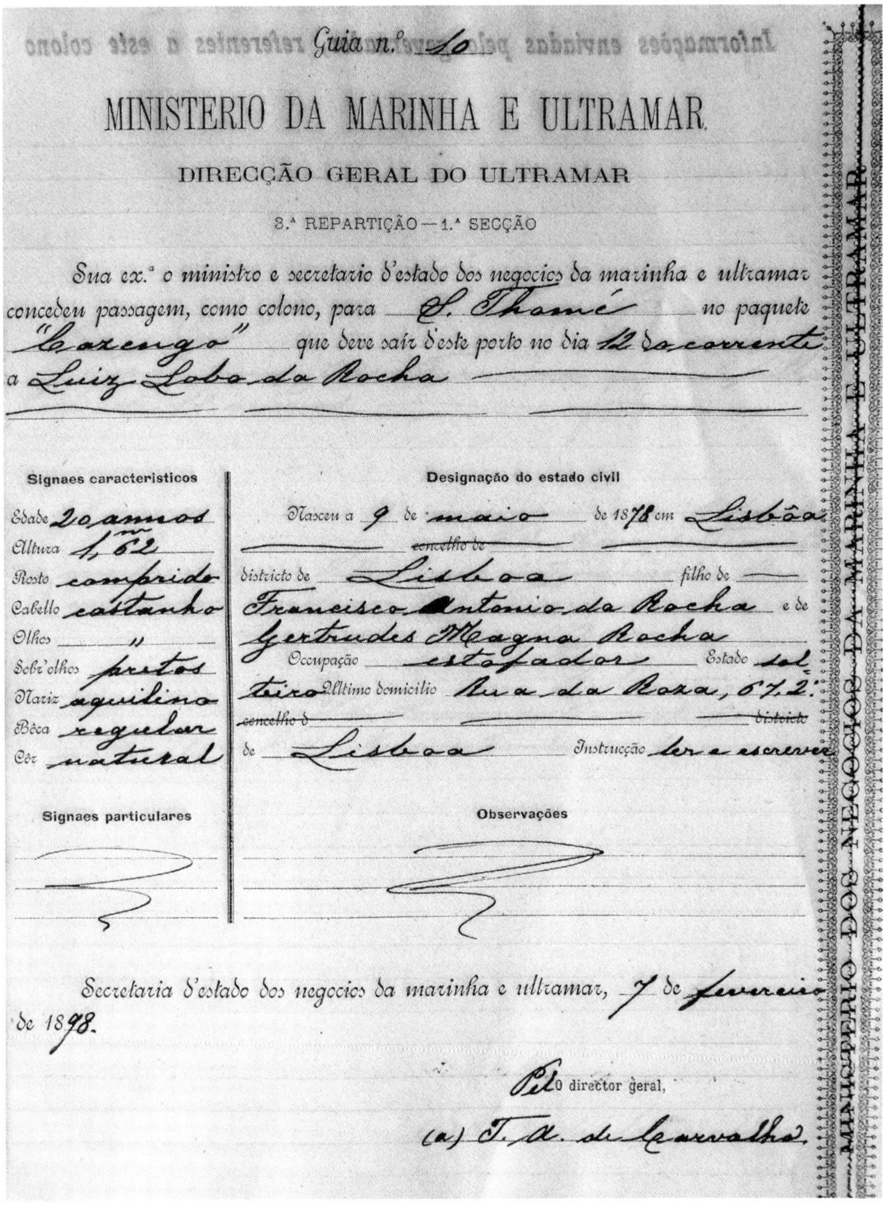

Guia n.º 10

MINISTERIO DA MARINHA E ULTRAMAR

DIRECÇÃO GERAL DO ULTRAMAR

3.ª REPARTIÇÃO — 1.ª SECÇÃO

Sua ex.ª o ministro e secretario d'estado dos negocios da marinha e ultramar concedeu passagem, como colono, para S. Thomé no paquete "Cazengo" que deve saír d'este porto no dia 12 do corrente a Luiz Lobo da Rocha

Signaes caracteristicos	Designação do estado civil
Edade 20 annos Altura 1,62 Rosto comprido Cabello castanho Olhos " Sobr'olhos pretos Nariz aquilino Bôca regular Côr natural	Nasceu a 9 de maio de 1878 em Lisbôa concelho de distrito de Lisboa filho de Francisco Antonio da Rocha e de Gertrudes Magna Rocha Occupação estofador Estado solteiro Ultimo domicilio Rua da Roza, 67.2.º concelho d districto de Lisboa Instrucção ler e escrever
Signaes particulares	Observações

Secretaria d'estado dos negocios da marinha e ultramar, 7 de fevereiro de 1898.

Pelo director geral,

(a) T. A. de Carvalho

MINISTERIO DOS NEGOCIOS DA MARINHA E ULTRAMAR

[16] Excerto da Portaria de 13 de março de 1897 e Guia de colono de 1898.

[17] População branca de Angola e Moçambique.

População branca Angola e Moçambique

Anos	Angola	Moçambique
1900	9 198	2 064*
1910	12 000	
1920	20 700	11 000**
1925	30 041***	
1928		17 842
1930	30 000	
1935		23 131
1940	44 083	27 438
1945		31 221
1950	78 826	48 213
1955		65 798
1960	172 529	97 245
1970	280 101	162 967
1973	324 000	190 000

Fontes: Colónia de Angola, Repartição Central de Estatística Geral, *Anuário Estatístico: 1940*, *Luanda*, Imprensa Nacional, 1941 (estimativas). Colónia de Moçambique. Repartição Central de Estatística, *Boletim Económico e Estatístico*, série especial, n.º 13, Lourenço Marques, Imprensa Nacional, 1936. Província de Angola, *II Censo da população de Angola: 1960*. Estado de Angola. Direcção Provincial dos Serviços de Estatística, *Informações Estatísticas: 1973*. Estado de Moçambique, *IV Recenseamento geral da população: 1970*, vol. 1. *Habitantes europeus no Território sob administração directa do Estado. **Por ocasião da I Guerra Mundial. Cf. Clarence-Smith, 1990 [1985], p. 141. *** Recenseamento de 1925. Segundo M. Costa Dias, BGC, n.º 65, Nov. 1930, p. 39.

(sobretudo) e em Moçambique procuram promover a fixação de famílias rurais portuguesas e a ida crescente de migrantes de todas as origens sociais para África. No primeiro território é promulgada legislação nesse sentido, nomeadamente por Norton de Matos, alto-comissário da República em Angola, entre 1921 e 1923, e Vicente Ferreira, em funções durante a Ditadura Militar. A propaganda em torno da colonização do império continua a ocupar a imprensa e o debate político, embora a imagem de África como terra de degredo (o fim do envio de degredados metropolitanos para Angola só ocorreria em 1934), com um clima inóspito e assolada de perigos e doenças mortais, ainda prevaleça.

No período inicial do Estado Novo (regime autoritário, corporativista e colonialista, 1933-1974), devido à crise económica mundial, à política de equilíbrio financeiro de Oliveira Salazar e ao modelo de desenvolvimento a impor às colónias (exploração dos recursos naturais e da mão de obra indígena para benefício da metrópole), abandona-se qualquer política de incentivo direto à migração colonial. Convém, no entanto, registar que o fim da deportação penal para África e a forte aposta na criação de uma mística imperial serão, a médio prazo, fatores de promoção da migração livre.

Embora no Ato Colonial se afirme ser «da essência orgânica da Nação Portuguesa desempenhar a função histórica de possuir e colonizar domínios ultramarinos», a verdade é que na década de 30 do século XX são impostas apertadas restrições à entrada de migrantes portugueses em Angola e Moçambique. Só portugueses com bens, cargos de direção, habilitações superiores ou destinatários de «carta de chamada», garantindo-lhes emprego ou meios de subsistência no destino, podem fixar-se nas colónias. A única exceção é a experiência de

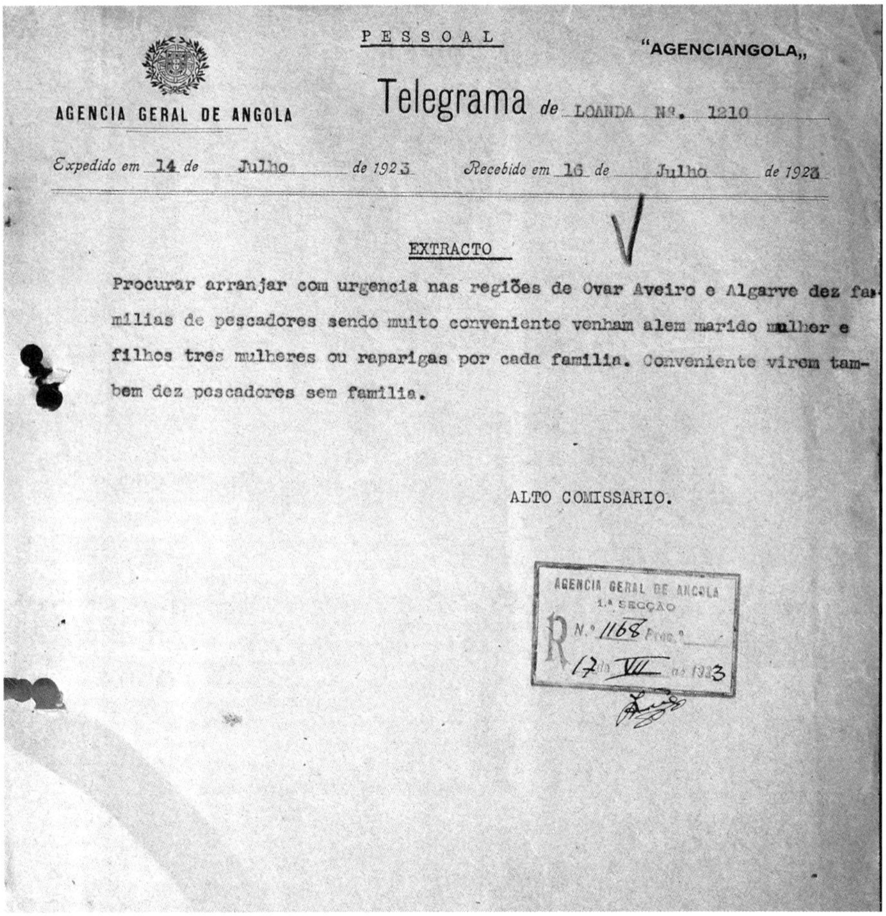

PESSOAL

AGENCIA GERAL DE ANGOLA

"AGENCIANGOLA,,

Telegrama de LOANDA Nº. 1210

Expedido em 14 de Julho de 1923 Recebido em 16 de Julho de 1923

EXTRACTO

Procurar arranjar com urgencia nas regiões de Ovar Aveiro e Algarve dez familias de pescadores sendo muito conveniente venham alem marido mulher e filhos tres mulheres ou raparigas por cada familia. Conveniente virem tambem dez pescadores sem familia.

ALTO COMISSARIO.

AGENCIA GERAL DE ANGOLA 1.ª SECÇÃO R N.º 1168 Proc.º 17 de VII de 1923

[18] Telegrama do Alto-comissário da República em Angola, 14 de julho de 1923. Arquivo Histórico Ultramarino.

A *companha* de pescadores poveiros chegada à Beira (Moçambique) em 12 de Dezembro de 1931 (Fotografia gentilmente cedida pelo Ex.mo Senhor Manuel Agonia Frasco, director de *O Comércio da Póvoa de Varzim*)

[19] Grupo da colónia poveira chegado em março de 1921 a Porto Alexandre, in Afonso J. Vilela, *A pesca e indústrias derivadas no distrito de Mossamedes, Relatório de um Inquérito*, Porto, Officinas de *O Commercio do Porto*, 1923.

[20] Partida para Luanda do Alto-comissário da República em Angola, 1928. Arquivo Fotográfico Jornal *O Século*/ANTT.

[21] Abolição do envio de condenados para as colónias, *Diário do Governo*, 13/02/1932.

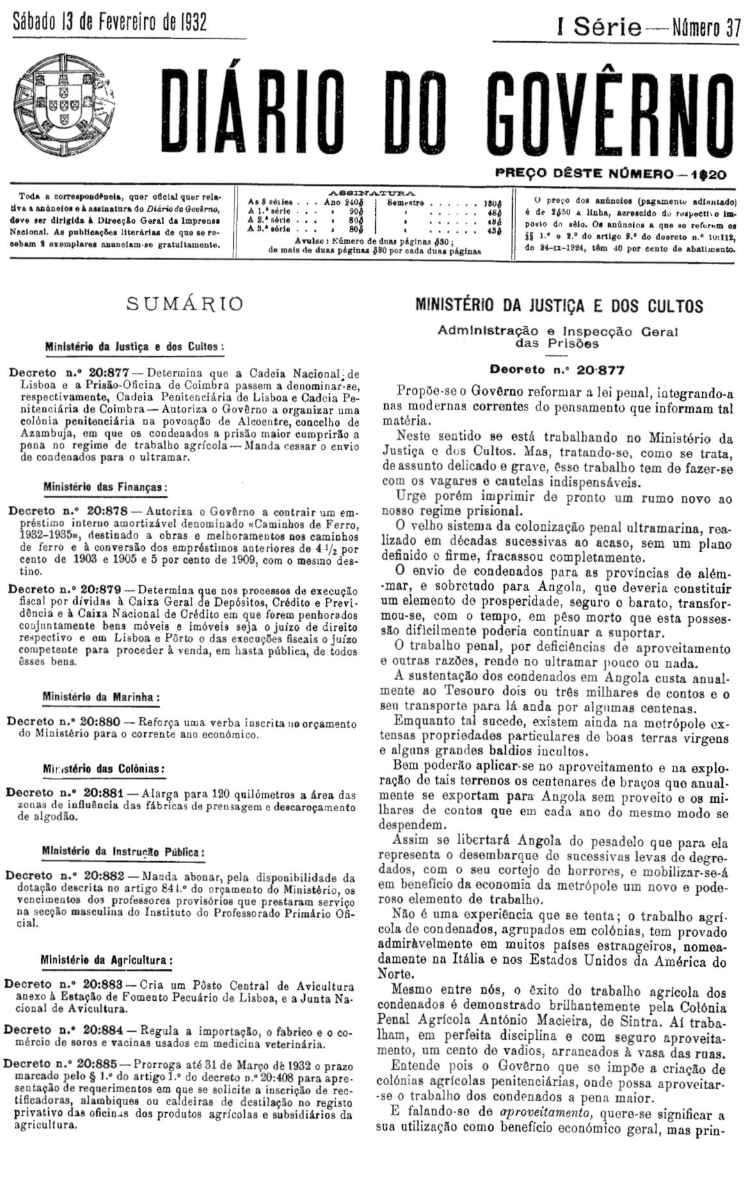

Sábado 13 de Fevereiro de 1932 — I Série — Número 37

DIÁRIO DO GOVÊRNO

PREÇO DÊSTE NÚMERO — 1$20

Toda a correspondência, quer oficial quer relativa a anúncios e à assinatura do *Diário do Govêrno*, deve ser dirigida à Direcção Geral da Imprensa Nacional. As publicações literárias de que se recebam 2 exemplares anunciam-se gratuitamente.

ASSINATURA

	Ano	Semestre
As 3 séries	240$	130$
A 1.ª série	90$	48$
A 2.ª série	80$	43$
A 3.ª série	80$	43$

Avulso: Número de duas páginas $30; de mais de duas páginas $30 por cada duas páginas

O preço dos anúncios (pagamento adiantado) é de 2$50 a linha, acrescido do respectivo impôsto do sêlo. Os anúncios a que se referem os §§ 1.º e 2.º do artigo 2.º do decreto n.º 10:112, de 24-IX-1924, têm 40 por cento de abatimento.

SUMÁRIO

Ministério da Justiça e dos Cultos:

Decreto n.º 20:877 — Determina que a Cadeia Nacional de Lisboa e a Prisão-Oficina de Coimbra passem a denominar-se, respectivamente, Cadeia Penitenciária de Lisboa e Cadeia Penitenciária de Coimbra — Autoriza o Govêrno a organizar uma colónia penitenciária na povoação de Alcoentre, concelho de Azambuja, em que os condenados a prisão maior cumprirão a pena no regime de trabalho agrícola — Manda cessar o envio de condenados para o ultramar.

Ministério das Finanças:

Decreto n.º 20:878 — Autoriza o Govêrno a contrair um empréstimo interno amortizável denominado «Caminhos de Ferro, 1932-1935», destinado a obras e melhoramentos nos caminhos de ferro e à conversão dos empréstimos anteriores de 4 1/2 por cento de 1903 e 1905 e 5 por cento de 1909, com o mesmo destino.

Decreto n.º 20:879 — Determina que nos processos de execução fiscal por dívidas à Caixa Geral de Depósitos, Crédito e Previdência e à Caixa Nacional de Crédito em que forem penhorados conjuntamente bens móveis e imóveis seja o juízo de direito respectivo e em Lisboa e Pôrto o das execuções fiscais o juízo competente para proceder à venda, em hasta pública, de todos êsses bens.

Ministério da Marinha:

Decreto n.º 20:880 — Reforça uma verba inscrita no orçamento do Ministério para o corrente ano económico.

Ministério das Colónias:

Decreto n.º 20:881 — Alarga para 120 quilómetros a área das zonas de influência das fábricas de prensagem e descaroçamento de algodão.

Ministério da Instrução Pública:

Decreto n.º 20:882 — Manda abonar, pela disponibilidade da dotação descrita no artigo 841.º do orçamento do Ministério, os vencimentos dos professores provisórios que prestaram serviço na secção masculina do Instituto do Professorado Primário Oficial.

Ministério da Agricultura:

Decreto n.º 20:883 — Cria um Pôsto Central de Avicultura anexo à Estação de Fomento Pecuário de Lisboa, e a Junta Nacional de Avicultura.

Decreto n.º 20:884 — Regula a importação, o fabrico e o comércio de soros e vacinas usados em medicina veterinária.

Decreto n.º 20:885 — Prorroga até 31 de Março de 1932 o prazo marcado pelo § 1.º do artigo 1.º do decreto n.º 20:408 para apresentação de requerimentos em que se solicite a inscrição de rectificadoras, alambiques ou caldeiras de destilação no registo privativo das oficinas dos produtos agrícolas e subsidiários da agricultura.

MINISTÉRIO DA JUSTIÇA E DOS CULTOS

Administração e Inspecção Geral das Prisões

Decreto n.º 20:877

Propõe-se o Govêrno reformar a lei penal, integrando-a nas modernas correntes do pensamento que informam tal matéria.

Neste sentido se está trabalhando no Ministério da Justiça e dos Cultos. Mas, tratando-se, como se trata, de assunto delicado e grave, êsse trabalho tem de fazer-se com os vagares e cautelas indispensáveis.

Urge porém imprimir de pronto um rumo novo ao nosso regime prisional.

O velho sistema da colonização penal ultramarina, realizado em décadas sucessivas ao acaso, sem um plano definido e firme, fracassou completamente.

O envio de condenados para as províncias de além-mar, e sobretudo para Angola, que deveria constituir um elemento de prosperidade, seguro e barato, transformou-se, com o tempo, em pêso morto que esta possessão dificilmente poderia continuar a suportar.

O trabalho penal, por deficiências de aproveitamento e outras razões, rende no ultramar pouco ou nada.

A sustentação dos condenados em Angola custa anualmente ao Tesouro dois ou três milhares de contos e o seu transporte para lá anda por algumas centenas.

Emquanto tal sucede, existem ainda na metrópole extensas propriedades particulares de boas terras virgens e alguns grandes baldios incultos.

Bem poderão aplicar-se no aproveitamento e na exploração de tais terrenos os centenares de braços que anualmente se exportam para Angola sem proveito e os milhares de contos que em cada ano do mesmo modo se despendem.

Assim se libertará Angola do pesadelo que para ela representa o desembarque de sucessivas levas de degredados, com o seu cortejo de horrores, e mobilizar-se-á em benefício da economia da metrópole um novo e poderoso elemento de trabalho.

Não é uma experiência que se tenta; o trabalho agrícola de condenados, agrupados em colónias, tem provado admiràvelmente em muitos países estrangeiros, nomeadamente na Itália e nos Estados Unidos da América do Norte.

Mesmo entre nós, o êxito do trabalho agrícola dos condenados é demonstrado brilhantemente pela Colónia Penal Agrícola António Macieira, de Sintra. Aí trabalham, em perfeita disciplina e com seguro aproveitamento, um cento de vadios, arrancados à vasa das ruas.

Entende pois o Govêrno que se impõe a criação de colónias agrícolas penitenciárias, onde possa aproveitar-se o trabalho dos condenados a pena maior.

E falando-se de *aproveitamento*, quere-se significar a sua utilização como benefício económico geral, mas prin-

[22] Em Lisboa, presos aguardando a vez de embarcarem no vapor Lourenço Marques, 1927. Arquivo Fotográfico Jornal *O Século*/ANTT.

[23] Henrique Galvão, Cartaz «Portugal não é um país pequeno», 1934.

[24] Uma das famílias de colonos que seguiram para Angola no paquete João Belo, 1936. Arquivo Fotográfico Jornal *O Século*/ANTT.

colonização agrícola da Companhia de Caminho de Ferro de Benguela, que iniciada em 1936, chegará ao fim em 1949 com apenas nove famílias de colonos instaladas. A migração que se vai processando é sobretudo a migração espontânea de empresários, pessoal dirigente e técnico. Esta política tem a concordância dos governos coloniais, preocupados com a eventual entrada de migrantes desprovidos de capital e qualificações, que fossem engrossar o rol de desempregados e brancos pobres, considerados um sinal alarmante de fracasso da obra colonizadora e civilizadora.

[25] A bordo do paquete João Belo, no momento da partida para Angola, 1936. Arquivo Fotográfico Jornal *O Século*/ANTT.

O auge da migração portuguesa para Angola e Moçambique acontece apenas no pós-Segunda Guerra Mundial, graças ao desenvolvimento económico propiciado pelas altas cotações dos géneros coloniais, e quando o movimento anticolonial já estava em marcha. Neste contexto, assiste-se a uma tímida inversão da política oficial de migração colonial. Em 1947, a emigração para o estrangeiro (na época, ainda maioritariamente para o Brasil) é suspensa por alguns meses para contribuir para a «valorização dos territórios do Ultramar pelo aumento da população branca». A partir daí assiste-se a um acentuado e progressivo crescimento da migração ultramarina. Tanto em termos absolutos como relativos, o movimento para Angola conhece um crescimento mais acelerado do que o movimento para Moçambique, o que se deve ao maior dinamismo da economia angolana.

Perante as pressões externas tendentes à autodeterminação das colónias, na revisão constitucional de 1951 Portugal deixa de se apresentar como um país que possui colónias, surgindo antes como uma nação espalhada por vários

[26] Colheita de café. Uíge, Angola. ACTD.

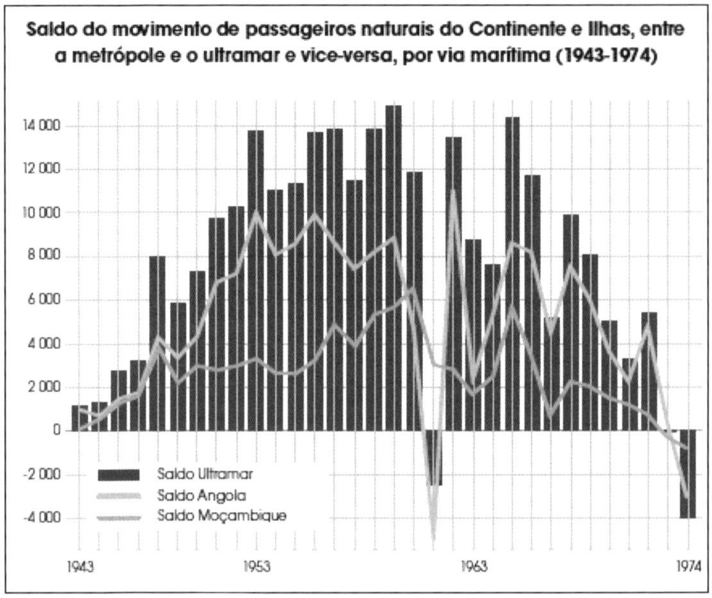

[27] Saldo do movimento de passageiros naturais do Continente e Ilhas, entre a metrópole e o Ultramar e vice-versa, por via marítima (1943-1974).

continentes, constituída por províncias metropolitanas e ultramarinas. Neste período aumentam as vozes favoráveis a um povoamento em larga escala, fortemente financiado pelo estado, diretamente em programas de colonização dirigida e, indiretamente, através do apoio à colonização livre e ao desenvolvimento económico.

Os projetos de povoamento postos em prática pelo Estado Novo na década de 50 (por exemplo, os colonatos modelo da Cela e do Cunene, em Angola, e do Limpopo, em Moçambique) e todo o investimento oficial no desenvolvimento das colónias no âmbito dos Planos de Fomento do Ultramar são acompanhados por um gradual abrandamento das restrições à fixação de portugueses não qualificados em Angola e Moçambique. Mas apenas em 1962, já depois do início da Guerra Colonial em Angola, é instituída a livre circulação de pessoas e bens no seio do «Espaço Económico Português». Os anos 60 são anos de crescimento do fluxo migratório destinado ao Ultramar. Esse crescimento deve atribuir-se ao desenvolvimento das economias de Angola (muito dinamizada pelo esforço de guerra) e Moçambique, que conseguiam atrair cada vez mais quadros técnicos da administração pública, da indústria e dos serviços. No caso de Moçambique, há um claro decréscimo após 1965, enquanto no caso de Angola o decréscimo sofre flutuações, só se tornando inequívoco a partir de 1970. Em 1974, o saldo entre entradas e saídas de Angola é claramente negativo. Em Moçambique, o saldo migratório também conhece um nítido decréscimo: em 1973 já é negativo, agravando-se em 1974.

[28] Embarque de colonos para o Limpopo, no aeroporto da Portela, e já dentro do avião, em 1954. Arquivo Histórico Ultramarino.

[29] Projetos de Povoamento do Estado Novo. Colonato de Cela, Angola. Família da aldeia de S. Tiago de Adeganha (1954). ACTD.

[30] Colonato de Cela - Santa Comba. «Sala de aulas com o seu professor». ACTD.

[31] Colonato de Cela, Angola. «O meu milho promete!» (1954). ACTD.

[32] Colonato do Limpopo, Moçambique (plantação). ACTD.

Página seguinte:

[33] Cartaz «Portugal além da Europa. A Batalha do desenvolvimento», 1970. Agência Geral do Ultramar.

PORTUGAL
ALÉM DA EUROPA

ECONOMIA
ANGOLA
AGÊNCIA GERAL DO ULTRAMAR

COLHEITA DE CAFÉ

BARRAGEM DE CAMBAMBE

EVOLUÇÃO DA EXPORTAÇÃO (valor em contos)

	1961		1964		1969	
	Ton. (1)	Contos	Ton. (1)	Contos	Ton. (1)	Contos
TOTAIS	1 328 618	3 874 116	2 507 878	5 867 713	7 997 883	9 390 424
Principais produtos						
Café	118 122	1 398 449	138 700	2 859 116	182 836	3 232 824
Diamantes (1000 kts) . . .	1 276 573	662 133	1 094 541	747 611	1 980 395	1 844 435
Minério de ferro	494 488	143 301	1 127 548	234 216	5 109 678	1 100 618
Petróleo em bruto			361 050	122 537	1 504 338	488 129
Farinha de peixe	50 339	134 799	54 434	176 982	92 341	347 210
Algodão em rama . . .	4 120	69 033	3 194	53 919	18 807	329 751
Milho	161 585	224 830	104 475	172 188	177 393	305 129
Madeira em bruto e serrada	74 096	73 973	89 258	95 539	152 004	224 001
Sisal	59 150	316 569	57 228	479 144	50 035	196 821
Fuel-oil	72 840	42 163	200 140	81 083	250 800	99 083
Diversos	293 878	808 866	371 751	845 378	459 651	1 222 423

(1) — Excepto diamantes.

CABINDA — SONDA DE PETRÓLEO

UMA GRANDE OFICINA EM NOVA LISBOA

A BATALHA DO DESENVOLVIMENTO

EMP — 6/70 — 15000

Nos anos finais do colonialismo português em África, apesar da despesa pública com o transporte e instalação de colonos rurais e o grande esforço de propaganda em prol do povoamento ultramarino, visto como um imperativo de sobrevivência nacional, a migração para as colónias fica sempre aquém da emigração para França, cujo mercado de trabalho exerce um poder de atração muito superior.

Entre 1943 e 1974, período para o qual dispomos de dados estatísticos, é possível afirmar que os migrantes são originários sobretudo dos distritos de Lisboa, Porto, Viseu e Guarda, e também dos de Aveiro, Bragança e Vila Real (para Angola) e dos de Coimbra e Santarém (para Moçambique). Tendo em conta a dimensão da população desses distritos, percebe-se que a maioria dos colonos é natural de distritos do Norte e do Centro de Portugal. O primeiro lugar ocupado pelo distrito de Lisboa em termos absolutos deve estar ligado ao facto de a capital ser também o centro por excelência de recrutamento para a administração colonial. Inicialmente esta migração é predominantemente masculina, mas ao longo do tempo a distância entre os dois sexos vai-se atenuando, o que contribui para a diminuição das uniões mistas e dos mestiços. O grupo etário mais representado é sempre o dos indivíduos em idade ativa, tal como o estado civil que congrega sempre mais migrantes é o dos casados. O grau de instrução dos embarcados para as colónias é mais elevado que o dos portugueses metropolitanos (e dos emigrantes para o estrangeiro), ainda que no período áureo da corrente migratória ultramarina haja uma diminuição do nível médio de escolaridade. Em termos relativos, para Moçambique vão indivíduos mais qualificados do que para Angola. No que respeita ao ramo de atividade e à situação na profissão, para o território angolano embarcam sobretudo pessoas ligadas ao comércio e os patrões e isolados estão mais representados; para o território moçambicano vão maioritariamente pessoas ligadas aos serviços e à administração pública e destacam-se os funcionários. Esta situação reflete-se na forma de custear a viagem: para o primeiro destino, a maioria dos embarcados segue a expensas próprias ou do chefe de família; para o segundo, a maioria viaja à custa do estado. Para o conjunto do Ultramar, entre meados dos anos 50 e meados dos anos 60, os ativos ligados ao sector primário ocupam a primeira posição no movimento de passageiros. É neste período que a migração ultramarina mais se aproxima do padrão social da emigração para o estrangeiro. É também então que o Estado Novo mais se empenha no transporte de trabalhadores agrícolas para os colonatos rurais, embora no destino, à revelia dos projetos oficiais, a maioria voltasse as costas à enxada.

Se, em termos sociais, os migrantes que se fixam em Angola e Moçambique não se confundem com a elite migratória britânica que se radicou no Quénia, também não correspondem inteiramente ao emigrante português que rumou ao Brasil ou, mais tarde, a França. Tal como em qualquer movimento migratório, na migração ultramarina detetam-se fatores de repulsão, geralmente de natureza económica, e de atração. Mas terão sido estes os mais determinantes. Os colonos têm consciência de que se vão instalar num espaço de desigualdade, no qual são o elemento privilegiado, em situação permanente de superioridade

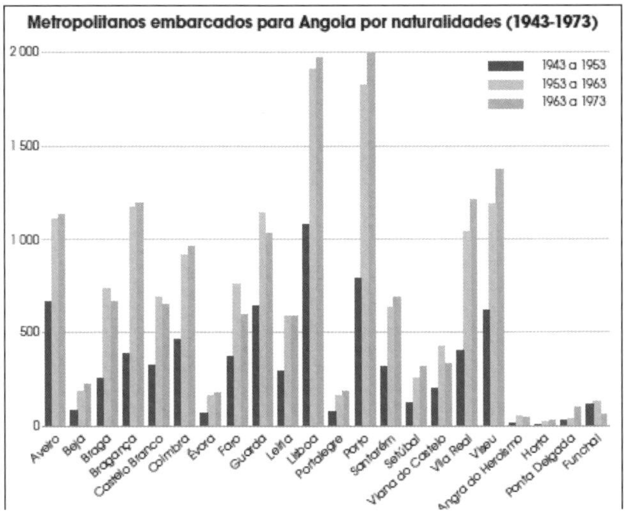

[34] Metropolitanos embarcados para Angola por naturalidades (1943-1973).

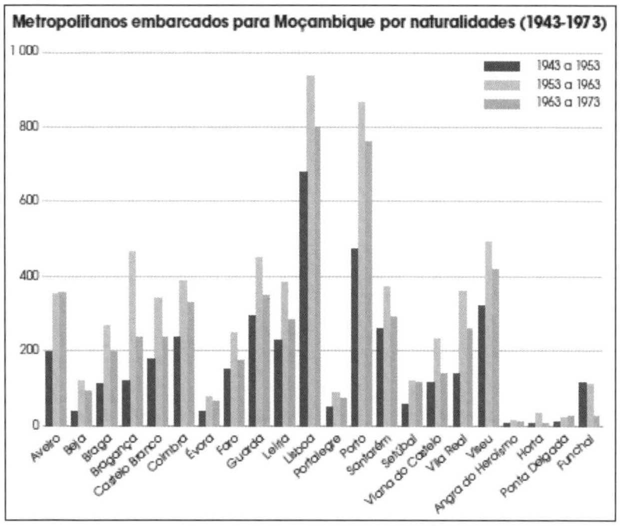

[35] Metropolitanos embarcados para Moçambique por naturalidades (1943-1973).

relativamente à esmagadora maioria da população africana: os designados «indígenas», sujeitos a todo o tipo de discriminação e exploração. Devido à sua pertença à comunidade colona, é-lhes garantido acesso preferencial ao poder político, social, económico e simbólico.

Até muito tarde, e apesar de algumas medidas avulsas em contrário, o estado português procura afastar das colónias a migração determinada por fatores de repulsão de carácter económico. Embora no apogeu da migração ultramarina se verifique um abaixamento da origem social dos migrantes – muito evidente

[36] Mercado de algodão. Malange, Angola. ACTD.

[37] Visita presidencial de Américo Thomaz a Angola. Luanda, 1963. Fotografia de Firmino Marques da Costa. Arquivo Municipal de Lisboa – Arquivo Fotográfico.

nos contingentes recrutados para os colonatos e núcleos de povoamento agrário oficiais –, uma análise de longo curso confirma um padrão migratório muito heterogéneo e, em média, socialmente mais elevado.

A população branca de Angola e Moçambique revela uma nítida tendência para se concentrar nas cidades, contrariando a visão ruralista difundida pela propaganda oficial dos colonatos modelo. O processo de crescente urbanização da população branca está relacionado com o tipo de desenvolvimento económico que os territórios conhecem a partir dos anos 50 e é favorecido pelo contexto de guerra na década de 60.

Em 1973, a população branca de Angola e Moçambique soma cerca de 500 mil pessoas, mas apenas 35% tinha nascido nas colónias. Trata-se de uma população em acelerado (mas tardio) processo de enraizamento, maioritariamente urbana, pouco miscigenada, relativamente equilibrada em termos de sexos, com uma alta percentagem de jovens, níveis de escolarização acima da média nacional e ativos ocupados sobretudo no sector terciário.

O povoamento branco das colónias portuguesas não corresponde, na prática, a toda a carga retórica e ideológica em torno da vocação imperial do povo português (primeiro) e da constituição na África portuguesa de sociedades multirraciais harmoniosamente integradas na unidade nacional (mais tarde).

[38] Desfile de tropas portuguesas em Luanda, 1961. Arquivo Histórico Ultramarino.

Além disso, há um fosso entre a omnipresença da questão do povoamento branco no discurso político-ideológico nacional e a efetiva fixação de naturais da metrópole nas colónias.

A presença (até à primeira metade da década de 70) de uma população branca em Angola e Moçambique foi algo anacrónica no contexto internacional (se esquecermos os casos *sui generis* da África do Sul e da Rodésia), devido à conjugação de três fatores: 1.º) a quase ausência de um pensamento anticolonial em Portugal até ao início das guerras de libertação nacional nas possessões africanas; 2.º) a ocorrência de uma migração em massa para as colónias só no pós-Segunda Guerra Mundial; 3.º) a vigência na metrópole de um regime autoritário, intrinsecamente colonialista, que usou a escola, a censura e a propaganda para fabricar uma mística imperial, mais tarde reconvertida no ideário lusotropical.

Ao contrário do que se passou nas colónias de povoamento branco das outras potências coloniais, novos residentes portugueses continuam a instalar-se em

[39] «Farra a Bruta», *Revista de Angola*, 31/01/1971; e uma eliminatória do concurso yé-yé patrocinado pelo Movimento Nacional Feminino realizada em Angola, *Revista Notícia*, 25/12/1965.

Angola (sobretudo) e Moçambique ao longo dos treze anos de Guerra Colonial, aproveitando o paradoxal desenvolvimento económico daquelas sociedades. Dir-se-ia que os que vão chegando não acreditam que a «unidade da nação pluricontinental portuguesa» possa ser quebrada. Aliás, as evidências materiais – prédios em construção, empresas iniciando atividade, jovens a constituir família – pareciam apontar para a perenidade do império.

[40] Vista aérea de Luanda por ocasião da visita presidencial de Américo Thomaz a Angola, 1963. Arquivo Histórico Ultramarino.

RETORNAR À PERGUNTA «O QUE FAZ PARTIR AS GENTES?»

BRUNO GÓIS

> «– Agora, Angola vai, mulher. Provavelmente já nem vou em Outubro. Serás tu que voltarás.» Oiço e vejo a mulher a sorrir. Um sorriso de incredulidade mas cheio de esperança. O chefe de família continua, e fala de Nakuru e da cimeira das pazes entre Agostinho e Holden.[1]

«O que faz partir as gentes?» é a pergunta do jornal luandense *A Província de Angola* a 27 de junho de 1975. O texto desta notícia até pode ter sido lido com atraso de semanas nalguns pontos mais recônditos das colónias portuguesas. Ainda assim, os jornais das colónias, como *A Província de Angola*, de Luanda, o *Notícias* e o *Diário*, de Lourenço Marques, tal como os jornais de Coimbra, Porto, Fundão, Funchal ou Lisboa, carregam todos o sentido do tempo e do seu decorrer situado num determinado contexto social e político. Através de recortes das lentes que focam, desfocam e, agora, refocam, os jornais investigados situam a experiência histórica: as guerras de libertação nacional africanas, o processo revolucionário português, as independências, a vinda de um elevado contingente populacional das colónias e as formas como se inseriram na sociedade portuguesa pós-colonial.

«O que faz partir as gentes?» transforma em modo interrogativo e muda o foco daquilo que antes era uma certeza: «É sempre possível e sê-lo-á sempre repetir [...]: Estamos e ficaremos!», era isto que se lia na capa do *Notícias*, jornal de Lourenço Marques, a 5 de outubro de 1964. Ler o desenrolar dos acontecimentos através das notícias da sua época e procurar retornar a essa experiência do decorrer do tempo ficciona a reconstituição de acontecimentos reais e a sua estruturação histórica. Só assim é possível superar a perplexidade com que necessariamente as novas gerações (e mesmo as anteriores que não tenham vivido na primeira pessoa a vinda das colónias) encaram hoje testemunhos dessas «gentes» que vieram: «eu nunca pensei em vir para aqui», «o que é que eu vinha aqui fazer?», «a guerra foi depois», e, ainda de alguns, «eu não sou retornado porque nunca aqui tinha estado».

[1] «O que faz partir as gentes?», in *A Província de Angola*, 27/06/1975, Luanda, pp. 1-4.

NOTA OFICIOSA DO GOVERNO GERAL DE ANGOLA

A propósito dos incidentes ocorridos na madrugada de ontem, nesta cidade, a que fizemos referência, o Governo Geral de Angola distribuiu pela Imprensa e pela Rádio, a seguinte nota oficiosa:

«O Governo Geral de Angola tem recebido, nestes últimos dias, informações vindas do estrangeiro, dizendo que se preparava alteração da ordem pública em Angola. Nestas informações insistia-se em que se tratava dum plano de agitação organizado de fora para dentro e coincidindo com o assalto ao «Santa Maria». Efectivamente, durante a noite passada, três grupos de indivíduos armados pretenderam assaltar a Casa de Reclusão Militar, o Quartel da Companhia Móvel da Polícia de Segurança Pública e as cadeias civis, tendo havido baixas, tanto nas guarnições destes estabelecimentos, como nos assaltantes, baixas cujo número pouco elevado será publicado logo que seja averiguado. A intenção, ao que se depreende, era libertar presos, o que não conseguiram. Os responsáveis estão já presos na sua maioria e a ordem está restabelecida».

ESTE NÚMERO FOI VISADO PELA COMISSÃO DE CENSURA

[41] *A Província de Angola*, 05/02/1961, Luanda, p.1.

O 1.º DE MAIO EM LUANDA

(Conclusão da 1.ª pág.)

centena de pessoas tinha comparecido, entretanto, naquele largo e duas jovens, tinham arvorado um dístico em que se lia: "Viva Angola Livre — Abaixo o colonialismo".

Elementos da P.S.P. tomaram as jovens e uma criança que as acompanhava, sob custódia, levando-as para o comando da P.S.P., onde foram imediatamente postas em liberdade, sendo-lhes, porém, apreendido o cartaz.

Esta acção da P.S.P. foi severamente condenada por muita gente que estava na Mutamba e, assim, formou-se um grupo, de cerca de 200 pessoas, que seguiu para a frente do palácio, onde manifestaram o seu desagrado pela acção policial.

Essa manifestação decorreu da forma mais ordeira; quase silenciosamente.

Estavam presentes algumas dezenas de elementos ligados, de qualquer forma, à informação: jornalistas, radialistas, colaboradores de programas diversos, etc.

A determinada altura, confirmou-se que a detenção das senhoras tinha sido breve e que apenas o cartaz tinha sido apreendido; os ânimos serenaram, embora ficasse bem vincado que os presentes sentiam, com o maior desagrado, aquela intervenção, que consideravam a todos os títulos desnecessária.

Ao fim da tarde, com a noite a cair, o grupo que se encontrava em frente do Palácio, dispersou. Nenhum responsável pelo Governo veio a qualquer das janelas; aliás, apenas um dos automóveis de serviço do governo se encontrava parado à porta e ainda assim sem "chauffeur".

Segundo informações que nos chegaram, já depois da nossa reportagem ter abandonado o Largo do Palácio, apareceu, trazido por amigos, a jovem Lucília Martins, uma das detidas no início da manifestação, na Mutamba, e cuja detenção provocou, afinal, a marcha para o Largo do Palácio e os insistentes pedidos de libertação das detidas e protestos contra a acção policial.

A jovem explicou porque tinha sido detida (por transportar o cartaz com o "slogan" "Angola Livre! Abaixo o Colonialismo"); e como teve ocasião de explicar que o cartaz não ia contra o espírito da Junta, tendo sido posta em liberdade, algum tempo depois.

Ao aparecer junto dos populares que ainda se encontravam no Largo do Palácio, a jovem Lucília Martins foi alvo de entusiásticas manifestações de apreço e de satisfação.

TELEGRAMAS ENVIADOS À J.S.N.

A Sociedade de Retalhistas reunidos enviou o seguinte telegrama à Junta Salvação Nacional:

"A Sociedade de Retalhistas Reunidos, primeira tentativa em Angola de enquadramento nos chamados agrupamentos complemen-

Elias Miguel Limpinho, Martinho Fernandes Sousa, Francisco Sousa Vale, Marília Ferro Ribeiro Veiga, António Pereira da Costa, José Augusto da Silva, Manuel Guilherme Veiga, Mário Almeida Franco, Maria Olga

[42] *A Província de Angola*, 03/05/1974, Luanda, p. 23.

[43] *A Província de Angola*, 28/04/1974 Luanda, p. 1.

O FUTURO DE ANGOLA MOÇAMBIQUE E GUINÉ

LISBOA, 27 — Numa reunião com os directores de jornais, rádio e televisão, e elementos da oposição liberal, o general Spínola disse que tem de se dar tempo para preparar Angola, Moçambique e a Guiné para a auto-determinação, revelaram fontes que estiveram presentes.

Se os povos optarem pela solução de tipo federal isso representaria um triunfo para Portugal, teria dito o general Spínola. Mas se desejassem a independência, isso representaria um revés.

Entretanto, milhares de pessoas marcharam ontem à noite pelo centro da capital para vitoriar a promessa do general Spínola de realizar eleições livres dentro de um ano, e um regresso às liberdades cívicas.

Bandeiras vermelhas e "slogans" marxistas ouviam-se livremente, ante a passividade das autoridades, pela primeira vez desde que o antigo ditador António Oliveira Salazar havia assumido o poder 46 anos atrás.

O ódio recalcado de muitas décadas "explodiu", pode dizer-se, nas ruas de Lisboa, com a multidão a saquear as instalações do jornal fascista "A Época", antigo "Diário da Manhã", e a atacar indivíduos suspeitos de pertencerem à extinta e odiada polícia secreta. Registou-se também uma onda de roubos à mão armada e outras violências, que o general Spínola entretanto prometeu reprimir com toda a firmeza. — REUTER.

a província de Angola

POR SE TER ESGOTADO A TIRAGEM NORMAL E DEVIDO A ELEVADA PROCURA DESTA EDIÇAO, FOI A MESMA AUMENTADA COM UMA TIRAGEM SUPLEMENTAR QUE NAO INCLUI, POREM, O CADERNO DE "DOMINGO" PELO QUE O PRECO DE CADA EXEMPLAR E DE 3$50.

visado pela CENSURA

Guerras de libertação nacional africanas

«Os portugueses foram os primeiros a chegar e serão os últimos a sair»[2], dizia um jornalista norte-americano. E era com esta convicção que, em geral, se abordavam os chamados «graves acontecimentos de Angola». O debate público, apesar de vigiado pela censura, não pôde negar os eventos que inicialmente foram classificados como meros atos criminosos, ações de origem estrangeira e sem qualquer relação com os interesses e as vontades dos naturais de Angola e demais população. Os acontecimentos iam ganhando forma, transpiravam para a imprensa estrangeira, eram levados à Organização das Nações Unidas (ONU). O 4 de fevereiro deu assim início à guerra de libertação nacional de Angola e, junto com as guerras de libertação nacional da Guiné e de Moçambique, formou parte do conjunto de três frentes da Guerra Colonial portuguesa (1961-1974).

Os prenúncios do fim do terceiro império português já tinham chegado com a ocupação militar dos enclaves de Nagar Haveli e Dadrá por parte da União Indiana (1954) e o mesmo destino tiveram Goa, Damão e Diu em 1961. As vagas de descolonização iam libertando novas nações asiáticas e africanas, algumas na vizinhança das colónias portuguesas. No entanto, o discurso do excecionalismo português triunfava nas mentes. À sombra da aliança luso-britânica e da aliança norte-atlântica, para os raros versados em política internacional. Na escuridão de uma ideologia apócrifa que fazia acreditar num território único do Minho

[2] *A Província de Angola*, 17/02/1961, p. 1.

DIR., RED., ADM. E OFICINAS: RUA DA SÉ
P. B. X.: 22550 - 22847 — DIRECÇÃO: 22837
CX. POSTAL 538 — LOURENÇO MARQUES

DIRECTOR: J. LUÍS DOS SANTOS

Propriedade da «Lourenço Marques Guardian, Lda.»
Fundado em 1905

DIÁRIO

QUARTA-FEIRA, 26 DE JUNHO DE 1974 — NÚMERO 19 513 — TRÊS ESCUDOS

Na África do Sul — Preço 15 cents.

BOLETIM METEOROLÓGICO

HOJE — A NORTE DO RIO ZAMBEZE: Céu geralmente muito nublado. Vento fraco de Suesto. Periodos de chuva ou aguaceiros dispersos.

A SUL DO ZAMBEZE: Periodos de céu muito nublado em especial na faixa litoral. Vento fraco dos quadrantes de Leste.

EM TODO O ESTADO: Temperatura sem alteração apreciável.

Secretários e Subsecretários de Estado do Governo de Moçambique empossados pelo Governador-Geral Dr. Henrique Soares de Melo

DEFINIDOS OS PRINCÍPIOS FUNDAMENTAIS DE UM GOVERNO EMPENHADO EM FAZER MAIS E MELHOR PELA FELICIDADE DO POVO

L. MARQUES — O Governador-Geral, Dr. Soares de Melo, conferiu na manhã de ontem posse aos Secretários e Subsecretários de Estado do primeiro Governo Provisório de Moçambique. Durante o importante acto, o Governador-Geral definiu, em linhas gerais, a orientação futura do seu governo.

Estiveram presentes à cerimónia, entre outras individualidades, o Comandante-Chefe das Forças Armadas em Moçambique, General Orlando Barbosa; Arcebispo da Arquidiocese de Lourenço Marques, D. Custódio Alvim Pereira; Comandante-Geral da Segurança, Brigadeiro Ribeiro de Faria, antigos Secretários Provinciais de Moçambique, Inspectores Superiores; oficiais superiores de Terra, Mar e Ar; Inspectores Superiores e Directores de Serviço, Comandantes-Gerais da P.S.P., O.P.V.D.M. e Guarda Fiscal; elementos do Foro local; representantes do Corpo Consular e muitas senhoras.

O importante acto, que teve lugar no Salão dos Vice-Reis da Índia, na residência da Ponta Vermelha, iniciou-se com o juramento de honra prestado pelos Secretários e Subsecretários do Estado, após o que o Governador-Geral proferiu o discurso que transcrevemos a seguir.

Concluídas as palavras do dr. Soares de Melo, realizou-se a cerimónia da assinatura do auto de posse dos membros do primeiro Governo Provisório de Moçambique, tendo por último usado da palavra, em nome dos empossados, o Secretário-Adjunto do Governador-Geral, dr. Parcídio Campos Rodrigues da Costa.

DISCURSO DO GOVENADOR-GERAL

Dirigindo-se aos Secretários e Subsecretários do Estado empossados, o Governador-Geral de Moçambique, dr. Soares de Melo, proferiu o seguinte discurso:

«Senhores Secretários e Senhores Subsecretários do Estado de Moçambique

Acabam VV. Ex.ª de ser empossados nos lugares de Secretários e Subsecretários do Estado de Moçambique.

Devo antes do mais — e faço-o sentidamente — agradecer a resposta de «presente» que cada um de VV. Ex.ª quis dar à minha vez de chamada.

Nas circunstâncias presentes, seria compreensível, seria até justificável, que VV. Ex.ª viessem a apresentar escusa. A conjuntura é difícil, os louros não serão nenhuns e muitos de VV. Ex.ª só virão buscar desvantagens dum ponto de vista profissional e pessoal.

Todavia, precisamente porque em cada um de vós o espírito de comunidade manda muito mais do que o espírito de comodidade, todos souberam, ao meu pedido de auxílio, dizer-me com fé e com coragem: «vamos a isto!».

Muito obrigado, pois, pela posição assumida ao prontificarem-se a partilharmos juntos os problemas da governação.

Com os méritos, com as qualidades de inteligência e de trabalho de VV. Ex.ª, estão reunidas as primeiras condições para uma esperança sólida num resultado válido.

Quero, ainda, assegurar que em perfeita coerência com os princípios que norteiam a acção governativa desta equipe, está-vos destinada a mais ampla iniciativa e capacidade decisória, podendo cada qual, no seu pelouro e dentro das atribuições que a seguir a este acto vão imediatamente ser conferidas, tomar as medidas que entender mais convenientes, sem necessidade deprimen-

CONT. NA PAG. 7

O Governador-Geral de Moçambique, dr. Vasco Soares de Melo no momento em que profe is o seu discurso

ACORDO luso-americano SOBRE A UTILIZAÇÃO PACÍFICA da energia nuclear

LISBOA, 25 (L.) — Foi enviado para o «Diário do Governo», depois de promulgado pelo Presidente da República, um diploma do Ministério dos Negócios Estrangeiros que aprova para ratificação o Acordo de Cooperação entre os Governos de Portugal e dos Estados Unidos da América sobre aplicações civis da energia atómica, o qual foi assinado em Washington, no passado dia 16 de Maio.

PRESIDENTE DA REPÚBLICA

LISBOA, 25 (L.) — O Presidente da República recebeu, no Palácio de Belém, as seguintes individualidades: Dr. Peixoto Vilar, dr. António Luís Gomes e brigadeiro Tavares de Figueiredo.

Primeiro Ministro Palma Carlos "ao Diário de Lisboa": "A independência resultará da manifestação da vontade dos povos se estes a escolherem"

LISBOA, 25 (L.) — O Primeiro-Ministro Prof. Palma Carlos, concedeu uma entrevista ao «Diário de Lisboa» na qual abordou vasta área da vida política, social e económica do País.

Quanto à independência dos territórios ultramarinos, o Prof. Palma Carlos acentua que há muito quem confunda autodeterminação com independência imediata, e que a independência resultará da manifestação da vontade dos povos, se estes a escolherem.

Sobre os partidos, declara que a opinião pública vê partidos a mais, mas que está-se a preparar a sua regulamentação, para terem um mínimo de seriedade, sendo bem recebidos os que nela couberem.

Depois de abordar as relações internacionais de Portugal, dizendo que o nosso país pretende manter as existentes, mas está disposto a uma abertura ampla, incluindo os de Leste, e sublinhando que considera altamente útil a manutenção das boas relações com os Estados Unidos, com cujo Presidente, Richard Nixon, se avistará em Bruxelas, onde ambos se encontram para participar na reunião da NATO.

As greves recentes foram o motivo do capítulo seguinte da entrevista, afirmando o Chefe do Governo ter-se aberto os braços a todas as reivindicações que nos parecem justas e possíveis, mas que se fôssemos a satisfazer todas as pretensões formuladas cairíamos no caos económico.

Após tecer considerações sobre os problemas das autarquias locais e do ensino, o Primeiro-Ministro frisa que a Lei Eleitoral deverá estar publicada até 15 de Novembro e que as eleições para deputados à Assembleia Constituinte realizar-se-ão depois, em data a fixar pelo Presidente da Repúbli

CONT. NA PAG. 7

TENSÃO EM ISRAEL

TERRORISTAS ÁRABES MATAM UMA MÃE E DOIS FILHOS

NAHARYA (Israel), 25 — A ira reinava esta noite em Israel em virtude do mais recente ataque da guerrilha árabe, em que foram mortas uma mãe e suas duas crianças na estância ribeirinha para luas-de-mel de Nahariya.

Morreu também um soldado israelita durante a batalha travada com os três guerrilheiros, em que estes acabaram por perder a vida.

O Ministro da Polícia, Shlomo Hillel, disse aos jornalistas após uma reunião especial do Gabinete israelita a propósito do incidente:

«Trata-se de guerra que nos impõem.»

O Primeiro-Ministro Yitzhak Rabin está a preparar-se para ler um comunicado perante o Knesset (Parlamento) em Jerusalém.

Os três comandos árabes foram de barco até à estância adormecida, durante a noite, e desataram aos tiros contra um bloco de apartamentos, segundo um informador militar.

Enquanto outros residentes se barricavam dentro de suas casas — uma família encostou até um piano à porta da rua — os guerrilheiros irromperam pelo apartamento da família Zarkin.

A Sr.ª Zarkin, uma professora de infantário com 38 anos, a sua filha Ronit, de dez anos, e a filha

CONT. NA PAG. 7

Mitterrand VISITARÁ LISBOA

PARIS, 25 — François Mitterrand visitará Portugal de 2 a 5 de Julho, soube-se hoje por fonte próxima ao Partido Socialista Francês.

O Primeiro-Secretário do Partido Socialista francês é esperado em 30 de Junho em Londres para uma reunião da Internacional Socialista.

Deve também deslocar-se a Cuba no Outono. — (R.)

COMPOSIÇÃO DO GOVERNO PROVISÓRIO

Dr. Antero Augusto Sobral
secretário do Trabalho e Segurança Social

Dr. António José Figueiredo Cardoso
subsecretário de Planeamento e Finanças

Dr. Willem Gerard Pott
secretário da Comunicação Social e Turismo

Dr. António Manuel Mascarenhas Gaivão
secretário de Coordenação Económica

Eng.º Luís Maria de Alcántara Santos
secretário de Obras Públicas, Habitação e Urbanismo

Dr. Domingos Viana Simões
subsecretário do Comércio

Dr. Jorge Augusto da Cunha Ferro Ribeiro
secretário da Administração Territorial

Eng.º Mário José Rodrigues de Carvalho
subsecretário de Agricultura

Tenente-coronel Eugénio Baptista Figueiredo Picolo
secretário dos Transportes e Comunicações

Dr. Parcídio Campos Rodrigues da Costa
secretário-adjunto do Governador-Geral

Não figuram neste enquadramento fotográfico o Dr. Sérgio Espadas, Secretário da Justiça, Prof. Luís Rodrigues, Secretário da Educação e Cultura (ambos chegados ontem à tarde a L.M.) e o Dr. Joaquim Paulino, Secretário da Saúde e Bem Estar Social, que se encontra em Macau

Página anterior:

[44] *Diário*, 26/06/1974, Lourenço Marques, p. 1.

até Timor. Ou mergulhados na vida do dia a dia (numa vida privada possível graças ao poder do estado colonial ainda que tal consciência não existisse), os ditos acontecimentos de Angola e os demais episódios da Guerra Colonial eram enquadrados na lógica do «terrorismo» distante, «lá no norte» de Angola ou de Moçambique, embora menos dissimulável na Guiné.

Em Angola, Moçambique e na Guiné cada jovem do sexo masculino nascido ou criado numa dessas colónias perdia a vida, ou pelo menos alguns anos dela, para a guerra, integrado nas forças armadas portuguesas. O seu destino era o mesmo daqueles que (embora tendencialmente por menos tempo) iam de Portugal também para a «guerra de África» perder e fazer perder a vida, mutilar e ser mutilados nos corpos e nas mentes. Não contado com os que combatiam, sabe-se lá se uma vida, pelo campo da libertação nacional dos povos das colónias. Depois era guardar essa violência no silêncio da vida privada que refaziam, se pudessem, casando e tendo filhos, e nunca acreditando noutro destino que não fosse a vida (que restava) continuar como era. Os que tinham alguma coisa na terra que tivesse nascido do suor do seu rosto viviam também elas e eles no esquecimento coletivo do sangue que adubou as terras conquistadas noutras guerras coloniais de finais do século XIX e início do século XX. Toda a «pacificação» que abriu espaço ao arado começou com os trabalhos da espada e da arma de fogo.

No início, parecia que os apoios internacionais correspondiam aos interesses coloniais do Estado Novo. O Conselho de Segurança da ONU não aceitou a queixa da Libéria contra Portugal[3]. Mas o cenário internacional estava a mudar e 39 países africanos e asiáticos levaram a questão angolana à Assembleia das Nações Unidas. O delegado de Portugal na ONU chega mesmo a abandonar a sessão em protesto[4]. Intensificam-se as ações anticoloniais no norte de Angola, e o regime vê-se obrigado a reorientar-se para a lógica da guerra efetiva, tendo lugar uma remodelação ministerial de monta[5]. Entre o *slogan* colonial «Angola é nossa» e um quotidiano que distorcia as realidades duras da guerra, a vida seguia, como se tudo pudesse continuar como antes.

Quando se abriu a frente de guerra da Guiné, voltou o discurso sobre os «grupos terroristas» vindos de fora, rapidamente «repelidos com baixas e deixados prisioneiros»[6]. Enquanto se estruturavam as frentes de guerra, a defesa da «política ultramarina portuguesa» era feita por discursos sustentados no sociólogo brasileiro Gilberto Freyre, para quem os ataques a tal política eram «uma injustiça para com os principais criadores da democracia racial brasileira»[7].

A 25 de setembro de 1964, com um ataque ao posto administrativo de Chai (Cabo Delgado), inicia-se a luta armada de libertação nacional de Moçambique. A resposta a essa nova frente da Guerra Colonial é «estamos e ficamos»[8]. E a expectativa de fortes apoios internacionais aos interesses coloniais portugueses continua a apresentar sustentação: «Portugal tem direito a defender a sua soberania em Moçambique», «dizem círculos influentes norte-americanos e internacionais»[9].

As guerras de libertação nacional tiveram avanços e recuos, mas sob o Estado Novo não brotava qualquer solução política que não passasse pela continuação

[3] *República*, 16/03/1961, Lisboa, p. 1.
[4] *Idem*, 24/03/1961, p. 1.
[5] *Diário de Notícias*, 14/04/1961, Lisboa, p. 1.
[6] *O Primeiro de Janeiro*, 25/01/1963, Porto, p. 7.
[7] *Diário de Notícias*, 26/01/1963, p. 2.
[8] *Notícias*, 05/10/1964, Lourenço Marques, p. 1.
[9] *O Primeiro de Janeiro*, 13/10/1964, p. 1.

ANO LII — Nº 15.955

a província de Angola

Director, interino: F. MORAIS SARMENTO

4ª FEIRA, 15 DE JANEIRO DE 1975

FUNDADO EM 1923
PROPRIEDADE DA EMPRESA GRÁFICA DE ANGOLA, S.A.R.L.

Fundador: ADOLFO PINA
ANTÓNIO CORREIA DE FREITAS — Presente !

PREÇO — Luanda 5$00; Interior 5$50 TELEFS.: Redacção, 33343; Escritórios e Publicidade, 33339; Oficinas, 33344 — Rua Salvador Correia, 18/24 — Teleg.: "Proangola"; Telex 3341 Jornal AN — C. P. 1312 — LUANDA

A CIMEIRA DIA A DIA

ANGOLA DO FUTURO —UM PAÍS DEMOCRÁTICO E NÃO-RACIAL

PORTIMÃO, 14 — (Por Luís Rodrigues, via Telex) — A "Cimeira" aproxima-se do fim. O sucesso evidente das negociações foi comprovado hoje pela vinda do Dr. Valentim e de Costa Fernandes, da UNITA, à sala de Imprensa, onde expuseram em linhas gerais o que vai ser o novo Governo de Angola, como funcionará, como será constituído.

Abordaram ainda as questões a que anteriormente nos temos referido como "pontos quentes" — na terminologia do Dr. Almeida Santos — esclarecendo como foram discutidos e dizendo em parte como foram resolvidos. Sem sair da confidencialidade da "Cimeira", os jornalistas puderam obter finalmente, de fonte que podemos considerar oficial, os detalhes reais da "cimeira" e do acordo que será assinado amanhã ou depois, o mais tardar.

Não vamos expôr ou permonorizar o que foi dito sobre tais assuntos, pois eles encontram-se explicados na nossa edição de ontem, na qual detalhamos as nossas conjecturas sobre o caso. O que pensamos, foi em absoluto confirmado pelos factos.

Um pormenor adicional é o da ordem alfabética que — segundo foi decidido —

(Conclui na 2.ª página)

Tony Fernandes e Jorge Valentim quando falavam aos jornalistas

Os "leaders" dos três movimentos almoçando com os ministros portugueses que participam na "cimeira". (Foto MCS telimprensa telefoto)

Dr. Jorge Valentim em conferência de Imprensa

UMA ANGOLA INDEPENDENTE PARA TODOS OS ANGOLANOS

★ Quem é angolano? O ponto de vista da UNITA prevaleceu

PORTIMÃO, 14 — Elementos da UNITA estiveram, hoje à tarde, no Hotel D. João II, onde concederam uma conferência de imprensa.

"É com muito prazer — disse o Dr. Jorge Valentim — que a Delegação da UNITA estabelece este segundo contacto. Desta vez, não será uma declaração, mas estaremos dispostos a responder às vossas perguntas, porque nos encontramos em muito melhores condições, já que os nossos trabalhos estão muito mais avançados. Estamos, portanto, com possibilidades de responder às vossas perguntas que nós acharmos legítimas.

Mas devem compreender que o papel importante que a UNITA joga nesta conferência não nos obrigava a cedermos mais tempo. Agora que os trabalhos já estão mais avançados, estamos quase na fase final, é [illegible] que os jornalistas saibam o ponto de vista da UNITA neste momento.

O primeiro comentário, comentário político. Como devem imaginar, a conferência da independência de Angola ter lugar em Portugal tem uma significação importante, histórica. Na verdade, houve a luta armada de libertação. E toda a gente pergunta qual é a verdadeira razão das conferências em Portugal. A conferência tem-se desenrolado da maneira mais aberta, da maneira mais sincera e com grande amizade e compreensão das quatro partes que estão a participar na conferência. Não há pressões de nenhuma parte, todas as delegações se estão a exprimir da maneira mais aberta e mais sincera, defendendo os seus pontos de uma maneira muito categórica.

Simplesmente, o clima que existe, actualmente, entre os Movimentos de Libertação, que são três, na ordem alfabética, a FNLA, o MPLA e a UNITA e a parte portuguesa, na verdade, o clima é de amizade e de compreensão, porque Portugal já se encontra numa nova fase, Portugal já é um país democrático.

Quando os senhores lerem os documentos e notarem que a FNLA vem em primeiro lugar, o MPLA em segundo e a UNITA em último, não é por razões numéricas, a quantidade dos soldados, etc., mas é uma ordem alfabética. Logo, os documentos oficiais vão ser assim elaborados.

Um dos pontos fundamentais foi aceite logo no começo — foi o princípio de que o povo de Angola tem direito inalienável à independência nacional. E não houve debate porque foi a consagração de um princípio já aceite pelos novos representantes de Portugal.

E também, neste caso, vem legitimamente a seguir, quem são os representantes legítimos do povo de Angola. Foi aceite, sem confrontações, que os três Movimentos de Libertação, a FNLA, o MPLA e a UNITA são os legítimos representantes do povo de Angola.

Logo, se há outras organizações criadas num certo período da História, depois do "25 de Abril", e outras sem representatividade internacional e africana, não representam os legítimos interesses do povo de Angola.

Angola vai ser independente no fim deste ano de 1975. Não posso, em nome da UNITA, indicar categoricamente o dia, porque pode haver atraso de 24 horas. De qualquer modo Angola vai estar independente — já foi aceite — nos fins de 1975. Pode ser Outubro, Novembro ou pode ser princípios de Dezembro. Um destes meses será, talvez coincida até com uma data histórica mundialmente conhecida.

Para estar independente Angola, há fases de descolonização. Evidentemente que nós teremos um Governo de Transição, no fim do mês de Janeiro; Depois, certas Instituições e Leis Eleitorais vão ser criadas; vai haver a fase da campanha eleitoral; e depois, vai haver a célebre eleição para a Assembleia Constituinte e esta vai eleger o presidente da República do Estado independente de Angola.

Há certas características constitucionais e políticas do Governo de Transição de Angola, porque é um caso único na descolonização, tanto para Portugal como para o mundo.

Para além do Alto Comissário que será da confiança dos Movimentos de Libertação — não sei se me faço compreender — quer dizer, é um Alto

(Conclui na 2.ª página)

Johnny Eduardo Lúcio Lara. e Jorge Valentim, respectivamente do FNLA MPLA e UNITA

BRIGADEIRO SILVA CARDOSO INDIGITADO PARA ALTO-COMISSÁRIO?

O brigadeiro Silva Cardoso indigitado para o cargo de Alto-Comissário de Angola

PORTIMÃO, 14 — Ao cair da tarde de hoje começaram a surgir uma série de informações ligadas com os pontos mais ansiosamente aguardados sobre a "cimeira" luso-angolana, que está a decorrer em Penina.

E foi assim, que começou a constar, por exemplo, que o ministro da Comunicação Social seria confiado ao MPLA, com três secretários de Estado, um deles nomeado pelo Governo Português e os outros representando a FNLA e a UNITA.

Por sua vez a Pasta do Trabalho seria entregue à UNITA e a do Interior à FNLA. A Polícia não seria integrada no futuro Ministério do Interior.

Os Ministérios da Economia, Transportes e Obras Públicas e das Comunicações ficariam a cargo do Governo Português.

Acrescentava-se ainda que vários Ministérios terão secretários de Estado.

FORÇAS MILITARIZADAS

As forças militarizadas e para-militares ficam sob o controlo directo do Alto-Comissário que é ao mesmo tempo comandante-em-chefe das Forças Armadas.

A retirada progressiva das Forças Armadas Portuguesas começará cinco meses após a tomada de posse do Governo Transitório que será no dia 31 de Janeiro.

Ao mesmo tempo a integração progressiva das forças dos três Movimentos. Assim, à data da independência deverá estar constituído o exército angolano.

ELEIÇÕES PARA A CONSTITUINTE

As eleições para a Assembleia Constituinte deverão realizar-se no prazo mínimo de nove meses, após a tomada de posse do Governo. A elas só poderão concorrer os três Movimentos.

O primeiro Presidente da República de Angola será eleito pela referida assembleia.

NOVO ALTO COMISSÁRIO

Parece confirmar-se que o almirante Rosa Coutinho não continuará efectivamente no cargo de Alto Comissário de Angola que vinha desempenhando de há meses a esta parte, interinamente.

Fala-se no brigadeiro Silva Cardoso, actual comandante da Força Aérea, para substituir o Alto Comissário.

Os três Movimentos estão pelo menos de acordo na nomeação do referido oficial-general.

O Presidente Costa Gomes reuniu-se esta tarde com os representantes dos Movimentos para se concretizar a nomeação do brigadeiro Silva Cardoso para o cargo de Alto Comissário.

A FORMAÇÃO DO GOVERNO

O Governo de Angola comportará além de um alto comissário, um colégio presidencial constituído por três membros, um e cada Movimento, e onze Ministérios. Fala-se nos nomes de Johnny Eduardo, da FNLA, Lúcio Lara, do MPLA, e de Jorge Valentim, da UNITA.

À margem à "Cimeira"

COSTA GOMES PRESIDIRÁ HOJE A SESSÃO DE ENCERRAMENTO

ALVOR, 14 (Por Carlos Rebelo, via Telex) — Está prevista para amanhã, entre as 17 e as 18 horas, a sessão de encerramento da "Cimeira" do Algarve, sessão que será presidida pelo general Costa Gomes, presidente da República de Portugal.

Entretanto, para além das especulações que têm rodeado os trabalhos da "Cimeira", surgiu hoje, no Hotel D. João II, uma delegação estranha de individualidades angolanas, que vinham com o propósito de conceder uma conferência de Imprensa aos numerosos jornalistas presentes na "Cimeira".

Tratava-se de dois elementos, Angelino Alberto e Francisco Lele, que se apresentaram como "leaders" de dois movimentos angolanos (dois movimentos que nascêram após o 25 de Abril). Propunham-se dar a conhecer aos órgãos de Informação as suas actividades na luta contra o colonialismo e dar a conhecer que iam contactar com os representantes dos três movimentos de libertação angolanos para definirem a sua posição no contexto político de Angola.

Contudo, pouco depois de terem começado a conferência de Imprensa, os representantes do Ministério da Comunicação Social de Portugal aconselharam-nos a desistir, explicando-lhes que a sala de conferências do Hotel D. João II, apenas funciona para pessoas directamente integradas na "Cimeira".

Perante os factos, aqueles elementos silenciaram, tendo depois permanecido todo o dia no Hotel D. João II, em contacto com os órgãos de Informação.

Mais tarde, aquando da conferência de Imprensa dos membros da Delegação da UNITA, foi perguntado ao Dr. Jorge Valentim, como apreciava a presença daqueles elementos no Hotel D. João II, ao que ele respondeu que quaisquer pessoas podem vir passar férias ao Algarve, sejam de Angola ou não. E acrescentou que também teria imenso prazer em passar umas férias no Algarve, se tivesse tempo e dinheiro"...

NA CIMEIRA LUSO-ANGOLANA ACORDO EM TODOS OS PONTOS

PENINA, 14 — (Por Marcus Ferrar) — O acordo de independência de Angola será oficialmente assinado amanhã, 15 de Janeiro, na Penina — indica-se de fonte portuguesa autorizada. Chega-se assim ao final do processo de descolonização de Angola, iniciado há nove meses.

A independência de Angola verificar-se-á durante o segundo semestre deste ano — precisa-se de fonte informada. Segundo boatos que circulam na Penina, onde está reunida a "cimeira" lusitano-angolana há cinco dias, seria proclamada em Novembro ou Dezembro.

O acordo que põe fim a cinco séculos de colonização em Angola será assinado ao fim do dia de amanhã no hotel desta estação balnear da costa portuguesa, onde os vinte e oito negociadores portugueses e angolanos estão reunidos desde sexta-feira última.

De fonte portuguesa, confirma-se que se chegou a acordo em todos os pontos. Actualmente, está reunida somente a comissão de redacção, para fazer uma última revisão do texto do acordo, contido num longo documento.

A formação de um Governo de transição em Luanda — um dos pontos principais do acordo — é o resultado de uma negociação delicada para se chegar a um justo equilíbrio entre os três Movimentos de Libertação — o MPLA (Movimento Popular de Libertação de Angola) de Agostinho Neto, a FNLA (Frente Nacional de Libertação de Angola) de Holden Roberto

(Conclui na 2.ª página)

O Hotel D. João II, em Alvor, Portimão, que tem sido cenário de uma série de trabalhos jornalísticos sobre a "cimeira" que decorre ali entre os representantes do Governo português e dos Movimentos de Libertação de Angola.

Página anterior:

[45] *A Província de Angola*,15/01/1975, Luanda, p. 1.

O QUE FAZ PARTIR AS GENTES?

Aeroporto, vinte e uma e quarenta e cinco.

Cerca de seiscentas pessoas saem por dia de Luanda com rumo a Lisboa. Grande parte delas levam bilhetes só de ida. São mulheres e crianças, principalmente, que voltam ao seu lugar natal e procuram tranquilidade que em Angola, nestes últimos tempos, não encontram.

Que importa um Portugal superlotado? Pois vai passar-se fome e enfrentar-se uma crise de desemprego? Paciência, porque é triste para todos recomeçar em tão más circunstâncias, mas o principal é salvar a pele.

Por isso, as pessoas debandam. Primeiro as mulheres e as crianças porque os homens, esses, ainda se agarram à terra que lhes deu soluções de vida, a terra que viu nascer seus filhos, a terra onde casaram.

Mas o ódio do povo — de alguns elementos do povo, entenda-se é cego. E o povo que aprendeu novas palavras levanta-se contra os colonos apelidando-os de capitalistas e burgueses. E esse povo, quem sabe se em nome da burguesia e do capitalismo, amedronta, expulsa, desaloja e mata esse mesmo povo que não é capitalista, que outro crime não cometeu do que ganhar o seu diá-a-dia, muitos deles em termos de subsistência.

E o povo que expulsa o povo, porque angolanos há que também partem na busca de uma tranquilidade que a sua terra agora não lhes pode oferecer.

Babilónia

Aeroporto, vinte e uma e quarenta e cinco.

A segurança é visível e está perfeitamente montada pelos militares das Forças Integradas. Agora, salvo raras excepções julgo, apenas entra nas instalações do aeroporto pessoal credenciado e os passageiros.

—Mesmo assim, o [illegible] interior faz lembrar Babilónia. [illegible], um mar de gente desordenada, estendo se por ali, em cima e ao lado das malas que fazem três londas filas que a TAP tenta despachar.

Homens, mas mulheres e crianças, na maioria.

— Agora, Angola vai, mulher. Provàvelmente já nem vou em Outubro. Serás tu que voltarás.

Oiço e vejo a mulher sorrir. Um sorriso de incredulidade mas cheio de esperança. O chefe da família continua, e fala de Nakuru e da cimeira e das pazes entre o Agostinho e o Holden.

Um altifalante anuncia o atrazo de um vôo. Murmúrios de descontentamento e de resignação...

— Há pessoas que chegam a estar neste aeroporto para embarcar quase dois dias, — afirmam a propósito.

— E com o O.K. — acrescentam.

Outro problema que o passageiro depara com certa frequência é o O.K. passado por uma agência que, depois, a TAP não só não confirma como até não se sente responsabilizada pelos passageiros que não embarcam nestas circunstâncias.

Nesta altura existe efectivamente um grande desfazamento entre as agências de viagens e a TAP, desfazamento esse que faz aumentar a confusão reinante no aeroporto e chega a atrazar a ida de certos passageiros com O.K. nos bilhetes.

Não poderia haver uma plataforma, uma solução entre a TAP — agências ou agências TAP para que certas tristes de mulheres estafadas e criancinhas dormindo Até em pé (como uma fotografia desta reportagem demonstra) deixasse de existir?

Confusão

Aeroporto, vinte e três horas.

Agora com o atrazo da partida de um avião, e a aproximação da partida de um outro, a confusão é reinante. Uma mulher aproveita dois colchões de espuma, provavelmente dos militares que ali rodam, e deita os seus filhos. Ela própria se senta, derreada por um dia de incerteza de embarque.

— Cheguei às 9 horas da manhã mas desta vez é que é. Embarco no avião da madrugada.

Aproximo-me de um casal. A mulher tem um filho ao colo e um outro que lhe segura as pernas. O homem tenta equilibrar uma pilha de malas. A uma interrogação responde.

— Eu não queria. Até porque eu já tenho vinte anos de Angola. E estes dois meninos são angolanos. A minha mulher não, que é transmontana. Mas, que remédio, se não ir. Eu, que fiquei sem nada, que me entraram pela casa dentro e em nome do povo, porque de militantes de nenhum Movimento se tratava, em nome do poder popular roubaram tudo a pretexto de me revistarem a casa.

Não. Gosto muito de Angola mas reconheço-a insegura, incontrolável, com o povo a fazer tudo o que se lembra. Gostaria de voltar, — continuou — porque sei que vou passar misérias. Ainda um dia hei-de voltar para a terra dos meus filhos. Mas, agora, tenho de deixá-la.

Aeroporto, de madrugada. Os passageiros embarcam rumo a Lisboa. Dentro de breves minutos sairá o primeiro avião. Seguir-se-á depois outro e outro. Amanhã estarão em Lisboa e depois nas suas terras.

Levarão saudade, a saudade tremenda de quem deixa Angola ao fim de muitos anos.

Gostaria de lançar aqui nestas colunas um apelo. Não partam porque Nakuru vai dar frutos e as imagens tristes que Luanda, toda Angola enfrentou, não mais serão que imagens tristes de um triste passado.

BABILÓNIA E CONFUSÃO ONDE TUDO PODE ACONTECER INCLUINDO O QUE NÃO DEVE ACONTECER...

[46] *A Província de Angola*, 27/06/1975, Luanda, p. 4.

do domínio português. Em setembro de 1973, a declaração unilateral de independência da Guiné-Bissau por parte do Partido Africano para a Independência da Guiné e de Cabo Verde não é aceite nem por Marcello Caetano, nem por António de Spínola[10]. Estado unitário, para o primeiro, estado federal, para o segundo, o único horizonte do fim da guerra seria sempre a continuidade do domínio português em África.

Página seguinte:

[47] *Diário de Notícias*, 11/09/1975, Lisboa, p. 7.

No seu todo pluricontinental?

As guerras de libertação nacional africanas deram o impulso decisivo à mudança política em Portugal, abrindo caminho à revolução portuguesa. No entanto, quando chegam as notícias sobre o 25 de Abril de 1974, o futuro das colónias não era claro. Eleições livres eram um objetivo proclamado. Contudo, ecoava nas colónias a expressão presente na declaração da Junta de Salvação Nacional feita pela voz do general António de Spínola: «Garantir a sobrevivência da Nação, como Pátria Soberana no seu todo pluricontinental.» É exemplificativo o facto de no 1.º de Maio, em Luanda, «duas jovens [que] tinham arvorado um dístico onde se lia "Viva Angola Livre – Abaixo o colonialismo"» tivessem sido levadas sob custódia «para o comando da PSP, onde foram imediatamente postas em liberdade, sendo-lhes, porém, apreendido o cartaz», perante o protesto de cerca de 200 pessoas ante a atuação policial[11] (ver imagem 42).

O mesmo 1.º de Maio em Lourenço Marques era lido como uma «exaltação da portugalidade»[12]. Na visita às colónias, o general Costa Gomes exalta os «nascidos à sombra da bandeira de Portugal, quer vivam em Díli, Luanda, Pretória ou Paris»[13], e dá Angola como exemplo de «lusotropicalismo»[14]. Talvez não fosse de espantar a notícia simultânea de que o MPLA não deporia as armas[15], tal como a FRELIMO não o faria, bem como outros movimentos de libertação nacional. É ainda um facto que inicialmente só nas frentes de guerra a independência era uma hipótese em discussão, sendo normal afirmar-se que «O futuro de Cabo Verde não será discutido» nas negociações com o PAIGC[16]. Também a UNITA será contrária a um referendo em Angola[17]. Nesse clima são marcantes as afirmações de Costa Gomes sobre um leque de hipóteses para o futuro das colónias: entre o «federalismo» e a «independência»[18], bem como a defesa da tese de que tal teria sempre o apoio da NATO e seria visto como autodeterminação. E entretanto era normal ouvir Senghor falar de uma «comunidade luso-afro-brasileira»[19].

Os sinais da mudança são, no entanto, inegáveis: nomeadamente com milhares de pessoas a manifestarem-se pela independência imediata de Angola[20] e outros tantos milhares também em Lisboa a manifestarem-se contra a Guerra Colonial[21]. Perante o facto consumado que era a declaração de independência da Guiné-Bissau, o PAIGC recusa o referendo e responde que a «autodeterminação é pegar em armas»[22]. Entretanto, as questões raciais e internacionais complexificam-se nomeadamente com: «brancos pró-independência [que] aderem ao MPLA», manifestações de brancos em apoio à UNITA[23], ameaças da intervenção da África do Sul[24] em Angola e com o voluntarismo, em Moçambique,

[10] *Diário de Notícias*, 28/09/1973, pp. 1 e 7.
[11] *A Província de Angola*, 03/05/1974, p. 23.
[12] *Diário*, 04/05/1974, Lourenço Marques, p. 1.
[13] *Idem*, 07/05/1974, p. 1.
[14] *A Província de Angola*, 07/05/1974, p. 1.
[15] *Idem. Ibidem*. p. 2.
[16] *Diário*, 29/05/1974, p. 1.
[17] *Idem*, 17/07/1974, p. 1.
[18] *Idem*, 30/07/1974, pp. 1 e 4.
[19] *Idem*, 07/08/1974, p. 3.
[20] *Idem*, 27/05/1974, p. 3.
[21] *Idem*, 31/05/1974, p. 3.
[22] *Notícias*, 13/06/1974, pp. 1 e 2.
[23] *Idem*, 12/08/1974, contracapa.
[24] *Idem*, 25/06/1974, p. 1.

Começou ontem a verdadeira ponte aérea entre Angola e Lisboa

A verdadeira ponte aérea entre Angola e Lisboa apenas ontem parece ter começado, com a chegada quase simultanea, ao começo da manhã, de sete aviões com cerca de dois mil deslocados de Luanda e Nova Lisboa, prevendo-se para hoje a chegada de uma dezena de aeronaves americanas, inglesas, francesas, da Suiça, da Alemanha Federal e portuguesas. Estes países começaram assim a colaborar em grande escala na evacuação dos trezentos mil portugueses que irão abandonar aquele território nos próximos sessenta dias, ou seja, até á independência, marcada em princípio para 11 de Novembro.

Com este afluxo de passageiros, a situação no Aeroporto de Lisboa tornou-se precária e confusa, pois a nossa principal aerogare, não se encontra nem apetrechada nem preparada para este tipo de movimento.

Existem tremendas falhas na organização das infra-estruturas para a recepção de toda esta gente, que aparece agora aos milhares em poucas horas, e alguns dos quais, sem parentes ou amigos, necessitam de uma mais completa protecção. E' gente que abandonou tudo o que arranjara em décadas de trabalho, e que volta a Portugal, fugindo a uma situação que continua a ser instável para a maioria dos portugueses.

A Cruz Vermelha e o I. A. R. N. (Instituto de Assistência aos Retornados) estão fazendo o que podem para acudir a toda esta gente, mas o trabalho é tanto que se vêm impotentes para fazer tudo o que deveria ser feito.

Muitos dos regressados têm passado horas, por vezes dias no aeroporto, aguardando a chegada do que lhes foi possível trazer ou esperando por familiares que não puderam viajar em conjunto, porque, segundo nos relataram, tanto em Luanda como em Nova Lisboa, os embarques em alguns casos processam-se na base do «salve-se quem poder».

Na sala da Alfandega, o espectaculo era ontem de manhã impressionante. Centenas de crianças, de mulheres e homens, um tanto á deriva, repousando sentados no chão e no meio de amontoados de malas, sacos e caixotes, que se espalhavam por todo o vasto recinto, dificultavam o acesso a outras centenas de passageiros, estes habituais, vindos das mais diversas partes do globo. Ali se cruzavam com os retornados de Angola em cujo rosto era bem visível o cansaço e o desalento.

E' certo que se trata de um momento transitório, e o que hoje se passa no Aeroporto de Lisboa não pode considerar-se inédito nos grandes aeroportos da Europa. Lembra-nos, por exemplo, que o mesmo aconteceu em Londres, em Paris e até em Bruxelas, quando da independência das colónias britanicas, francesas e belgas, mas talvez sem a desorganizacão que se nota na Portela de Sacavém e não oferecendo também o mesmo espectáculo aos olhos desses milhares de estrangeiros, muitos dos quais — e disso ninguém tem duvida — nossos verdadeiros inimigos.

O Governo isentou de direitos alfandegários toda a bagagem procedente das ex-colónias, e o próprio «contrôle» de entrada no País dos desalojados está praticamente abolido. Existe apenas a necessidade de uma fiscalização sanitária e também de uma inspecção de bagagem, para evitar o tráfego de armas e drogas, esta ultima ao que consta, a entrar em grandes quantidades. No entanto essa inspecção é quase inexistente por dificuldades de vária ordem, como seja o descontrole de tudo o que entre e a falta de pessoal para fazer.

Existe também o problema de animais vivos, como ontem se viam ás dezenas, entre macacos, cães, gatos, periquitos e outra passarada, que necessita de um «controle» rigoroso, pois são verdadeiros transportadores de doenças epidemicas.

Tudo isto no entanto devia ser feito fora do aeroporto de Lisboa, ou melhor, não pode continuar a ser feito no aeroporto de Lisboa. Ha diversas hipóteses para resolver todo este problema dos desalojados. O «controle», até por necessidade de uma maior eficiência, no que diz respeito a armamento, drogas e doenças, poderia ficar a cargo das autoridades militares e sanitárias, em qualquer outro local, ou mesmo no chamado aeroporto militar. Todos esses passageiros procedentes de Angola e a sua bagagem seriam transportados directamente do avião para um local de fiscalização e de assistência fora do aeroporto, como por exemplo, para qualquer das dependências da I. N. A. T. E. L. ou outro local apropriado — lembramo-nos do antigo Quartel de Caçadores 5, cremos que quase inactivo, e que serviria excelentemente para receber e controlar estes deslocados e para uma primeira assistência, dado o numero de pessoas que poderia albergar.

Tratar convenientemente e com carinho, evitando maior sofrimento a estes milhares de portugueses, deve ser de momento o objectivo prioritário das entidades que se ocupam dos chamados deslocados das ex-colónias.

16 voos da TAP durante o mês de Setembro

A Presidência da Republica informa, relativamente ao transporte para Lisboa de retornados de Angola, que durante o mês de Setembro a Força Aérea Portuguesa efectuará dezesseis voos exclusivamente destinados aquela finalidade.

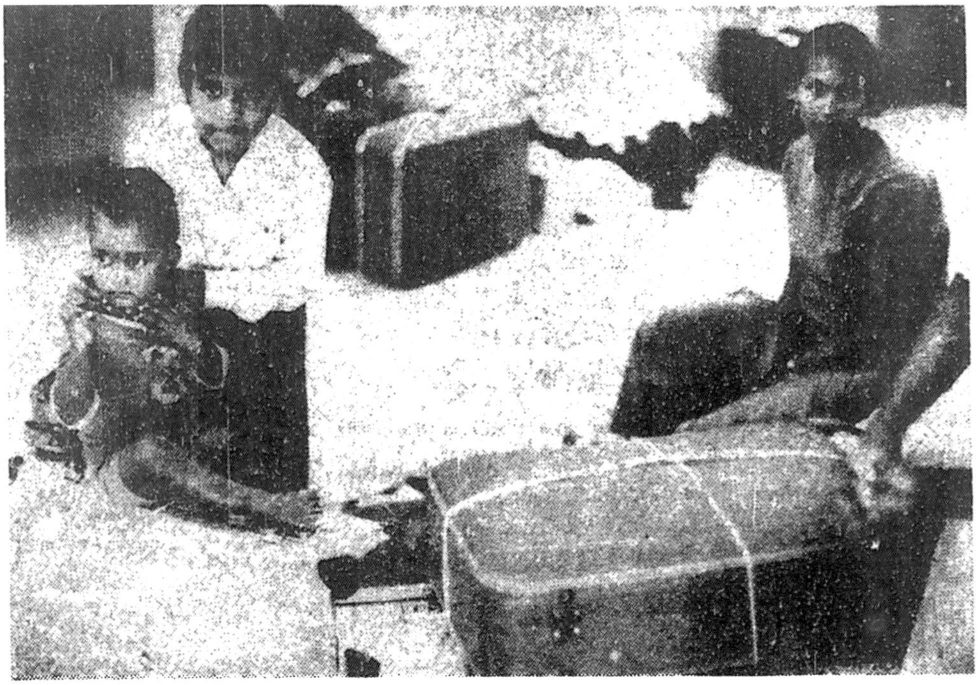

«Sob observações do Comissariado», sabem apenas que vivem no aeroporto de Lisboa, à mercê da caridade alheia. Não têm direito legal a qualquer forma de apoio; a lei recusa-lhes, inclusivamente, o estatuto de desalojados... Chegaram com alguns dias de atraso

De novo no Aeroporto de Lisboa

Refugiados de Moçambique sem meios de subsistência

Dezenas, talvez mais de uma centena, de pessoas que residiam em Moçambique «vivem», desde há duas semanas, no aeroporto de Lisboa, onde passam dia e noite, comendo o fruto de uma caridade alheia. O seu futuro é uma interrogação, porque não têm direito legal a qualquer forma de apoio. Oficialmente, não cabem sequer no conceito de «desalojados», ainda que o respectivo Comssariado os mantenha «sob observação». Até quando?

Dificilmente se saberá o numero exacto dos que se encontram naquelas circunstancias. O que avulta, na verdade, são os problemas humanos dos mundos que aquele mundo encerra. É o casal de cinco filhos, a que dentro de dias um sexto virá juntar-se. É o sexagenário sem família, portador de uma declaração médica comprovativa da necessidade de internamento, por motivo de deficiência cardíaca.

Segundo os seus próprios cálculos, serão uns 150. Mas o estado de espirito a que os conduziu a incerteza não lhes proporciona garantia de fidelidade. Até do tempo já perderam a noção. Um homem que nos mostra o bilhete de avião para provar que já ali estava há quatro

achado. Cobertos com uma manta, um lençol ou uma toalha, constituem «principescos» leitos confrontados com o ladrilhado onde a maioria se vê obrigada a jazer.

Sebastião Mendes e Américo Cordeiro Lopes têm, cada qual, cinco filhos. Chegaram, ambos, no ultimo dia do mês passado. Catorze pessoas (incluídas as mulheres), que não sabem a quem se dirigir. O primeiro saiu de Carregal do Sal há 27 anos, durante os quais nunca voltou a visitar a sua terra: «nem 50$00 para cá mandei... não tenho lá ninguém». No limiar do Outono da vida, é ainda um homem activo: «só quero que me arranjem lugar para a família e me deixem procurar emprego». No desejo de começar a ganhar não hesitou em consentir que os seus filhos ultrapassassem as barreiras da sala onde todos se aglomeram (à saída dos voos internacionais) para se oferecerem como bagageiros. Mesmo isso lhes foi vedado pelos agentes da autoridade.

Fernando Abrunhosa nasceu já em Moçambique. E foi lá que casou com aquela que viria a ser a mãe das suas duas filhas (seis meses e três anos, respectivamente). Dificuldades na obtenção da nacionalidade portuguesa fizeram com que só ele

guesas, mas a maior parte (calcula-se) nasceu fora do actual território nacional. Quanto aos segundos o seu estatuto é de refugiados (em igualdade de circunstancias com os 15 mil para quem o Governo português busca o auxílio do respectivo departamento da ONU). Os outros são o meio caminho entre a emigração e a incerteza do futuro; haviam saído do continente para a antiga colónia de Moçambique (um unico veio agora de Angola), mas regressaram com o «contrôle» fechado — o estatuto de «desalojado» só se aplica aos que chegaram até 31 de Julho ultimo.

Perante a lei, não têm direito a qualquer forma especial de apoio. «Estão sob a observação do Comissariado», conforme nos disse ontem o subcomissário para os Desalojados, dr. Dá Mesquita Gonçalves. E' possível que o Comissariado venha a sugerir ao Governo qualquer acção no sentido de resolver o problema. Não é certo e, para mais, o alto comissário, coronel Gonçalves Ribeiro, só no fim da semana regressa de férias.

Nota oficiosa do Comissariado

O Comissariado para os Desalojados divulgou, entretanto, a

[48] *Diário de Notícias*, 05/09/1977, Lisboa, p. 3.

[49] *O Retornado*, n.º 50, 1976, Lisboa, p. 14.

da chamada «minoria branca vítima de vendedores de ilusões»[25]. Ainda em Moçambique, há a denúncia da «estratégia neocolonialista»[26], por um lado, e a denúncia dos «guerrilheiros que continuam a semear a morte de população indefesa»[27], por outro. Também em Angola os conflitos prosseguem, de que é exemplo trágico uma onda de violência que resultou em cinco mortos e 66 feridos em apenas 11 horas em Luanda, em agosto de 1974, ao mesmo tempo que se noticia que «o Governo não estimula o regresso a Portugal por parte dos funcionários públicos das colónias»[28].

A marca da questão racial nas lutas sociais e pelo poder nas colónias torna-se evidente, quer na branquitude expressa nas fotos do Governo Provisório de Moçambique[29], quer em afirmações como a de Agostinho Neto «Não queremos ser um Brasil»[30], com as quais não só rejeitava as soluções federalistas como fazia um corte profundo com o mito da democracia racial brasileira. Mas não faltará muito para em Lisboa se poder festejar o fim da guerra e, em Luanda, se poder dar novo significado a atos outrora designados como «terrorismo» e

[25] *Idem*, 29/06/1974, p. 1.
[26] *Idem*, 12/07/1974, p. 1.
[27] *Diário*, 21/07/1974, p. 1.
[28] *Notícias*, 09/08/1974, pp. 1 e 2.
[29] *Diário*, 26/07/1974, p. 1.
[30] *Idem*, 03/07/1974, p. 3.

que agora eram reconhecidos como episódios históricos dignos de elevação a feriados nacionais angolanos: 4 de Fevereiro de 1961, 15 de Março de 1961, 25 de Dezembro de 1966[31].

Página seguinte:

[50] *Jornal Notícias*, 27/03/1977, Porto, contracapa.

Ninguém retornou

Não se sabe quantas pessoas vieram, mas seguramente mais de meio milhão. As vagas mais intensas surgiram de Angola, a partir de 1975, e de Moçambique, a partir de 1976. Em setembro de 1977, estimava-se em 550 mil «o número de desalojados das ex-colónias»[32]. Gente noutras condições estava por diversas vias fora da contagem. É uma população heterogénea. De diferentes géneros, idades, fenótipos, culturas, profissões, classes, com ligações mais fortes ou mais ténues à realidade portuguesa, com diferentes graus de participação no sistema colonial. As razões pelas quais estas pessoas ou os seus antepassados embarcaram nas migrações coloniais dos séculos XIX e XX serão tão diversas como as razões da vinda para Portugal ou para qualquer outro sítio que as acolhesse. É mais a circunstância do que a epopeia. O «retorno» é mais o olhar de quem vê chegar do que o sentido de muita desta população para quem «voltar» poderia significar antes ir de novo em direção a África[33, 34], onde muitas e muitos ficaram, formando parte dos povos dos novos países.

«Começou ontem a verdadeira ponte aérea»[35], «retornados enchem os melhores hotéis de Lisboa»[36], fala-se de «subsídio de desemprego e outras regalias sociais para retornados»[37], torna-se necessário desmentir «o boato do 13.º mês reverter a favor dos retornados»[38]. Alguns são ativos na reivindicação da troca do dinheiro que trazem de Angola, ao ponto de tomarem o Banco de Angola[39], outras e outros vão simplesmente viver o pesadelo do deslocamento, estejam alojados no Hotel Ritz, na Prisão de Tires, em antigas Cavalariças em Santarém ou noutro lugar qualquer.

Houve apoio estatal através do Instituto de Apoio ao Retorno de Nacionais. Houve solidariedade social e internacional[40, 41], em dinheiro, géneros alimentares e vestuário, ou mesmo em acolhimento em novos destinos de migração como o Brasil[42] ou os Estados Unidos da América. Mas também houve casos como o do taxista que se negou a transportar uma «família retornada», apesar dos protestos de muita gente[43]. E o uso da palavra «retornado» como um insulto faz da busca da neutralidade da palavra, mesmo nos casos de quem tenha «retornado», uma questão sempre problemática.

Existiram casos como o da Nini, esteticista do Lobito, que voltou a trabalhar na sua profissão na Costa da Caparica[44], e o da firma «Ex-Auto Santos (Luanda)», que se reconstruiu «Auto-Safima, Lda»[45], em Lisboa, mas também houve muita gente que de «desalojada a expensas do IARN»[46] passou aos cuidados da Segurança Social. Estas «gentes» que estudo e a quem pertenço integraram-se em distintos pontos da estrutura de classes da sociedade portuguesa, estão por toda a parte, em todas as condições, e às vezes num silêncio semelhante ao dos corpos caídos nas guerras coloniais do século XIX.

[31] *A Província de Angola*, 04/02/1975, p. 1.
[32] *O Primeiro de Janeiro*, 03/09/1977, p. 3.
[33] *Notícias*, 27/07/1974, p. 2.
[34] *Jornal do Fundão*, 29/07/1977, Fundão, p. 9.
[35] *Diário de Notícias*, 11/09/1975, p. 7.
[36] *Idem*, 15/09/1975, p. 1.
[37] *Diário de Coimbra*,18/09/1975, Coimbra, p. 3.
[38] *Jornal da Madeira*, 17/10/1975, Funchal, contracapa.
[39] *Diário de Notícias*, 02/09/1975, p. 1.
[40] *Idem*, 24/09/1977, p. 5.
[41] *A Capital*, 27/09/1977, Lisboa, p. 1.
[42] *Jornal da Madeira*, 30/09/1975, p. 12.
[43] *Diário de Coimbra*, 09/10/1975, p. 2.
[44] *O Retornado*, Lisboa, n.º 56, 1976, p. 14.
[45] *Idem*, n.º 53, 1976, p. 21.
[46] *Diário de Notícias*, 01/10/1977, p. 1.

JN

MÉDIA DIÁRIA DA TIRAGEM NO MÊS DE

Propriedade da Empresa do «Jornal de Notícias» — Redacção, Administração e oficinas na Rua
NOTÍCIAS PORTO — Filiais em LISBOA (Rua da Misericórdia, 17-1.°-Esq.° — Telef. 322269 — Telex
Telef. 23238 — Telex 13246) — VIANA DO CASTELO (Av. dos Combatentes, 260 Telef. 22767 — T

SITUAÇÃO DUMA RETORNADA

Por Fina d'Armada

«Chamo-me Luísa Alvarenga Neves e vou fazer 57 anos. A minha vida foi sempre difícil. Mas actualmente sou ainda vítima da desigualdade que se pratica entre os retornados. Estive em Angola treze anos. Eu trabalhava na oficina do meu marido. Fazíamos manequins e sei muito bem desembaraçar-me nessa confecção. Mas em 1973 o meu marido morreu. Continuei à frente do negócio até que rebentou o 25 de Abril. Ainda me aguentei até Outubro de 75. Mas a partir de então, a situação tornou-se intolerável e um meu sobrinho fez força para que regressasse a Portugal. Eu não queria vir. Parece que adivinhava que aqui iria encontrar grandes dificuldades sozinha.

Quando cheguei fui, como toda a gente, preencher a papelada ao IARN. Eu pouco mais sei que escrever o meu nome. Por isso uma minha sobrinha preencheu por mim. Na altura de indicar a profissão escreveu «doméstica» e eu, apesar de confeccionar manequins, pensei que isso não constituísse problema. Só mais tarde é que soube que afinal as domésticas não eram retornados como os outros. Quem me despertou para a cruel realidade foi uma carta do Ministério dos Assuntos Sociais, do Gabinete da Secretaria de Estado dos Retornados, de 7 de Abril de 76. Dizia assim: «Foi por nós contactada a Comissão de Análise do IARN que nos informou ser V. Ex.ª doméstica e não ter indicado qual a sua situação em África. Se V. Ex.ª também lá era doméstica, não tem direito a este subsídio que apenas é atribuído a pessoas com ocupação remunerada». Não acredita? Faça favor de ver aqui esta carta. É verdade ou não é? Uma viúva como eu, sem bens de fortuna, não tem direito a comer. E os outros vão para bons hotéis, têm empréstimos para montar negócios, viagens pagas para ir a Lisboa procurar emprego ou buscar bagagens, belos automóveis e às vezes alguma fortuna em Portugal.

Quer saber o que aconteceu à minha bagagem? Pedi a um capitão para meter no barco a carrinha do meu falecido marido. Não meteu nada. Devolveu-me o dinheiro que deixei para esse embarque mas não me devolveu os documentos. Eu sei lá se até me vendeu o carro por lá!

Tempos depois de regressar, fui levantar as minhas coisas a Lisboa mas tive que pagar as viagens. Olhe, encontrei os caixotes abertos e roubaram-me as melhores coisas. Fartei-me de chorar. Levaram o que quiseram — um rádio, um serviço de café chinês, um serviço de chá em cristal, discos de bordar, material do meu trabalho... E quer saber mais? Além de tudo remexido, o caixote onde vinha o fogão e outras coisas nunca mais apareceu. Eu também não o voltei a procurar, porque não tenho dinheiro para ir a Lisboa.

Fixei-me na minha terra. Primeiro em casa de amigos, depois aluguei uma casinha, porque não podia estar a estorvar a vida dos outros. Mas a casinha é muito fraca. Só queria que a viessem ver. Quanto a subsídio... bem no viste! Corri tudo. Falei a toda a gente. Pois sim! A comissão concelhia deu-me este casaco, dois cobertores e alguns géneros alimentícios. De resto nem um tostão. Mesmo os casais, quando a esposa é doméstica, esta recebe um tanto assim como os filhos menores que não tinham «uma ocupação remunerada».

Uma das coisas que me deram foi assistência médica. No entanto preciso de fazer uma operação a um fibroma de gordura. Veja, recebi esta carta da Caixa de Previdência e Abono de Família do distrito de Viana do Castelo datada de 13 de Julho de 76. Diz: «Pela presente levo ao conhecimento de V. Ex.ª de que nesta data foi enviado ao Hospital de Viana do Castelo um processo com vista ao internamento de V. Ex.ª devendo, no entanto, aguardar que seja feita a convocação por parte daquele estabelecimento hospitalar». Está a ver? Já lá vão sete meses. Ainda vou morrer primeiro!

No Natal deram-me um subsídio de emergência. Não é um subsídio para futuro, foi só naquela altura. Recebi então dois mil escudos. Foi o dinheiro que me tocou desde 14 de Outubro de 75. Em África estava tão bem, recebia a renda de duas casas e tinha o meu trabalho. Aqui... sabe o que faço? Para não morrer de fome vou ao jornal cavar vinhas e fazer outros serviços pesados para a minha idade e para a minha doença. Veja a minha sorte! Lutei tanto para ter um fim de vida razoável e agora quem me vai ajudando são os vizinhos. Mas nem imagina o que sofro. Eu sempre gostei de dar, nunca de receber».

Mas para quem é afinal o IARN? As viúvas que toda a vida trabalharam não têm direito a nada? As domésticas retornadas não têm de comer? Também gostava de saber em que se baseia o IARN para fazer discriminação entre os retornados. Só têm direito a subsídio aqueles que declararam ter exercido uma profissão, mesmo que tivessem passado uma existência a explorar os naturais? Como me parece que os ex-capitalistas não foram cortados dos subsídios do IARN, que profissão teriam indicado? Alguma mais útil que a profissão de doméstica?

DÁDIVA DE SANGUE E TRATAMENTO DE DOENTES

Hoje o nosso objectivo é fazer um «balanço» embora não exaus-

GENTE PÓS-COLONIAL: QUEM ERAM OS RETORNADOS?

CHRISTOPH KALTER

Quem eram os retornados? Como acontece com quase todas as perguntas simples, a resposta é mais complexa do que se poderia esperar. Começarei por apresentar algumas informações sobre o perfil sociológico dos chamados retornados e sobre o contexto da sua migração para Portugal. Na segunda parte do texto, abordarei a origem do termo e a forma como foi dotado de sentidos muito ricos, embora também veementemente contestados, os quais, no presente, ainda encontram eco em muitos portugueses.

Portugal foi a primeira potência europeia a construir um império além-mar. Foi também a última a encetar um processo de descolonização. Pouco tempo depois do golpe militar de 1974, que pôs fim a quarenta e oito anos de ditadura e a treze de Guerra Colonial, as colónias de Angola e Moçambique, bem como três outros territórios africanos mais pequenos – a Guiné-Bissau, Cabo Verde e São Tomé e Príncipe – e ainda as possessões portuguesas em Timor-Leste, encaminhavam-se para a independência. As perdas sofridas nas guerras coloniais, que mobilizaram um exército em regime de serviço militar obrigatório, bem como a impossibilidade de vencer essas guerras a nível político, tinham feito a opinião pública na metrópole inclinar-se mais para um processo de descolonização célere, e a Revolução dos Cravos tinha aberto o caminho para a negociação da retirada, que a maioria dos portugueses desejava que fosse efetuada o mais depressa possível. Mas, de qualquer forma, os portugueses não tiveram muita escolha: perante a forte mobilização anticolonial existente nas colónias e a pressão da comunidade internacional, a única alternativa era mesmo uma descolonização rápida.

Como resultado dessa descolonização, entre 500 000 e 800 000 colonos deixavam África. Porém, nem todos os que eram de origem europeia saíram das colónias e, de entre os que o fizeram, uma parte escolheu como destino países terceiros como a Rodésia, a África do Sul, o Brasil, a Argentina, o Canadá ou os Estados Unidos da América. Contudo, a grande maioria deixou as colónias e a maior parte foi para Portugal. Os meios de transporte e as rotas utilizadas, bem como a cronologia das chegadas a Portugal, variaram entre 1974 e 1979. No entanto, a ponte aérea a partir de Angola durante o verão e o outono de 1975 assinalou um pico dessa movimentação populacional.

NO REGRESSO DE LUSACA

O PRESIDENTE KAUNDA, RODEADO POR SAMORA MACHEL E O DR. MARIO SOARES, QUANDO ESTAVA PRESTES A DAR INICIO AO ENCONTRO

Texto de FERNANDO COUTO

Fotos de NIZA PAIVA

O encontro, em Lusaca, das delegações do Governo Provisório e da FRELIMO deve ser encarado como um acontecimento histórico. Com efeito, a partir do início da guerra aberta, em 1964, não houvera nunca sido aceite a proposta de um encontro, apesar das ofertas que, e entre outros, terá feito, algumas vezes, o Presidente Kaunda, como possível medianeiro. O Governo Provisório, fiel ao programa das Forças Armadas, entendeu que o estabelecimento do diálogo era indispensável e urgente também, visto que só ele poderia conduzir a um cessar-fogo e à paz. E era indispensável começar por aí, a fim de se atingirem as almejadas metas.

Contribuiu também para distinguir este acontecimento e fortalecer-lhe a qualidade de histórico a ausência de formalismo e o inegável calor humano que lhe imprimiram todas as partes intervenientes, em especial desde o instante em que o dr. Mário Soares quebrou o protocolo para abraçar Samora Machel. Também neste aspecto, cumpre destacar a cordialidade e a cativante simpatia do Presidente Kaunda, bem como, em geral, dos membros do seu gabinete e do Partido Unido.

UM GESTO DE BOA VONTADE

Deslocando-se à Zâmbia, aqui à ilharga de Moçambique, a delegação portuguesa patenteou a boa vontade que inegavelmente anima os propósitos dos dirigentes portugueses. Ocorrendo a pouco mais de um mês de existência do Governo Provisório é seguro indício da urgência com que Portugal procura pôr fim a esta guerra que já tão trágicas consequências causou. E até importará também sublinhar este aspecto curioso e significativo: o Ministro dos Estrangeiros desempenhou nestes últimos tempos uma actividade enorme, cumprindo com um calendário de graves e cansativas obrigações, arcando com a responsabilidade de tratar dos problemas mais importantes com que se defronta o País.

Por via disso, o dr. Mário Soares acusava um ar fatigado quando chegou a Lusaca e, ali, não conheceu descanso, visto que chegou de manhã muito cedo (depois de uma noite de viagem, com escala por Londres) e trabalhou durante todo o tempo com uma actividade extenuante. Apesar disso, conseguiu manter sem quebra uma gentileza que lhe permitia atender os jornalistas sempre e a altas horas da noite, conseguiu manter uma serenidade e lucidez que o creditam como um diplomata de grande classe e, acima de tudo, conseguiu fazer imperar o conceito de honestidade e de boa vontade com que o Governo Provisório veio para as conversações. Por tudo isso e até porque esse clima de paz e de confiança que ele nos pede e que também exige o condicionalismo em que nos encontramos, importa continuar a confiar no futuro que se começa a desenhar e há-de conduzir à paz. De resto, o comunicado conjunto aponta para essa meta por que tanto ansiamos e de que tanto necessitamos — a Paz, indispensável para a construção do Moçambique do futuro.

UMA PODEROSA EMOÇÃO

Do histórico acontecimento, procuramos dar agora o documento fotográfico da dimensão que ele merece e que a objectiva muita atenta de Niza Paiva captou com sensibilidade e saber.

As impressões de reportagem, ainda muito frescas e vincadamente marcadas pela emoção experimentada por quem sabia e sentia que estava a presenciar e a viver um momento histórico — essas impressões, ainda um tanto caóticas, querem, antes de tudo e acima de tudo, pôr em destaque o intenso calor humano que marcava as delegações e até também os anfitriões, com o estadista de envergadura que é o dr. Kaunda à frente e fazendo-se sentir mesmo em outros sectores. E por isso se terá até perdido alguma da objectividade fria e da observação implacável que, em outras circunstâncias, seria possível manter e até nem se deveria ter perdido.

A GRANDE SURPRESA

Samora Machel era quem polarizava mais vincadamente essa insofrida curiosidade dos homens da Imprensa e Rádio, muito embora também interessassem muito os outros membros da delegação da FRELIMO. Aquele era, porém, o dirigente que se tornara a personificação viva do movimento libertador.

Na realidade, Samora Machel não corresponde exactamente à imagem que as fotografias divulgavam: é mais franzino, de estatura de ex-

dirigente, forjado na luta, de um dinamismo exuberante, de uma simpatia profundamente humana. Surpreende o encontro com este homem que há dez anos participa de uma guerra implacável. Vê-se que a luta não o tornou seco nem amargo e que, ao contrário até possui um vivo sentido de humor.

A sua personalidade, muito forte, salienta-se aquele jeito de quem vive sem trégua para a realização de uma missão e parece justo dizer-se dele que é um destes homens de rija têmpera, de porte direito e gestos muito prontos e calorosos, de sorriso muitas vezes aberto numa esplêndida franqueza.

OUTROS DE PASSAGEM

Ao seu lado, Alberto Joaquim Chissano é um vivo contraste: mais frio, mais franzino, dando a impressão de um duro e de um intelectual também, de reacções muito prontas, mas muito discretas e marcadas pela disciplina de cerebral com que sempre parece agir.

Importa destacar que causou certa impressão em alguns menos informados a aparição na delegação da FRELIMO de um europeu — Jacinto Veloso, de quem disse Samora Machel: ele foi dos primeiros a compreender a necessidade da luta armada contra o fascismo e o colonialismo — e de dois indianos — Óscar Monteiro, de Lourenço Marques, e Jorge Vieira, de Tete. E com isso, ali, estava, ao vivo e sem sofismas, a prova provada de que a FRELIMO é constituída por gente de todas as etnias e a todos os níveis.

UM CLIMA DE COMPREENSÃO

Os jornalistas de Moçambique que encontraram por parte do Governo da Zâmbia, um óptimo clima de compreensão e boa vontade, a pedido da FRELIMO. Deve, porém, informar-se que o programa carregado e as grandes distâncias se conjuraram para não permitir o conhecimento de Lusaca que todos gostaríamos de ter feito com algum vagar e em jeito de ver a fundo.

Por outro lado, as medidas de segurança tomadas para com os dirigentes da FRELIMO não consentiram também a possibilidade de contactos que os jornalistas desejariam, embora também se deva contar que aqueles dirigentes se encontravam assoberbados de trabalho. Entretanto, na manhã de sexta-feira, durante a conferência de imprensa, primeiro, depois e quanto se preparava a fotografia de conjunto como lembrança e ainda o aeroporto, enquanto se aguardava a chegada de Samora Machel, viajando de helicóptero com o Presidente Kaunda, houve oportunidade de trocar algumas impressões e estas serviram para confirmar as anteriormente recebidas.

PRIMEIRAS IMPRESSÕES

À margem disso, há que relatar algumas notas desta visita e que poderão, talvez, responder a justificadas curiosidades dos leitores.

Para começar, diremos que a primeira impressão recebida da Zâmbia foi dada pela aerogare e não podia ser melhor. Trata-se de um moderno edifício, muito elegante, bem concebido, de avultadas dimensões e de uma limpeza impecável.

Os funcionários da emigração, alfândega e higiene cumprem escrupulosamente com o seu dever, com amabilidade e tudo ali funciona com uma notória eficiência, acontecendo que a aerogare é dotada de algumas comodidades e serviços que ainda não vimos nas de Moçambique. E a sala de VIP onde se efectuou a conferência de imprensa de Samora Machel, à despedida, prima pelo gosto artístico e pelo conforto.

TAXIS

Funcionam companhias de táxis, com pintura emblemática, boas viaturas e serviço de rádio e há também os etaxeiros de conta própria, alguns com carros menos luxuosos, mas aceitáveis.

Serviço não falta, uma vez que os percursos são, por sistema, muito estirados, naquela cidade de urbanização inglesa.

Os taxímetros funcionam com toda a correcção e, em relação ao custo de vida, não se pode reconhecer como caro esse serviço.

TRÂNSITO

Do aeroporto à cidade, são 37 quilómetros.

A via de ligação, como outras por onde circulámos, é de tal maneira larga, bem sinalizada e asfaltada que, relembrando-as aqui, sentimos inveja daquelas estruturas de trânsito, aliás tipicamente britânicas. Tudo, porém, se conserva pelo melhor: a sinalização, a capinação de ber-

(Continua na página seguinte)

O DR. MARIO SOARES NA OCASIAO DE SER APRESENTADO AOS MEMBROS DO GOVERNO ZAMBIANO

UMA VIGOROSA EXPRESSÃO DE SAMORA MACHEL DURANTE A CONFERENCIA DE IMPRENSA AOS JORNALISTAS DE MOÇAMBIQUE

SAMORA MACHEL JULGOU OPORTUNO DIZER UMAS PALAVRAS AO OUVIDO DO DR. MARIO SOARES E OS FOTOGRAFOS FIXARAM O INSTANTE

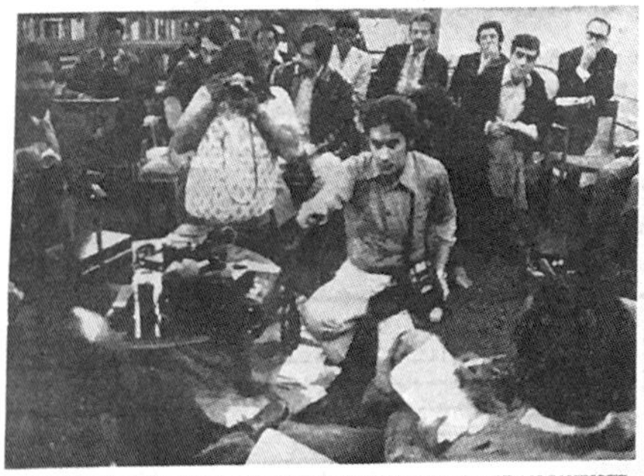

PARTE DOS ELEMENTOS DOS ÓRGÃOS DE INFORMAÇÃO DE MOÇAMBIQUE À CONFERENCIA DE IMPRENSA DADA PELA FRELIMO

O NOSSO ENVIADO ESPECIAL DESPEDINDO-SE DO DR. MARIO SOARES

A DELEGAÇÃO PORTUGUESA SENTADA À MESA DA CONFERENCIA

PARTE DA DELEGAÇÃO DA FRELIMO NO MOMENTO EM QUE TODOS OS PRESENTES ENTOAVAM A CANÇÃO PROPOSTA PELO PRESIDENTE KAUNDA E É CANTADA HABITUALMENTE NAS REUNIÕES DA O. U. A.

MENSAGEM DE CHISSANO

Saudaçõs Fraternas para os estudantes e professores da Universidade de Lourenço Marques

J. Chissano

Página anterior:

[51] *Notícias*, de Lourenço Marques, 10/06/1974, p. 10.
Apesar de, retrospetivamente, haver boas razões para se ser crítico em relação a tratados como o Acordo de Lusaka e o Acordo do Alvor, devemos lembrar que, no que toca às formas concretas de descolonização, Portugal tinha uma margem de negociação muito estreita e um controlo muito limitado.

A ponte aérea foi efetuada sobre o pano de fundo de uma guerra civil com forte envolvimento internacional que então se iniciava em Angola, com uma perturbação gradual da ordem pública, violência generalizada e um clima de pânico nas comunidades. Nas operações não esteve apenas envolvida a aviação militar e civil portuguesa; o apoio dos Estados Unidos, da União Soviética, da Grã-Bretanha, da Bélgica e da Alemanha foi também decisivo. Entre meados de julho e novembro de 1975, cerca de 260 000 pessoas foram retiradas de Angola por via aérea. Durante a fase mais intensa da ponte aérea, chegavam a Lisboa, em média, cerca de 7000 indivíduos por dia. Como já foi referido inúmeras vezes, a ponto de transformar uma situação verdadeiramente consternadora num *cliché*, a maioria chegava sem nada, a não ser as malas que trazia e a roupa que tinha no corpo.

Essas chegadas do ano de 1975 acabariam por marcar as representações da época e as memórias subsequentes relativas ao que ficou conhecido como o «êxodo» dos retornados. As reportagens noticiosas com imagens em plano picado das crianças e dos adultos que acampavam nas instalações do aeroporto, dormindo em bancos ou mesmo no chão, à espera da chegada das bagagens ou de transporte para casa de familiares ou para um alojamento a expensas do estado, fundiam-se com a imagética, na altura já bem conhecida, de crise humanitária e do estatuto de vítima. A impressão que essas imagens criam é de emergência, de caos imprevisível e repentino, bem como de gente vulnerável e dócil a necessitar de assistência. O que não transmitem é qualquer noção de capacidade de agir por parte dos migrantes, do contexto em que essas pessoas decidiram partir e das diferentes histórias e experiências daqueles que, em 1975, vieram a ser conhecidos como retornados.

Quem eram então esses retornados? Da perspetiva dos estudos de migrações, o sociólogo Rui Pena Pires apurou os seguintes factos: com base no recenseamento nacional de 1981, sabe-se que nos meses imediatamente anteriores e posteriores às independências das ex-colónias, chegaram a Portugal 471 427 indivíduos de nacionalidade portuguesa.[1] O número total era superior, mas a ausência de fontes fiáveis não permite que esses valores venham alguma vez a ser conhecidos. Dos que se encontram documentados no recenseamento de 1981, a maior parte regressava de Angola (290 504, ou seja, 61%), partindo o segundo maior grupo de Moçambique (158 945, ou seja, 34%), e apenas 21 978 (5%) da Guiné-Bissau, Cabo Verde, São Tomé e Príncipe e Timor-Leste.

O recenseamento mostra ainda que quase dois terços de todos os retornados (63%) não tinham nascido nas colónias e sim em Portugal continental – uma conclusão que coincide com os resultados do trabalho de Cláudia Castelo, o qual mostra que a maior parte dos emigrantes portugueses tinha ido para África apenas depois da Segunda Guerra Mundial. Durante todas as décadas finais do império chegavam a África pessoas provenientes de aglomerados urbanos, como Lisboa, Porto e Viseu, mas também da região rural mais pobre do nordeste do país. Trata-se de dados novamente corroborados por Rui Pena Pires, que constatou serem os retornados nascidos na metrópole oriundos sobretudo das regiões Centro e Norte de Portugal e que, de regresso ao país, mais de metade

[1] Sobre estas informações e as do parágrafo seguinte, ver Rui Pena Pires, *Migrações e Integração. Teoria e Aplicações à Sociedade Portuguesa* (Oeiras: Celta Editora, 2003) e Cláudia Castelo, *Passagens para África. O Povoamento de Angola e Moçambique com Naturais da Metrópole (1920-1974)* (Porto: Afrontamento, 2007).

[52] Retornados no aeroporto de Lisboa, 1975. Fotografia de Abreu Morais. Imagem cedida pelo ANTT.
A foto de Abreu Morais recorda-nos que uma pequena, embora significativa, parcela dos migrantes era composta por indivíduos não brancos, ou seja, negros, mestiços e de outras origens étnicas. Como ilustra, por exemplo, a questão do alojamento, a experiência de integração na sociedade portuguesa dos retornados não brancos foi, em regra, mais difícil.

voltou para os seus distritos de origem. Devido à procura de migrantes com habilitações acima da média nas colónias, os retornados tinham um nível de escolaridade superior à generalidade da população residente na metrópole. Pertenciam também a uma faixa etária bastante mais jovem. Ambos os factos, na opinião de Pires, favoreceram a sua integração socioeconómica, tendo a estrutura etária também influenciado positivamente a evolução demográfica de um país caracterizado por uma população envelhecida.

Este perfil sociológico regista algumas características gerais, embora não possa, obviamente, dar conta da ampla diversidade dos indivíduos incluídos na designação geral de «retornados». Trata-se certamente de um grupo que estava longe de ser homogéneo. Era, pelo contrário, diversificado a vários níveis, incluindo o estatuto socioeconómico e o grau de escolaridade; diferenciavam-se também quanto à colónia de que regressavam e ao tempo que aí tinham vivido, quanto às modalidades do seu regresso e ao momento em que «retornaram», as redes familiares e sociais nas quais podiam encontrar apoio em Portugal (ou a inexistência dessas redes), as opções políticas, a idade, o sexo e a etnia. Enquanto os indivíduos «brancos» constituíam, sem dúvida, a maioria dos «retornados», era também significativo o número de «negros» ou de «mestiços» (sendo muitos desses mestiços originários de Cabo Verde), ou ainda «indianos»

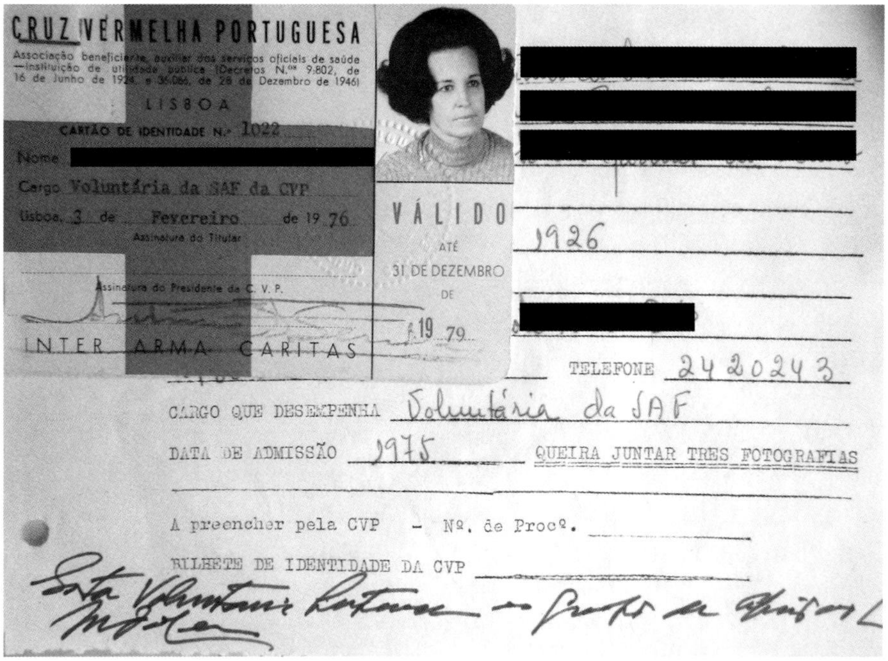

[53] Cartão de voluntária da Cruz Vermelha Portuguesa. Cruz Vermelha Portuguesa, Arquivo Histórico/ Biblioteca.
A Cruz Vermelha Portuguesa teve um papel fundamental na receção no aeroporto, ajudando ainda na aplicação da política estatal de integração de médio prazo no âmbito do alojamento. Entre os voluntários, havia um grande número de mulheres, integradas na Secção Feminina da Cruz Vermelha. A voluntária cujo cartão de identificação vemos nasceu em Angola, sendo ela própria provavelmente também uma retornada.

(principalmente hindus, católicos e muçulmanos de ascendência goesa provenientes de Moçambique).[2]

As imagens da chegada a Lisboa de uma população com características semelhantes às dos refugiados corroboram em termos visuais a noção de que a migração em causa apresentava um desafio irruptivo e sem precedentes para todas as partes envolvidas: os migrantes, a população residente, o estado e as organizações não-governamentais que colaboraram na instalação dos mesmos migrantes, de entre as quais se destaca a Cruz Vermelha Portuguesa. É óbvio, aos mais diferentes níveis, que o regresso dessas populações foi um acontecimento abrupto e difícil que representou um grande desafio para o país. Portugal não só era um país pobre sem experiência prévia de imigração maciça, mas essas dificuldades estruturais agravavam-se ainda devido a problemas conjunturais. A maior parte dos migrantes chegou num curto período de tempo e numa época de instabilidade económica e de tumultos políticos na sequência da crise do petróleo e do golpe militar do 25 de Abril.

Contudo, se o situarmos no contexto mais amplo da Europa do pós-guerra, o desafio que os retornados representavam não era assim tão extraordinário, sendo semelhante ao de anteriores migrações do mesmo género que tiveram como destino a Itália, a Holanda, a Bélgica e a França. Desde 1945 e até à década de 70, uma população eurocolonial de entre cinco e sete milhões de pessoas regressou aos seus países de origem ou de cidadania conforme as colónias da Ásia e de África em que se tinham estabelecido se iam tornando independentes.[3] Mas, se olharmos para a situação portuguesa em termos de uma população de acolhimento de menos de dez milhões de indivíduos, a chegada de mais de 500 000 retornados constituiu, em termos relativos, a maior de todas as migrações

[2] Utilizam-se aspas para indicar que termos como «branco», «negro», etc. não se referem a características físicas objetivas e facilmente identificáveis, e sim a taxonomias sociais coloniais racistas as quais, apesar da sua aparente rigidez, foram frequentemente sujeitas a discussão e negociação em contextos coloniais e pós-coloniais. Um dos poucos autores que avançaram uma estimativa dos retornados «não-brancos» foi Fernando Luís Machado, «Luso-africanos em Portugal: Nas Margens da Etnicidade», *Sociologia*, vol. 16 (1994), pp. 111-134, aqui p. 114f, que calcula terem sido entre 25 000 e mais de 50 000.

[3] Bouda Etemad, «Europe and Migration after Decolonisation», in *The Journal of European Economic History*, vol. 27, n.º 3 (1998), pp. 457-470; Andrea L. Smith (org.), *Europe's Invisible Migrants* (Amesterdão: Amsterdam University Press 2003).

com origem na descolonização. Contudo, foi também a última delas, tendo Portugal podido contar com um *modus faciendi* já bem definido para lidar com este tipo de movimento populacional.

Vista a partir dessa perspetiva, a experiência portuguesa integra uma transformação mais ampla: depois de 1945, através da descolonização, os impérios coloniais europeus tornaram-se estados-nação pós-imperiais. Nesse processo de transição, as fronteiras da nação – não apenas em termos de território e de leis de cidadania, mas também em termos da comunidade imaginada que a nação compreende – sofreram alterações correlativas numa série de países.[4] Assim, o caso português, apesar de ter obviamente as suas especificidades, não é um caso de todo invulgar.

Após esta contextualização mais ampla, centremos a nossa atenção na palavra «retornados». Em primeiro lugar, trata-se de um termo jurídico que define um grupo de pessoas e regula os seus direitos. Um decreto-lei de março de 1975 deu origem ao IARN, estabelecendo o conceito de «retorno» através da denominação da instituição que criava.[5] O substantivo «retornados» surgiu apenas alguns meses mais tarde, num decreto-lei de outubro de 1975, altura em que a operação de grande escala que foi a ponte aérea se encontrava a funcionar havia já semanas.[6] Juntamente com uma Resolução do Conselho de Ministros de 5 de maio de 1976, o referido decreto-lei definia retornados como cidadãos portugueses que tinham «retornado» de uma ex-colónia a partir de 1 de setembro de 1974, tendo aí tido residência permanente antes dessa data, e que, de acordo com a respetiva necessidade de assistência, teriam direito a ajudas estatais após a sua chegada a Portugal.

Enquanto termo jurídico, a palavra «retornados» articulava assim os critérios de cidadania e de necessidade.[7] No entanto, paralelamente àquele entendimento de «retornados» estava a ser redefinido precisamente quem podia ser considerado cidadão nacional: o Decreto-Lei 308-A/75, de 24 de junho de 1975, alterava fundamentalmente a lei de nacionalidade portuguesa, que possuía uma tradição *ius soli*, instituindo agora uma abordagem de *ius sanguinis*. Anteriormente a essa data, era português não só quem vivia na metrópole, mas também os que viviam nos «territórios ultramarinos».[8] Invertendo completamente a situação, a lei da nacionalidade de junho de 1975 estipulava que estes últimos deixariam de ser portugueses após a descolonização. A manutenção da nacionalidade portuguesa era permitida apenas a um reduzido grupo de pessoas das ex-colónias, os que tivessem nascido em Portugal continental ou nas ilhas adjacentes e aqueles que detivessem uma relação especial com o país por via de laços familiares ou por situação de residência superior a cinco anos.

António de Almeida Santos, o «pai» da lei da nacionalidade de 1975, já falecido, afirmou mais tarde que o decreto concedia a cidadania «só a alguns para evitar que viessem todos». Sem essas restrições, temia Almeida Santos que migrasse para a metrópole «um milhão ou mais de pessoas aflitas» e «o país ia ao fundo». O que o jurista desejava especificamente era impedir a vinda dos soldados africanos alistados no exército português. Essa medida tinha precedentes, já que os holandeses haviam recusado a cidadania aos seus soldados coloniais

Páginas seguintes:

[54] Decreto-lei n.º 308-A/75 de 24 de junho. A descolonização das colónias portuguesas de África foi acompanhada por uma reversão da lei da nacionalidade portuguesa. Uma das principais intenções por detrás da determinação da perda da nacionalidade portuguesa da maioria dos antigos cidadãos das colónias foi a de bloquear a vinda para Portugal dos soldados coloniais indígenas depois da independência.

[4] Um estudo de referência sobre o caso francês é Todd Shepard, *The Invention of Decolonization. The Algerian War and the Remaking of France* (Ithaca: Cornell University Press, 2006).

[5] Decreto-Lei n.º 169/75, de 31 de março. IARN = Instituto de Apoio ao Retorno de Nacionais.

[6] Decreto-Lei n.º 584-B/75, de 16 de outubro.

[7] Mais tarde, o Decreto-Lei n.º 683-B/76, de 10 de setembro, substituiu o termo «retornados» por «desalojados» como categoria jurídica.

[8] É certo que essa nacionalidade imperial não implicava os mesmos direitos para todos – longe disso. Contudo, todos os indivíduos das colónias eram considerados cidadãos portugueses; ver Rui Manuel Moura Ramos, «Nacionalidade e descolonização. Algumas reflexões a propósito do decreto-lei n.º 308-A/75 de 24 de junho», in *Revista de Direito e Economia* (1976), pp. 121-151, 331-362.

Terça-feira 24 de Junho de 1975 — I Série — Número 143

DIÁRIO DO GOVERNO

PREÇO DESTE NÚMERO — 1$00

Toda a correspondência, quer oficial, quer relativa a anúncios e a assinaturas do «Diário do Governo» e do «Diário das Sessões», deve ser dirigida à Administração da Imprensa Nacional-Casa da Moeda, Rua de D. Francisco Manuel de Melo, 5, Lisboa-1.

ASSINATURAS

	Ano	Semestre
As três séries	1600$	850$
A 1.ª série	600$	350$
A 2.ª série	600$	350$
A 3.ª série	600$	350$

Apêndices — anual, 600$
Preço avulso — por página, $50
Para o estrangeiro e ultramar acresce o porte do correio

O preço dos anúncios é de 17$ a linha, acrescido do respectivo imposto do selo, dependendo a sua publicação do pagamento antecipado a efectuar na Imprensa Nacional-Casa da Moeda, quando se trate de entidade particular.

4.º SUPLEMENTO

SUMÁRIO

Ministérios da Coordenação Interterritorial, da Justiça e dos Negócios Estrangeiros:

Decreto-Lei n.º 308-A/75:

Estabelece normas sobre a conservação da nacionalidade portuguesa pelos portugueses domiciliados em território ultramarino tornado independente.

MINISTÉRIOS DA COORDENAÇÃO INTERTERRITORIAL, DA JUSTIÇA E DOS NEGÓCIOS ESTRANGEIROS

Decreto-Lei n.º 308-A/75

de 24 de Junho

Considerando que a Lei n.º 2098, de 29 de Julho de 1959, regula a atribuição, aquisição, perda e reaquisição da nacionalidade portuguesa;

Considerando que o acesso à independência dos territórios ultramarinos sob administração portuguesa, em resultado do processo de descolonização em curso, vem criar, como facto saliente, a aquisição da nova nacionalidade por parte de indivíduos que, até àquela data, tinham a nacionalidade portuguesa;

Considerando que há conveniência em conceder ou possibilitar a manutenção da nacionalidade portuguesa em casos em que uma especial relação de conexão com Portugal ou inequívoca manifestação de vontade nesse sentido tal justifique;

Usando da faculdade conferida pelo artigo 3.º, n.º 1, alínea 3), da Lei Constitucional n.º 6/75, de 26 de Março, o Governo decreta e eu promulgo, para valer como lei, o seguinte:

Artigo 1.º — 1. Conservam a nacionalidade os seguintes portugueses domiciliados em território ultramarino tornado independente:

a) Os nascidos em Portugal continental e nas ilhas adjacentes;
b) Até à independência do respectivo território, os nascidos em território ultramarino ainda sob administração portuguesa;
c) Os nacionalizados;
d) Os nascidos no estrangeiro de pai ou mãe nascidos em Portugal ou nas ilhas adjacentes ou de naturalizados, assim como, até à independência do respectivo território, aqueles cujo pai ou mãe tenham nascido em território ultramarino ainda sob administração portuguesa;
e) Os nascidos no antigo Estado da Índia que declarem querer conservar a nacionalidade portuguesa;
f) A mulher casada com, ou viúva ou divorciada de, português dos referidos nas alíneas anteriores e os filhos menores deste.

2. Os restantes descendentes até ao terceiro grau dos portugueses referidos nas alíneas *a*), *c*), *d*), primeira parte, e *e*) do número anterior conservam também a nacionalidade portuguesa, salvo se, no prazo de dois anos, a contar da data da independência, declararem por si, sendo maiores ou emancipados, ou pelos seus legais representantes, sendo incapazes, que não querem ser portugueses.

Art. 2.° — 1. Conservam igualmente a nacionalidade portuguesa os seguintes indivíduos:

a) Os nascidos em território ultramarino tornado independente que estivessem domiciliados em Portugal continental ou nas ilhas adjacentes há mais de cinco anos em 25 de Abril de 1974;

b) A mulher e os filhos menores dos indivíduos referidos na alínea anterior.

2. Os indivíduos referidos no número anterior poderão optar, no prazo de dois anos a contar da data da independência, pela nova nacionalidade que lhes venha a ser atribuída.

Art. 3.° Para os fins do presente diploma, e salvo prova em contrário, presumem-se nascidos em Portugal continental, nas ilhas adjacentes e nos territórios ultramarinos os indivíduos ali expostos.

Art. 4.° Perdem a nacionalidade portuguesa os indivíduos nascidos ou domiciliados em território ultramarino tornado indepedente que não sejam abrangidos pelas disposições anteriores.

Art. 5.° Em casos especiais, devidamente justificados, não abrangidos por este diploma, o Conselho de Ministros, directamente ou por delegação sua, poderá determinar a conservação da nacionalidade portuguesa, ou conceder esta, com dispensa, neste caso, de todos ou alguns dos requisitos exigidos pela base XII da Lei n.° 2098, de 29 de Julho de 1959, a indivíduo ou indivíduos nascidos em território ultramarino que tenha estado sob administração portuguesa e respectivos cônjuges, viúvos ou descendentes.

Art. 6.° — 1. É obrigatório o registo, na Conservatória dos Registos Centrais, das declarações previstas nos artigos 1.°, n.° 2, e 2.°, n.° 2.

2 — A declaração de opção prevista no artigo 2.°, n.° 2, será instruída com documento que prove ser o declarante nacional do novo Estado independente.

Art. 7.° O pedido de registo de nascimento dos indivíduos que conservam a nacionalidade, nos termos deste diploma, quando necessário, será instruído com prova dos factos de que depende a conservação da nacionalidade.

Art. 8.° São gratuitos todos os actos, processos e registos resultantes da aplicação deste diploma, bem como os documentos necessários à sua instrução.

Art. 9.° São aplicáveis, como direito subsidiário, a Lei n.° 2098, de 29 de Julho de 1959, e o Decreto n.° 43 090, de 27 de Julho de 1960.

Art. 10.° As dúvidas que se suscitarem na aplicação deste diploma serão resolvidas por despacho conjunto do Primeiro-Ministro e do Ministro da Justiça.

Art. 11.° Este diploma entra imediatamente em vigor.

Visto e aprovado em Conselho de Ministros. — *Vasco dos Santos Gonçalves — Álvaro Cunhal — Francisco José Cruz Pereira de Moura — Joaquim Jorge Magalhães Mota — Mário Alberto Nobre Lopes Soares — António de Almeida Santos — António Carlos Magalhães Arnão Metelo — Francisco Salgado Zenha — Ernesto Augusto de Melo Antunes — Jorge Correia Jesuíno.*

Promulgado em 21 de Junho de 1975.

Publique-se.

O Presidente da República, FRANCISCO DA COSTA GOMES.

IMPRENSA NACIONAL-CASA DA MOEDA

molucanos e os franceses tinham retirado a cidadania aos *harkis*, os auxiliares indígenas do exército francês na Argélia, impedindo a entrada em França da sua grande maioria na sequência da independência argelina, em 1962, ocasião em que o movimento nacional de libertação massacrou milhares deles. O exemplo citado por Almeida Santos para justificar a sua posição foi, contudo, o da Grã-Bretanha: após a independência da Índia, a lei inglesa de nacionalidade teria sido «generosa demais e Londres tornou-se a capital mais Indiana».[9] Almeida Santos não teria desejado, ou pelo menos é o que se pode concluir do paralelo que estabeleceu, ver Lisboa tornar-se a mais africana de todas as capitais europeias. Outros altos funcionários do estado revelaram o mesmo racismo que fica implícito naquela afirmação, como mostra uma conversa entre José Pinheiro de Azevedo e Vítor Crespo, durante uma reunião do Conselho da Revolução, quando o então primeiro-ministro exprimiu preocupação pelo facto «de estarem a chegar na ponte aérea muitas pessoas de cor preta.»[10]

De facto, muitos indivíduos não brancos eram, nos termos da nova lei, cidadãos portugueses, sendo que a mesma lei não se baseava abertamente na raça. Mesmo assim, a cidadania foi redefinida sobretudo em termos de ascendência. No seu conjunto, as duas leis equacionavam explicitamente o retornado com ser português – através da lei que criava o IARN – equacionando-o implicitamente com ser branco – através da nova lei da nacionalidade portuguesa. As consequências eram ambivalentes: as leis excluíam uma minoria de migrantes do direito ao apoio estatal enquanto, ao mesmo tempo, incluíam categoricamente a maior parte deles numa comunidade de solidariedade institucionalizada. Com efeito, o estado português – tal como tinha feito o estado francês uns quinze anos antes quando cerca de um milhão de colonos regressou da Argélia – despendeu avultadas quantias e energia considerável na disponibilização de ajuda de emergência e na promoção da reinserção dos retornados. Essa política de integração holística e consciente posta em prática através do IARN e do Comissariado para os Desalojados em sectores como a habitação, a saúde, a educação, o emprego ou o crédito foi fundamental para a integração dos retornados. Na verdade, em documentos internos consultados, alguns representantes do estado, como o diretor do IARN, Fernando Cardoso do Amaral, associavam os retornados a doenças «exóticas», a uma sexualidade permissiva, a atividades económicas pouco claras e viam-nos ainda como uma ameaça «reacionária» à revolução.[11] Contudo, nas suas declarações públicas, estas figuras insistiam na ideia de que os retornados eram portugueses iguais a todos os outros e pediam à população que apoiasse os seus «irmãos» num esforço coletivo de solidariedade nacional.

Estas últimas considerações mostram que o termo «retornados» era também usado de forma coloquial pelos políticos, as ONG, os meios de comunicação social e nas conversas do dia a dia. Era muitas vezes aplicado de modo pejorativo, acabando por se tornar rapidamente num estigma. Muitos dos portugueses que residiam na metrópole viam os migrantes provenientes de África como seus concorrentes num mercado de habitação e de trabalho já de si muito escasso. Além disso, num país pobre com um estado-providência fraco, uma parte

[9] Almeida Santos citado de São José Almeida, «Retornados. Uma História de Sucesso para Contar», in *Revista 2 – Público*, 20.04.2014, pp. 14-21, p. 17, e de Pires, *Migrações*, p. 126.

[10] Citado de PT/TT/CNRV, n.º 2, Reunião de 26 de janeiro de 1976.

[11] Fernando Cardoso do Amaral, *Informação*, Lisboa, 16.07.1975, PT/CVP (Arquivo da Cruz Vermelha Portuguesa), pt. Ofícios e Circulares recebidos do IARN.

S. R.

PRESIDÊNCIA DO CONSELHO DE MINISTROS

INSTITUTO DE APOIO AO RETORNO DE NACIONAIS

Na presente informação abordam-se temas da maior acuidade, de carácter social, e para os quais se impõe a tomada de medidas urgentes através dos respectivos Departamentos de Estado.

Assistência Médica

2. Encaramos o problema da assistência médica sob dois ângulos, ambos da maior importância: Saúde Pública (Medicina Preventiva) e assistência hospitalar (ambulatória e internamento).

Nos domínios da saúde pública é nosso dever alertar as entidades competentes para os gravíssimos problemas que poderão advir para o País se, a título imediato, não forem tomadas medidas eficientes.

Não é necessário conhecer em profundidade o estado sanitário das nossas ex-colónias, nem investigar as características do meio sócio-profissional de onde provém a maioria dos retornados, para concluirmos que se corre o risco de, a breve prazo, o País se ver a braços com focos endémicos de várias moléstias. Tenha-se em vista o exemplo da França após a independência da Argélia.

No caso particular de Portugal, assumem particular significado o paludismo, a lepra e as doenças venéreas, para além de outras que os técnicos de saúde poderão acrescentar.

Página anterior:

[55] Instituto de Apoio ao Retorno de Nacionais, *Memorando*, 16/06/1975. Cruz Vermelha Portuguesa, Arquivo Histórico/Biblioteca.
Sem sequer se dignar fornecer qualquer justificação para a avaliação que efetuava, o primeiro diretor do IARN declarou neste memorando interno que os retornados traziam «o risco de, a breve prazo, o País se ver a braços com focos endémicos de várias moléstias».

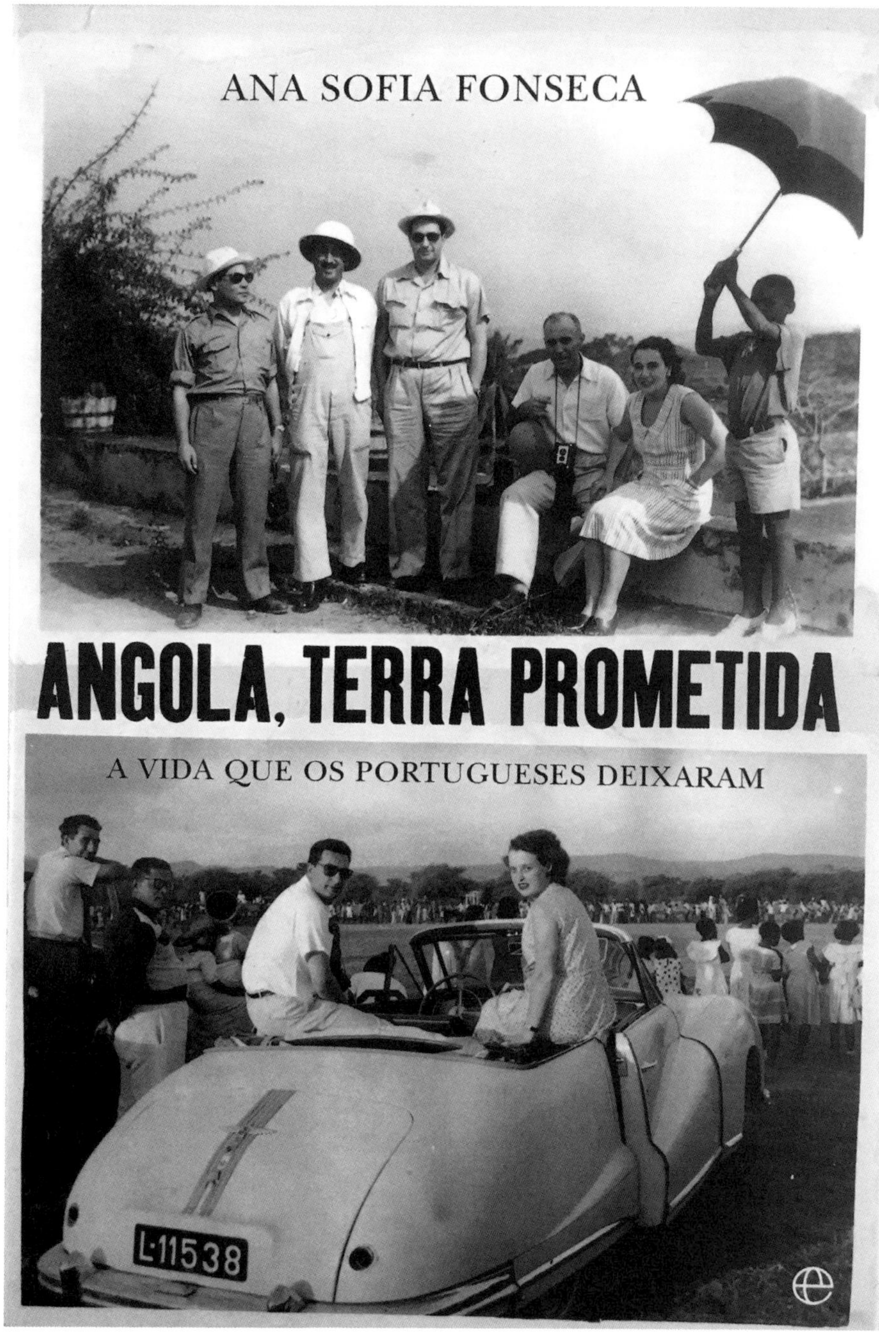

[56] Capa do livro de Ana Sofia Fonseca, *Angola terra prometida. A vida que os portugueses deixaram* (Lisboa: A Esfera dos Livros, 2009).
Em especial a partir da década de 60 do século XX, muitos emigrantes portugueses viram em Angola uma terra prometida; grande número de retornados acabou por vê-la como uma espécie de paraíso perdido. Em muitos casos, estes colonos não tinham consciência do privilégio de que gozavam enquanto brancos numa sociedade colonial baseada no racismo. Até hoje, muitos continuam a não querer encarar esse aspeto do seu passado, refugiando-se em recordações saudosistas.

da população sentia-se indignada pelo facto de os retornados terem direito a apoios especiais concedidos pelo governo para a respetiva integração. Ademais, muitos portugueses residentes na metrópole culpavam os retornados pelas guerras coloniais, em que eles próprios, os seus filhos ou os seus netos, tinham sido obrigados a arriscar a vida para defender os privilégios dos colonos. Deve ainda ter-se em conta que, na sequência de uma revolução que tinha posto fim ao império e feito tender a política para a extrema-esquerda, os retornados tornaram-se num bode expiatório muito conveniente para o colonialismo, do qual, de facto, muitos portugueses da metrópole também tinham sido cúmplices de várias formas. E, por fim, para uma parte da população, os retornados eram associados não só, em termos políticos, a um espaço colonial que tinha deixado de ser benquisto, mas também culturalmente, no que respeitava ao modo de vestir, que se considerava demasiado colorido e pouco decoroso, à prostituição e à disseminação da liamba. Em resumo, eram associados a transgressão social e a uma permissividade sexual «africana».

No outro polo dessa oposição cultural, os migrantes viam-se a si próprios como diferentes. Como minoria vulnerável no âmbito de uma sociedade estruturalmente racista, nas colónias os brancos tinham-se aproximado entre si. Muitos «retornados» referiam-se mais tarde a essas comunidades coesas como sendo o aspeto da sua vida passada que mais saudades lhes deixava. Falavam muitas vezes da diferença entre o convívio animado com os seus pares nas colónias e a vida social em Portugal. Para muitos, a metrópole caracterizava-se pelas divisões marcadas entre classes sociais, um conservadorismo e uma cultura de obediência à autoridade generalizados, normas de conduta rígidas e um machismo básico. Contrastando com tudo isso, nos trópicos, pretensamente, as hierarquias (brancas) eram niveladas, as famílias e os locais de trabalho menos patriarcais, os papéis de género menos rígidos e as crianças mais livres relativamente à autoridade dos pais. Em resumo, muitos retornados consideravam-se mais liberais e mais modernos do que os habitantes da metrópole e ficavam dececionados com a vida em Portugal. Na própria metrópole, a descolonização desenrolou-se como um encontro cultural entre cidadãos de uma mesma nação, encontro esse dominado por conflitos entre os migrantes e a população residente.[12]

Em terceiro lugar, o termo «retornados» era, por consequência, veementemente contestado, sendo que muitos migrantes dele se apropriaram como autorreferência, enquanto simultaneamente o rejeitavam, propondo outros epítetos. O semanário *Jornal O Retornado* (1975-81) ilustra esse fenómeno e mostra como, por um lado, o termo se tinha propagado de tal forma que se tornava impossível pô-lo de parte, tendo inclusivamente sido adotado como nome do periódico. Por outro lado, os artigos que o jornal publicava não raro rejeitavam o termo, argumentando que alguns dos migrantes em causa haviam nascido nas colónias e, portanto, não tinham «retornado», além de que todos os migrantes tinham sido, contra a sua vontade, obrigados a deixar o lugar onde viviam. Como alternativa, o jornal apresentava-os como «refugiados», ou seja, como vítimas de uma migração forçada e traumatizante. Essa visão tinha sentido, uma vez que os *media*, as ONG, os partidos políticos (sobretudo os representantes do PSD e do CDS na Assembleia Constituinte e na Assembleia da República) e até alguns responsáveis governamentais, portugueses e estrangeiros, usavam indiscriminadamente os dois termos, retornados e refugiados. Todavia, essa referência a refugiados não era condicente com o direito internacional tal como interpretado pelo representante do ACNUR em Portugal e aceite pelo governo português: na altura, entendeu-se que esses migrantes não atravessaram uma fronteira internacional, mas movimentavam-se dentro de um espaço imperial em declínio como cidadãos do país de destino e, portanto, não podiam ser considerados refugiados em termos da Convenção dos Refugiados de 1951.[13]

[12] Relativamente a essas representações da vida social nas colónias e na metrópole, bem como ao «retorno» como encontro cultural, vejam-se os testemunhos em relatos jornalísticos tais como Ana Sofia Fonseca, *Angola Terra Prometida. A Vida Que os Portugueses Deixaram* (Lisboa: Esfera dos Livros, 2009); Sarah Adamopoulos, *Voltar. Memória do Colonialismo e da Descolonização* (Lisboa: Planeta, 2011); Rita Garcia, *Os Que Vieram de África. O Drama da Nova Vida das Famílias Chegadas do Ultramar* (Alfragide: Oficina do Livro, 2012).

[13] Os arquivos da ACNUR em Genebra documentam muito claramente essa posição. Portugal tinha subscrito a convenção de 1951, mas apenas codificou a lei nacional sobre os refugiados através da Lei 38/80, de 1 de agosto de 1980, Direito de Asilo e Estatuto do Refugiado.

Páginas seguintes:

[57] *Jornal O Retornado*, n.º 10, 1976, pp. 4-5. Dado que as palavras constroem a realidade, o chamado «problema dos retornados» foi também uma luta sobre palavras. Muitos migrantes recusaram o rótulo de «retornados», preferindo assumir a denominação de «refugiados», considerando-se ou vítimas de uma casta traiçoeira de políticos – era essa a argumentação defendida no jornal de direita de Arthur Ligne, *Jornal O Retornado* – ou como sendo as últimas baixas dos «ventos de mudança» que tinham varrido a África desde os anos 50 do século XX e puseram fim ao domínio colonial europeu em todo o continente.

Aparte estas questões jurídicas, do uso de «retornados» e «refugiados» na linguagem coloquial poderiam inferir-se convicções divergentes relativamente à natureza das migrações. O primeiro termo implicava que as pessoas assim referidas regressavam a um lugar a que haviam pertencido e ao qual voltariam novamente a pertencer. Por sua vez, a palavra refugiados pressupunha, pelo contrário, que as pessoas tinham sido desenraizadas e obrigadas a abandonar a sua terra, vítimas de acontecimentos sobre os quais não tinham controlo, sendo detentoras do direito a ver reconhecida a sua situação de sofrimento. Precisavam de começar de novo num local que lhes desse abrigo, mas ao qual não se ajustavam «naturalmente». Assim sendo, os dois termos em causa implicavam conceitos opostos de pertença e possuíam cargas emocionais divergentes. Ao invés de se tratar de termos descritivos precisos, eram conceitos que veiculavam determinados posicionamentos políticos.

O presente texto não é, na sua brevidade, o lugar para se discutir até que ponto deveriam os retornados ser vistos como migrantes forçados e até que ponto deveria a reivindicação de vitimização feita por alguns deles ser aceite – uma questão que, infelizmente, tem estado ausente da maior parte das discussões sobre o tema em Portugal.[14] Penso, contudo, que a sua (pretensa ou real) condição de refugiados possa ser um elemento-chave para se entender o constrangimento que a questão dos retornados ainda hoje frequentemente causa. A Revolução dos Cravos – com o seu legado de democratização e viragem para a Europa – é o mito fundador do Portugal contemporâneo. Apesar da relativamente bem-sucedida integração socioeconómica dos retornados, não é fácil a sua integração nessa narrativa fundacional. Enquanto a história oficial apresenta o 25 de Abril de 1974 como o dia que resgatou a liberdade, essa data marca também a aceleração de um processo de descolonização no qual mais de meio milhão de portugueses perdeu parte dos seus bens, um modo de vida que apreciava e também o seu lar. Essas enormes perdas não são facilmente harmonizáveis com uma narrativa inconsútil de transição feliz entre a escuridão dos tempos do Estado Novo e a luz da democracia pós-revolucionária. Porque são a prova viva de que os objetivos de democratização e de descolonização do MFA estavam intimamente ligados, mas não puderam ser atingidos em conjunto de forma harmoniosa, os retornados ensombram a imagem gloriosa da Revolução dos Cravos.

Felizmente, no entanto, uma narrativa estática, glorificadora e teleológica sobre o passado não é algo a que devamos aspirar numa sociedade verdadeiramente democrática. Bem pelo contrário, muito haverá a ganhar ao se acolher a história complexa e marcada por conflitos que produziu um Portugal democrático pós-colonial, e os retornados constituem um ponto de vista privilegiado a partir do qual se pode repensar essa história. As experiências das guerras coloniais, da revolução e da construção de uma democracia parlamentar, da chegada dos retornados e de outras migrações a partir de África após as independências estão interligadas e tiveram impacto em praticamente todas as famílias portuguesas. Portugal é uma sociedade profundamente marcada pela descolonização. O fim do império não foi um acontecimento exterior; mudou as vidas de milhões de pessoas

[14] Estas questões serão abordadas com mais pormenor na monografia sobre os chamados «retornados» que me encontro presentemente a preparar.

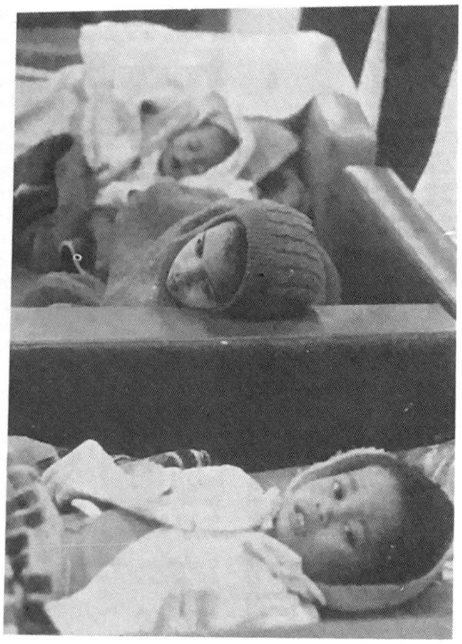

«RETORNADOS» ESQUECIDO NO AEROPORTO DE LISBOA

Tem-se teimado ultimamente em Portugal — aliás o vício não vem de agora — em não dar aos factos o nome verdadeiro. Contra toda a evidência e contra toda a verdade, os fenómenos definem-se de acordo com preconceitos ou interesses políticos imediatos. Sofisma-se, adultera-se ou deforma-se o rigor devido à natureza exacta dos factos, com o maior dos desplantes. Sempre na intenção de iludir a opinião pública e furtarem-se os responsáveis às consequências dos seus irreflectidos actos ou de esconderem os reais desígnios que os inspiram.

Claro está que este repetido falseamento da verdade acaba em consequências catastróficas, muitas das quais já estão à vista, que sacrificam as mais inocentes vítimas.

Neste quadro se situa o que se tem vindo a verificar com os chamados «retornados».

O conceito de «retornado» implica na ideia de que se trata apenas de um regresso à Pátria de pessoas que, a prazo mais ou menos longo, teriam ido angariar a sua subsistência aos territórios ultramarinos. Segundo este conceito, o fenómeno, sob o ponto de vista moral, pouco mais importante seria do que um circunstancial regresso de emigrantes, ainda que um tanto vultoso. Um acontecimento sem importância transcendental...

Nada de mais errado, na sua generalidade, todavia.

A verdade é que a maioria dos chamados «retornados», mais de 50%, nasceram no ultramar descendendo de famílias a muitas gerações lá radicadas. Dos restantes, muitos para o ultramar partiram em tenra idade ou lá estavam radicados há muitas décadas. Outros ainda, o que é muito importante ter presente, são mestiços, havendo também muitos outros que são africanos de raça.

Tudo isto implica em que a classificação de «retornados» deturpa por completo a real natureza dos factos.

A classsificação rigorosa da situação da maioria das pessoas envolvidas pelo êxodo provocado pela «descolonização» do ultramar seria a de «refugiados», ainda que esta classificação, em relação a alguns deles — a minoria, contudo — pressuponha o conceito singular, mas verdadeiro, de «refugiados na própria Pátria», ou quando muito «deslocados».

Pode parecer à primeira vista que é vã, inútil, quase académica, a discussão do valor semantico dos referidos chavões.

Nada de mais errado! — Repetimos.

As consequências foram trágicas, tendo em vista o efeito psicológico em que se reflectiram no ânimo da população portuguesa — de Portugal...

A maioria dos portugueses, cá por estas bandas, ajuizou que, se eram «retornados», as vítimas da descolonização portuguesa estavam apenas afectadas por um problema de ordem material — melhor diremos de ordem financeira... O grave problema de desajustamento social, que torna sempre melindrosíssima a situação de grupos humanos deslocados, foi completamente negligenciado.

Por esta razão se transviaram os organismos oficiais destinados a apoiar os «retornados», tornando-se em frios organismos burocráticos, **INOPERANTES E DESUMANOS.**

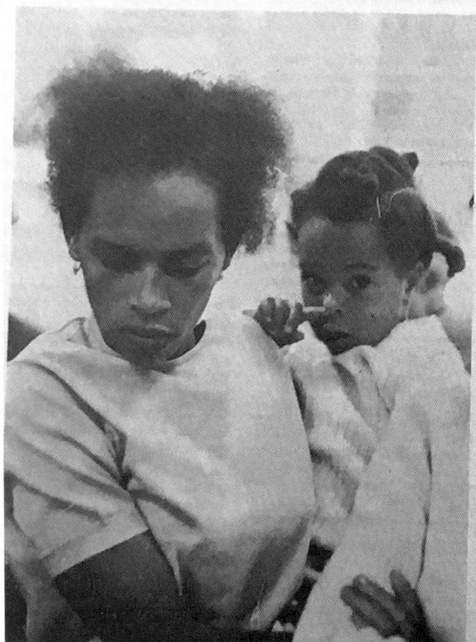

A maioria das vítimas da «descolonização» portuguesa ficaram abandonadas — sob o ponto de vista moral —, dispondo de um deficientíssimo apoio material, de acesso muito penoso, que muitas vezes falta em absoluto, num meio que por completo desconhecem e que, por completo, os ignora.

São deslocados que precisam de ajuda... de uma ajuda humana!

Vejamos o caso — um entre tantos outros — para o qual foi alertada a nossa reportagem, por um apelo angustioso:

FALA A REPORTAGEM:

— Chegamos ao pavilhão do 7/47, do aeroporto da Portela, numa tarde cinzenta, chuvosa e enregelada.

Depois de subirmos uma elameada rampa, entramos num grande salão, sujo, desarrumado e desabrigado, frio e húmido, onde deparamos com o mais confrangedor dos espectáculos.

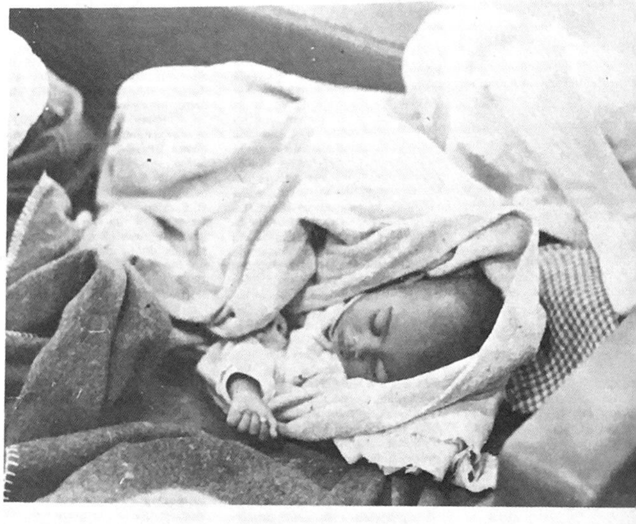

Um mísero magote de cerca de trezentas pessoas (retornados...), por ali jaziam, na última fase do esgotamento moral, fisicamente depauperadas... cruelmente esquecidas! Crianças, mal aconchegadas em puídos cobertores, tiritavam sobre o piso deitadas, encolhidas nos cantos ou contra as paredes. Os adultos, fatigados e abatidos, com as feições avassaladas pela desolação, amontoaram-se à nossa volta, como náufragos que desesperadamente se agarram a qualquer coisa.

Nós, de um ou outro, ao acaso, apontamos a humilde queixa, o lamento triste do abandonado:

— Um pobre menino, com apenas doze anos de idade, conta-nos que se encontra absolutamente sòzinho. Sòzinho meteu-se, em Nova Lisboa, num avião, fugindo a todo aquele horror, depois de ter perdido a avó — seu único parente — e por aqui ficou esquecido, nesta sala, que é tudo quanto, até agora, viu de Portugal. Desde o dia 29 de Outubro (ele fala-nos no dia 2 de Dezembro...) — data em que o IARN suspendeu a alimentação que fornecia àqueles «retornados» — passa fome, sobrevivendo à custa de qualquer esmola casual. Às vezes, obtem algum alimento, na unidade próxima da F.A. Com as lágrimas nos olhos diz-nos que sabe chamar-se, Adelino Brás Ribeiro da Silva. Conta-nos ainda — baixando o olhar vexado — que tinha ido pedir a um funcionário do IARN algum dinheiro para se alimentar, mas que este, troçando, o elevara pelas orelas e o deixara cair ao chão...

— Um homem, alquebrado e visivelmente doente, explica-nos que está a ser tratado — é tuberculoso — no sanatório Rainha D. Amélia, Lumiar. Com a voz alquebrada de doente, numa lamúria explica ainda, que a sua mulher e quatro filhos, um dos quais bebé, continuam por aqui por não terem conseguido arranjar alojamento. Que os do IARN se limitaram a dizer-lhe que procurassem alojamento que eles lho pagariam — mas não o ajudaram a resolver o problema e ele não con encontrar alojament cidade — ele desco por completo Lisboa. bino Rosa Gonçalv este é o seu nome —, ao pandemónio angola Vista Alegre, no Da encontra-se no aerop mais de um mês. To seus quatro filhos já eceram. Um deles foi o hospital, mas dera alta apesar de ainda nuar muito doente. adoeceu com saramp mais pequenino, o está quase à morte, zante — uma voz er do grupo e acres «Aqui todos estão todos adoecem, por da fome e da falta d forto...»

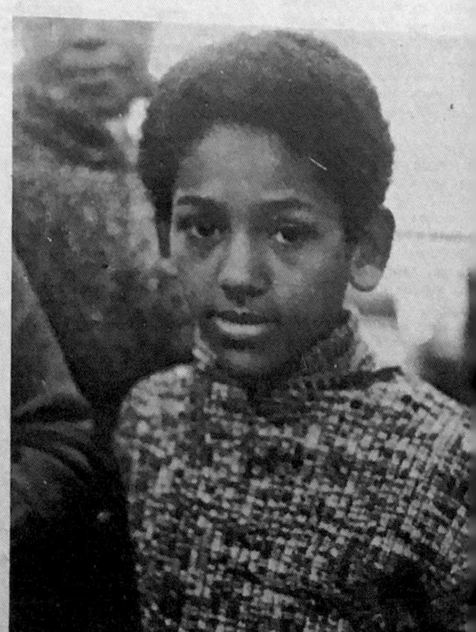

O QUE PENSA FAZER O GOVERNO?

• O IARN É RESPONSÁVEL POR ISTO!

— Ana José Teixeira,
ão está presente — diz-nos
ʒelmira de Jesus que car-
ega nos braços uma
riança, com menos de um
no de idade — porque ela
ostuma andar, de porta
n porta, esmolando ali-
nentos para o filho. Sai to-
os os dias e eu fico com a
riança. Isto acontece desde
ue o IARN deixou de nos
ar alimentação....
— Uma senhora que re-
la claramente o seu esgo-
mento físico e o seu de-
spero, fala-nos das agru-
s que tem sofrido, com os
us onze filhos que conse-
iu salvar da terrível fo-
eira em que se transfor-
ou Angola. Com eles ar-
sta sua precária existên-
, neste penoso albergue,
custa da caridade, rara,
alguns, há quarenta e
atro dias. Tanto é o
npo passado desde que o
RN prometeu a esta mãe
solada — Aida Maria
anuela, de nome —
anjar-lhe alojamento na

TEXTO:
SÁ PEREIRA

FOTOS:
ABREU MORAIS

arda, onde, nas proxi-
lades, vive o sogro,
co parente conhecido
resta...
– Belmira de Jesus, a
m já nos referimos, está
nha na compahia de
filhos, doentes, porque
marido foi assassinado
Angola. Por lá ficou
bém a sua roça de café,
uas camionetes, a sua
... tudo quanto tinham
riado através de uma
a vida de sacrifícios.
ontra-se vivendo no
porto há mais de um
Desde o dia 29 de Ou-

tubro que se alimentam com uma tigela de sopa, e qualquer coisa mais às vezes, que lhe dão na unidade da Força Aérea, próxima.

— Maria de Almeida é um exemplo patético da teimosia com que alguns procuram recuperar os restos, do muito que perderam em Angola. Regressou do Algarve, onde tinha alojamento, porque a sua bagagem não aparecia. E aguardando pela bagagem se encontra há oito dias no aeroporto, apesar das privações que está sofrendo.

— Filomena da Costa Pita, veio de Malange--Angola, com seu marido e três filhos, e sua irmã com quatro filhos, encontrando-se todos vivendo no aeroporto há cerca de um mês. O IARN tinha-o orientado, a fim de lhes ser fornecido alojamento, para a Casa de Saúde de Lisboa. Lá estiveram — tendo sido carinhosamente acolhidos — durante todo um dia, mas naquele estabelecimento, apesar de toda a boa vontade que manifestaram, chegaram à conclusão de que não podiam dispensar-lhes alojamento. Regressaram e continuam no aeroporto...

...

São infelizmente do mesmo tristíssimo teor todos os outros casos que tivemos ocasião de escutar.

A título geral registamos ainda o facto de haver doentes que dispoêm de guias do IARN para tratamento hospitalar, mas não têm dinheiro para os tratamentos... De pessoas que recebem guias para seu transporte e das suas bagagens pela C.P., mas que o não puderam fazer oportunamente porque aqueles documentos careciam de selo branco do IARN... Pequenas deficiências (?) que se

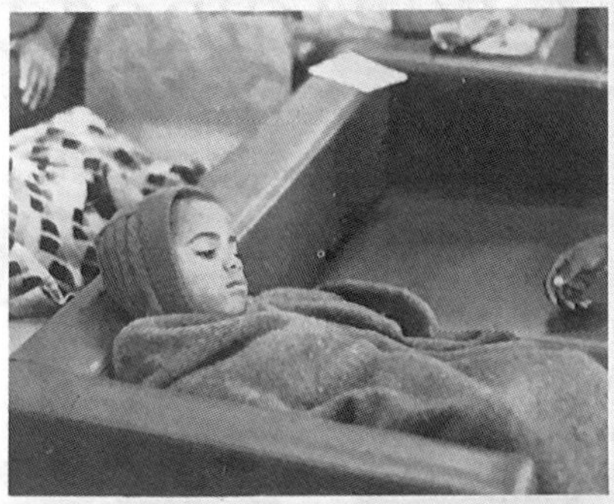

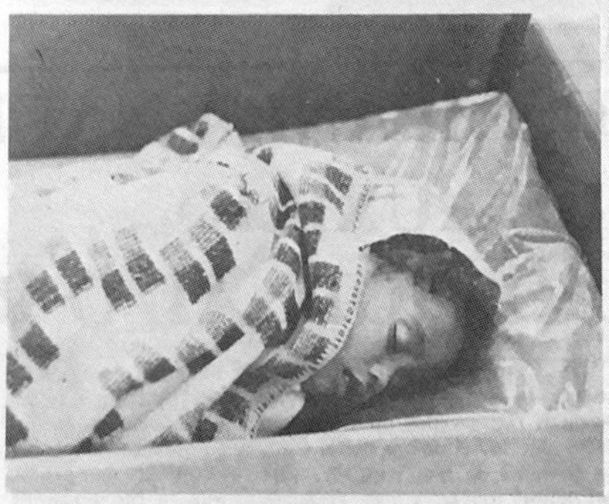

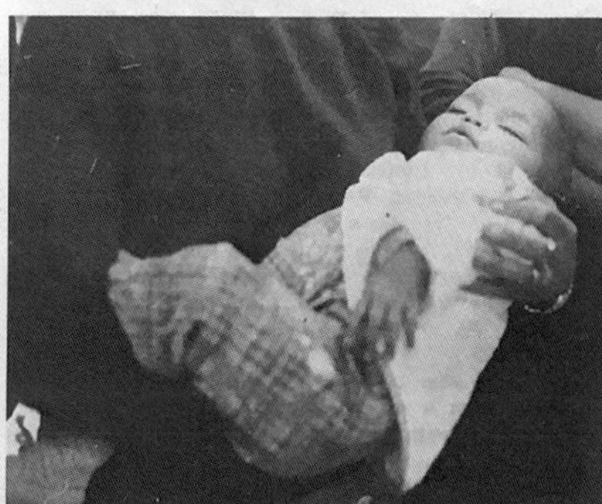

acrescentam às grandes e revelam o desleixo, e até a desumanidade, do procedimento daquele organismo que, negligenciando as altas responsabilidades que lhe foram cometidas, transformam a vida de muitos retornados num crudelíssimo inferno...

No soturno pavilhão 7/47 do aeroporto tivemos ainda ocasião de encontrar elementos da Comissão Evangélica de Ajuda aos Desalojados de África, no exercício da sua humaníssima acção depois de, há poucos dias, terem sido avisados do que se passava com aquela pobre gente abandonada. Eles transportaram os mais doentes aos hospitais, distribuiram cobertores e alguma roupa, e têm levado sandes para minorar a fome que têm sofrido... até uma médica bondosa conseguiram que acorresse à situação aflitiva que ameaça arrasar a saúde dos «retornados», esquecidos pelo IARN no aeroporto da Portela...

Também lá encontramos elementos da Comissão de Retornados do Seminário de Olivais, Moscavide, que têm procurado ajudar os seus pobres «confrades»... A tal ajuda de que fala o povo «do roto ao esfarrapado»...

Ouvimos falar da tentativa de suicídio de um daqueles «retornados» — os tais «chulos», segundo um certo sector da opinião pública portuguesa — que se encontra em estado de coma no Hospital de S. José, depois de se ter lançado de uma das janelas daquele «pavilhão de dores».

...

Já quando nos retirávamos, com o espírito alanceado pela vileza do crime perpetrado, e que ainda se está perpetrar, contra aqueles nossos «retornados», que a estultícia e o comodismo de alguns funcionários do IARN — que certamente levam vida confortável — resolveu abandonar, deparamos, num cantinho da vastidão imensa dum hangar próximo, com uma mulher — «retornada»... — Maria Elia Camacho Jardim, que velava sua filha de onze anos, jazente no solo embrulhada em cobertores, esmaecida pela anemia e pela debilidade praticamente agonizante. O olhar da menina volveu-se para nós — enquanto a fotografávamos — num insodável apelo de socorro e de indefeso desespero infantil... Onde estarão — que farão? — essas «boas almas» que, sob o título de «Assistentes Sociais», auferem razoáveis vencimentos do Estado? — Algures... Muito longe certamente, para não terem de se incomodar com cenas aborrecidas e cansativas!

E esses senhores funcionários — altamente responsáveis, «competentes» e... muito importantes — que orientam e administram o IARN e análogos organismos, QUE FAZEM? — Sabemo-lo, sim. Acomodam-se, confortavelmente, à rotina do vulgar «manga de alpaca»...

E... são homens deste talante moral que pretendem fazer revoluções e salvar a Pátria?

Pobre Pátria... Pobre Revolução... e pobres «RETORNADOS»!!!

E é para isto que os ESTADOS UNIDOS, e outras nações generosas, se esfalfam a enviar para o Governo Português, centenas de milhares de contos, em boas divisas sonantes?

Valha-nos Deus...

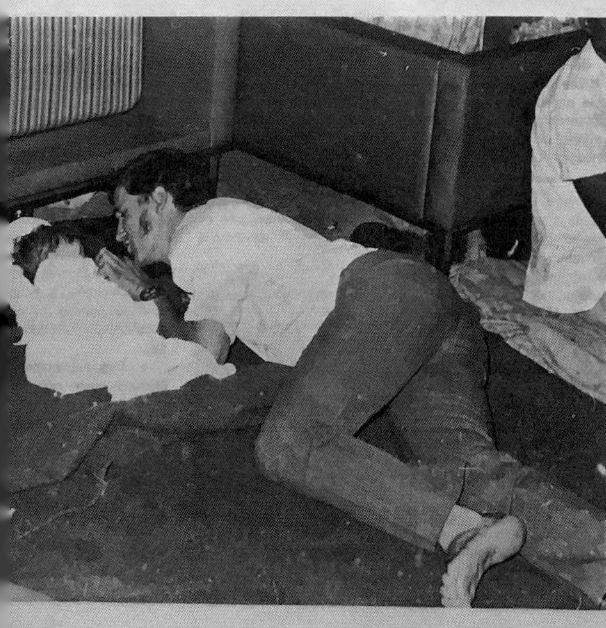

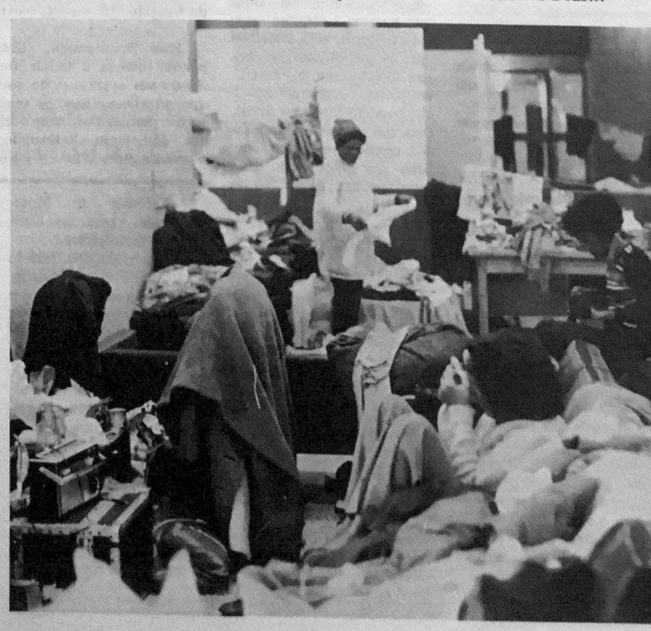

GK/cb

cc.: HC
DHC
M/s Dadzie
da Cunha
Homann-Herimberg
Jaeger
Kelly
Koulischer
Registry (2)

100.POR.GEN

3 juin 1976

Monsieur le Président,

Je vous prie de bien vouloir excuser le retard avec lequel je réponds à votre lettre du 28 avril 1976, reçue le 12 mai. Mes collègues et moi-même avons entre-temps étudié votre lettre ainsi que son annexe avec la plus grande attention.

Nous sommes, bien entendu, tout à fait conscients des problèmes considérables posés par le rapatriement au Portugal d'un grand nombre de personnes d'Angola et du Mozambique, et des vastes efforts entrepris par le Gouvernement et la Croix-Rouge portugaise pour organiser l'accueil de ces personnes et leur offrir les multiples formes d'assistance nécessaire à leur intégration aussi prompte que possible.

Toutefois, selon nos informations, les personnes ainsi rapatriées possèdent pour la plupart la nationalité portugaise et, de ce fait, ne relèvent pas de mon mandat. En effet, aux termes du Statut de mon Office, le mandat du Haut Commissaire pour les réfugiés ne s'exerce que sur des personnes qui se trouvent "hors du pays" dont elles ont la nationalité. Mon Organisation pourrait intervenir, dans le cas qui nous préoccupe, uniquement sur la demande de l'Assemblée générale des Nations Unies ou du Sécretaire général. J'aimerais ajouter que la position des Nations Unies sur cette question est connue des autorités portugaises, à la suite des contacts que ces dernières ont eus avec les instances compétentes de l'Organisation.

Néanmoins, si parmi les personnes assistées par la Croix-Rouge portugaise en ce moment, il s'en trouvait qui répondaient à la définition du réfugié, nous vous serions très reconnaissants de bien vouloir nous le faire savoir, de façon à nous permettre d'étudier sans délai sous quelle forme une aide de notre part pourrait être envisagée.

../...

M. António Augusto Fernandes Tender
Colonel Tirº. Médecin
Président de la Croix-Rouge portugaise
Jardim 9 de abril, 1 à 5
(Palacio dos Condes de Obidos)
LISBOA-3
Portugal

[58] Carta de Aga Khan para Tender, 03/06/1976. UNHCR Archives.
Enquanto a reivindicação da situação de refugiados e de vítimas por parte dos retornados era em grande parte confirmada nos *media* e nas declarações oficiais dos políticos, especialmente as do PSD e do CDS, do ponto de vista do Direito Internacional os retornados não eram considerados refugiados nos termos da Convenção dos Refugiados, de 1951. Nesta carta, datada de 3 de junho de 1976, o príncipe Sadruddin Aga Khan, Alto Comissário das Nações Unidas para os Refugiados, informa desse facto jurídico o presidente da Cruz Vermelha Portuguesa, António Fernandes Tender.

Nous regrettons vivement de ne pas être en mesure de répondre d'une façon plus positive à votre appel dont nous saisissons toute l'importance et le caractère urgent, et ce d'autant plus que nous connaissons la profonde générosité dont le Portugal fait preuve en matière d'asile et d'hospitalité.

En exprimant l'espoir que l'appel de votre Organisation portera ses fruits à bref délai, permettant ainsi à des milliers de familles déplacées de trouver un nouveau foyer, je vous prie d'agréer, Monsieur le Président, l'expression de ma haute considération.

Sadruddin Aga Khan

em Portugal e os retornados foram dos primeiros a experimentar a dimensão dessa transformação. Quem eram então os retornados? Gente pós-colonial, na verdade, como, aliás, são todos os portugueses, quer o reconheçam quer não.

Referências

Adamopoulos, Sarah, *Voltar. Memória do Colonialismo e da Descolonização* (Lisboa: Planeta 2011).

Castelo, Cláudia, *Passagens para África. O Povoamento de Angola e Moçambique com Naturais da Metrópole (1920-1974)* (Porto: Afrontamento 2007).

Cooper, Frederick, «Postcolonial Peoples. A Commentary», in Andrea L. Smith (org.), *Europe's Invisible Migrants* (Amesterdão: Amsterdam University Press: 2003), pp. 169-183.

Etemad, Bouda, «Europe and Migration after Decolonisation», in *The Journal of European Economic History*, vol. 27, n.º 3 (1998), pp. 457-470.

Pires, Rui Pena, *Migrações e Integração. Teoria e Aplicações à Sociedade Portuguesa* (Oeiras: Celta Editora, 2003).

Rosales, Marta Vilar, «Retornos e Recomeços. Experiências Construídas entre Moçambique e Portugal», in Fernando Rosas, Mário Machaqueiro, e Pedro Aires Oliveira, *O Adeus Ao Império. 40 Anos De Descolonização Portuguesa* (Lisboa: Vega, 2016), pp. 209-226.

Shepard, Todd, *The Invention of Decolonization. The Algerian War and the Remaking of France* (Ithaca: Cornell University Press, 2006).

Smith, Andrea L. (org.), *Europe's Invisible Migrants* (Amesterdão: Amsterdam University Press, 2003).

«A MÃO ESQUERDA» DO ESTADO PÓS-COLONIAL: O PAPEL DO IARN NAS DINÂMICAS DE INCORPORAÇÃO DAS POPULAÇÕES RETORNADAS

NUNO DIAS

Dulce Maria Cardoso, por ocasião da publicação do seu quarto romance, *O Retorno*, numa entrevista à revista *Ler*[1], em referência ao Instituto de Apoio ao Retorno de Nacionais (IARN) fala de uma dimensão estigmatizante presa ao acrónimo que contaminaria quem a ele recorresse. Diz, «havia retornados que preferiam ter fome a apresentarem-se com o cartão (do IARN)». A ideia de que a estrutura formal de apoio à população deslocada representaria mais um absurdo burocrático de produção de depreciação identitária do que uma instância de apoio e de facilitação do processo de incorporação destes segmentos na sociedade portuguesa não é incomum nos relatos populares e nas memórias sobre o IARN.

Passados quarenta anos, as evocações de um processo complexo e intenso de deslocação e de incorporação formam um arco interpretativo que oscila entre o lamento suscitado pela experiência de desenraizamento e de confronto com um país conservador e severo para com as carências ou reclamações das populações deslocadas; e a celebração de um episódio excecional de mudança social da sociedade portuguesa, estimulado pelo temperamento, competências e valores que caracterizariam esta população. Entre estes dois polos encontramos o centro de consenso que os une em torno de uma avaliação sociologicamente favorável do que teria sido um processo de assimilação excecional. A fantasia lusotropicalista que tudo obscurece diante de uma derradeira narrativa de conciliação assoma novamente nos discursos pós-descolonização, decantando a identidade nacional e livrando-a da fealdade da segregação e tensão social, unindo as populações deslocadas e as que habitavam a ex-metrópole num novo elogio do mundo e do modo português. Neste processo de construção de uma autonarrativa epopeica como resposta ao trauma, o IARN, enquanto materialização da vontade do estado pós-25 de Abril, tem sido tão depreciado quanto negligenciado na forma como se pensa este movimento populacional e as suas consequências no território que tem como destino. Apesar de nos últimos anos se terem multiplicado os textos, de naturezas diversas, que tentam fazer sentido da multiplicidade de experiências decorrentes do processo de descolonização e do consequente movimento migratório desencadeado em direção à ex-metrópole – que pelo seu volume foi frequentemente abordado como linear do ponto de vista

[1] *LER*, outubro de 2011, n.º 106, pp. 26-32/86-87.

das trajetórias e expectativas que o constituíram – estão ainda por inventariar e sistematizar os mares de papel e de informação gerados durante esse processo. A exposição de que esta publicação resulta expõe com uma nitidez inédita o número de áreas em que é solicitada a intervenção dos poderes públicos relativamente à questão dos «Deslocados» e, em simultâneo, demonstra a fragilidade do conhecimento consolidado sobre o processo e as instituições envolvidas. Alguns dos esforços mais consequentes que encontramos no sentido de atenuar a carência analítica sobre esse episódio surgem justamente do investimento de protagonistas, mais ou menos adultos, do mesmo – para um fenómeno com repercussões tão instantâneas quanto duradouras, não deixa de ser curioso o seu estatuto menor na bibliografia sobre os movimentos migratórios do Portugal contemporâneo.

Páginas seguintes:

[59] Correspondência da Comissão de Refugiados de Malange. Arquivo Histórico Ultramarino/IARN.

O enredo que explica a criação do IARN, o seu crescimento e o papel desempenhado na incorporação de um movimento de centenas de milhares de pessoas na sociedade portuguesa revela os desenvolvimentos imponderáveis de um processo de repatriamento que ocorre num momento de cavadas transformações políticas, económicas e sociais num Portugal com uma balança comercial fortemente desequilibrada, com a inflação e o desemprego em aceleração e uma resiliente indefinição na relação de forças políticas. Neste sentido, para interpretar o movimento e os seus desenvolvimentos, é tão relevante entender as características da população recém-chegada quanto as do contexto social e político em que este ocorre.

Numa perspetiva institucional, no interior do Ministério da Coordenação Interterritorial, que sucedia ao defunto Ministério do Ultramar, duas entidades poderiam enquadrar a questão do repatriamento: a Comissão Administrativa e de Assistência aos Desalojados (CAAD) – criada em 1966 para assistir os processos dos Deslocados do Estado da Índia e o Centro de Apoio aos Trabalhadores Ultramarinos – cuja missão compreendia a assistência a cabo-verdianos no processo de migração laboral para Portugal. A insuficiência dos meios acessíveis a estes gabinetes conduziu o Ministério a criar, em junho de 1974, o Grupo de Apoio aos Desalojados do Ultramar (GADU), que teve como tarefas imediatas a atribuição de subsídios de emergência e de apoio ao nível de transporte, de alojamento e de refeições à população a repatriar, o que contraria a ideia de que este movimento só tardiamente obtém reconhecimento por parte do estado português. Todavia, não tardou muito a perceber-se que a dimensão do fenómeno em curso ultrapassava a capacidade institucional e logística do grupo criado e que a sua tutela deveria caber não a um ministério, mas à Presidência do Conselho de Ministros. A 31 de março de 1975 é promulgado pelo Presidente da República, Francisco Costa Gomes, o Decreto-lei 169/75, emitido pelo Ministério da Coordenação Interterritorial, que cria o IARN. A sua sede na Presidência do Conselho de Ministros permitia ao primeiro-ministro delegar responsabilidades sobre as questões chegadas ao IARN nos ministros que entendesse representarem o pelouro correspondente. O artigo 2.º define o âmbito das competências do IARN como: 1) estudar e propor superiormente as medidas necessárias para a integração na vida nacional de todos os cidadãos portugueses,

COMISSÃO DOS REFUGIADOS DE MALANJE
C.Postal 401
NOVA LISBOA

Ao 2.ª R.n
18.8.975

Excelentissimo Senhor
Inspector de Crédito e Seguros
Luanda

Nova Lisboa, 4 de Agosto de 1975

Excelencia:

Não obstante as ligeiras,e por vezes deturpadas informações vindas a público pelos orgãos de informação,escrita e falada, sobre os acontecimentos registados na "extinta"cidade de Malanje,cremos bem que V. Exª. já tenha formado uma ideia,ainda que pessoal,mas muito afastada da realidade do cataclismo ali ocorrido,e cuja descrição pormenorizada horrorizaria V.Exª.

O exodo foi total,tanto por parte dos habitantes de raça branca e mestiça,como por parte de muitos negros evoluidos,não por precipitação mas por absoluta impossibilidade de sobrevivencia,apos os saques e pilhegens,atentados à integridade fisica das pessoas e assissinios.

Poucos - muito poucos - conseguiram salvar parte dos seus haveres e encontram-se aqui na maior das misérias,valendo-lhes para a suavizar a generosidade das Institutições e população em geral de Nova Lisboa a quem esta Comissão não pode deiaxr de expressar o seu mais profundo agradecimento pela forma humanitária como fomos acolhidos.

Sem destino final,por ora incerto,não obstante os apelos feitos junto de quem tem obrigação de nos ouvir,atraves desta Comissão,têm sidos escutados todos os seus anseios e ouvindo-se uns e outros podem detectar-se dois pontos de vista fundamentais:

I - Uns desejam seguir para as terras da sua origem - Portugal
II - Outros,porem,desejam tentar rumo da Africa do Sul ou outros paises.

Para tanto,uns e outros,carecem de transferir as economias de que são detentores(tantas vezes bem pequenas)para poderem sobreviver no primeiro contacto nas terras do seu destino.

Assim e perante a realidade dos factos expostos,vem esta Comissão Coordenadora solicitar a V. Exª. se digne mandar autorizar que para cada refugiado seja qual for o seu destino,lhe seja permitido transferir,o mais urgente possivel, os parcos Escudos Angolanos que possua e até ao limite máximo que V. Exª.entenda mandar fixar ,sendo o respectivo expediente elaborado e concretizada a pretensão nesta cidade de Nova Lisboa.

Apresentando a V. Exª. o profundo reconhecimento desta Comissão,em nome de quantos representa,pedimos licença para nos subscrevermos com a máxima consideração e

Muito Atentamente

Pela Comissão Coordenadora dos Refugiados Malanje

REFUGIADOS DE MALANGE
Comissão Coordenadora

Decalque para:
Presidente Da República Portuguesa
Alto Comissário de Angola
Ministro da Coordenação Interterritorial
Delegado da Inspecção de Crédito e Seguros (Huambo)
Governador do Distrito do Huambo
Cruz Vermelha de Angola (Huambo)

DE: COMISSÃO DOS REFUGIADOS DE MALANGE
Cx.Postal,401
NOVA LISBOA

Nova Lisboa,15 de Agôsto de 1975.

Exmº Senhor
PRESIDENTE DO INSTITUTO DE APOIO AO RETORNO DE NACIONAIS
LISBOA

Exmº Senhor

A) - FACTOS

1 - Os vôos para evacuação de desalojados,a partir de Nova Lisboa,iniciaram-se em 11 do corrente. Nos 4 dias decorridos até 14, inclusivé, houve apenas 5 vôos. Cada vôo leva a média de 140 passageiros (devido à altitude) e cada um destes só tem direito a 30 kgs.,carteiras de mão ou embrulhinhos incluídos! Quer dizer, em 4 dias seguiram cerca de 700 desalojados.
Como há cerca de 30.000 nesta cidade, a êste ritmo seriam necessários (30.000: 175 - média diária) 170 dias,isto é, 6mêses! ...

2 - As condições de vida de inúmeros desalojados são precaríssimas,não sendo possível mantê-los assim (humanamente)sequer 30 dias.

3 - Muitos desalojados,depois de perderem o fruto de anos de trabalho,agarram-se sôfregamente a alguns caixótes, as malas com roupa ou aos seus instrumentos de trabalho - carros, carrinhas e camions - porque tais bens lhes permitiriam sobreviver durante algumas semanas ou mêses(reduzido a patacos)na terra natal.

4 - Não há qualquer organismo oficial encarregado de tomar conta dos referidos bens,pelo que,quando embarcarem para Portugal, ficam abandonados.

5 - Há quem ofereça dinheiro,porque o mesmo não tem valor a qualquer pessôa, depois de conseguida a TRANSFERENCIA-ESMOLA DE ESCS. 5.000$00 POR PESSOA.

6 - Se conseguissem levar os parcos bens salvos do desastre,sentir-se-iam um pouco felizes e menos problemas sociais criariam em Portugal,pelo o menos nos primeiros mêses.

B) - SOLICITAÇAO

Até ao Sudoeste Africano há asfalto,agora atravessando apenas território da UNITA. Que êsse Instituto promova urgentíssimas diligências no sentido de:

1 - Evacuar todos os refugiados que o desejem para o Sudoeste - porto de Walbis Bay - com os respéctivos veículos e restantes pertences.

II - Aceitar o auxílio de qualquer país(DO DIABO ATÉ)para que alí os aguardassem barcos cargueiros suficientes e uma delegação desse Instituto,mais eficiente do que tudo o que se tem constituído até agora.

Subscrevem-se,desde já obrigados,

P'COMISSAO DOS REFUGIADOS DE MALANGE

REFUGIADOS DE MALANGE
Comissão Coordenadora

DECALQUES PARA:

Presidente da República, Primeiro Ministro, Ministro dos Negócios Estrangeiros.

DA: COMISSÃO COORDENADORA DOS REFUGIADOS DE MALANJE
Cx.Postal,401
NOVA LISBOA
===========

Nova Lisboa,19 de Agosto de 1975

Exmo Senhor
PRESIDENTE DO IARN
LISBOA
======

Exmo Senhor

Completámos a nossa carta de 15 do corrente

Até às 12 horas de hoje,decorridos 8 dias e meio sobre o início da ponte aérea,realizaram-se 10 vôos para desalojados NÃO ADIDOS:

"Números redondos,mil e quinhentos evacuados"

Todos partiram deixando ao abandono os salvados,porque ainda não está constituída uma comissão de recepção nos portos!

+++++++++++//////////+++++++++++++++++

Neste ritmo,supondo-se a existência de apenas 30.000 desalojados em Nova Lisboa,os últimos permanecerão nas misérrimas condições actuais mais 30 semanas. E os 150.000 portugueses ainda a sul do Quanza de que a maioria virá caír a Nova Lisboa? E os restos do Luso,que começaram a chegar ontem após o vendavál de fogo que sobre a cidade desabou pela 3ª vez? ...Com uma colher tenta-se esvaziar o oceano...

Já lá vão 3 semanas sobre a chegada dos novos judeus errantes a Nova Lisboa e só 1.500 partiram. Que se pretende?

SENHOR PRESIDENTE:

-Pressione o Governo que nos ignora;

-Pressione-o para que se deixe de falsos orgulhos e aceite o auxílio das nações que o tem oferecido no Ocidente,já que do Oriente não conhecemos qualquer gesto (a aceitar se vier).Orgulhos daqueles são a violência, a morte, a miséria de todos so portugueses encurralados agora em meia dúzia de"PRAÇAS FORTES" angolanas, já que o interior se encontra vazio dos execrados colonos

Aproveitamos a oportunidade para apresentar a V. Exa os nossos melhores cumprimentos.

P'LA COMISSÃO COORDENADORA

REFUGIADOS DE MALANGE
Comissão Coordenadora

DECALQUES PARA: Presidente da República,Ministro dos Negócios Estrangeiros, Alto Comissário de Angola,P.S.- PPD - CDS - Jornal Portugues de Economia e Finanças, Jornal Novo, Expresso, 1º de Janeiro Consul do País Irmão o Brasil,Comando Militar de Nova Lisboa Governo do distrito do Huambo.

como tal considerados pela lei de nacionalidade vigente em Portugal, que se desloquem para território nacional, com o fim de nele se fixarem, qualquer que fosse a sua proveniência, assegurando a disciplina do seu afluxo e a defesa dos seus direitos; 2) dar parecer ou encarregar-se dos assuntos que superiormente lhe forem cometidos e que dentro da sua esfera de ação possam estar direta ou indiretamente ligados ao processo de descolonização em curso e ao possível retorno de emigrantes.[2]

São oficialmente extintas, por contingência da criação do IARN, a Comissão Administrativa e de Assistência aos Deslocados (sob a alçada do Ministério da Coordenação Interterritorial) e o Centro de Apoio aos Trabalhadores Ultramarinos (à data integrado na Secretaria de Estado da Emigração). O IARN tem como objetivos definidos a assistência à população deslocada no acesso a subsídios sociais, a trabalho, a crédito, a ajuda legal, a habitação, a cuidados de saúde, etc. Uma das primeiras tarefas consiste no enquadramento do transporte realizado por diferentes meios das populações deslocadas e refugiadas para a ex-metrópole. Se em alguns casos a antecipação da saída permitiu a sua concretização com relativa previsibilidade, noutros a circunstância foi de sobrevivência.

O volume de solicitações e a condução dos processos de alojamento criaram, no entanto, um quadro de permanente ajustamento institucional a uma realidade que se complexificava exponencialmente desde 1974. Quer em matéria de recursos financeiros quer em matéria de recursos humanos, o IARN aumenta a sua dimensão e transforma-se num centro logístico com uma influência significativa na vida das populações deslocadas. De um universo de cerca de 60 funcionários que integravam o instituto no início das atividades passou-se, em poucos meses, para um espaço de cerca de 3000 funcionários e de uma estrutura de financiamento em contínuo alargamento[3].

Em outubro de 1975, sob a égide do Ministério dos Assuntos Sociais, é criada a Secretaria de Estado dos Retornados que tutelará o IARN. O Decreto-Lei n.º 584-B/75 é promulgado pelo Presidente Francisco Costa Gomes e reconhece que «na presente conjuntura, verificada a insuficiência dos meios de ação adotados, com a criação do Instituto de Apoio ao Retorno de Nacionais, considera o Governo oportuna a constituição de uma nova Secretaria de Estado dos Retornados, no âmbito do Ministério dos Assuntos Sociais. Com a presente Secretaria de Estado tem-se em vista incrementar as ações destinadas aos retornados das ex-colónias, considerando-se como seu objetivo fundamental a integração social desta população nos territórios do continente e ilhas adjacentes. A nova Secretaria de Estado visará o estudo e a análise da situação, bem como o planeamento de ações e a criação de medidas de política imediatas, a curto e a médio prazos, e a sua execução.»[4] Seguem-se um conjunto de resoluções, desde logo a definição oficial de «retornado» e das condições de elegibilidade para ter acesso aos sistemas de assistência desenhados para efeito do seu enquadramento. Define-se «retornado» na esteira da nova arquitetura determinada para os cidadãos da República regulada pelo Decreto-Lei n.º 308-A/75 e o critério étnico, ancorado no princípio do *ius sanguinis*, como critério primário de acesso pleno à cidadania[5]. As estruturas de apoio à população

[2] https://dre.pt/application/file/161451

[3] Lynn Hoefgen, *The Integration of Returnees from the Colonies into Portugal's Social and Economic Life*, Phd Dissertation (University of Florida, 1985), p. 7.

[4] https://dre.pt/application/file/514517.

[5] Ver Nuno Dias, *Remigração e Etnicidade. Trânsito Colonial entre a África de Leste e a Europa*. (Lisboa: Mundos Sociais, 2016).

[60] *Diário de Notícias*, 15/09/1975.

Encaixotados como foi possível, haveres de retornados continuam a amontoar-se em Belém

RETORNADOS DE ANGOLA ENCHEM OS HOTÉIS DE LISBOA

«Enchemos já todos os hoteis de Lisboa e alguns do Estoril e da Costa de Caparica, e nao sabemos onde vamos alojar os retornados que não param de chegar», afirmou-nos ontem Manuel Godinho, funcionário do I. A. R. N. Tentando resolver o problema, o Instituto de Apoio aos Retornados Nacionais, instalou já algumas famílias em hotéis de luxo, como o Sheraton e o Ritz, a preços especiais. No entanto, o problema mantem-se.

«Esta noite chegam mais 800 desalojados e até agora ainda não temos qualquer quarto garantido», disse-nos, ao princípio da noite de ontem, um funcionário do I. A. R. N. No entanto, espera-se que a situação melhore um pouco, com a entrada em funcionamento, no aeroporto, de uma secção de subsídios aos retornados mais necessitados.

Preve-se um subsidio de mil e quinhentos escudos para cada casal e 500 escudos por filho, até que recebam o subsidio de desemprego.»

Entretanto, os hoteis de Lisboa estão cheios.

«Mais vale estar a trabalhar do que sem fazer nada», é a opinião de um trabalhador do Hotel Embaixador, em autogestão, onde a lotacão está completa, na quase totalidade, por desalojados.

[illegible]

Mas é a unica alternativa que nos resta», afirmou ainda um funcionario do I. A. R. N.

«Nem quero saber o que isto nos está a custar... Mas o que é certo é que temos de o fazer. E' a nossa obrigação.»

Apoio aos retornados em Castelo Branco

Foi criado em Castelo Branco um «Sector de Apoio aos Retornados do Ultramar», a funcionar todos os dias uteis a partir das 18 horas na Rua Diogo da Fonseca, 7, cave, Dt.ª, sede da Comissão de Dinamização e Acção Cívica do M. F. A. Os responsáveis pelo sector são trabalhadores da [illegible]

I. A. R. N. INSTALA RETORNADOS NOS MELHORES HOTÉIS DE LISBOA

Várias famílias de retornados de Angola foram instaladas pelo I. A. R. N. no Sheraton e no Ritz, depois de preenchidos os lugares disponíveis noutros hotéis de Lisboa, como o Embaixador, em cuja sala de jantar o nosso repórter captou a foto em cima. Entretanto, o I. A. R. N. abriu ontem no aeroporto de Lisboa uma secção de subsídios, que se espera vá melhorar a situação dos desalojados mais necessitados. ● **PÁGINA 7**

retornada têm como consequência evidente uma dinâmica de produção identitária. A oficialização e a institucionalização de uma nova categoria populacional, os apoios financeiros e logísticos e as políticas públicas desenhadas para facilitarem o acesso destas populações a esses recursos, bem como a sua integração nos formulários do recenseamento nacional, contribuem para a consubstanciação da ideia de retornado no imaginário da sociedade portuguesa pós-colonial. A ubiquidade territorial das populações retornadas é evidente na profusão de referências que se encontram na imprensa local, que sublinhava a necessidade de enquadramento e apoio aos contingentes instalados em todos os distritos de norte a sul do país. A decisão de utilização das unidades hoteleiras como centros de alojamento para as populações retornadas sem habitação foi outro dos elementos que tornaram a sua presença mais visível e controversa, em particular quando a ocupação de unidades hoteleiras de cinco estrelas é autorizada pelo executivo[6].

Páginas seguintes:

[61] Pedidos de Auxílio ao IARN. Arquivo Histórico Ultramarino/IARN.

A dispersão geográfica destas populações converge nos principais problemas reportados ao IARN: habitação e emprego. De Bragança a Vila Real de Sto. António os pedidos de intervenção no sentido de facilitar ou mediar o acesso a habitação multiplicam-se, mesmo entre aqueles que foram recolocados profissionalmente no âmbito do programa de reintegração dos profissionais do sector público nas ex-colónias, formando um quadro vasto de circunstâncias limitativas da estabilização da vida das famílias abrangidas pela ação do IARN – desde logo na transferência dos subsídios para os destinatários e nos valores que são debitados posteriormente aos funcionários públicos pela cobertura das despesas provisórias com alojamento. Por outro lado, as próprias condições de elegibilidade para a obtenção dos apoios difundidos pelo instituto foram também um espaço de tensão entre as populações que a estes se candidatavam e a própria estrutura.

Para além da ação do IARN, a criação do Quadro Geral de Adidos, operacionalizado enquanto sistema de gestão dos recursos humanos tornados excedentários após a descolonização (com funções entre abril de 76 e fevereiro de 84), teve como objetivo a implementação de uma política de recolocação profissional de pessoal na transferência para a ex-metrópole e permitiu a reintegração de um segmento significativo deste contingente ou, em alternativa, a sua aposentação com um enquadramento bonificado. As infraestruturas criadas operaram ao nível da logística de transporte e de alojamento, mas também com um impacto substantivo são fundados programas de atribuição de crédito com condições particulares, geridos pela Comissão Interministerial de Financiamento a Retornados (CIFRE) – que, em 1979, passaria a estar na dependência da Secretaria de Estado das Finanças sob a forma de Direção do Crédito CIFRE. No final de 1981, a contabilidade da CIFRE registava um valor financiado de 18 mil milhões de escudos a uma taxa de juro de 3%, distribuídos por cerca de 8350 projetos. Apesar da heterogeneidade das candidaturas apresentadas para obtenção de financiamento, alguns registos referem a maior importância das redes sociais dos titulares sobre a qualidade dos projetos apresentados[7].

[6] A este respeito vejam-se os relatórios do Comissariado para os Alojados de 1979 e os cálculos apresentados relativos ao peso dos gastos com habitação no orçamento geral do IARN.

[7] Ver José Maria Cabral Ferreira, *Os Retornados da Área do Alto Tâmega e a sua Intervenção Social* (vols. I e II) (Porto: Comissão de Planeamento da Região Norte, 1977).

Nos termos da Lei não é permitido aumentar o número de linhas deste papel ou escrever nas suas margens.

IMPOSTO DO SELO
25$00

P—

27/1/79

Senhor
Chefe do Departamento de Alojamentos do I.A.R.N.
Lisboa

[redacted], 26 anos de idade, estudante, possuidor do B.I. nº [redacted], passado pelo Arquivo de Identificação de Lisboa aos 14 de Janeiro de 1978, alojado no Lar D. Diogo sito na Rua Diogo do Couto, 1, 9º, Lisboa, deseja expor:

1- encontra-se a pagar à Pensão Nova-Avenida, R. Sto. Ant. da Glória, 87, 1º, Lisboa, conforme fotocópias de facturas que junta, diária e adiantadamente por exigência do proprietário, o alojamento de sua irmã [redacted], 16 anos, recenseada, orfã de pai e mãe, para que possa viver na companhia de suas três irmãs ali alojadas a expensas do IARN;

2- não tem além do subsídio de desemprego quaisquer outros rendimentos e tem ainda de custear sua própria alimentação em virtude de estar alojado em regime de "só tecto";

3- por informação dos Serv. Sociais, Junqueira 5, pensa estar autorizada a inclusão de sua irmã Ana de [redacted] de suas irmãs, (ofício nº 309/GAASA/ de 20/Dez./78, que acom-

P-11.1167

S. R.

COMISSARIADO PARA OS DESALOJADOS

INSTITUTO DE APOIO AO RETORNO DE NACIONAIS

I.A.R.N.

Assunto: Pedido da legalização da situação de [redacted] alojada na pensão Nova Avenida (Rua de Sto. António da Glória nº. 87 - 1º. - Lisboa)

À consideração da Exma Direcção.

M Almeida

Despacho

Concordo com o Parecer. Accione-se.
23-11-78

INFORMAÇÃO Nº. 301/SS/78

À consideração superior. Trata-se, na realidade, de um primeiro alojamento ... os condicionalismos especiais de ser de aceitar no parecer de atender
22-11-78

[redacted] de 15 anos (presentemente orfã de pai e mãe) tem permanecido na pensão Nova Avenida sem credencial.

Estava a viver com seus padrinhos em Vilar Formoso, mas entretanto estes vieram entregá-la à mãe, que se encontrava na altura alojada nesta pensão.

Nunca trataram do problema junto do Departamento de Alojamentos (incluí-la na credencial do agregado nº. 16.184). Permaneceu na pensão numa situação ilegal. Dormia com a mãe e comia fora, na escola.

Entretanto a mãe faleceu e vamos transferir todo o agregado (5 filhos) para um Lar de Estudantes.

Há necessidade de legalizar a situação desta menor.

Lisboa, 31 de Outubro de 1978.-

A TÉCNICA DE SERVIÇO SOCIAL

- LEONILDE GRAÇA BAU -

Leonilde Graça Bau

Ent. 2910/Z-22
28.11.78
FUGPinto

LGB/MJM

MOD 57

EXPOSIÇÃO

, geómetra dos Serviços Geográficos e Cadastrais de Angola encontra-se destacado no Ministério da Administração Interna, a prestar serviço no GAT nº 15 de Bragança desde 8/10/75.

Dadas as suas dificuldades financeiras, desde a sua chegada a Portugal (30/7/75) até fins de Janeiro, esteve instalado em Nogueira - aldeia a 7 km de Bragança em casa de uns primos emigrantes, com refeições suportadas por uma tia sua, altura em que teve de deixar a referida casa por motivos de obras.

Perante essa situação teve que recorrer a uma pensão da cidade de Bragança para seu alojamento, esposa e filho de 2 anos, ficando-lhe a estadia à média mensal de 6 000$00.

Uma vez que os seus vencimentos como destacado não lhe têm sido abonados na sua totalidade, conforme poderá demonstrar com documentos, viu-se obrigado a recorrer ao IARN.

Pelo IARN foram-lhe passados termos de responsabilidade de pensão completa para a pensão Moderno da cidade de Bragança, com declaração de desconto futuro nos seus vencimentos na totalidade das despesas efectuadas.

Há cerca de oito dias ficou o signatário alarmado com as facturas apresentadas pela pensão referente a 20 dias no valor de 14 080$00 e destinados ao IARN, tendo verificado uma disparidade tão grande, pelo que contraí um encargo de 21 120$00 mensais importância três vezes e meia maior do que se fosse paga directamente por si à pensão.

Bragança, 10 de Março 1976

Pedido de hospedagem se urgente

E-2022 11/3/76

Informação 3/3/76

S. P.
RESIDÊNCIA DO CONSELHO
INSTITUTO DE APOIO AO RETORNO DE NACIONAIS
"I. A. R. N."
(COMISSÃO DE ANÁLISES)
Data 19 2 76
Entrada Nº 12907

S.G.

Cristóvãos 12 de Fevereiro 1976
Exmo Senhor director do I.A.R.N.
Serve a presente para me dirigir a Vossa Exª a expor um problema que tenho na minha vida, pois comecei logo com azar de ter pago as viagens da minha espoza e três filhos de regresso a Portugal. pois como estava no mato não estava ao corrente de que havia passagens pagas pelo iarn. cujo essas passagens custaram 15:645$00 a qual posso justificar, pois quando chegou a Lisboa sem conhecer ninguem junto de uma pessoa de familia teve de pagar tambem para a terra um transporte para trazer alguns volumes que conseguiu trazer, custo esse de 2:500$00. e logo veio para casa de pessoas de familia portanto a partir de 19/8/75 pois logo nessa altura ficou a encargo dessa familia ficando eu em Angola a tentar ir ao Lucala terra onde tinha a minha vida a tentar recuperar alguma coisa ~~coisa~~ que era nada pois nem consegui ao menos lá voltar, mas portanto nada trouxe resolvi vir tambem ora qual cheguei a Lisboa a 23/10/75 nada mais incomodei o iarn. nem com as minhas passagens à terra fiquei tambem a encargo da familia mas como até a data não arranjei emprego ando a ver se vou para o Canadá mas com tantos pedidos e nada vejo resolvido, é claro passamos a ser indesejados na casa onde se encontramos pois agora exigem-me 300$00 por dia desde que a minha mulher

regressou até eu vir portanto 65 dias e desde que eu regressei até esta data querem que pague 400$00 por dia mais 111 dias. Senhor director Como vivo apenas do subsídio de desemprego e nada de nada possuo meu a não ser a espoza e os meus filhos um de 10 anos outro de 8 e um de 2 peço por amor de Deus que me ajude a resolver este meu problema, pois estou conhecedor de que aqui bem perto se encontram algumas famílias Hospedadas em pensão ou seja em Caxarias Norte agradecia mais uma vez que olhasse pela minha vida e mais uma vez muito obrigado

V. t. D. Lucília
23/2/76

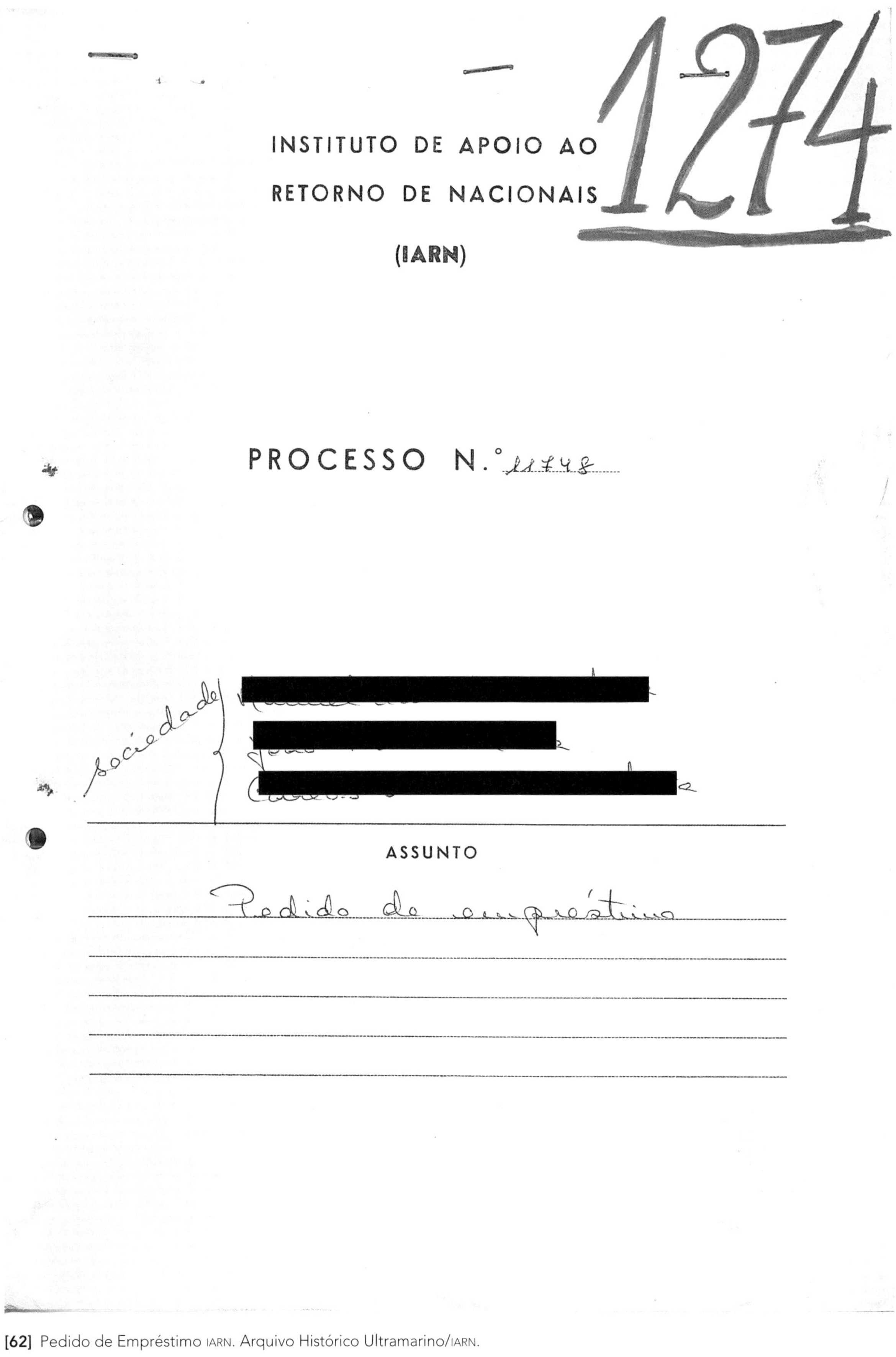

1274

INSTITUTO DE APOIO AO
RETORNO DE NACIONAIS
(IARN)

PROCESSO N.º 11748

sociedade

ASSUNTO

Pedido de empréstimo

[62] Pedido de Empréstimo IARN. Arquivo Histórico Ultramarino/IARN.

63

Ex.mo Senhor

Director do Instituto de Apoio aos Retornados Nacionais

[redacted], casado serralheiro mecânico, de 71 anos de idade vivendo há 25 anos em Malange, Angola, onde tinha uma oficina de reparações de automóveis e máquinas agricolas, da qual mando uma lista de ferramentas e material e uma fotocópia do Alvará, que explorava com a colaboração de meus filhos [redacted] de 41 anos de idade solteiro e [redacted] de 37 anos de idade, casado e com 2 filhos menores, vimo-nos na necessidade de abandonar os nossos havêres, sem nada pudêr salvar devido à situação politico-militar criada pêlos Movimentos de Libertação, pois as nossas vidas corriam perigo.

Assim vênho por êste meio, pedir a V.a Excelencia se digne estudar êste caso e conceder-nos um empréstimo, afim de podêr-mos, eu e os meus filhos que não conségueam emprêgo, abrir uma oficina de reparações para ganhár o nósso sustento e fazêr face à vida.

Agradecendo dêsde já, o estudo e a boa compreensão de V.a Excelencia sobre êste caso, subscrêvo-me muito atenciozamente

I.A.R.N. D.S. Sector de Empréstimos (FiL)
ENT. N.º 3478 13/10/75

Com o Decreto-Lei 350/79 as operações ainda mantidas pelo IARN são transferidas para a tutela do Ministério dos Assuntos Sociais e para a orgânica do sistema de Segurança Social, inaugurado pelo Decreto-Lei 549/77 – em particular pela estrutura de centros regionais que se implementava.

Página seguinte:

[63] Despacho CIFRE. Arquivo Histórico Ultramarino/IARN.

Em Portugal, a população proveniente das ex-colónias encontra, em curso, uma vaga de transformações profundas na estrutura dominante de valores políticos e sociais. Não apenas estas populações eram, em média, mais qualificadas, mas o contexto social e político é de rutura com a matriz conservadora do Estado Novo. Portugal é, em 1974, um país onde as relações de produção dominantes se encontram desafiadas por uma reorganização das forças produtivas e por um projeto de transformação social marcado pelos princípios socialistas de redistribuição. Se o ponto de partida para a interpretação da circunstância da incorporação das populações retornadas das ex-colónias na ex-metrópole for uma grelha funcionalista, a ideia de um processo assimilativo bem-sucedido implica necessariamente pensar nos diferentes mecanismos do estado que convergiram na experiência do desenvolvimento de estruturas de acomodação no sentido da produção de um equilíbrio social. As dinâmicas de produção de estabilidade num contexto de transformação como o do período revolucionário permitiram mesmo o apoio financeiro a iniciativas privadas de pequena e média dimensão, contribuindo para uma renovação do tecido social. A história do IARN permite entender como processos de incorporação de populações portadores de marcadores identitários diferenciadores são influenciados pelo princípio do reconhecimento e da ação sobre condições de vulnerabilidade de segmentos particulares da população. A tese que pode ser interessante testar do ponto de vista da mudança social é a de que foi, justamente, essa transformação política em curso que permitiu o desencadeamento da circunstância de apoio específico a uma população com reivindicações particulares. Circunstância essa que, mais tarde, se converterá em quadro de apoio alargado ao resto da população – um processo fundamental para a «descomunitarização» da população repatriada, talvez mais do que as eventuais competências e recursos particulares desta população. Para clarificar a tese de que é com a criação de uma política alargada de enquadramento da população repatriada que se organizam os mecanismos políticos centrais do que podemos designar como estado-providência, importa compreender o desenrolar do processo em que esta população é protagonista e das ligações que lhe deram continuidade. Em particular a ação do IARN.

Se é certo que esta população se concretiza nesta dimensão pública que adquire enquanto recetora de um conjunto de políticas de enquadramento e enquanto categoria oficial – categoria essa que viria a permitir o extensivo retrato sociográfico desta população no exercício censitário de 1981 – não é menos verdade que a dita diluição da mesma no espaço público é também produto de uma ação direta do estado que, após a extinção do IARN em 1981, suprime a categoria do universo institucional português. Não obstante a permanência e presença coloquial da expressão «retornados» em determinados contextos narrativos e populares, a desinstitucionalização da categoria, em conjunto com a ausência generalizada de marcadores fenotípicos associados a estas populações

COMISSARIADO PARA OS DESALOJADOS

COMISSÃO DISTRITAL DE LISBOA

ANÁLISE Nº 924 (CIFRE)

CONCELHIA EM: 28/11/77		DISTRITAL EM: 9/12/77	
" Nº. 001		" Nº. 924	
ACTIVIDADE	MOBILIÁRIO		
CONCELHO	LOURES		
PROP. PRINCIPAL			
VALOR DO EMPREENDIMENTO	ESC: 12.000.000$00		
POSTOS DE TRABALHO	25		
Nº DE PROPONENTES	6		
PESSOAS ABRANGIDAS	75		

INFORMAÇÃO

A COMISSÃO CONCELHIA CONSIDERA O MERCADO LOCAL SATURADO EM RELAÇÃO A ESTE TIPO DE ACTIVIDADE.
OS PROPONENTES PRETENDEM INSTALAR UMA INDÚSTRIA DE MOBILIÁRIO, INCLUINDO A AQUISIÇÃO DO IMÓVEL.
EM FACE DO EXPOSTO, PROPOMOS EMITIR PARECER DESFAVORÁVEL, ~~PAR~~ ENVIANDO À CONSIDERAÇÃO DA CIFRE

DATA 9/12/77

OS VOGAIS

[signature]

DESPACHO

Desfavorável. À Consideração da CIFRE

DATA 17/12/77

O REP. FINANÇAS [signature]

O DEL. M. TRABALHO

O DEL. DO I.N.A.I.D.

O PRESIDENTE

[signature]

e as variáveis já adiantadas em trabalhos citados acima parece ter desencadeado essa eventual diluição.

Ser retornado significava, não obstante a circunstância, ser português. O fenótipo e a recolocação ocupacional para os funcionários públicos coadjuvaram o processo de invisibilização social que ocorreria no início da década de 80. Quando Pires[8] refere que a regulação estatal do processo de integração dos retornados esteve mais centrada na criação de estrutura de oportunidades do que na adoção de mecanismos de discriminação positiva, está a baralhar semanticamente a análise ao excluir da avaliação da citada estrutura de oportunidades um conjunto de categorias de indivíduos que não têm entrada na dita estrutura criada. Relativamente à população retornada, o estado português enquadrou a excecionalidade do seu contexto reivindicativo material, de modo particularista, para depois a diluir por via do alargamento dos programas de ação social concebidos para esse efeito primordial. Ou seja, o Estado Social, como o entendemos hoje, é também uma consequência dos problemas sociais concretos criados pelo contingente retornado. O que é relevante, neste processo, em particular para a tese que nos ocupa, é o argumento inferido de que o aparente conflito social em curso se terá atenuado e dissolvido após a satisfação de necessidades primárias das populações repatriadas (habitação, acesso a cuidados de saúde, à educação e a prestações sociais de proteção das classes trabalhadoras), e, em simultâneo, evitado um alegado choque de valores através da universalização do acesso aos instrumentos que permitiram responder a essas mesmas necessidades que se manifestaram agudamente no quadro do retorno colonial.

Referências

Comissariado para os Desalojados. *Relatório de Actividades*, Capítulo I: Comissariado. (Lisboa. 1979a).

Comissariado para os Desalojados. *Relatório de Actividades*, Capítulo II: IARN. (Lisboa. 1979b).

Dias, Nuno, *Remigração e Etnicidade. Trânsito Colonial entre a África de Leste e a Europa*. (Lisboa: Mundos Sociais, 2016).

Ferreira, José Maria Cabral, *Os Retornados da Área do Alto Tâmega e a sua Intervenção Social* (vols. I e II) (Porto: Comissão de Planeamento da Região Norte, 1977).

Hoefgen, Lynn, *The Integration of Returnees from the Colonies into Portugal's Social and Economic Life*, Phd Dissertation (University of Florida, 1985).

Pires, Rui P., *Migrações e Integração. Teoria e Aplicações à Sociedade Portuguesa* (Oeiras: Celta, 2003).

[8] Rui P. Pires, *Migrações e Integração. Teoria e Aplicações à Sociedade Portuguesa* (Oeiras: Celta, 2003), p. 252.

O RETORNO EM PERSPETIVA E COMPARAÇÃO

NUNO DOMINGOS

O retorno das populações que depois do 25 de Abril de 1974 viajaram em massa das antigas possessões portuguesas em África para a metrópole é um dos movimentos no conjunto vasto de mobilidades que cruzaram a história do império português. O retorno, palavra contestada por aqueles que realizaram então esse trajeto, mas que fisicamente nunca estiveram na metrópole, adquire outro sentido enquanto símbolo do fim do ciclo imperial. Com a chegada daqueles portugueses, quase todos brancos, que haviam partido para África, e das suas famílias, o império parece ter retornado ao lugar onde tudo começou. Mas se formalmente o tempo do império terminou, ficando por pouco tempo pendentes os casos de Macau e de Timor, a sua história permaneceu materializada nas instituições, em objetos, edifícios, relações, memórias e hábitos que acompanham indivíduos e populações. Esse outro tempo do império, resistindo às cerimónias de transferência da soberania, continua a mover-se. Ele é visível tanto nas migrações contemporâneas que exploram redes estabelecidas nos antigos espaços coloniais como nas mais restritas relações da diplomacia económica. Manter-se-á ainda vivo porque a sua memória será incessantemente disputada. Todos os dias o movimento do retorno é representado em blogues e *sites* por iniciativa daqueles que o personificaram e que constroem assim um arquivo informal onde se relata as circunstâncias da partida e oferece um testemunho da presença colona em África, do trabalho e do lazer, das ruas das cidades, da paisagem natural, das populações locais, do clima, da comida. Sobre este processo escasseiam os relatos dos africanos: o que sentiram com o desaparecimento súbito de indivíduos e de relações que fizeram parte das suas vidas? Como viveram a saída, em que pensavam, quais as suas expectativas? Para eles o retorno foi também um momento extraordinário de inflexão nas suas vidas.

A redação deste texto ocorre num momento em que na Europa se discute o destino a dar a centenas de milhares de refugiados que procuram asilo. Estes indivíduos, sem ligação à experiência do império português, têm histórias que de forma alguma são estranhas aos colonialismos dos dois últimos séculos, nomeadamente se considerarmos os impérios como laboratórios de gestão do espaço e das populações, do governo da economia, da organização das bases do estado moderno, do desenvolvimento das dinâmicas de globalização que transformaram a demografia de países e continentes. Estabelecer uma comparação entre as populações portuguesas que viveram até meados dos anos 70, em África, sobretudo em Angola e Moçambique, e os indivíduos que quarenta anos depois fogem das guerras no Iraque e na Síria, das situações políticas no Afeganistão, na Líbia ou no Egipto, tem incontáveis limites. Em ambos os casos, porém, populações vindas de fora prosseguem as suas vidas noutro território. Quem aí vive cria expectativas sobre o efeito destas mobilidades humanas no seu quotidiano. Esta perceção é quase sempre moldada pelas interpretações de políticos, líderes religiosos e meios de comunicação social. «Retornados», «refugiados» e «imigrantes» motivaram receios: imagina-se como ocuparão as ruas, as casas, os bairros, os hábitos que trazem, tidos não apenas como diferentes, mas perturbadores. Todos estes sentimentos têm sido pasto fértil para quem na Europa faz da exploração do medo e do preconceito a génese de um programa político.

Não menos importante, os que chegam são entendidos enquanto concorrentes no acesso a recursos, a empregos, aos benefícios dos apoios estatais. As populações colonas portuguesas sofreram com esta dimensão bastante prática e material da exclusão, tantas vezes a origem da construção da identidade do outro, mesmo quando este é próximo ou pretensamente igual. Apesar das diferenças radicais que sempre separaram os portugueses, o Estado Novo reforçou a ideia de que pertenciam a uma raça, essa linha que define a transmutação da história em sangue. Mas mesmo as comunidades fundadas em laços fortes, como a nação, ou a uma escala menor a família, declaram-se frágeis perante a voragem da luta por recursos.

Comparar retornados, refugiados e imigrantes ajuda a esclarecer a natureza das mobilidades, as características de quem se move e a reação dos que recebem. Em relação a outros grupos, os retornados beneficiavam da nacionalidade e do domínio da língua. Na sua grande maioria brancos, contrastavam menos com a sociedade acolhedora. O Decreto-lei n.º 308-A de 24 de junho de 1975 (ver páginas 109 e 110), que regulou o direito à nacionalidade portuguesa dos nascidos e residentes nos antigos territórios portugueses em África, revogou o critério do solo e promoveu o critério do sangue: depurou assim o número de portugueses, branqueando este movimento de África para a metrópole. Formulada num contexto distinto, de constituição de novas soberanias, e numa situação de emergência, esta lei prosseguia uma longa prática de diferenciação das populações africanas, indivíduos de segunda para o regime colonial, autênticos refugiados internos, ontologicamente distintos, pertencentes a outras raças, culturas, suspensas num distinto estado civilizacional.

Em março de 1975, o estado português criou o Instituto de Apoio ao Retorno de Nacionais (IARN), órgão coordenador do processo de integração dos antigos colonos e que prestou auxílio de emergência – alimentação, vestuário habitação – assegurando um conjunto de apoios sociais. O IARN seria apenas extinto em 1981. Estas políticas de integração, ineficientes em variados aspetos, mas operacionais noutros, procuraram oferecer garantias aos antigos colonos. Mas o seu efeito apenas atenuou a violência da transição. Esta brutalidade tantas

[64] «Tirada do meu apartamento pouco antes de partir». s/d, s/l. Arquivo Privado.

Páginas seguintes:

[65] Guia de partida para viagem de família colona. Arquivo Histórico Ultramarino.
[66] Família da aldeia de S.Tiago da Adeganha, chegada no «Mousinho» em novembro, nas casas que lhe foram distribuídas, 1954. ACTD.
[67] A companhia de pescadores poveiros chegados à Beira (Moçambique) in Flavio Gonçalves, *Os Pescadores Poveiros em Angola e Moçambique* (Póvoa do Varzim, 1967).
A categorização estatal dos portugueses que partiam para as colónias, traduzida no preenchimento de formulários de saída, ajuda a revelar alguns dos aspetos de uma migração motivada em muitos casos por razões de absoluta carência económica. Para indivíduos como os retratados nestas fotografias, o mundo colonial possibilitava uma fuga e sugeria promessas e oportunidades.

vezes evocada acentuou-se pela mobilidade social descendente por que passou a generalidade destas populações. A interrupção brusca limitou a imaginação de um futuro próximo, um exercício mais fácil para quem vem de situações precárias e discriminatórias, como os refugiados ou os imigrantes mais empobrecidos. Os chamados retornados escapavam de uma situação política desfavorável, mas sabiam que dificilmente conseguiriam manter a vida que alcançaram em África. Compreenderiam também ser pouco provável o regresso, o retorno invertido, para muitos o verdadeiro retorno. A perda da condição estatutária ajuda a interpretar uma nostalgia que depois é traduzida a partir da recordação de uma experiência física, geográfica ou familiar.

As sociedades coloniais beneficiavam de modo geral os europeus. Como têm documentado inúmeros investigadores, o estado colonial português promoveu e legitimou uma sociedade iníqua onde subsistia a discriminação. A primazia concedida aos colonos pelo sistema colonial não premiava todos por igual. A sociedade colonial criou hierarquias relevantes no «mundo dos brancos», separando pobres de ricos, trabalhadores de patrões, operários de agricultores, funcionários de primeira de funcionários de segunda, os habitantes das cidades daqueles deslocados para o mundo rural africano, provenientes do interior português, humildes, desprotegidos.

S. R.

MINISTÉRIO DO ULTRAMAR

DIRECÇÃO GERAL
DE
ADMINISTRAÇÃO POLÍTICA E CIVIL

Repartição dos Negócios Políticos e de Administração Civil

1.ª Secção

GUIA N.º 325/51

Requisição n.º

Processo n.º

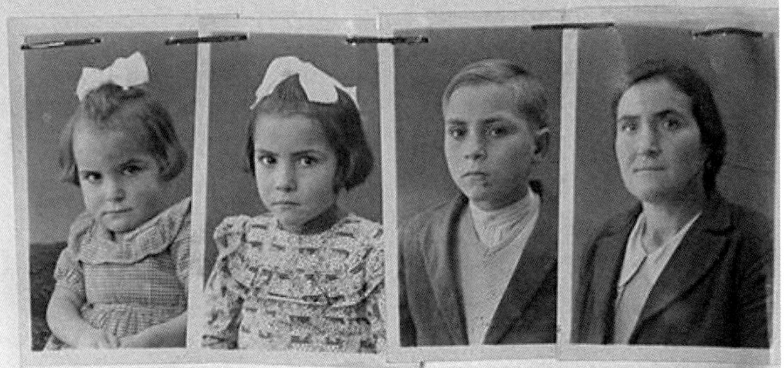

Bilhete de Identidade N.º [redacted] *do Arquivo de Identificação de* Porto

Passado em 30 *de* Novembro *de* 1951

Por esta Direcção Geral se faz saber que, por ordem do Governo da República Portuguesa, segue viagem a bordo do vapor "IMPÉRIO" *, para* Luanda *, na Província de* Angola *,*

no estado de casada *de profissão* doméstica *,*

~~natural de~~ natural de Horta - Moncorvo *, de* 33 *anos, que vai como* colona

Vai acompanhado de:

seus filhos, [redacted], de 8 anos, [redacted] de 5 e M[redacted] 2.

Direcção Geral de Administração Política e Civil, em 10 *de* Janeiro *de 19*52.

Pel' O Director Geral,

MJ.

Mod. 55 — 2.000 ex. — 11/951 — 42340

Grupo da colonia poveira chegada em Março de 1921 a Porto-Alexandre

[68] Companhia da Zambézia, Coalane: pagamento aos indígenas. ACTD.
A exploração do trabalho indígena foi um dos esteios fundamentais da experiência colonial portuguesa.

Os que foram no início do século XX sofreram mais agruras do que aqueles que viajaram já depois da Segunda Guerra Mundial. Reconhecendo a existência destas fronteiras internas e a necessidade de serem tidas em conta na análise as diferenças que, em África, separavam territórios, regiões e cidades, a linha racial rasgava irreversivelmente estas sociedades.

Os colonos encontravam-se do lado protegido. Alguns discordaram deste sistema e procuraram combatê-lo. Em geral, porém, a continuidade da vida em África dependia da manutenção do enquadramento político assente numa coerção e vigilância tentaculares, realidade ainda mais notória depois do início das guerras coloniais. Neste sistema político e social desenvolveu-se um empreendedorismo colono, uma *enterperneurship*, palavra inglesa mais fiel ao seu tempo (em alguns contextos em que o inglês designava expressões do processo económico, como *business* ou *boss*). A presença colona consolidou-se com esforços e sacrifícios, que em tantos episódios se assemelham à experiência da emigração portuguesa, experiência particular com o mundo que dá origem a narrativas exemplares de bravura, coragem e valentia, assentes noutro tipo de esquecimento.

Transições

A transição dos territórios africanos para a metrópole envolveu inúmeras experiências e espaços. Pode ser acompanhada, por exemplo, pelas diferenças nos modos de habitar, considerando aqui a casa como uma realidade material constituída por espaços e objetos, mas também por relações sociais codificadas. Esta fenomenologia da transição oferece uma alternativa aos olhares sobre a descolonização centrados numa análise da transição política, dos equilíbrios ideológicos, dos programas partidários. Concentrando-se nas grandes cidades, nomeadamente em Lisboa, os colonos sem alternativas foram enviados para pensões, hotéis, bairros sociais, edifícios do estado. A lógica de transitoriedade, prolongada em alguns casos por vários anos, contrastava com a segurança obtida

[69] Pensão Flor da Ribeira, Lisboa, 2015. Fotografia de Francisco Levita e de Humberto Mouco.
À chegada à metrópole, o IARN distribui quem não tinha local onde ficar por uma diversidade de lugares disponíveis, hotéis, pensões, bairros sociais ou edifícios do estado.

[70] Bairro da Cruz Vermelha, Cascais, 2015. Fotografia de Francisco Levita e de Humberto Mouco.
À chegada à metrópole, o IARN distribui quem não tinha local onde ficar por uma diversidade de lugares disponíveis, hotéis, pensões, bairros sociais ou edifícios do estado.

pela propriedade entretanto perdida e por um conjunto de rotinas, elementos de um quotidiano singular que desapareceu num ápice.

Não foram apenas os bens que ficaram, mas também um modo de ocupar o espaço e de gerir a economia doméstica, nomeadamente a divisão do trabalho, o que afetou as relações entre pais e filhos, maridos e mulheres. Na construção simbólica do espaço, a presença de criados africanos seria um dos aspetos mais sensíveis na organização das pequenas sociedades que constituíam o ambiente caseiro nos centros das cidades coloniais e de modo distinto em contextos mais isolados. Nas famílias mais afluentes, a divisão do trabalho doméstico era complexa, incluindo um largo número de africanos, homens e mulheres, que ocupavam diferentes funções, nas cozinhas, nos jardins, no interior das casas, no cargo de moços de recados, motoristas, babás. O filósofo José Gil, nascido em Lourenço Marques numa família colona de estatuto elevado, recordou estas relações numa entrevista recente:

> O facto de existirem criados cria nos filhos de colonos uma horrível noção de se julgarem eleitos. Os jovens saídos de lá não são como os outros: são de eleição. Tenho horror a isso! Se me livrei disso, demorei anos. Sabe o que é ter cinco criados, alguns deles com barbas brancas (um para fazer a roupa, outro é o cozinheiro...), e você, com três, quatro anos dá-lhes ordens? Fica julgando que é o rei do mundo. E isso continua. E isso forma-o. É um estrato que lhe provoca o pior. Uma consciência de uma superioridade que não tem! Nada lhe permite esse sentimento de superioridade. Não tinha esta consciência, mas tinha este sentimento. Como todos os brancos[1].

[1] http://anabelamotaribeiro.pt/jose-gil-86176

[71] Benguela, serviçais domésticos, in João Loureiro, *Angola: Memória em Imagens 1890-1970* (Lisboa: Expresso, 2009).

[72] Criados. Comando militar no Chinde – Quelimane, 1894. ACTD.
As sociedades coloniais eram sociedades servis. A possibilidade de acesso ao trabalho de criados foi, diferentemente consoante o estatuto social do colono, uma das características mais determinantes da experiência colonial de inúmeros indivíduos que viajaram para África.

Nem todos os colonos contavam com um número tão elevado de empregados domésticos. Alguns usufruíam apenas de um ou dois. Os mais pobres, os que rumaram aos subúrbios onde viviam os negros, talvez não tivessem mesmo nenhum. Ainda assim, se no princípio do século, na capital de Moçambique, os serviços domésticos ocupavam um sexto da força de trabalho africana, em 1933 esse número atingiria um terço e em 1940 metade[2]. Nos anos 60, quando a cidade crescera significativamente, de um universo de 130 000 africanos ativos registados pela estatística oficial 30 000 (23 000 homens e 7000 mulheres) encontravam-se na categoria dos «serviços pessoais».[3]

Para muitas mulheres europeias, o trabalho destes empregados domésticos aliviou as funções que lhes cabiam por tradição. Ganharam então o tempo antes despendido nas limpezas, no trabalho na cozinha e mesmo na educação dos filhos. As babás negras preenchem memórias de infância, como as velhas criadas marcaram as vidas de membros das classes altas metropolitanas[4]. O regresso aos velhos papéis de género terá tornado a transição mais dura para estas mulheres. Também não foi simples para quem perdeu os seus empregos, os negócios, o capital investido, os edifícios, as máquinas, a mão de obra barata e a autoridade. Houve colonos que saíram jovens para África, outros nasceram africanos, mas sem nunca deixarem de ser europeus. Em terra africana viveram a infância, a adolescência, estabeleceram relações de amizade; criaram aí uma ligação à terra, aos ritmos das estações, à alimentação, aos sabores, aos tempos de lazer e de festa. Muitas destas imagens abundam pela Internet e pelas redes sociais: a equipa de futebol, o jogo de hóquei, a corrida de automóveis, o mergulho nas piscinas dos hotéis, nos clubes navais, nas praias paradisíacas, as esplanadas, os almoços entre amigos e colegas de trabalho, os teatros e cinemas, os jardins, as caçadas e as imagens de experiências intensas numa África rural e maravilhosa que parecia confirmar o exotismo plasmado em romances, filmes e publicações oficiais. Já o retorno, a chegada, o novo assentamento, nas suas diversas facetas, são momentos menos fotografados pelos próprios, o que se compreenderá. Vivia-se em transição não se sabia bem para onde.

Na sua diversidade, os relatos da transição, sobretudo descrições do passado perdido, procuram fixar a «realidade», projetando uma experiência pessoal, partilhada por muitos. A relativização deste testemunho organizado, mas linear, implicaria envolver as experiências dos colonos numa intrincada malha histórica, uma narrativa que revelasse como o quotidiano banalizado por rotinas e sentimentos persistia sob o poder de uma discricionária estrutura de dominação. Sendo útil, este exercício é violento para alguns ex-colonos e impossível para outros. No arquivo diário produzido pelos ex-colonos naturaliza-se um quotidiano comum, feliz, sem conflitos e perturbações.

O regresso do império à origem depois das independências tomou outras formas para além das que envolveram o retorno, outras mobilidades imperiais, menos estudadas e documentadas, tanto em Portugal como nos antigos territórios colonizados. Novas narrativas do império emergem do processo de assentamento dos imigrantes que vieram da antiga África colonial portuguesa no mesmo período, nos anos subsequentes mas também das dezenas de milhares

[2] Jeanne Marie Penvenne, *African Workers and Colonial Racism. Mozambican Strategies and Struggles in Lourenço Marques*, 1877-1962 (Londres: James Currey 1995), pp. 142-143

[3] António Rita-Ferreira, «Distribuição Ocupacional da População Africana de Lourenço Marques», *Indústria de Moçambique*, vol. 2, n.º 6, junho de 1969, p. 200.

[4] Inês Brasão, *O Tempo das Criadas* (Lisboa: Tinta da China 2001).

[73] Fotografias pessoais retratando vários aspetos da vida nas colónias. s/d, s/l. Arquivo Privado.
Foi no quotidiano do espaço colonial que inúmeros indivíduos passaram momentos fundamentais da sua vida, que registaram de variadas formas e em último caso permanecem nas suas memórias. A relação deste quotidiano com o processo colonial é dificilmente percetível nestas imagens de felicidade, como se a história fosse colocada entre parênteses e estes universos de relações fizessem parte de um mundo à parte que desapareceu.

que chegaram ainda antes do 25 de Abril – imigrantes que apenas pelo efeito de uma lei ficaram de fora do grupo dos portugueses retornados[5]. Os modos de construir e habitar, a solução de problemas do saneamento, da necessidade de luz e de água, as relações com as populações envolventes e a adaptação ao mercado de trabalho são aspetos de uma outra transição, fixada na geografia das cidades, nomeadamente na área metropolitana de Lisboa, pela construção de bairros precários. Outra transição relevante neste período foi a dos africanos das periferias urbanas para as casas onde moravam os colonos. Para os que saíram para a metrópole este processo foi tão intolerável que alguns chegaram mesmo a sabotar as suas casas antes de as deixar. Quando por alguma razão regressam, os antigos proprietários visitam as suas velhas moradas encontrando-as inúmeras vezes mal conservadas ou mesmo destruídas. Desde a independência que a história das cidades africanas se fez em contexto de guerra e de pobreza. Mas estas casas também passaram a ser administradas por quem possuía uma outra experiência da cidade, em subúrbios precários e insalubres, onde o urbano se misturava ainda com o rural. Os seus hábitos urbanos repercutiram-se nestas casas, reconvertendo os seus usos.

Valerá a pena contar as histórias do retorno ao lado de estas outras histórias, narrativas de outros homens menos presentes no relato histórico ou literário. O estudo de um movimento imperial, o lado de outros movimentos históricos e quotidianos, possibilita olhar menos para a identidade dos que se movem e mais para as condições em que o fazem e as estratégias que mobilizam.

Referências

Ascensão, Eduardo. «A Barraca Pós-colonial: Materialidade, Memória e Afecto na Arquitectura Informal», in Nuno Domingos e Elsa Peralta (orgs.), *Cidade e Império: Dinâmicas Coloniais e Desdobramentos Pós-coloniais* (Lisboa: Edições 70, 2013), pp. 425-473.

Brasão, Inês, *O Tempo das Criadas* (Lisboa: Tinta da China, 2001).

Penvenne, Jeanne Marie, *African Workers and Colonial Racism. Mozambican Strategies and Struggles in Lourenço Marques*, 1877-1962 (Londres: James Currey, 1995).

Peralta, Elsa e Domingos, Nuno (coord.), *Cidade e Império: Dinâmicas Coloniais e Desdobramentos Pós-coloniais* (Lisboa: Edições 70, 2013).

Rita-Ferreira, António, «Distribuição Ocupacional da População Africana de Lourenço Marques», *Indústria de Moçambique*, vol. 2, n.º 6, junho (1969), pp. 200-202.

[5] Ver Eduardo Ascensão, «A Barraca Pós-colonial: Materialidade, Memória e Afecto na Arquitectura Informal», in Nuno Domingos e Elsa Peralta (orgs.), *Cidade e Império: Dinâmicas Coloniais e Desdobramentos Pós-coloniais* (Lisboa: Edições 70, 2013), pp. 425-473.

PARTE II

ATLAS: FOTOGRAFIAS QUE MARCAM

«NADA TORNA, NADA SE REPETE, PORQUE TUDO É REAL»: O *ATLAS* E AS FOTOGRAFIAS DO «RETORNO»

JOANA GONÇALO OLIVEIRA

O *Atlas* é uma peça que foi criada por mim para a exposição *Retornar – Traços de Memória* para dar conta do tempo passado relativo ao contexto de vida das pessoas que retornaram das ex-colónias portuguesas em África. Esta peça, constituída por uma composição de fotografias feita em 56 painéis, dependeu da recolha das fotografias daqueles que voltaram a Portugal em meados dos anos 70, no chamado «retorno» dos nacionais. Este fenómeno ocorreu em consequência da derrubada da política colonial portuguesa em Abril de 1974 e do início das lutas pelo poder entre os distintos movimentos armados de Angola, em 1975. Neste ensaio pretendo abordar o processo de criação do *Atlas*, tendo em vista explorar os critérios de classificação e de ordenação das fotografias elaborados num exercício de imaginação. Pretendo através da apresentação de alguns conjuntos fotográficos que constituíram as molduras do *Atlas* enfatizar as possibilidades dadas pelas fotografias para olharmos a diversidade de maneiras pelas quais as pessoas vivenciaram o tempo passado nas antigas colónias portuguesas.

As fotografias que compõem o *Atlas* foram pedidas às pessoas que estavam envolvidas no projeto de investigação *Narrativas de perda, guerra e trauma: memória cultural e o fim do Império português*, da autoria de Elsa Peralta. Foram pedidas fotografias pessoais (amadoras) dos próprios e dos seus afins. Estas fotografias retratam o tempo de vida nas ex-colónias africanas. Para a montagem do *Atlas*, além destas, foram reunidas também, em menor incidência, fotografias dos acervos do Arquivo da Torre do Tombo, do Arquivo Histórico Ultramarino e do Arquivo Municipal Fotográfico. O número de fotografias amadoras foi superior a mil.

O pedido de empréstimo das fotografias não vinha necessariamente acompanhado de relatos e narrativas sobre elas. Esta ausência pressupunha-se na criação do *Atlas* e, portanto, não foi importante para a ordenação das imagens, isto porque a conceção do *Atlas* tem na base uma proposta de referência estrutural, a qual se aliou, por seu turno, ao carácter ontológico da fotografia: o isto é assim, o muito glosado *isto foi,* que Roland Barthes apresentou no seu livro *A Câmara Clara*, de 1980. O instante do real que a fotografia «repete mecanicamente o que nunca mais poderá repetir-se existencialmente. Nela o acontecimento nunca se transforma noutra coisa: ela remete sempre o *corpus* de que necessito para o corpo que vejo: ela é o Particular Absoluto, a contingência soberana, impenetrável e quase animal, o Tal (tal foto e não a Foto)»[1].

Olhar a série de mil fotografias amadoras junto às fotografias de arquivo, as quais apresentavam antes da montagem a sua respetiva legenda, permitiu o estabelecimento de sete classes de ordenação. Utilizou-se a regra estrutural que Barthes propõe para a análise de fotografias, a qual olha os elementos visíveis de ordem social e cultural e os elementos da experiência sensível. Uma regra estrutural forjada, entre *studium* e *punctum*, no sentido de analisar as fotografias para além das divisões meramente empíricas; entre fotografias profissionais/amadoras, realistas/pictorialistas, etc[2]. Sob a influência desta regra estrutural foi também possível reduzir o número de fotografias das mil para as seiscentas, porque o espaço convencionado para a apresentação do *Atlas* exigia um menor número de imagens expostas. As classes assim definidas foram: Árvores; Horizonte; Masculinidades, *Masters of War*; Infância; Desejo; Metamorfose.

Cada classe apresentava deste modo a relação com a situação e os elementos que a fotografia apresentava no seu *corpus* e a persistência do que ali está revelado[3]. Assim, esta classificação permitiu um arranjo das fotografias sob o efeito da variação das relações e *abriu um espaço* para a montagem do *Atlas*. Para o fazer, investiu-se num olhar que buscou as ligações íntimas entre o visível e o invisível que lhe é correlato. As ligações que permitem ter acesso à dimensão da experiência de vida que a fotografia conservou e conserva, para sempre, no instante em que é tirada. Este olhar dirigido sob o efeito dos acontecimentos e das correspondências entre elementos, que não procura criar um código social, propiciou a criação do *Atlas*, que contou uma possível história do tempo passado. A temporalidade implicada em cada instante fotografado, na sua condição irredutível e única, libertou também o ato de montagem de um eixo de finalidade temporal. Desta forma, foi possível apresentar um tempo que não se produz de forma linear, nem contínua.

A temporalidade que o *Atlas* exibe é a da variação das vidas passadas, das vidas dos portugueses que, em diferentes momentos da história, fizeram a sua *viagem* até às colónias portuguesas em África. Compete dizer que sobre as vidas passadas tomadas a partir das histórias mudas das fotografias pessoais considerou-se que a acomodação e a montagem das molduras aproximou este exercício à ideia de *heterotopia* proposta por Michel Foucault, no livro *As Palavras e as Coisas*, de 1966. Segundo Foucault, contrariamente à utopia que «consola», as *heterotopias*

> inquietam, sem dúvida, porque minam secretamente a linguagem, porque impedem de nomear isto e aquilo, porque quebram os nomes comuns ou os emaranham, porque de antemão arruínam a «sintaxe», e não apenas a que constrói as frases mas também a que, embora menos manifesta, faz manter em conjunto (ao lado e em frente umas das outras) as palavras e as coisas[4].

O sentido menos manifesto que faz «manter em conjunto» coisas que juntam em novas ordenações lugares distintos e tempos heterogéneos exigiu que

[1] Roland Barthes, *Câmara Clara* (Lisboa: Edições 70, 2006) p. 12.

[2] Embora Barthes se alongue na caracterização dos dois elementos estruturais, dualidade entre o *studium* e o *punctum*, ele resume as suas respetivas definições do seguinte modo: «co-presença de dois elementos que se mostram distintos, dão a ver num primeiro plano a relação com o saber da cultura, o onde e a situação, cultura moral e política, esse interesse é definido pelo *studium*, que é aplicado a uma coisa, mas sem acuidade particular. O segundo elemento, vem escandir o *studium*, e neste caso, não se investe na procura, é ele que salta da cena, e trespassa-me (...) O *punctum* de uma fotografia é esse acaso que nela me fere (mas também me mortifica, me apunhala)» Roland Barthes, *Câmara Clara...*, p. 35.

[3] Cf. *Ibidem*, pp. 116-118.

[4] Michel Foucault, *As Palavras e as Coisas: Uma Arqueologia das Ciências Humanas*. (Lisboa: Portugália Editora, 1966) p. 49.

não fosse apresentada nenhuma legenda relativamente às fotografias expostas. A opção analítica baseia-se na tentativa de criar a «ilusão» das vidas do passado que os portugueses viveram ao contar uma história possível de todo o *Particular*. Agruparam-se e remontaram-se as fotografias pretendendo encontrar outra temporalidade que não aquela que procura uma relação de plausibilidade com a escrita de um tempo social cumulativo.[5] Partiu-se, portanto, de uma proposta analítica que procura o conhecimento pela imaginação, e nessa condição, pretende-se *reler* o mundo a partir da heterogeneidade e do devir[6]. A temporalidade que o *Atlas* procura é a de um tempo que se fragmenta e se remonta constantemente indo até às suas condições imemoriais[7]. Esse é o todo do *Atlas*, os arcos de tempo que foram criados ao longo das 56 molduras que o compõem, em que o olhar procurou a presença dos elementos naturais como a água, as árvores, as formas que se assemelham entre a construção humana e o mundo natural, e os elementos culturais do progresso, os gestos e o riso. Através da seleção de algumas molduras apresento, portanto, um exercício que procura na imaginação o sentido estético e político que pensa a variação humana no devir.

1. Moldura 54

A moldura 54 procurou de algum modo resolver o exercício que o *Atlas* apresenta no todo, não tendo, contudo, a competência para o conseguir fazer.

Assim, procurou-se criar um fragmento da história do domínio colonial, com as suas condições e implicações. Destacam-se as seguintes fotografias compostas nesta moldura:

1) as fotografias de arquivo das primeiras famílias que viajaram até Moçâmedes, Angola, no século XIX, no dealbar do projeto político colonial;
2) a fotografia tirada por Alfredo Cunha em 1975, que exibe as caixas de pertences dos portugueses que retornaram colocadas em Belém;
3) a fotografia da comitiva do Rei do Congo à Exposição do Mundo Português, a qual foi inaugurada em 1940, com o intento político de celebrar o Estado Novo em Portugal;
4) a fotografia amadora do retrato de uma família portuguesa contemporânea do período do fim da colonização em África, onde os homens empunhavam armas de caça;
5) a fotografia de arquivo que exibe a luta entre um leão e uma criança.

As ligações entre estas fotografias procuraram situar o domínio exercido durante o período colonial, mostrando as tensões e as diferentes facetas que são experimentadas num tempo longo. Por isso se jogaram tempos, lugares e coisas distintas que não apresentam nenhuma relação formal e ordenada. Ao propiciar ligações entre tempos distintos procurou-se problematizar a ideia de um outro tempo social sobre o projeto colonial português no contexto africano. Nesta moldura procurou-se o tempo paradoxal das coisas que se ligam, tendo como problema de base a temporalidade que se exercita sobre a continuidade

[5] Cf. Joanna Overing, «O Mito como História: Um Problema de Tempo, Realidade e Outras Questões». *Mana*, v. 1/1. (1995), pp. 108-109.
[6] Cf. Georges Didi-Huberman, *Atlas ou a Gaia Ciência Inquieta*. (Lisboa: KKYM, 2013). p. 64.
[7] *Idem, Ibidem*.

[74] Moldura 54 de *Atlas*. Exposição *Retornar – Traços de Memória*, EGEAC, Lisboa, novembro de 2015 a fevereiro de 2016.

entre o antigo e a origem das coisas e os processos de mudança que sob elas operam. Procurou-se olhar para os diferentes modos de produção da história, atendendo «que os modos de produção da história podem variar, segue-se que é possível predicar histórias específicas com base em conceções diferentes do tempo»[8]. Produziu-se uma outra leitura do tempo social a partir de uma ordenação de fotografias que *falam* sobre o tempo no contexto.

2. Moldura 17

O *Atlas* não pretendeu apontar a identidade do culpado ou tão-pouco da vítima de toda esta história que se fez num tempo muito longo. Um tempo que, do ponto de vista cronológico, podemos situar nas viagens marítimas que os portugueses iniciaram no século XV[9]. Não é que se considere que não existam culpados na história de um projeto político colonial. Bem pelo contrário. Um projeto político colonial apresenta condições políticas, económicas e sociais específicas para cada contexto, que conduzem sempre a uma desigualdade radical entre pessoas. E, no caso, também a uma distinção hierárquica racial. Não obstante, é inevitável olhar para o facto de os acontecimentos da história serem experienciados de formas distintas na vida das pessoas e estas não conseguirem a todo o tempo fazer um exercício de distanciamento entre a vida e os acontecimentos da história, as tragédias e a culpa.

Sobre a tragédia e as culpas, Almada Negreiros, em 1937, numa comunicação proferida no Teatro Dona Maria, discute-as fazendo-o a partir de uma leitura solta de diferentes episódios da bíblia. Considera-se que o texto *Direcção Única* proferido nessa ocasião é um autêntico fresco versando a atitude da época sobre a qual estamos a tratar:

> (…) Pedimos a V. Ex.as a fineza de repararem que a História da Humanidade começa exactamente por um fracasso, o fracasso da primeira colaboração entre pessoas. Ao primeiro homem e à primeira mulher não lhes bastou terem por sua conta todo o Paraíso Terrestre, completo. Ainda quiseram mais do que ter tudo. Ah! não há dúvida nenhuma de que ambos eram muito humanos! (…) E os seus filhos lá saíram também aos pais. Caim e Abel não querem nada a meias. Ou tudo para Caim, ou tudo para Abel. E, continuem reparando V. Ex.as o fracasso da colaboração entre pessoas prossegue na História da Humanidade, de pais para filhos, é hereditário o fracasso, e vai de mal para pior, porque Caim já não pode aguentar tamanho desentendimento com o mano e tem de matar Abel. E se o não mata, seria Abel quem mataria Caim. O essencial era que desaparecesse um deles. Não importa qual dos dois. O insuportável é que haja dois. Dois estorvam-se um ao outro, é necessário que fique só um. Não importa qual deles. A humanidade não compreende isto de que cada um seja como é, a não ser o próprio que assim o pensa, mas este quer por força que todos sejam como ele. E aqui

[8] Joanna Overing, «O Mito..., p. 109.
[9] Cf. Valentim Alexandre, *O Império Colonial* in António Costa Pinto (coord.), *Portugal Contemporâneo*. (Madrid: Ediciones Sequitur) pp. 39-41.

> temos uma família desgraçada: o pai e a mãe não se entendem, os filhos saem aos pais, e com esta desgraçada família começou a Humanidade. Começou e continuou e ainda cá estamos na mesma, graças a todas civilizações que nos fizeram andar vestidos cada uma da sua maneira e graças a Deus também.
>
> E agora vamos lá a saber uma coisa:
>
> O que diriam V. Ex.as se lhes disséssemos que esta família nunca existiu?
>
> E sabeis porque não existiu? Porque é um símbolo.
>
> Como quereis que a humanidade tenha podido guardar até os nomes próprios do primeiro homem e da primeira mulher que viram este mundo? Não vedes que isto tudo é feito com a imaginação e a tradição oral? Metade sonhado e metade vivido! Isto é, um símbolo. Uma criação da Arte. Poesia pura. Verdade por cima da realidade. Tragédia autêntica. A tragédia do Mundo. A própria tragédia em pessoa. A própria tragédia humana:
>
> A impossibilidade de pôr a vontade de cada um onde há outras, onde estão todas as vontades do Mundo.[10]

Não nos parece muito vital ou sequer prático continuar a apontar culpas aos outros. Todos nós, portugueses, cidadãos do estado, de algum jeito nos encontramos implicados na tragédia desta história. Quer seja por via direta ou indireta. A história do fim do império português em todos toca.

3. Molduras 56 e 38 e 50

O que ficou desse tempo, tantas coisas. A complexidade da vida e da história desta «tragédia» é deveras difícil de conter num só olhar. Para quem teve de partir muitas coisas se perderam. Pode-se apontar a possibilidade de ter ficado a sensação de um tempo perdido, de um horizonte de vida perdido. O horizonte e o desejo de uma vida naquela terra. Pondere-se então que o que ficou foi um tempo que irradia a força de algo que não mais pode crescer, porque terminou, e não pode mais «retornar».

A moldura 56 que fechava o *Atlas* pretendia mostrar essa qualidade de tempo. De um tempo que se perdeu e que apresenta a força de uma manifestação, uma espécie de energia dispersa, jogada no efeito daquilo que aconteceu um dia. Por isso, se optou por utilizar fotografias de crianças, cujo horizonte de vida é à partida longo, mas no caso destas fotografias a imagem encontra-se desfocada, quase espectral.

Ao fechar o *Atlas* continuamos a observar as perguntas de onde se partiu para o montar: o que é preciso lembrar dessa vida? E o que é preciso esquecer para continuar a viver?

O *Atlas* só pretendeu responder na sua parte, porque esta peça deve ser perspetivada na relação com as outras peças que faziam a exposição no seu todo.

[10] Almada Negreiros, *Direcção Única*. Conferência proferida em Lisboa, 1932 in http://www.arqnet.pt/portal/discursos/abril02.html

[75] Moldura 17 de *Atlas*. Exposição *Retornar – Traços de Memória*, EGEAC, Lisboa, novembro de 2015 a fevereiro de 2016.

4 B

SEDE BEMVINDO
CIVIL DE
BUBA

[76] Moldura 38 de *Atlas*. Exposição *Retornar – Traços de Memória*, EGEAC, Lisboa, novembro de 2015 a fevereiro de 2016.

Tirando o dínamo (ou o alternador) para mandar para a oficina mais proxima (a 200 km dali!
è que se descarregava todo...

[77] Moldura 50 de *Atlas*. Exposição *Retornar – Traços de Memória*, EGEAC, Lisboa, novembro de 2015 a fevereiro de 2016.

Luanda, 1952 - Panorâmica aérea (Quartel General, Liceu Paulo Dias de Novais, Cinema Restauração, Liceu Salvador Correia, Cinema Tropical, Colégio S. José de Cluny)

[78] Moldura 56 de *Atlas*. Exposição *Retornar – Traços de Memória*, EGEAC, Lisboa, novembro de 2015 a fevereiro de 2016.

No caso, pretendeu-se mostrar a vida habitual, corriqueira, que exibe os elementos do progresso junto e ao lado da atmosfera apocalíptica que se foi adensando até ao fim da colonização portuguesa. A visão da série total de fotografias joga-se na grande diversidade de relações em que estas pessoas se encontravam envolvidas, desde os momentos de cerimónia, às festas de juventude, às caçadas, à brincadeira, à rotina do dia a dia, à guerra, à relação hierárquica, aos elementos que visam o progresso, à relação de trabalho, e à relação com quem vivia lá, os nativos. Tudo isto disposto e apresentado a partir de uma analítica estrutural que a partir dos elementos visuais, percetivos, abstratos e sensíveis, pela sua constância e similitude, abriram um outro espaço para reordenar o tempo e o lugar guardado no instante fotográfico.

Para além da composição ensaiada em cada moldura, a disposição entre molduras pretendia possibilitar a produção de uma sistemática reconhecível de vida. Por exemplo, a relação polarizada entre o progresso e a atmosfera apocalíptica pode ser observada ao dispor a moldura 38 e a moldura 50 lado a lado.

4. Moldura 5

Procurou-se sob o efeito da força do nome próprio *Atlas* aproximar do titã Atlas, o qual veicula a opressão penosa de quem sobre seus ombros suporta a grande esfera da terra. Essa tensão polarizada de quem é o «portador» e o «suportador» do cosmos. Um peso tão agigantado que se exclama por todas as imagens feitas do titã Atlas:

> o herói mitológico nem sequer tem braços para sustentar o peso que lhe verga os ombros; a sua cabeça está num estado miserável, vazia e partida, enquanto a esfera surge luxuosa, cheia e perfeita; as suas pernas quebradas afundam-no na terra que, juntamente com o céu, forma a sua inexorável prisão, a condição da sua própria imobilidade para todo o sempre[11].

A aproximação ao titã deve ser reconhecida a Aby Warburg (1866-1929), o autor e sua obra foram essenciais para a criação deste *Atlas*. Assim, a leitura de Warburg sobre a polarização presente no titã foi concebida num sentido que o autor chamou de dinamografia: «um jogo permanente, um pouco ofegante, poderia dizer-se, de polaridades sempre em movimento, sempre em conflito ou em transformações recíprocas»[12]. Esta dialética formada num jogo permanente, esta imagem dialética, permite a Warburg que considere o *Atlas* nas suas múltiplas apresentações num jogo permanente entre a potência e o sofrimento. A criação de uma imagem «universal» que une todos os homens, em todos os contextos históricos e ideológicos, nesse drama de força e de impotência defronte ao antigo, daquilo que se vive sem que a força e o poder do *homem* possam inverter. Entre a potência da transformação e o sofrimento que permanece correlato.

«Nada torna, nada se repete, porque tudo é real», diz Alberto Caeiro. O real que se articula num jogo permanente em movimento, contra o modo de arrumar o

[11] Georges Didi-Huberman, *Atlas ou a Gaia Ciência...*, p. 77.
[12] *Idem. Ibidem.*

[79] Moldura 5 de *Atlas*. Exposição *Retornar – Traços de Memória*, EGEAC, Lisboa, novembro de 2015 a fevereiro de 2016.

tempo direitinho para o seu próprio fundamento, ou condicionamento, repetindo indefinidamente a sua identidade. O real que se faz fora do âmbito «positivista» que a fotografia no olhar incendeia e dirige contra a crença irracional no seu poder objetivo[13]. Essa vitalidade realista que a fotografia convencionou no seu *nascimento*, e a qual continua a ser convencionada em determinados contextos de análise, perdeu a sua força de objetividade. O real aqui deve ser, portanto, entendido na força da alquimia que a fotografia apresenta.

E esta força alquímica é a força do olhar, dos gestos da vida e do acordar de um passado que emociona[14]. Vem ela com o corte de um relâmpago que abre uma linha no horizonte e traz o despertar de toda a emoção. E essa força, com esse corte, vai e chega ao coração, à pulsão da vida, às anunciações do passado no presente, surgindo aí uma outra convulsão de tempo. Este é um tempo selvático que revoluciona as horas que o dia a dia convenciona para se estabelecer firme e sem grandes percalços. Um tempo de vida que se convulsiona em suas condições mais imemoriais, o qual se articula numa dialética em que a associação, a memória e a magia associada ao jogo da imaginação deixa às coisas, à matéria.

Remontando e ordenando as fotografias de um tempo passado, da experiência de vida daqueles que viveram nas ex-colónias africanas, tendo proposto conhecer esse tempo num exercício feito pela imaginação, sobre a tragédia de uma história política e social, não pretendemos apresentar uma resposta definitiva sobre o que deve ser esquecido e o que deve ser lembrado. Reparamos antes que as circunstâncias da tensão da história, as suas diferentes facetas, tornam de facto difícil capturar na vida do dia a dia a síntese da experiência local e do ponto de vista geral. A «tragédia da história» que Almada Negreiros dota de sentido próprio, de direção única, e a qual aproximámos aqui, pretendeu dizer que esse longo tempo da relação colonial feita entre impérios, da luta que estes travaram, provocou danos profundos e num sentido radical *entre todos os que fizeram dele parte direta*. Deixemos as fotografias *imaginarem* a sua parte.

Referências

Alexandre, Valentim, «O Império Colonial» in António Costa Pinto (coord.), *Portugal Contemporâneo* (Madrid: Ediciones Sequitur, 2000 pp. 39-60).

Barthes, Roland, *A Câmara Clara* (Lisboa: Edições 70, 2006).

Didi-Huberman, Georges, *Atlas ou a Gaia Ciência Inquieta* (Lisboa: KKYM, 2013).

Foucault, Michel, *As Palavras e as Coisas: Uma Arqueologia das Ciências Humanas.* (Lisboa: Portugália Editora, 1966).

Lissovsky, Mauricio, *A Máquina de Esperar: Origem e Estética da Fotografia Moderna* (Rio de Janeiro: Mauad X, 2008).

Medeiros, Margarida, *Fotografia e Verdade. Uma História de Fantasmas* (Lisboa: Assírio e Alvim, 2010).

Overing, Joanna, «O Mito como História: Um Problema de Tempo, Realidade e outras Questões», *Mana*, v. 1/1. (1995), pp. 107-140.

[13] Cf. Margarida Medeiros, *Fotografia e Verdade. Uma História de Fantasmas.* (Lisboa: Assírio e Alvim, 2010), p. 8.

[14] Mauricio Lissovsky, *A Máquina de Esperar: Origem e Estética da Fotografia Moderna* (Rio de Janeiro: Mauad X, 2008), p. 27.

MUITAS COISAS AO MESMO TEMPO: SOBRE O *ATLAS* DA EXPOSIÇÃO *RETORNAR – TRAÇOS DE MEMÓRIA*

NÉLIO CONCEIÇÃO

Força plástica

O livro *O Retorno*, de Dulce Maria Cardoso, constitui um contributo valioso para quem se dedica ao estudo da história recente de Portugal e das ex-colónias portuguesas. História significa aqui, de uma forma porventura abusiva e academicamente imprecisa, a tentativa de lidar com um passado que se compõe não apenas de factos, datas, documentos ou instituições, mas também de decisões políticas complexas, de sentimentos ambíguos, de culpa e desejos abruptamente interrompidos, de anseio por uma redenção que, não se refugiando em subterfúgios teleológicos, terá de desbravar o seu caminho por entre os escombros do tempo. História que o presente constrói ao olhar para o passado, gesto que, como Nietzsche lembra, deve estar ligado a uma «força plástica» capaz de respeitar a primazia da vida face à monumentalidade do passado[1]. Se para tal for necessário o esquecimento daquilo que não alimenta a vida, pois então que se esqueça. História, portanto, que articula a dimensão macroscópica com a microscópica, numa relação de forças onde os desvios ganham por vezes mais importância do que os consensos ou as disputas ideológicas, no sentido em que aqueles são capazes de libertar as energias que orientam novas possibilidades de pensar e sentir.

A literatura sempre foi um terreno propício para dar conta dos desvios que mesclam o público e o privado, o institucional e o sentimental, a lei e o desejo. O bom escritor possui as ferramentas para colocar, no coração e na cabeça de uma personagem, de acordo com as relações que ela estabelece com os outros e com o mundo, as tensões dos grandes acontecimentos históricos. Rui, personagem principal de *O Retorno*, desempenha esse papel. Ele não se limita a descrever uma época histórica, abre também possibilidades de experiência crítica com essa mesma época. O modo como este tipo de personagens se mostra (e se oculta) na literatura e nas artes reflete o modo como um povo lida com a sua memória. A possibilidade de esquecer pode mostrar uma saudável relação com o passado, mas o esquecimento forçado, aquele que nasce pela falta de confrontação com as dimensões traumáticas, constrói as condições psíquicas ideais para a criação de fantasmas. Os fantasmas, entidades dos espaços intermédios

[1] Friedrich Nietzsche, «Da Utilidade e dos Inconvenientes da História para a Vida», in *Considerações Intempestivas* (Lisboa: Editorial Presença, 1976), p. 109.

e dos intervalos, não são necessariamente maus, pois ligam-nos à força diferencial do tempo. O problema é quando os fantasmas são emparedados pelo silêncio e pela culpa, tornando-se sorvedouros das energias vitais e bloqueando a transformação do presente.

As personagens de *O Retorno* – e isto é fundamental e constitui um trabalho cuidadoso da autora – trazem palavras e modos de falar que são de um outro tempo e de um outro lugar. Os fantasmas que falam a nossa língua mas não falam exatamente como nós são extremamente incisivos: na sua dissonância, carregam consigo a ligação profunda entre língua e terra; neste caso, entre a língua portuguesa e a ocupação colonial. A partir do momento em que essa dissonância entra na nossa consciência de leitores, sabemos que nos foi dado acesso a um desvio. Esse «português mestiço» que teve de se ocultar em função de uma integração forçada guarda em si toda a potência de uma história que ficou por contar. E com essa potência ocultam-se gestos e modos de sentir, relações específicas com a paisagem e com as populações indígenas, histórias de amor, raiva e violência, ocultam-se as vidas reprimidas sob os dedos acusatórios dos grandes movimentos de revolução da história, os quais, na sua impetuosidade, não perdoam aqueles que se encontram no lado errado. Isso será porventura natural, fazendo parte da intensidade destrutiva que sempre acompanha os movimentos de transformação, mas depois é necessário voltar à língua e a todo esse resto, que são também traços de memória. Não por um qualquer saudosismo, não para comemorar o distanciamento histórico, não para oficializar um acerto de contas, mas para se perceber quanto dessa língua e dessa memória se encontra ainda a circular por entre as sombras do nosso país. E assim apaziguá-las, se necessário esquecê-las. Fora das paróquias ideológicas e académicas, isto será porventura uma questão de maturidade ou, pelo menos, de saúde.

É também de aprendizagem e crescimento que nos fala o livro de Dulce Maria Cardoso; do crescimento rápido por que passa um adolescente. Crescer é perceber a espessura do mundo e a partir daí desenvolver a capacidade de pensar e sentir várias coisas ao mesmo tempo, aceitando a fragmentação das certezas. Neste sentido, recupero duas passagens da obra.

Na primeira, Rui está a fumar um cigarro na varanda do quarto de hotel em que fora alojado com a sua família. Mas fumar aí um cigarro já não é o mesmo que fumar um cigarro no muro da tabacaria do Sr. Manuel, em Luanda.

> Não sei quando é que deixei de sentir uma coisa de cada vez. Fumar um cigarro devia ser só fumar um cigarro. Acender um cigarro com o isqueiro Ronson Varaflame do pai também devia ser só isso. Não me devia pôr a pensar que é o isqueiro com que o pai queria atear fogo às nossas coisas lá. Não me devia pôr a ver as nossas coisas a arderem. Tenho saudades do tempo em que fumar um cigarro era só fumar um cigarro. Mais nada. Tenho de ser capaz de tornar a pensar e a sentir uma coisa de cada vez. Um quarto pode ser uma casa e este quarto com esta varanda de onde se vê o mar é a nossa casa enquanto não vamos para a América.[2]

[2] Dulce Maria Cardoso, *O Retorno* (Lisboa: Tinta da China, 2011), pp. 172-173.

Mais próximo do final do livro, já depois do pai ter regressado e nas vésperas da família abandonar o hotel, são vários os sinais de que o passado está a ficar para trás, o que é também um princípio de desprendimento. Ao invés de se revoltar com a complexidade e com a fragmentação, Rui abraça-a:

> «Acho que nunca mais vou ser capaz de pensar e sentir uma coisa de cada vez. Com o tempo devo habituar-me e deixar de me incomodar com isso. Não posso evitar que umas coisas tragam outras ou façam perder outras. Não deve ter mal. E também não deve fazer mal. Como não faz mal eu não saber o que aconteceu ao pai na prisão, aos demónios da mãe, à Silvana ou ao tio Zé. Nada disso tem mal desde que ainda haja coisas de que eu tenha a certeza.»[3]

Este apaziguamento é esperança e possibilidade de voltar a desejar. Esta esperança é uma forma de reordenar o mundo. Num país que viveu uma ditadura de quarenta e oito anos sustentada, em larga medida, pelo medo e pelo tolhimento do desejo, num país que viveu, nos últimos anos, sob a ditadura da austeridade e da dívida[4], é bem salutar que se insista na relação entre história e vida.

Construção, lacunas, nomes

Não se tratou, no ponto anterior, de encetar uma leitura da obra de Dulce Maria Cardoso, mas de aproveitá-la como princípio de reflexão sobre a exposição *Retornar – Traços de Memória* e, em particular, sobre o *Atlas* que lhe pertence. Também nestes se realiza, por intermédio de uma força plástica, um desvio produtivo acerca do tema da colonização e descolonização portuguesas. Também nestes se trata dessa história de fantasmas.

Ao aliar o contributo de arquivos e testemunhos da conceção artística e dos mecanismos fotográficos, a exposição dá ao espectador um papel ativo e, assim, a oportunidade de, a partir desse material, construir as suas próprias narrativas e ligações. Neste sentido, tal como a construção das personagens de *O Retorno*, o modo de apresentação dos elementos expositivos visa criar as condições de possibilidade de uma experiência crítica com a época. Naturalmente, as escolhas da exposição acarretam exclusões: quem dela esperar uma profunda contextualização histórica, repleta de explicações quanto ao sentido dos acontecimentos, quem dela esperar uma condenação do passado colonialista e fascista de Portugal ou uma redenção dos retornados só pode sentir desconforto.

Neste contexto, o *Atlas* mostra, com todas as virtudes e todo o risco do seu procedimento de construção de um saber ostensivamente visual, as possibilidades de pensar e sentir muitas coisas ao mesmo tempo, procurando nelas uma ordem, ainda que temporária. Há no *Atlas* uma espécie de excesso. Mesmo tendo resultado de uma seleção de imagens – sobretudo de álbuns familiares, mas também de arquivos, de fotografias icónicas de Alfredo Cunha ou de algumas, poucas, fotografias dos últimos anos – não podemos deixar de senti-lo como

[3] Dulce Maria Cardoso, *O Retorno*, p. 264.

[4] Walter Benjamin, num conjunto de notas intituladas «O Capitalismo como Religião», desenvolve a tese de que o capitalismo tem um carácter religioso, assente em larga medida num desdobramento da culpabilização, de tal forma que ele pode ser visto como o primeiro caso de um culto que não admite expiação. Esta radicalidade manifesta-se, desde logo, na ambiguidade demoníaca da palavra *Schuld* em alemão, que significa simultaneamente dívida e culpa. Cf. Walter Benjamin, «O Capitalismo como Religião», in *O Anjo da História* (Lisboa: Assírio e Alvim, 2010), pp. 30-34.

[80] Moldura 14 de *Atlas*. Exposição *Retornar – Traços de Memória*, EGEAC, Lisboa, novembro de 2015 a fevereiro de 2016.

[81] Moldura 11 de *Atlas*. Exposição *Retornar – Traços de Memória*, EGEAC, Lisboa, novembro de 2015 a fevereiro de 2016.

o lastro de uma tarefa infinita. O *Atlas* resulta de um processo de seleção e montagem de imagens que cobrem vários aspetos da vida quotidiana da época colonial, mas também o próprio movimento do retorno, que aparece como culminar e, simultaneamente, como ponto limite de um determinado tempo. Mas não existe nele uma obediência às leis da cronologia histórica, nem são muito claros os critérios temáticos. Percebemos, contudo, certas regularidades, acompanhadas de uma tentativa de cartografar a vida. Ao contrário de um mero álbum de família ou de um arquivo fotográfico que pretenda reconstituir fielmente as vivências de uma época, estas fotografias visam, sobretudo, tocar o movimento daquelas vidas, com todas as suas contradições, lacunas e interrupções. Assim, mais do que seguir um método dedutivo, o *Atlas* propõe-se abrir um espaço de saber. Ao escrever sobre os processos de construção da «forma atlas», Didi-Huberman refere que a pregnância dessa forma resulta também de uma compreensão generalizada de que a sua apresentação do conhecimento é indissociável da abertura de um espaço. A apresentação não tem uma função meramente ilustrativa: «um atlas de imagens não se limita jamais a ilustrar um saber: constrói-o e, por vezes, chega a desconstruí-lo»[5]. Essa dupla dimensão de desconstrução e construção está também no coração do *Atlas Retornar*, e é isso que faz dele um ensaio, uma experimentação e, em última instância, um questionamento da objetividade científica – das disciplinas, mas também das próprias fotografias.

Nele cabem muitas coisas que fazem parte dos *álbuns de família*: rostos, poses, lugares de viagem, registos do dia a dia, objetos, gestos de posse e ostentação, a diversão e o carinho.

Mas também cabem coisas *menos familiares*: a máquina da guerra, a violência implícita ou explícita da sobreposição pela força, os gestos sombrios e inexplicáveis, os lugares vazios. Existem carros, barcos e água; e muito espaço, habitado, por habitar. No *Atlas* há a vegetação e a arquitetura, os brancos e os pretos, mais brancos do que pretos. Há as fisionomias e os *parentescos*. Há a caça e as crianças, assim como as figuras tutelares da igreja, pilares da grande *família colonial*. Um soldado imberbe a apalpar as mamas de uma indígena (depois, com o mesmo sorriso idiota, o mesmo soldado no seio de uma *família*, com uma menina ao colo, a apalpar-lhe a mama esquerda sobre o sutiã, e o olhar amorfo da menina está longe, muito longe. Que fantasmas a assombraram? – ou assombram?)

Uma milícia de colonos. Uma planta. A música, as festas e os passeios. E de novo os barcos, mas talvez estes já sejam os do retorno. Mesmo que às vezes a disposição das imagens pareça aleatória, vemos repetirem-se os temas, vemos a possibilidade de novas ligações: de novo a infância como promessa de *linhagem*, de novo o papel da mulher e o papel do homem na sua exigência de *masculinidade* (não é por acaso que a figura da masculinidade e da paternidade, em todos os seus desdobramentos sexuais, políticos, antropológicos, atravessa de uma ponta à outra a obra de Dulce Maria Cardoso); de novo os *padres* e algumas famílias mais andrajosas, que provavelmente não tinham ainda a melhor roupa para a fotografia (de que Portugal vieram elas? Para que Portugal voltaram? E estas fotografias revelam ou ocultam a situação social e a complexidade dos

[5] Georges Didi-Huberman, *Atlas ou a Gaia Ciência Inquieta. O Olho da História, 3* (Lisboa: KKYM+EAUM, 2013), p. 174.

movimentos de colonização/descolonização?). E também existe aquela moldura (Moldura 11) com a mulher de saia branca, junto à água. Ouço-a dizer: «é aqui que quero estar, de pés descalços junto ao mar!».

Trazendo as marcas do desgaste ou tendo sido trabalhadas como foram, desfocadas, com cores alteradas, por vezes quase espectrais, algumas destas fotografias intensificam a inquietação daquelas realidades que não podem deixar de ter existido. Com as devidas distâncias, elas aproximam-se por vezes do universo criativo do artista Gerhard Richter (universo de que faz parte, desde a década de 60, um incansável *Atlas*). Em muitos dos seus trabalhos, ele mostra-nos como no prosaico do fotográfico se encerram muitas das virtudes e das contradições da época em que vivemos, e com elas novas formas de pensar e fazer arte. Os gestos de desfocagem, de descontextualização, de montagem, gestos à contracorrente da propagação incontrolável de fotografias no nosso quotidiano, são aprendizagens da moderna relação com as imagens, formas de lidar com o excesso e a dispersão. Uma tarefa infinita.

Mas foquemo-nos, por exemplo, na Moldura 7: todas as suas fotografias são de estruturas familiares, seja de famílias construídas por laços de parentesco, seja de famílias construídas pela igreja. Em todas elas há fisionomias e gestos, mais ou menos inquietantes, mais ou menos típicos, da representação familiar, onde as crianças parecem ter sempre um papel de relevo. Nada nessas imagens destoa de tantas outras fotografias de tantos outros álbuns de família, sobretudo dos álbuns antigos. Também nestes encontramos a íntima relação entre retrato fotográfico e representação social. Desde as primeiras décadas da sua existência, e sobretudo a partir da sua mercantilização e industrialização, a fotografia serviu de veículo de afirmação ou transformação da identidade social de uma burguesia crescente (como cedo mostrou Gisèle Freund). Em contexto colonial, o retrato absorve essa potencialidade, mas adquire também novas implicações. Para além das questões da mobilidade social entre classes, o retrato pode agora também, entre muitas outras coisas, representar um desejo de assimilação aos costumes da metrópole, com tudo o que isso implica de tensões raciais, de poder, de interesse. Veja-se, por exemplo, a fotografia da família que se faz fotografar em frente à casa de palhota (quem serão aqueles que se colocam no fundo, entre as sombras da casa? E qual terá sido o percurso dessa família após a independência?). Por outro lado, se compararmos essa fotografia com a da família branca junto ao chafariz, e mesmo que não tenhamos acesso ao contexto em que as fotografias foram tiradas, não podemos deixar de sentir um desdobramento das tensões. Na foto do chafariz, há duas mulheres e um homem, pretos, que estão também em pano de fundo, mas marcadamente mais escondidos; os seus gestos têm uma maior reserva. Se efetivamente eles estão também a pousar para a fotografia de família, estão, no entanto, separados dela pelo próprio chafariz, por um muro de visibilidade e distância. Este jogo entre visibilidade, proximidade e distância, que se condensa na pose, é revelador da importância histórica e epistemológica dos retratos familiares que dominam o *Atlas*. Podemos, no entanto, perguntar-nos se a montagem não será apenas um primeiro passo, ou apenas um dos caminhos possíveis, na revelação das tensões

[82] Moldura 7 de *Atlas*. Exposição *Retornar – Traços de Memória*, EGEAC, Lisboa, novembro de 2015 a fevereiro de 2016.

[83] Moldura 24 de *Atlas*. Exposição *Retornar – Traços de Memória*, EGEAC, Lisboa, novembro de 2015 a fevereiro de 2016.

LANCIA
PARTIDA
LANCIA
FINA

e contradições que se multiplicam nas imagens. Revelação que, naturalmente, pode ser acompanhada pelo recurso a testemunhos orais e escritos, a documentos oficiais e ao cruzamento de informações. É uma história crítica da cultura que aqui se desenha. No *Atlas*, de qualquer forma, revelam-se já os gestos, as ligações íntimas, as regularidades, as comparações e os casos excecionais; abrem-se possibilidades de experiência: estética, epistemológica, rememorativa. Por um lado, pela sua ausência de legendas, ele tem tudo o que pode ter – e por vezes queremos mais. Por outro lado, há nele um saber que se põe em marcha.

Isto segue de mãos dadas com uma outra característica deste trabalho. Com a sua quase total ausência de palavras, ele leva ao limite o silêncio constitutivo do próprio mecanismo fotográfico. E esse silêncio, que não impede a constatação de que «isto foi», que não elimina a «força de evidência» da fotografia (para utilizarmos as fórmulas de Roland Barthes em *A Câmara Clara*), é simultaneamente uma virtude e, pela proximidade da idolatria, um perigo. A constatação é óbvia, mas plena de consequências: estes retratados não têm nome. Na moldura referida anteriormente, na fotografia que está no lado direito e ao centro, encontramos uma menina a quem um acidente ou o desgaste do papel fotográfico roubou uma parte do rosto. Sem nome e desfigurada, sem possibilidade de ter voz, ela está encarcerada no anonimato. A história, bem o sabemos, está cheia de figuras anónimas, de vítimas e de carrascos, mas sobretudo de habitantes dos espaços intermédios, vagabundeando entre os juízos do presente e as incógnitas do futuro. Perante esse verdadeiro buraco da fotografia, dois aspetos vêm ao de cima: o primeiro remete para a materialidade das fotografias, para as marcas que o tempo nelas deixa enquanto objetos; a antropologia material sabe bem a importância de traçar a circulação, o contexto e a vida destes objetos. O segundo aspeto tem que ver com a própria tensão entre o anonimato e o nome. Walter Benjamin, que via na construção histórica uma forma de resgatar a memória dos sem-nome – eles que são tantas vezes tocados pela indissociável relação entre cultura e barbárie –, refere-se nos seguintes termos a um retrato de uma peixeira anónima realizado por David Octavius Hill, dando conta da originalidade da fotografia relativamente à pintura:

> na fotografia deparamos com algo de novo e especial: naquela peixeira de New Haven, de olhos postos no chão com um pudor indiferente e sedutor, permanece algo que não se esgota como testemunho da arte do fotógrafo Hill, qualquer coisa que não se pode reduzir ao silêncio, que reclama insistentemente o nome daquela mulher que viveu um dia, que continua a ser real hoje e nunca quererá ser reduzida a «arte».[6]

Este *Atlas* também não está a fazer «arte», embora utilize recursos de pensamento e criação que, desde as vanguardas do início do século XX até aos nossos dias, fazem parte do património artístico. Ele estará muito mais interessado em resgatar esse «algo», em aproximar-se de «qualquer coisa» que não se quer reduzir ao silêncio. E, paradoxo dos paradoxos, começa por fazê-lo sem palavras.

[6] Walter Benjamin, «Pequena História da Fotografia», in *A Modernidade* (Lisboa: Assírio e Alvim, 2006), pp. 245-246.

Um cosmos de semelhança

Portanto, um atlas pode ser um processo de conhecimento, de crescimento, de estabelecimento de uma nova relação entre a história e a vida. O olhar que com o mínimo de paciência percorre as imagens de um atlas, seja ele proveniente da medicina, da cartografia ou da arte contemporânea, não pode deixar de se fixar num pormenor, numa determinada sequência ou constelação, numa analogia ou síntese. Ele pressupõe sempre uma tensão entre a singularidade e o todo. E como acontece com qualquer dispositivo aberto, cada visitação pode facilmente abrigar descobertas. O atlas, como Didi-Huberman refere, implica dois paradigmas: o estético, ligado à forma visual, e o epistémico, ligado ao saber. Além do mais, e face às certezas racionalistas da ciência e aos modelos predeterminados da história da arte, há nele uma potência desestabilizadora, profundamente enraizada nos procedimentos da montagem: «Contra toda a pureza epistémica, o atlas introduz no saber a dimensão sensível, o diverso, o carácter lacunar de cada imagem. Contra toda a pureza estética, introduz o múltiplo, o diverso, a hibridez de toda a montagem»[7]. O seu motor é a imaginação, só que esta não deve ser entendida como uma fantasia pessoal e gratuita, mas como um conhecimento transversal que permite descobrir vínculos que a observação direta é incapaz de discernir, aproximando-se assim de novas «relações íntimas e secretas», de novas «correspondências e analogias» – expressões de Baudelaire que Didi-Huberman recupera[8].

No conjunto das vastas referências teóricas do ensaio de Didi-Huberman, lançado por ocasião de uma exposição concebida para o Museu Nacional Centro de Arte Rainha Sofia, em 2011, é de salientar o papel importante de quatro temas e autores. Antes de mais, a gaia ciência de Nietzsche e a inquietação que lhe subjaz. A morfologia goethiana e a sua pressuposição de que através da apresentação e observação sinóptica poderemos aproximar-nos dos fenómenos originários (*Urphänomen*). O pensamento de Walter Benjamin, nomeadamente a sua reflexão sobre os conceitos de origem e de imagem dialética, que recolhem elementos da morfologia goethiana, concentrando-se, contudo, nos domínios da história e da crítica. Mas é com Aby Warburg que a relação entre imagem e memória – sobretudo na sua forma atlas – ganha toda uma outra dimensão. Neste sentido, é importante acentuar o papel central que a sua ciência da cultura atribui à noção de *Nachleben*, de sobrevivência. Apoiando-se nesta noção para os seus estudos de história da arte, Warburg permite-se estabelecer relações diretas entre épocas distantes: por exemplo, a Antiguidade e a Renascença. Contudo, essas relações não se dão em termos estritamente formais, estilísticos ou temáticos; elas implicam toda uma série de polaridades que desdobram os conflitos entre a dimensão racional e a dimensão mágico-religiosa do ser humano, entre o apolíneo e o dionisíaco, entre a contemplação calma e o fervor orgiástico. Warburg, leitor de Nietzsche, encontra nessa dinâmica psíquica, na sua forma intensificada, o substrato da própria criação artística.[9] Por sua vez, a noção de *Pathosformeln*, ou fórmulas do *pathos*, permite-lhe pensar os gestos que atravessam as imagens como uma fixação desses redutos energéticos. As imagens

[7] Didi-Huberman, *Atlas ou a Gaia Ciência...*, p. 12.
[8] *Idem*, pp. 13-14.
[9] Cf. Aby Warburg, «Einleitung», in *Der Bilderatlas Mnemosyne* (org. Martin Warnke e Claudia Brink), *Gesammelte Schriften* (Berlim: Akademie Verlag, 2003), p. 3.

teriam assim o poder de refletir a esquizofrenia da própria cultura ocidental, os seus conflitos psíquicos e as suas repressões, os seus gestos expressivos e repetições. Tudo isto pressupõe uma conceção de memória que não se rege por uma ordem cronológica e sequencial. A montagem que Warburg desenvolve no *Atlas Mnemosyne*, um trabalho que permaneceria inacabado, visa exatamente criar um «espaço de pensamento» (*Denkraum*) onde se torne possível uma aproximação a esses traços de memória cultural cujos engramas resultam de uma interseção entre o individual e o coletivo, entre a dimensão cosmológica e a corporal. Nele trata-se de ilustrar o processo de des-demonização do património das impressões fóbicas, revelando-se os valores expressivos preexistentes por intermédio da apresentação da vida em movimento.[10] Depois de se restabelecer de uma psicose, a partir de 1924 e até à data da sua morte em 1929, Warburg trabalhará nesse atlas, procurando as possibilidades de construir uma história da arte e da cultura por meios visuais. Segundo Didi-Huberman:

> O *Bilderatlas* não foi, para Warburg, nem uma simples «sinopse», nem um «resumo em imagens» do seu pensamento: propiciava, antes, um aparelho para recolocar o pensamento em movimento, precisamente onde a história se havia detido, precisamente onde as palavras ainda falhavam. Foi a matriz de um desejo de reconfigurar a memória, renunciando a fixar as recordações – as imagens do passado – num relato ordenado ou, pior do que isso, definitivo.[11]

Há no exercício do *Atlas Retornar* um desejo de vidência, um fascínio pela possibilidade de organizar aquilo que está disperso e é passível de ser esquecido ou devorado pelo caos. Mas ainda que esse fascínio contenha algo de lúdico, no sentido em que põe em movimento, por intermédio da montagem, a tensão entre evidência e jogo que se encontra no coração das imagens fotográficas, a verdade é que a vidência exige a capacidade de aceitar «que umas coisas tragam outras ou façam perder outras». Bebendo no poder mimético que, desde a infância – e nela mais intensamente – trabalha por dentro o desenvolvimento do ser humano e a capacidade de que este dispõe para se exercitar no «cosmos da semelhança»[12], absorvendo todo o dinamismo da faculdade da imaginação, os atlas que envolvem eventos históricos traumáticos não podem deixar de respeitar a força destrutiva dos fantasmas. Nas anotações para o *Atlas Mnemosyne*, e parecendo descrever uma compreensão da sua iconografia, Warburg diz que a história da influência dos antigos tem elementos fantásticos e pode ser narrada como um conto. Mas ainda assim é uma «história de fantasmas para pessoas completamente adultas»[13].

Referências

Benjamin, Walter, «Zur Astrologie», in *Gesammelte Schriften* (ed. Rolf Tiedemann e Hermann Schweppenhäuser), 7 vols., Frankfurt am Main, Suhrkamp, 1991 [1972-1989], vol. VI.

[10] *Idem. Ibidem.*

[11] Didi-Huberman, *Atlas ou a Gaia Ciência...*, p. 20.

[12] Expressão de Walter Benjamin que se encontra num conjunto de anotações, não publicadas em vida, onde ele procura lançar as bases de uma reflexão racional sobre a astrologia, a qual não se reja pela doutrina das «influências», mágicas ou das forças irradiantes. Para tal, seria necessário partir da questão da semelhança: por um lado do reconhecimento de que, para lá do acaso, existe uma força de semelhança a atuar no interior das coisas; por outro lado, do reconhecimento de que o poder mimético inerente ao ser humano sofreu alterações ao longo da história, enfraquecendo-se em certos campos para se fortalecer noutros, e que a nossa capacidade de criar e reconhecer semelhanças (entre rostos, na arquitetura e na forma das plantas, nas nuvens e nas manchas da pele) alcança apenas uma ínfima parte daquelas que existem no «cosmos da semelhança». «Zur Astrologie», in *Gesammelte Schriften* (org. Rolf Tiedemann e Hermann Schweppenhäuser), 7 vols. (Frankfurt am Main: Suhrkamp 1991) [1972-1989], vol. VI, pp. 192-193.

[13] Aby Warburg, «Einleitung», p. 199.

Benjamin, Walter, «Pequena História da Fotografia», in *A Modernidade* (Lisboa: Assírio e Alvim, 2006).

Benjamin, Walter, «O capitalismo como religião», in *O Anjo da História* (Lisboa: Assírio e Alvim, 2010).

Cardoso, Dulce Maria, *O Retorno* (Lisboa: Tinta da China, 2011).

Didi-Huberman, Georges, *Atlas ou a Gaia Ciência Inquieta. O Olho da História, 3* (Lisboa: KKYM+EAUM, 2013).

Nietzsche, Friedrich, «Da Utilidade e dos Inconvenientes da História para a Vida», *Considerações Intempestivas* (Lisboa: Editorial Presença, 1976).

Warburg, Aby, «Einleitung», in *Der Bilderatlas Mnemosyne* (org. Martin Warnke e Claudia Brink), Gesammelte Schriften (Berlim: Akademie Verlag, 2003).

RETORNAR NÃO É POSSÍVEL. FOTOGRAFIA NAS PARTIDAS, NOS REGRESSOS E NA DISTÂNCIA

FILIPA LOWNDES VICENTE

Retornar não é possível e a fotografia é a prova desta impossibilidade. A imagem não serve para regressar, para retornarmos àquele lugar e ao momento enclausurado no espaço do papel, retangular ou quadrado, da fotografia. Ou, desde a revolução digital do quotidiano, para regressar ao ecrã imaterial, ao telemóvel ou ao computador. Serve sim, mas para nos confrontar com a impossibilidade de reviver aquele instante. De alguma vez regressarmos a ele. Aquele espaço e aquele tempo, aqueles segundos em que se conjugaram uma série de fatores, gestos, pessoas, encontros, olhares, presenças, nunca mais se poderá voltar a repetir. Ficou lá. Poderá ser um lugar na memória, mas não um lugar para onde se possa regressar.

A fotografia foi desde a sua invenção um objeto transportável. Sobretudo quando a impressão fotográfica deixou de ser em vidro, como acontecia com o daguerreótipo, para ser feita em papel. A fotografia pôde então tornar-se uma forma de correspondência, um bocado de papel que em vez de palavras manuscritas tinha uma imagem e, muitas vezes, umas palavras escritas atrás. O postal fotográfico, produto da transição do século XIX para o século XX, representava bem a conjugação de texto e imagem, leitura e visão, que a fotografia possibilitou. A fotografia impressa em papel é leve e portátil, desde que não esteja emoldurada. A fotografia digital está já inserida no telemóvel. Uma e outra são leves e fáceis de transportar. Ambas são também um documento da história de cada um. Mesmo daqueles que nunca terão o seu nome individual inscrito na história. Desde a sua invenção em finais da década de 30 do século XIX até à recente revolução digital, a fotografia viveu transformações tecnológicas constantes que a tornaram num objeto cada vez mais democrático, mais fácil, mais barato, mais disseminado globalmente por um número crescente de pessoas. Quando estes fatores se cruzam com a sua portabilidade – com o facto de serem objetos facilmente transportáveis – o resultado é a circulação e a mobilidade. Que outros objetos únicos e pessoais é que circularam do mesmo modo?

Escolher, guardar, partir: materialidade em viagem

O que levar connosco quando temos de abandonar um lugar para o qual não regressaremos? O que escolher entre a vastidão dos objetos que possuímos, que guardamos, que utilizamos e com os quais partilhamos o quotidiano e o espaço doméstico? Vivemos rodeados da materialidade dos objetos, das coisas compradas, herdadas, encontradas ou oferecidas. Algumas pessoas têm muitas coisas, outras têm poucas. Umas têm poucas, mas valiosas, outras muitas, e sem valor atribuído, mesmo que valiosas do ponto de vista afetivo. Umas pessoas sentem-se muito ligadas à materialidade da vida, àquilo que possuem e lhes pertence, outras, mais desprendidas, vivem mais distantes da posse. Mas todas, ao viajar, ao partir para um outro lugar – sobretudo se a partida tiver implícita um não regresso – têm de refletir sobre aquilo que vão levar consigo. Fazer uma mala, selecionar aquilo que constituirá a bagagem implica fazer escolhas. O que levar connosco. O que deixar para trás. Aquilo que determina esta seleção é múltiplo, variável e dependente de inúmeros fatores. O tempo surge como determinante: se há tempo, as escolhas podem ser resultado de uma reflexão, ponderadas, planeadas. Se o tempo não existe e a partida está imbuída da urgência, então aquilo que se leva estará mais dependente do aleatório, das circunstâncias, do intuitivo, do peso.

As pessoas movem-se e viajam por múltiplas razões. Um espectro de possibilidades amplas que vão do mais sofisticado dos lazeres à mais crua das necessidades e mesmo da sobrevivência. A guerra, a perseguição, o medo. A fome, a seca, a poluição, a doença endémica. A procura de uma vida melhor, longe daquilo que lhes dificultava – ou mesmo ameaçava – o quotidiano, foi e continua a ser uma constante da história da humanidade. A recente crise dos refugiados, com milhares de pessoas a chegarem à Europa, de 2015 a 2017, ou a morrer durante a viagem, é um exemplo dessa combinação de força e de medo que faz as pessoas partirem sem sequer saber para onde vão. O que é que se leva na mala, na mochila, nos bolsos, quando se tem de andar a pé, de comboio ou de barco durante tantos quilómetros, durante tantos meses? O que se traz quando não se sabe se alguma vez se vai regressar à casa que ficou para trás?

Para a maioria que agora continua a abandonar a sua casa transformada em cenário de guerra, como para tantos outros que partiram, no passado, por outras razões, o seu nome fará parte de listas entregues às entidades oficiais, será anotado nas muitas fronteiras/barreiras policiais que lhes tolhem o percurso, ou ficará impresso na burocracia dos pedidos de auxílio, de exílio e de acolhimento. Outros, demasiados, já deixaram e deixarão a vida no mar. Os seus nomes acrescentados às listas dos nomes dos mortos. Ou nem isso, quando a clandestinidade dos percursos e a morte pelo caminho lhes retira a vida, mas também a identidade. Por um lado, estão os documentos feitos pelos outros. Por outro lado, estão os documentos produzidos e possuídos por cada uma das pessoas que têm de viver a experiência liminal da partida.

O que é que se traz quando se pode trazer tão pouco? Que lugar tem a fotografia pessoal na materialidade que se carrega às costas? Ou será que muitos deles – mulheres, homens, crianças – apenas ficarão nas fotografias feitas pelos outros, enquanto «refugiados», sem nomes e sem histórias pessoais que os distingam dessa identidade suprema que em determinado momento das suas vidas se sobrepôs a todas as outras? Objeto das câmaras de filmar e de fotografar que os rodeiam nos portos ou nas fronteiras, a fotografia das suas vidas torna-se assim uma fotografia feita por outros – como denúncia ou como controlo. Para os ajudar ou para os vigiar.

Por um lado, repórteres, jornalistas ou organizações de direitos humanos usam a imagem como testemunha e como denúncia. Para as mostrar ao mundo. Por outro lado, militares, agentes policiais, funcionários oficiais de fronteiras e serviços secretos fotografam-nos ou filmam-nos como forma de registo e de controlo. A vigilância como sinónimo de segurança e a imagem – em movimento ou parada – como um dos seus instrumentos mais eficazes. Um instrumento de controlo e de poder. Algo que a fotografia também sempre foi. Derrida refere como «a experiência terrível do nosso século foi, continua a ser, o deslocamento de populações maciças que já não eram constituídas por cidadãos e para as quais as legislações dos Estados-nação não bastavam.»[1] Qual o lugar da fotografia nestes movimentos de pessoas?

A fotografia do Retorno: contentores, malas e pessoas à espera

Há quarenta anos, milhares de portugueses que viviam nas colónias em África, tiveram de deixar as suas casas, os lugares onde muitos tinham nascido e consideravam a sua «terra» e a sua «casa» e voltar – ou ir pela primeira vez – para aquele lugar que ainda se chamava metrópole, mas que tinha deixado de o ser. Ex-metrópole, ex-império, ex-colónias, ex-casa, ex-trabalho, ex-vida. Deixar «a vida» num outro lugar para onde não se poderia regressar. Independente dos meios de transporte organizados pelo estado para facilitar a deslocação de tantos milhares de pessoas – os aviões, os barcos, os contentores, os hotéis e estruturas públicas que os aguardavam à chegada – as falhas e disrupções do sistema perturbavam o fluir do movimento. Regressar para uns, chegar para outros, significava sempre um recomeçar pleno de incertezas. Uma incógnita feita de muitas esperas e dúvidas.

O que é que estava dentro daqueles contentores, malas gigantes de madeira ou de ferro pousadas ao lado do Padrão dos Descobrimentos, hoje icónicos graças às fotografias de Alfredo Cunha? A força simbólica das imagens tornada óbvia. Demasiado óbvia. A metáfora do início e do desfecho: a partida para os mares nunca dantes navegados, no monumento-estátua de Belém; e a chegada, nos contentores amontoados do regresso definitivo através dos mares tantas vezes navegados. O princípio e o fim da história. Por um lado, a esperança, a aventura, o desconhecido, a coragem, a gesta, de pedra, virada para o mar infinito. O símbolo permanente da efemeridade da Exposição de 1940, o ícone-fetiche de um Estado Novo de celebrações. Por outro lado, a desolação, o cansaço, a

[1] Jacques Derrida, *Sob Palavra. Instantâneos Filosóficos*, trad. de Miguel Serras Pereira (Lisboa: Fim de Século, 2004), p. 64.

[84] Cartaz da Exposição *Retornar – Traços de Memória*, reproduzindo a conhecida fotografia de Alfredo Cunha com o Padrão dos Descobrimentos e os caixotes dos «retornados» junto ao Rio Tejo.

humilhação, a perda, o abandono, ali em terra seca, escombros da ruína do império, coisas à espera dos donos. De costas para o mar.

A relação entre fotografia e eventos históricos, e a quantidade e qualidade de fotografias que são produzidas num determinado momento, está dependente de muitos fatores, da política à tecnologia. Tendo em conta a velocidade das transformações técnicas que afetaram a fotografia, desde meados do século XIX até ao presente, a data em que se dá determinado acontecimento histórico tem repercussões diretas na especificidade da sua representação. Na década de 70 a fotografia estava já suficientemente disseminada tanto para ser presença dominante nos jornais, como para ser uma prática difundida entre um enorme número de pessoas que não eram profissionais. Ser fotógrafo era uma profissão, mas qualquer um também já podia ser fotógrafo.

As fotografias dos «retornados» ou, como no caso da emblemática imagem de Alfredo Cunha, dos seus símbolos materiais, eram acessíveis a todos através da imprensa escrita no ritmo veloz do quotidiano. Mas os tempos mais lentos da publicação de livros também se apropriaram daquele acontecimento que tanto marcou o quotidiano de quem chegou e de quem já cá estava. Na capa do romance de António Pires as três palavras do título, «retornados, desalojados, espoliados», surgiam como uma continuidade da imagem – uma colagem fotográfica que sobrepunha caras e corpos, sentados ou deitados entre malas. Só lá estão mulheres e crianças num reforço simbólico de fragilidade que está também presente noutras imagens que circularam na altura.

Quarenta anos depois têm sido publicados outro tipo de livros. Não já fruto da paixão imediata de quem está a viver aquilo que motivava uma intervenção através de palavras ou imagens, mas sim resultado de alguma distância. Adultos que agora escrevem aquilo que viveram em crianças ou em jovens ou adultos que transformam memórias de família em ficção, em narrativa biográfica, ou sob a forma de entrevistas e testemunhos.[2] Num romance recente, o jornalista Júlio Magalhães conjugou, como ele próprio assume, um misto de ficção e de histórias vividas por ele ou ouvidas a pessoas próximas, onde a escrita é intercalada com a reprodução de fotografias «verdadeiras», identificadas como documentos históricos (ver imagens n.º 85). Algumas pertencem a agências de imagens, outras estão em arquivos históricos, e ambos os tipos de fotografia estão no domínio público. Outras, pelo contrário, estão nas casas das pessoas, no espaço privado de quem viveu ou está muito próximo de quem viveu essas experiências. No envelope intitulado «desalojados de Angola», a fotografia n.º 31 mostra mulheres, crianças e malas.[3] Alguns homens lá atrás em pé. A palavra-chave parece ser «esperar». Como se a vida tivesse parado durante um longo instante, entre um passado cortado a meio e um futuro adiado. Como se estivessem todos à espera. Mas sem saber de quê. Um presente tão prolongado que só a fotografia, o instante por excelência, consegue reproduzir.

As fotografias dos aviões, as pessoas nos aviões da TAP, a descer as escadas ou mesmo sentadas no seu interior, pelo contrário, remetem tanto para a passagem para o movimento no espaço, como para a relação entre o estado português e os «portugueses». Nestas imagens o estado surge como o pai que não abandona os seus filhos e, em momentos de crise, põe em ação os meios necessários para a minorar. Mas existem outras imagens que vêm perturbar este discurso de organização e fluidez. Numa fotografia, confrontamo-nos com uma enorme quantidade de pacotes, malas e arcas, um cordel a rodear muitas delas, abandonadas como num cemitério de bagagens perdidas. Ao fundo, um avião, numa pista de aeroporto. Sem pessoas. Sem as pessoas a quem estas coisas pertencem, pessoas que não as vieram buscar.[4]

Noutra imagem, uma manifestação, com certeza numa ex-colónia portuguesa onde o «ex» ainda não se assumiu onde? Cabeças de pessoas anónimas e uma mão a empunhar um grande cartaz, com um texto em letras maiúsculas: «Não asseitamos desculpas o alto comissário pessa barcos estrangeiros nós pagamos as nossas passagens isto no caso das tais ditas desculpas de não haver transportes **portuguêses**», a última palavra reforçada com espessura, como se a caneta a destacar a palavra pudesse afirmar melhor a nacionalidade.[5] Sobre a fotografia nada sabemos. Apenas saberão aqueles que a fizeram, aqueles que a têm em casa, aqueles que lá estavam ou ouviram contar a quem lá esteve.

Esta última, como milhares de outras fotografias, estão nas casas das pessoas que viveram esta experiência. Como distinguir o documento histórico da história pessoal? Como estabelecer fronteiras entre a história enquanto narrativa «nacional» e a história privada e íntima de quem possui em casa esses fragmentos de história? Quando e como é que o arquivo pessoal se transforma em arquivo histórico? A grande maioria das fotografias continua e continuará mais ou menos arrumada nas casas das pessoas que não escrevem a história. Algumas muito arrumadas em álbuns, outras amontoadas em gavetas ou caixas, outras ainda já perdidas. Algumas deitadas para o lixo por filhos ou sobrinhos. Perdidas nas mudanças de casa. Ou mesmo destruídas pelos próprios, num

[2] Catarina Gomes, *Pai, Tiveste Medo?* (Lisboa: Matéria-Prima, 2014).
[3] AFL-CPF/MC/SEC/Negativos de 1970-1977, envelope «Desalojados de Angola», fotografia n.º 31. Fotografia reproduzida no romance de Júlio Magalhães, *Os Retornados...*, p. 73.
[4] (AP/Atlântico Press) in Júlio Magalhães, *Os Retornados*.
[5] *Idem*, p. 119.

gesto consciente de quem quer apagar um lugar de memória para onde nunca se poderá regressar.

De vez em quando, algumas imagens passam a fronteira entre o privado e o público – como no caso do livro de Júlio Magalhães. As mesmas que lhe terão fornecido as fotografias que intermeiam o texto e que apenas estão legendadas com a frase lacónica «Fotografia cedida ao autor». É em livros, *sites* ou blogues que por vezes estas fotografias fazem a passagem do privado para o público, quando os próprios protagonistas da história, ou os seus familiares próximos, sentem necessidade de partilhar as suas experiências, seja através da escrita, seja através da reprodução de imagens.

Qual o lugar ocupado pela fotografia privada nestes lugares públicos, sejam eles sob a forma de livro ou de blogue? Como classificar estas formas de produção de conhecimento em que os agentes da história se transformam nos seus narradores? Em que objeto e sujeito da história são a mesma pessoa? E em que as paixões, as emoções, os afetos, a dor, a raiva, a frustração, a amargura ou as saudades se misturam com a escrita dos acontecimentos históricos? «Nostalgia colonial» ou simplesmente nostalgia da vida antes de ter sido cortada ao meio, uma catarse da memória e uma partilha da experiência com aqueles que também a viveram?

O retorno da fotografia: memórias visíveis e materiais

Quantos milhares, milhões de fotografias é que vieram dentro dos contentores, nas malas, nas carteiras dos que chegaram a Portugal com o fim do império colonial português? O que é se leva de uma casa quando não se pode levar tudo e não se sabe ainda que outra casa poderá acolher essa materialidade em movimento? Que lugares – metafóricos e literais – ocupam as fotografias que vieram de lá para cá? Estão nas novas casas que as pessoas criaram ou nas casas dos seus descendentes? Arrumadas em gavetas? Misturadas com cartas, documentos, papéis? Em caixas ainda por abrir? Classificadas em álbuns organizados cronologicamente? Digitalizadas e expostas nos grupos criados na Internet de pessoas que estiveram lá, na excecionalidade da guerra ou na banalidade do dia a dia? Ou foram entregues a arquivos públicos, assumidas enquanto fragmentos de uma história recente que um dia serão objetos históricos?

Na exposição *Retornar*, duas paredes – uma em frente à outra, como num espelho de reflexos infinitos – mostravam a multiplicidade destas imagens. Centenas de fotografias, coladas ao lado umas das outras, sem palavras, sem legendas, nem datas, nem lugares, nem nomes. Nada a uni-las, nada em comum, para além de pertencerem a pessoas que «retornaram» das colónias portuguesas em África, não sabemos quais. Na maioria das fotografias nada remete para a geografia. São imagens semelhantes às de qualquer álbum de família, casamentos, mesas com comidas e bebidas, copos erguidos, olhos virados para a lente, crianças ao colo, crianças no estúdio com as suas melhores roupas, dias de festa, à porta de casa, ao lado do cão, a almoçar, na praia, dentro de água, fora de água, ao pé

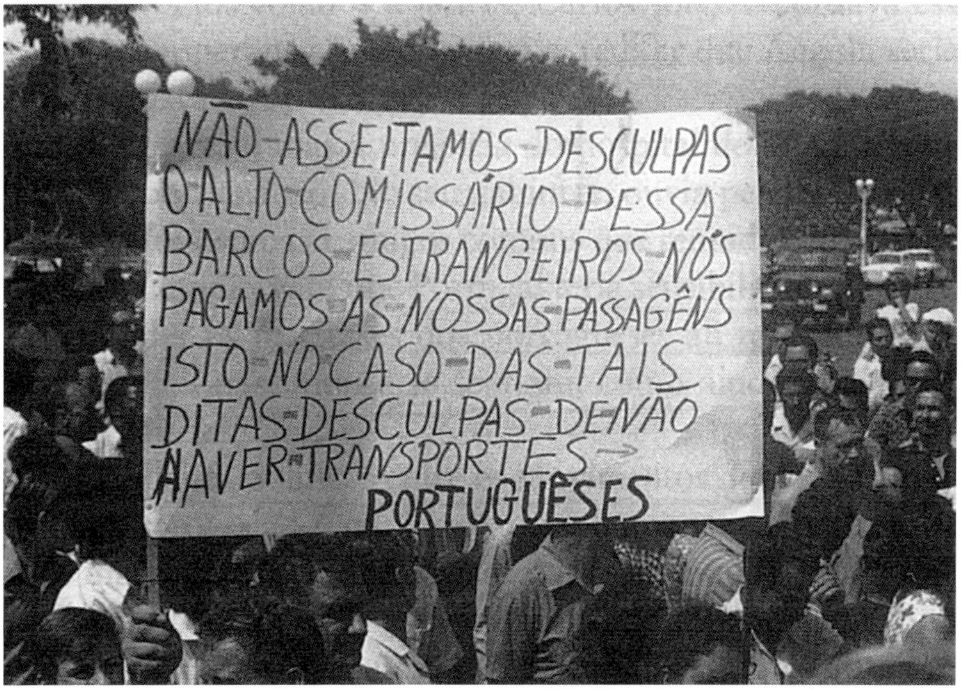

[85] Fotografias reproduzidas em Júlio Magalhães, *Os Retornados. Um Amor Nunca se Esquece* (Lisboa: A Esfera dos Livros, 2008), pp. 73, 193, 119.

[86] Fotografias pessoais retratando várias celebrações nas colónias. s/d, s/l. Arquivos Privados.

do carro, à mesa do restaurante, a sorrir, a olhar para a câmara, a olhar para o lado. Pessoas brancas, na sua maioria. A banalidade repetitiva do quotidiano que a fotografia foi conquistando ao longo do século xx.[6]

Noutras imagens, estão representadas pessoas, espaços ou acontecimentos que nos dizem mais sobre a especificidade do lugar, do momento histórico e das relações entre as pessoas representadas. Jipes no mato. Duas crianças negras num parque infantil. Um soldado, homem branco de bigode, arma visível. O grupo de homens brancos a pousar para o fotógrafo, alguns com chapéus «coloniais», palmeiras atrás. Ou aqueles com as presas acabadas de caçar, a caça grossa jacente sob as armas. O lazer masculino. Os meninos da mocidade portuguesa, brancos e negros, a marcharem como os grandes. Ou aquelas três fotografias, tão perturbadoras como violentas, onde um rapaz, branco, com ar de ainda não ser homem, uniforme de soldado, quis ficar na fotografia a exercer a sua sexualidade/poder perante a máquina fotográfica de uma forma que jamais faria na terra portuguesa de onde seria proveniente. A caça e as «pretas». Lazeres de homens brancos nas suas colónias. À caça de mulheres «nativas». A violência das palavras como dos gestos. A violência nas fotografias.

[6] Pedro Vicente, org., *Álbum de família.[re]presentación, [re]creación e [in]materialidad de las fotografías familiares* (Madrid: Oficina de Arte, 2013).

[87] Fotografias pessoais retratando o mesmo homem em uniforme militar ao lado de mulheres negras.
s/d, s/l. Arquivos Privados.

Sempre a olhar para a lente, consciente da experiência performativa que estava a protagonizar. Queria ser fotografado e queria ser visto por quem estava ali presente ou por quem o veria no papel fotográfico. Queria ver-se a si próprio. É o fotografado quem lidera a fotografia. Delas (parecem ser duas), pelo contrário, nada sabemos. Uma mulher (menina?) negra como um manequim, corpo inerte, sexualizado violentamente pelas mãos obscenas de um homem (menino?) soldado: a levantar-lhe totalmente o vestido – a expô-la enquanto lhe esmaga/tapa o peito – mostrando como é ele (e não ela) quem lhe comanda o corpo. As posições são encenadas, desconfortáveis, artificiais. Mas nada têm a ver com as convenções fotográficas que moldavam os corpos e os sorrisos. Ou aquela fotografia onde a ambiguidade se torna um jogo perverso – o casal com o primeiro filho. Está grávida? O «pai»/«marido», soldado e branco, tem dois braços: um pega no bebé, negro, ao colo. O outro, abraça a mulher, negra, por cima do ombro. Um gesto apenas vem perturbar o retrato da família luso-tropical – a gesta dos homens portugueses a fecundarem as mulheres nativas, no Brasil, na Índia ou em África. A mão não cai por cima do ombro, como acontece em milhares de fotografias deste período em imagens de casais ou de amigos. A mão desce para lá do ombro e agarra-lhe a mama, desnuda, com força. Como se empunhasse uma arma apontada à nossa impotência. Temos o direito de expor estas fotografias, mesmo que no contexto crítico das paredes de um museu ou nas páginas de um livro?

No Portugal metropolitano, e se realizadas com uma mulher branca, estas fotografias seriam consideradas pornográficas, mas como são produzidas na «colónia» e protagonizadas por uma mulher negra, entram na categoria do quotidiano, do *fait-divers,* do jocoso, do «lá era assim». «Elas eram assim». As três fotografias remetem para um tema-tabu do encontro colonial – o modo como os homens brancos «colonizadores» exerceram o seu poder sobre mulheres negras «colonizadas», a violência sexual, a profunda desigualdade destes encontros, os modos como as diferenças implícitas e explícitas das relações humanas em espaço colonial se cruzam com as diferenças de género. Os usos e abusos dos corpos das mulheres negras em contextos de desigualdade são difíceis de estudar. Surgem nos interstícios do arquivo colonial, sob a forma de fotografias como estas, de palavras escritas nas costas de um postal enviado para a metrópole, nos diários ou correspondência privada, mas sobretudo nas conversas, na oralidade quase sempre jocosa que dificilmente se apreende como objeto de estudo.

Conclusão: o mar como a tela pintada do estúdio fotográfico

O que é que estas fotografias – a violência de género entrelaçada com os racismos do quotidiano colonial – têm que ver com tantas outras, aquelas em que nada remete para a geografia colonial, ou mesmo aquelas onde se adivinham relações de afeto, de amizade, de amor, de respeito, de convivência cordial entre brancos e negros? Será que faz sentido colocar uma multiplicidade e diversidade tão vasta de imagens – aquelas que vieram de vários lugares de África nas malas, nos contentores, nos caixotes – sob uma categoria classificadora e unificadora? Temos o direito de pegar nestes infinitos fragmentos de histórias humanas e colocar-lhes uma única etiqueta? Penso que não. A maioria das fotografias que viajou, aquilo que designei o «retorno das fotografias», não está a retornar pois nunca esteve cá. Essas fotografias foram feitas lá e vieram para cá a acompanhar as pessoas que de alguma forma lhes estão ligadas. Qualquer tentativa de as classificar numa palavra única correria o risco de ser redutora. A uni-las está uma geografia – vasta – e o facto de essa geografia durante um longo período ter sido um espaço colonial, com tudo o que isso implica de desigualdade para além das outras desigualdades existentes em todos os tipos de sociedades, de género ou sociais. Quando estas geografias deixaram de estar sob o poder de outras geografias, com a descolonização, as pessoas que sentiam que aquela era a sua terra confrontaram-se com o facto de que tinha deixado de o ser. As fotografias das suas vidas são tão diversas como todas as vidas, com a banalidade do quotidiano ou mesmo dos momentos especiais, rituais de transição da vida, batizados, aniversários, casamentos. Outras expõem a complexidade das relações humanas em espaços coloniais, tal como expõem a naturalização com que as desigualdades podiam ser vividas, inquestionáveis e assumidas.

Depois de décadas de construção de uma vasta bibliografia sobre «fotografia colonial», publicada sobretudo no Reino Unido por antropólogos e historiadores, o próprio conceito tem sido questionado nas suas limitações. Em 2016, teve lugar o encontro «Around the world in 8 papers: itineraries for a history of photography beyond the western canon»[7] onde se discutiram modos alternativos de pensar a fotografia produzida em lugares não ocidentais, mesmo quando esses lugares estavam sob o domínio ocidental nas configurações do imperialismo recente e contemporâneo da fotografia.

> À medida que as histórias da fotografia abordam, cada vez mais, as práticas fotográficas para lá do cânone ocidental, continuam a existir dúvidas em relação às metodologias adequadas para as abordar. As categorias e conceitos como fotografia colonial (incluindo «o olhar colonial») e a diferença cultural têm sido criticados por não serem adequados a muitos dos casos. Como resultado, as fronteiras entre aqueles que estão dentro e os que estão fora ou entre locais colonizadores no contexto imperial ou noutros contextos são cada vez mais ténues.

De facto, se pensarmos nas «fotografias» feitas em Moçambique, Angola, Guiné, Cabo Verde ou São Tomé e Príncipe durante os séculos XIX e até aos anos 70 do século XX também constatamos que uma categoria como «fotografia colonial» nos pode limitar mais do que ajudar. Retirar a lente do «colonial» às fotografias realizadas em espaços coloniais liberta-nos para novas formas de pensar o vastíssimo arquivo visual das experiências coloniais.

Por outro lado, se pensarmos nas fotografias que aqui designámos como «Fotografias do Retorno», aquelas que representam o «retorno», o regresso, as esperas das pessoas e dos objetos, os contentores empilhados, os meios de transporte envolvidos no transporte de milhões de pessoas num curto espaço de tempo, aí

[7] Organizado pelo Centre for Visual Studies, Dept. of History of Art, and Bodleian Libraries, University of Oxford, dia 11 de maio de 2016.

[88] Fotografias pessoais do «retorno», s/d, s/l. Arquivos Privados.

sim, dificilmente podemos escapar à palavra «colonial», mesmo que «fotografia colonial» possa continuar a ser um conceito pouco operativo e problemático.

Estas imagens estão, de alguma forma, no extremo oposto das fotografias do quotidiano que vieram de lá para cá. São imagens do excecional, do extraordinário (no sentido de não ordinário), da rutura. Por um lado, as fotografias que estavam *dentro dos* contentores. Por outro lado, as fotografias *dos* contentores.

Será que podemos pensar neste arquivo visual – unido por duas palavras, descolonização e retorno – no contexto mais alargado de um arquivo português de fotografia? Quando recentemente tive de responder ao desafio de pensar uma breve história da fotografia portuguesa em 25 páginas e observar uma enorme quantidade de fotografias de Portugal realizadas entre 1840 e 2000, alguns temas comuns começaram a surgir. O mar, sem dúvida. O estuário do Tejo, um dos seus principais cenários. Como a tela pintada de um estúdio fotográfico comercial onde o *décor* é sempre o mesmo e só vão mudando as pessoas que ali são fotografadas, o rio está lá em muitos momentos e por muitas razões, como cenário silencioso e estático de tantas partidas e chegadas. O mar como elemento que se cruza com todas as dimensões das representações da nação: o trabalho na pesca,

[89] Chegada do «Uíge» ao Porto de Lisboa, 1975. Jornal *O Século*, 18/04/1975. Fotografia de Eduardo Gageiro. *O Século*. Imagem Cedida pelo ANTT.

na feitura das redes, na construção de barcos; o comércio, naquilo que se vai buscar ao mar ou que é trazido e levado pelo mar; as celebrações, o enunciar da história, os monumentos ao pé do mar, as cerimónias públicas; as obras públicas na construção de pontes de portos. O mar como a paisagem. O mar como objeto de um discurso nacionalista, colonialista e como um lugar de memória.

Mas também o mar como cenário de denúncia de miséria, de pescadores ou varinas. O mar como antecâmara de emigração ou de colonização. O mar como o primeiro passo para o espaço colonial, no fenómeno da ida maciça para as colónias ou na ida para defender o império na Guerra Colonial. O mar também como ponto de chegada: de nativos oriundos das várias partes do império para serem expostos em exposições – na Colonial do Porto em 1934, ou na do Mundo Português, em Lisboa, em 1940; ou dos milhões de pessoas e coisas que também chegaram. As fotografias do retorno.

Podemos encontrar na história da fotografia portuguesa uma linha temática onde migração, partidas e regressos, mar, emigração, imigração, exílio, colonização, descolonização, retorno sejam palavras-chave? O confronto com a história da representação fotográfica em Portugal é também um confronto com este fenómeno. Sendo as partidas e as chegadas os momentos privilegiados pela fotografia portuguesa, pensamos que faz sentido pensarmos nas fotografias do retorno neste contexto.

Outra linha de investigação onde poderíamos situar as imagens do retorno é naquela que tem dado muitos frutos recentes e que se concentra na fotografia de conflitos, de atrocidades, de horror, de guerra, de refugiados, enfim, de situações críticas e de exceção. O «contrato civil da fotografia» onde Azoulay encontrou as possibilidades políticas e éticas da fotografia.[8] A análise da politização das imagens e de práticas artísticas contemporâneas que se apropriam de imagens mais ou menos recentes pode ajudar-nos a pensar nestes documentos.

Uma característica de grande parte destas fotografias de partidas e regressos é serem públicas, serem feitas por fotógrafos oficiais ou profissionais, foto-repórteres, jornalistas. As outras, as que vieram com as pessoas, essas estão ainda na sua vasta maioria no espaço privado das casas dos que retornaram ou das suas famílias. Passados 40 anos algumas destas fotografias transitam para o espaço público e para a multiplicidade de olhares para lá da intimidade onde se encontravam. A exposição *Retornar* expôs uma ínfima parte deste arquivo visual. Como podemos interferir nesta passagem do privado para o público? Como podemos transformar histórias de vida individuais em objetos da história? Como podemos historicizar a intimidade sem a devassar? Como reproduzir certas imagens, sem «re-reproduzir» a sua violência? Como descolonizar imagens voltando a mostrá-las e, ao fazê-lo, voltando a expor a intimidade de quem não escolheu ser visto?[9] Como podemos transpor as fronteiras da visualidade – de quem viveu, de quem sentiu, de quem conhece – para os olhares de quem não esteve lá, não conhece as pessoas nem os lugares e pensa nestes objetos como documentos históricos?

Referências

Azoulay, Ariella, *The Civil Contract of Photography*. Tradução de Rela Melazi e Ruvik Danieli (Nova Iorque: Zone Books, 2008)

Demos, T.J., *Return to Postcolony. Specters of Colonialism in Contemporary Art* (Berlim: Sternber Press, 2013).

Derrida, Jacques, *Sob Palavra. Instantâneos Filosóficos*. Tradução de Miguel Serras Pereira (Lisboa: Fim de Século, 2004).

Didi-Huberman, Georges, *Images from Auschwitz*. Tradução de Shane B. Lillis (Chicago: University of Chicago Press, 2008).

Gomes, Catarina, *Pai, Tiveste Medo?* (Lisboa: Matéria-Prima, 2014).

hooks, bell, *BlackLooks. Race and Representation* (Boston: South End Press, 1992)

Magalhães, Júlio, *Os Retornados. Um Amor Nunca se Esquece* (Lisboa: A Esfera dos Livros, 2008).

Thompson, Barbara (ed.), *Black Womanhood. Images, Icons and Ideologies of the African Body* (Hanôver, N.H., Hood Museum of Art; University of Washington Press, 2008).

Vicente, Pedro (org.), *Álbum de família.[re]presentación, [re]creación e [in]materialidad de las fotografías familiares* (Madrid: Oficina de Arte, 2013).

[8] Ariella Azoulay, *The Civil Contract of Photography*. Tradução de Rela Melazi e Ruvik Danieli (Nova Iorque: Zone Books, 2008); Georges Didi-Huberman, *Images from Auschwitz*. Tradução de Shane B. Lillis (Chicago: University of Chicago Press, 2008); T.J. Demos, *Return to Postcolony. Specters of Colonialism in Contemporary Art* (Berlim: Sternberg Press, 2013).

[9] A bibliografia em relação às imagens de mulheres negras é muito extensa. Aqui destaco apenas a feminista negra norte-americana bell hooks, *Black Looks: Race and Representation* (Boston: South End Press, 1992) e a exposição que teve lugar há uns anos *Black Womanhood. Images, Icons and Ideologies of the African Body*, ed. Barbara Thompson (Hanôver, N.H., Hood Museum of Art; University of Washington Press, 2008).

O QUE SE VÊ E O QUE NÃO PODE SER VISTO: FOTOGRAFIA, VIOLÊNCIA E GUERRA COLONIAL

MARIA JOSÉ LOBO ANTUNES

«Cada fotografia é um momento privilegiado convertido num pequeno objeto que se pode conservar e olhar repetidamente», escreveu Susan Sontag em *Ensaios sobre a Fotografia*[1]. Ao contrário da imagem em movimento, cujo fluxo constante impede que nos detenhamos nos instantes que a compõem, a fotografia convida à observação demorada dos seus pormenores. Os elementos que nela são representados (pessoas, paisagens, situações) estão ali, imóveis e mudos, congelados para sempre na fixidez da imagem visível. Talvez por isso o seu poder seja tão grande: uma só imagem pode incendiar consciências. Colocada no momento histórico em que foi captada, a representação visual adquire a capacidade de despertar impulsos morais e de mobilizar para a ação.

O caso da guerra que Portugal combateu durante treze anos em África é um bom exemplo do reconhecimento institucional do poder da fotografia. Ao longo dos anos da sua duração, o Estado Novo geriu de forma minuciosa as situações que poderiam ser captadas pela câmara, estabelecendo as fronteiras no interior das quais se localizavam os acontecimentos, personagens e circunstâncias que podiam ser transformadas em objetos de observação demorada. As imagens que foram tornadas públicas são, por isso, o reflexo do contexto ideológico da época que, através do aparelho de propaganda e censura, construiu a realidade tal como deveria ser conhecida. A vigilância sobre o mundo visível foi rigorosa desde o início. A representação visual da violência foi resguardada dos olhares públicos. A contenção militar da revolta da Baixa do Cassange, causadora de um imenso rasto de morte e destruição entre a população sublevada, constituiu um não-acontecimento na imprensa portuguesa[2]. Não existem imagens conhecidas da ação militar. Contida pelo bloqueio informativo do Estado Novo, ultrapassada pela visibilidade dos assaltos de Luanda em fevereiro e os massacres no norte do território, em março de 1961, a revolta dos produtores de algodão desta região permaneceu durante largos anos a mais desconhecida das rebeliões populares dessa época.

Em contrapartida, os ataques reivindicados pela UPA no norte de Angola foram alvo de uma instrumentalização mediática sem precedentes, baseada na divulgação irrestrita de representações visuais de violência extrema, criando um «nexo indissociável entre o início da guerra colonial e a violência ocular»[3].

[1] Susan Sontag, *Ensaios sobre a Fotografia* (Lisboa: Quetzal Editores, 2015), p. 26.

[2] Os estudos disponíveis apontam para um número de mortos que se situa entre os cinco e os dez mil; mais de cinquenta mil pessoas refugiaram-se no Congo. A ação militar portuguesa incluiu bombardeamentos de dezenas de aldeias. Ver Aida Freudenthal, «A Baixa de Cassange: Algodão e Revolta», *Revista Internacional de Estudos Africanos*, 18-22 (1995-99), pp. 245-283 e René Pélissier *La Colonie du Minotaure. Nationalismes et Révoltes en Angola (1926-1971)* (Orgeval: Pélissier, 1978).

[3] Afonso Ramos, «Angola 1961, o Horror das Imagens», in *O Império da Visão. Fotografia no Contexto Colonial Português*, org. Filipa Lowndes Vicente (Lisboa: Edições 70, 2014): p. 413.

[90] Imagem dos massacres de março de 1961. Horácio Carvalho de Oliveira Caio, *Angola, os Dias do Desespero* (Edição do autor: Lisboa, outubro de 1961).

[91] Imagem dos massacres de março de 1961. Horácio Carvalho de Oliveira Caio, *Angola, os Dias do Desespero* (Edição do autor: Lisboa, outubro de 1961).

Seguindo ordens superiores, foi organizada uma missão que integrou fotógrafos e operadores de câmara numa coluna de batedores, tendo sido vedado o acesso a jornalistas estrangeiros. Às fotografias assim obtidas somaram-se as das milícias civis e as dos próprios batedores. Captadas em poucos dias, estas imagens resultaram numa «voragem fotográfica» que nada teve de imprevisto ou aleatório. Em nenhum dos casos, a ação foi guiada pelo objetivo de «apurar responsáveis e factos, identificar vítimas, ou reunir informação por meios visuais, mas de montar apelos e denúncias que, longe de passivas, continham já em si o julgamento e a interpretação dos eventos»[4]. Violando a habitual rigidez das regras da censura sobre nudez e violência, a exibição de quadros terríveis

[4] Afonso Ramos, «Angola 1961..., p. 403.

[92] Aspeto das cerimónias militares realizadas no largo Diogo Cão, em Luanda, no Dia de Portugal. *Flama*, 1971. Imagem cedida pelo ANTT.

das atrocidades (cadáveres mutilados de crianças, mulheres e homens) não sofreu qualquer limitação. De uma forma inédita, estas imagens inundaram os jornais, ilustraram títulos de literatura comercial que esgotaram sucessivas edições, foram exibidas numa exposição temporária na Sociedade de Geografia de Lisboa que recebeu mais de cinquenta mil visitantes ao longo de um mês, chegaram ao cinema e alcançaram locais remotos do país[5]. Esta campanha mediática atravessou fronteiras e correu mundo, sob a forma de panfletos, traduções estrangeiras de livros portugueses sobre os acontecimentos de março de 1961, tendo alcançado o Conselho de Segurança da ONU, onde foi exibida como prova das atrocidades cometidas[6].

Longe de serem simples retratos do terror, as fotografias contavam a história tal como se pretendia que fosse conhecida. Esta história, repetida nos seus pormenores macabros de corpos mutilados, omitia o contexto do descontentamento dos rebeldes (o indigenato, o trabalho forçado, o sistema de culturas

[5] Sobre os pormenores desta campanha mediática, ver Afonso Ramos, «Angola 1961…, pp. 408-418. Numa investigação recente sobre a memória da Guerra Colonial, foram vários os antigos combatentes que recordaram ter visto reproduções das imagens dos massacres nos meios rurais onde viviam. Cf. Maria José Lobo Antunes, *Regressos quase Perfeitos. Memórias da Guerra em Angola* (Lisboa: Tinta da China, 2015), pp. 68-70. Também Afonso Ramos afirma ter sido confrontado com relatos de exposições móveis destas fotografias, ainda que não tenha conseguido prova documental da sua existência (Afonso Ramos, «Angola 1961…, p. 417).

[6] Doze anos mais tarde, Portugal ver-se-ia envolvido na denúncia do massacre de Wiriamu, em Moçambique. De acordo com Afonso Ramos, ocorreu então uma «ironia histórica» notável: várias das imagens não tinham sido captadas em Moçambique, mas em Angola, em 1961. «Só que enquanto as fotografias oficiais dos ataques da UPA foram reproduzidas à exaustão e eram de imediato reconhecíveis, as da sua reação foram tão pouco vistas, que poucos jornalistas notaram a sua duplicação» (*Ibidem*, p. 431).

[93] Chegada de Reforços a Angola, Renato Monteiro e Luís Farinha, *Guerra Colonial: Fotobiografia* (Lisboa: Círculo de Leitores / Publicações Dom Quixote, 1990).

obrigatórias) e usava os «mortos como armas na luta política»[7]. A defesa armada surgia, por isso, como a resposta legítima aos ataques sofridos. A guerra, nunca oficialmente declarada, tornou-se inevitável. A partida de reforços militares para Angola foi celebrada na imprensa com imagens de despedidas patrióticas no cais e de receções grandiosas aos heróis em Luanda. Sobre o conflito que então se iniciou, pouco se soube. Celebraram-se as vitórias militares e calaram-se os excessos cometidos na reposição da ordem[8]. Apesar da expansão do conflito para a Guiné (1963) e Moçambique (1964), a guerra foi-se transformando, aos olhos do público, num acontecimento rotineiro feito de partidas e chegadas de contingentes militares. A almofada da censura impedia que se conhecessem mais do que vagas notícias de ocorrências distantes. A violência, tal como o país e o mundo a tinham conhecido nas fotografias de 1961, desapareceu das imagens públicas dos acontecimentos.

A vigilância sobre a captura de imagens não foi absoluta. Ao longo dos anos de duração da guerra, a câmara fotográfica deixou de ser um artefacto acessível apenas à elite. A fotografia amadora começou o seu lento caminho de massificação. De entre os milhares de homens recrutados para combater em Angola, na Guiné e em Moçambique, foram muitos os que se dedicaram, com maior ou menor regularidade, a capturar momentos da sua vida militar.

[7] *Idem*, p. 407.

[8] O diário do soldado Etelvino Batista, destacado em Angola entre 1961 e 1963, contém várias entradas sobre a violência arbitrária e generalizada sobre negros. Cf. Etelvino da Silva Batista, *Angola 1961--63. Diário de Guerra* (Lisboa: Três Sinais Editores, 2000). Mais recentemente, a publicação de um relatório militar oficial sobre a «ação punitiva de pacificação» na Sanzala Mihinjo, em abril de 1961, permitiu obter provas documentais da violência desmedida da repressão das zonas sublevadas. Cf. António Araújo, «Sanzala Mihinjo, abril de 1961», in *O Império Colonial em Questão (Sécs. XIX e XX). Poderes, Saberes e Instituições*, org. Miguel Bandeira Jerónimo (Lisboa: Edições 70, 2012), pp. 37-54.

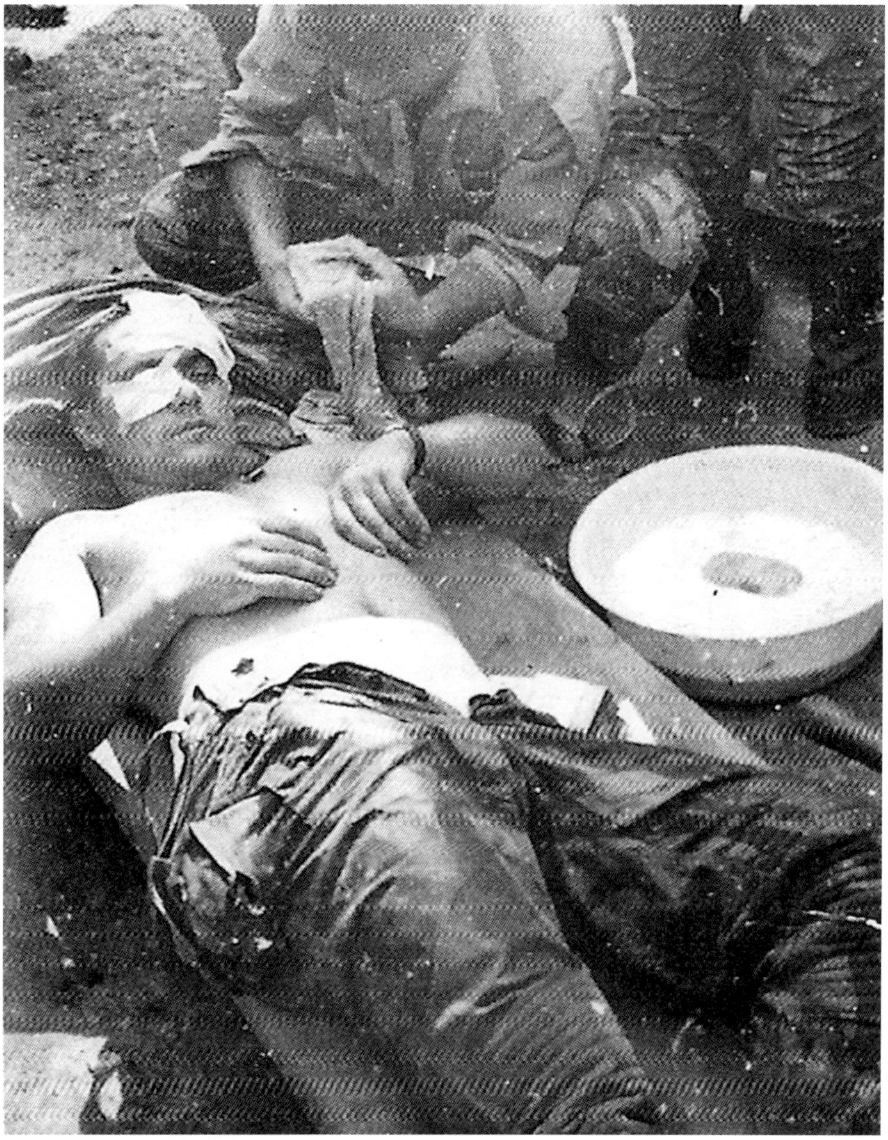

[94] Soldado ferido, Angola, Renato Monteiro e Luís Farinha, *Guerra Colonial Fotobiografia* (Lisboa: Círculo de Leitores / Publicações Dom Quixote, 1990).

O regresso visual à guerra nos anos após a queda do regime passou a integrar uma fonte até então negligenciada: os arquivos privados dos antigos militares que participaram no conflito. Tomando como exemplo o livro *Guerra Colonial: Fotobiografia*, cuja primeira edição data de 1990, descobre-se a importância dos acervos particulares que, complementados com materiais provenientes de centros de documentação, permitiram aos autores contornar a «estratégia ideológica» do Estado Novo «apostada na minimização do esforço e na ocultação, quase sistemática, da guerra perante a opinião pública»[9]. A reprodução de imagens dos arquivos pessoais, até então desconhecidas do público, abriu o horizonte do visível para situações que se afastavam da orientação ideológica oficial. A destruição causada pela guerra, cuidadosamente evitada durante os anos da sua duração, emerge das coleções privadas de quem participou nos acontecimentos. São sobretudo fotos de veículos devastados por minas e, em casos menos

[9] Renato Monteiro e Luís Farinha, *Guerra Colonial: Fotobiografia* (Lisboa: Publicações D. Quixote, 1998), p. 12.

[95] Prisioneiro, Guiné, Renato Monteiro e Luís Farinha, *Guerra Colonial Fotobiografia* (Lisboa: Círculo de Leitores / Publicações Dom Quixote, 1990).

frequentes, de aldeias incendiadas ou de baixas sofridas por ambos os lados do conflito.[10] Se as primeiras não causam grande perplexidade (trata-se apenas de material inerte danificado, prova da sobrevivência ao perigo), já as segundas levantam questões a que, neste texto exploratório, é impossível responder: o que fez que alguém tivesse o desejo de fixar para sempre instantes de sofrimento? Sabendo que nem todos os militares possuíam câmaras, mas que quase todos guardaram fotografias do tempo da guerra, o que os levou a comprar (a camaradas, a operadores de foto-cine) as cópias das imagens que existem nos seus arquivos pessoais?[11] De que forma são as imagens de prisioneiros maltratados, de feridos em agonia, de corpos sem vida, incorporadas nas crónicas familiares que os álbuns de fotografias constroem? Que relação têm estas fotografias com as narrativas através das quais os sujeitos constroem o passado no presente?

Mas a maioria das fotografias de coleções pessoais que veio a público retrata momentos banais: soldados que descansam, comem, sorriem, se distraem e posam para as fotografias. No entanto, e como observou Paulo de Medeiros, esta banalidade extingue-se no momento em que é convocado o contexto em que elas foram captadas[12]. É então que, por trás da bonomia daquilo que é visível, o observador pode supor tudo o que a imagem não mostra: aquele momento, tal como foi fixado pela câmara (o jogo de futebol, a refeição, a leitura de correspondência) constituiu apenas um fragmento do passado. A violência, escondida no que é aparente, insinua-se em tudo o que se imagina quando se procura decifrar os gestos, as expressões e os movimentos dos corpos dos protagonistas.

[10] *Ibidem*, pp. 27, 103, 146, 147, 149, 221.

[11] De acordo com relatos de antigos combatentes de uma companhia do exército destacada em Angola, foram vários os que construíram o seu álbum com fotografias adquiridas a terceiros. A observação destas coleções permitiu identificar numerosas repetições de imagens em diferentes álbuns: negras de corpos descobertos, a visita de artistas da metrópole ao quartel, encenações de cenas guerreiras. Cf. Maria José Lobo Antunes, *Regressos quase Perfeitos*...

[12] Paulo de Medeiros, «War pics: Photographic Representations of the Colonial War», *Luso-Brazilian Review*, 39, 2 (2002), pp. 91-106.

É precisamente este jogo entre o oculto e o visível, entre o que se vê e o que se pode imaginar, que nos leva até aos desafios que fotografias pessoais colocam à construção de uma narrativa sobre o que as imagens representam. Tomemos o exemplo da recente exposição *Retornar - Traços da Memória* que, durante quatro meses, exibiu centenas de documentos e fotografias de um tempo que já não existe. A secção *Atlas*, constituída sobretudo por imagens provenientes de álbuns de família, mostrava Angola, Guiné e Moçambique vistas pelos olhos de quem lá viveu. Sem legendas que permitissem ao visitante situar o que via, a preto e branco ou a cores, sucediam-se imagens da vida de todos os dias, nos seus momentos triviais e extraordinários. Passeios em família com paisagem ao fundo, idas à praia ou à piscina, casamentos e batizados, cenas de caça, equipas de hóquei e futebol, refeições à mesa, sorrisos e poses. Distinguia-se África nalgumas fotografias: o horizonte amplo, a vegetação, os africanos que por vezes dividiam o protagonismo da cena captada. Mas, na maioria dos casos, o que sobressaía era o anacronismo das imagens. Os edifícios, os carros, as roupas e os penteados são, sabemo-lo agora, relíquias que sobreviveram a tudo o que entretanto aconteceu. Nesse outro tempo, antes de terem feito parte da maior «migração da descolonização» da história recente[13], as pessoas retratadas no *Atlas* viviam, a julgar pelas imagens, num mundo de tranquilidade. Na extensa coleção de fotografias de felicidade anónima, encontravam-se algumas evocações dispersas da guerra que durou treze anos: imagens de revista às tropas em paradas militares, cerimónias oficiais com a bandeira portuguesa, fotos de jovens soldados. A violência da guerra, contudo, estava ausente. Sem o rasto visual da destruição, poder-se-ia acreditar que a guerra nunca existiu.

Até que se tropeçava no incómodo. Num dos painéis, quatro fotografias contíguas destacavam-se. Um militar branco posa com mulheres negras (ver imagem 87, página 207). Numa delas, o olhar desatento levaria a pensar estar-se perante uma fotografia de família. O homem sorri enquanto segura um bebé e abraça uma mulher. Olhando com atenção, descobre-se o equívoco: o braço direito do militar, que passa por cima do ombro da mulher, termina na mão com que agarra a mama do seu corpo seminu. Afinal, não há ali nada de terno ou feliz. O sorriso que traz na cara toma, inesperadamente, outro significado: a mão daquele homem empunha o corpo da mulher com uma rude naturalidade. Na segunda fotografia, o homem branco está por trás de uma mulher jovem e tapa-lhe o peito com as mãos. O sorriso do militar desapareceu. Um pano claro (ou um vestido?), que provavelmente a terá coberto antes do instante da fotografia, parece ter sido subido para que o seu corpo possa ser exibido. Na terceira, o militar branco está apoiado num muro. Encostado a ele, com uma mão na sua perna, uma rapariga negra sorri para a câmara. Tem um vestido claro de alças. A mão direita do homem pousa na zona do sexo da mulher. Na última fotografia, só o olhar minucioso pode transpor a aparente harmonia do quadro. Trata-se de um grupo que posa para a câmara, onde se distinguem crianças, jovens e um homem adulto em pé; o único branco é o mesmo militar, desta vez sentado numa cadeira com uma jovem negra ao colo (ver imagem 96). No meio dos muitos rostos e do movimento da composição, o homem sorri

[13] Andrea L. Smith, «Europe's invisible migrants», in *Europe's Invisible Migrants*, org. Andrea L. Smith (Amesterdão: Amsterdam University Press, 2003), pp. 9-32.

[96] Fotografias pessoais retratando soldado e família nativa. s/d, s/l. Arquivos Privados.

enquanto agarra o peito de uma rapariga que encara a câmara com uma expressão séria e ausente. Em todas as fotografias, as mulheres e as crianças estão descalças. Por trás dos retratados, vegetação e edifícios com telhados de palha.

Sem rasto de sangue ou de corpos despedaçados, estas fotografias encerram uma violência inesperada. A violência que aqui existe é a exercida sobre a dignidade das mulheres cujos corpos foram expostos e manuseados diante da câmara. Em apenas quatro cenas, o discurso da harmonia lusotropical afunda-se perante a brutalidade da imposição do desejo colonial[14]. Estas poses, impensáveis com mulheres brancas, são o reflexo das hierarquias raciais que «tão poderosas como implícitas, faziam com que uns corpos valessem mais do que outros e com que a fotografia reproduzisse e reificasse essas mesmas distinções»[15]. A esta hierarquia racial, presente em contextos coloniais, somava-se o equívoco gerado pela nudez: a exposição dos corpos femininos era tomada pelos militares portugueses como um convite erótico sem restrições. A submissão daquelas mulheres à vontade do fotógrafo e do protagonista das imagens (qual deles terá tido a iniciativa de captar estes instantes?), prolongada indefinidamente pela imagem que sobrevive às circunstâncias que representa, transforma estas fotografias em ícones do poder colonial – o poder que conseguiu dispor das vidas e dos corpos das populações que estavam sob o seu domínio.

[14] O desconforto gerado por estas imagens ficou registado em duas entradas do livro de visitas da exposição. Uma delas menciona o choque sentido com o «desrespeito pela mulher e pela sua dignidade e sexualidade»; outra repudia a exibição destas imagens, que criam a ideia de uma «vida fácil e exploradora».

[15] Filipa Lowndes Vicente, «O Império da Visão: Histórias de um Livro», in *O Império da Visão. Fotografia no Contexto Colonial Português*, org. Filipa Lowndes Vicente (Lisboa: Edições 70, 2014), p. 22.

Sobre estas fotografias sabe-se muito pouco: o protagonista é um militar português que cumpriu comissão de serviço na Guiné. O seu paradeiro, bem como o contexto no qual as fotos foram tiradas, é desconhecido. Sabe-se que estas e outras imagens foram enviadas para a família, que as guardou no álbum do qual saíram para integrar a exposição *Retornar*. As informações escassas sobre a autoria e propriedade das fotografias levantam imediatamente duas ordens de questões, às quais é impossível responder. A primeira diz respeito às condições de produção das imagens: o que levou este homem e o seu cúmplice por trás da câmara a encenarem as situações retratadas? Que meios foram utilizados na composição destes quadros? A segunda ordem de questões prende-se com o consumo das fotografias: o que fez o militar branco decidir partilhar com a família retratos seus com negras seminuas? Como foram estas imagens integradas na história familiar que se constrói a partir de um álbum?

Regressa-se, por isso, à questão com a qual se iniciou este texto: o poder da fotografia enquanto convite à interpretação daquilo que mostra e oculta. Ao contrário da plasticidade da narrativa construída pela memória discursiva – cuja natureza processual permite que, a cada momento, os sujeitos reconfigurem o passado através de palavras e silêncios –, os fragmentos do passado contidos nas fotografias não podem ser refeitos: eles estão ali, calados e quietos, exibindo o que num dado instante se quis mostrar. A abertura pública do imenso espólio dos arquivos fotográficos de antigos combatentes implica, por isso, um conjunto de interrogações inéditas sobre o colonialismo tardio e a guerra. De uma forma irrefletida, elas revelam muito mais do que as composições visuais que encerram. Impermeáveis à mudança ou reformulação, as fotografias da guerra e do mundo que rodeava os antigos militares obrigam a questionar as condições nas quais estes pequenos objetos de memória foram produzidos e consumidos. É nesse terreno pantanoso onde inadvertidamente se cruza a violência, o sofrimento e a dominação colonial que se pode iniciar um novo caminho de reflexão sobre os limites da reescrita do passado no presente através da fotografia.

Referências

Antunes, Maria José Lobo, *Regressos quase Perfeitos. Memórias da Guerra em Angola* (Lisboa: Edições Tinta da China, 2015).

Araújo, António, «Sanzala Mihinjo, abril de 1961», in *O Império Colonial em Questão (Sécs. XIX e XX). Poderes, Saberes e Instituições*, org. Miguel Bandeira Jerónimo (Lisboa: Edições 70, 2012), pp. 37-54.

Batista, Etelvino da Silva, *Angola 1961-63. Diário de Guerra* (Lisboa: Três Sinais, 2000).

Freudenthal, Aida, «A Baixa de Cassange: Algodão e Revolta», *Revista Internacional de Estudos Africanos*, 18-22 (1995-99), pp. 245-283.

De Medeiros, Paulo, «War pics: Photographic Representations of the Colonial War», *Luso-Brazilian Review*, 39, 2 (2002), pp. 91-106.

Monteiro, Renato e Luís Farinha, *Guerra Colonial. Fotobiografia* (Lisboa: Publicações D. Quixote, 1998 [1990]).

Pélissier, René, *La Colonie du Minotaure. Nationalismes et Révoltes en Angola (1926--1971)* (Orgeval: Pélissier, 1978).

Ramos, Afonso, 2014, «Angola 1961, o Horror das Imagens», in *O Império da Visão. Fotografia no Contexto Colonial Português*, org. Filipa Lowndes Vicente (Lisboa: Edições 70, 2014), pp. 399-434.

Smith, Andrea L., «Europe's Invisible Migrants», in *Europe's Invisible Migrants*, org. Andrea L. Smith (Amesterdão: Amsterdam University Press, 2003), pp. 9-32.

Sontag, Susan, *Ensaios sobre a Fotografia* (Lisboa: Quetzal Editores, 2015).

Vicente, Filpa Lowndes, 2014, «O Império da Visão: Histórias de um Livro», in *O Império da Visão. Fotografia no Contexto Colonial Português*, org. Filipa Lowndes Vicente (Lisboa: Edições 70, 2014), pp. 15-29.

PARTE III

TESTEMUNHO: NARRATIVAS DE MEMÓRIA

TESTEMUNHO E INTIMIDADE

ELSA PERALTA
COM FOTOGRAFIA DE BRUNO SIMÕES CASTANHEIRA

Sempre que olho a conhecida fotografia de Alfredo Cunha com os caixotes de madeira empilhados junto ao Padrão dos Descobrimentos, vem-me à cabeça a imagem de um navio preso num imenso oceano congelado. Um navio que, por imobilizado pela lente fotográfica, não se arruína com a passagem do tempo, como acontece com os navios naufragados dos quais restam apenas esqueletos. Como se este navio fosse invulnerável à ruína, mantendo-se *para sempre* num silêncio inanimado em relação à vida, à história e à imaginação. Uma *imagem toda*, absoluta, «dotada da beleza dos "monumentos" e "dos troféus", concebida para nunca dececionar», mas que torna impossível *dizer* o real[1].

Para que a vida seja trazida de volta deste mundo congelado é preciso dizer, é preciso voltar à palavra. Não para contar uma história que repete eventos passados com a ânsia de os reviver, mas para aproximar a história da vida e pôr o navio em movimento. É preciso, portanto, abrir o ponto de vista e restituir ao passado a sua imagem humana, através de «um certo agir da semelhança»[2], apesar do paradoxo – ou precisamente por causa dele – da coexistência de gestos e olhares tão quotidianos com o horror da história. Negar o humano, seja na vítima ou no carrasco, é em todos os casos objetificá-lo; é retirar-lhe humanidade.

Testemunho, tal como aqui é tratado ou tal como foi apresentado na exposição *Retornar*, tem precisamente esta intenção de aproximar a vida do real, procurando compreender como a história do colonialismo e da descolonização foi vivida como experiência pessoal, emocional e sensorial. Tendo por base os testemunhos diretos ou ficcionados de pessoas que estiveram implicadas no fenómeno histórico que ficou conhecido como «retorno»[3], bem como os rostos testemunhais revelados pela fotografia de Bruno Simões Castanheira, *Testemunho* procura intencionalmente ser um espaço não icónico, lacunar, imperfeito, feito de minúsculos fragmentos de uma realidade complexa, lembrando Bataille, para quem o real não existe «senão manifestando-se sobre a forma de pedaços, resquícios, objetos *parciais*»[4]. Não a realidade *toda*. A realidade possível, à qual se tem acesso a partir da sua dimensão humana e de testemunhos da vida como ela foi vivida, independentemente de quem a viveu estar ou não do lado certo da política[5].

Observar a experiência vivida permite elucidar fenómenos históricos e processos epistemológicos fazendo lembrar, com o antropólogo existencialista

[1] Georges Didi-Huberman, *Imagens Apesar de Tudo* (Lisboa: KKYM, 2012), p. 103.

[2] *Idem*, p. 67.

[3] As palavras «retornado» e «retorno» serão colocadas ao longo deste texto, tal como acontece na Introdução deste livro, sempre entre aspas, para sublinhar o seu carácter normativo e o seu entendimento conflitual no campo social.

[4] Georges Bataille, *L'Expérience Intérieure*, *apud* Georges Didi-Huberman, *Imagens...*, p. 82.

[5] Bob W. White e Kiven Strohm, «Preface: Ethnographic Knowledge and the Aporias of Intersubjectivity», *Hau: Journal of Ethnographic Theory*, 4(1) (2014), pp. 189-197, p. 192.

Michael Jackson, que «qualquer microcosmo social (…) tem de ser entendido em relação ao macrocosmo cultural, linguístico, histórico, geopolítico, ou global em que está inserido»[6]. O que me interessa é, portanto, perceber as múltiplas conexões estabelecidas entre as pessoas e a história, de forma a compreender como forças sociais e quadros culturais e históricos se tornam incorporados enquanto experiência pessoal[7]. Mas sabendo também que histórias e vidas não são isomórficas e que na experiência vivida existe sempre uma força vital capaz de desestabilizar o conhecimento garantido de todas as opiniões que recebemos da esfera pública.

Pensar a história a partir da sua dimensão humana não é, porém, cair na falácia das desculpabilizações humanistas. A violência do colonialismo, as formas hediondas de exploração racial, a subjugação do homem pelo homem, a violência de género, todos os males do colonialismo, sem exceção, são males indisputáveis. E mesmo sabendo que é impossível medir, em quantidade e em grau, o sofrimento de cada um, podemos dizer sem reservas, com base no princípio do *bem*, que os colonizados sofreram mais do que os colonizadores. Nada disso está em questão. Ouvir a palavra das pessoas que fazem parte dessa população chamada de «retornada» também não é sustentar, explícita ou implicitamente, uma conceção de pessoa enquanto vítima, para cuja popularização muito tem contribuído a extensa produção académica sobre o Holocausto e a literatura sobre o trauma. Limitar a análise destas pessoas à categoria de vítima representaria um foco excessivo em dimensões psicológicas e conduzir-me-ia, na melhor das hipóteses, a um exercício de solipsismo, e, na pior, a um ato de reificação. Também não as categorizo como carrascos. Nem as inocento do processo histórico.

Reconhecendo os muitos matizes da experiência humana, procuro ir para além de classificações rígidas, as quais as mais das vezes convertem as pessoas em «objeto», seja de compaixão, piedade, abuso ou ataque, e insto a uma discussão que vá para além do «eu» reflexivo, para mergulhar numa compreensão mais fina de como, no caso em estudo, o colonialismo, o racismo, o deslocamento, a desumanização, o sofrimento e a perda foram incorporados nas experiências específicas das pessoas e, consequentemente, nos seus «mundos de vida»[8]. Não se trata, portanto, de exacerbar aqui a experiência individual em detrimento dos processos estruturais. A indústria do Holocausto, bem como a vasta produção editorial relacionada com a melancolia colonial, são exemplos suficientes da crescente tendência de fetichização da experiência vivida e das muitas formas de privatização indulgente do sofrimento humano.

Também não se trata de *dar* voz ao ponto de vista dos sujeitos da investigação. Trata-se de criar a possibilidade da *fala*. Hannah Arendt observou que a maior violência que pode ser exercida contra um ser humano é privá-lo da fala: «uma vida sem fala e sem ação… é literalmente (uma vida) morta para o mundo; que deixou de ser uma vida humana, porque não é mais vivida entre os homens»[9]. É uma vida que ocupa um lugar sem história e sem identidade, sem discurso e sem testemunho, reduzida ao estado que Giorgio Agamben designou de *vida nua*[10]. É um lugar congelado, como na fotografia de Alfredo Cunha.

[6] Michael Jackson, *Lifeworlds: Essays in Existential Anthropology* (Chicago: University of Chicago Press, 2013), p. 6.

[7] Ver Alisse Waterston, «The Story of My Story: An Anthropology of Violence, Dispossession, and Diaspora», *Anthropological Quarterly*, 78 (1) (2005), pp. 43-61; e William Edward Burghard Du Bois, *Dusk of Dawn: An Essay Toward an Autobiography of a Race Concept* (Nova Jérsia: Transaction Publishers, 1984 [1940]).

[8] Michael Jackson, *Lifeworlds…*, p. 174.

[9] Hannah Arendt, *Human Condition* (Chicago: University of Chicago Press, 1958), p. 176.

Um lugar sem palavras para dizer um conjunto impossível de antinomias da história e da vida: o choque entre um império como uma formação cultural e política que se define através de uma imagem ecuménica e humanista e a violência que marcou o seu fim; o paradoxo entre a perceção de um colonialismo não racista e os muitos exemplos de violência racial; a irreconciliabilidade representacional entre a imagem do colono enquanto explorador e a sua condição, na grande parte, de emigrante de um país que lhe negava o pão; a dissonância entre a orgulhosa face patriarcal e a vergonha da fuga e do desapossamento.

Numa nação que continua irrefletidamente a definir a sua identidade por referência à bondade inata do seu projeto imperial, estas antinomias põem em causa as narrativas paradigmáticas da história oficial, criando uma «conspiração de silêncio»[11] em relação aos legados negros do colonialismo português. No seio desta conspiração social, a experiência dos «retornados» é uma experiência ilegítima, invalidada aos olhos da sociedade e do estado. Uma experiência não reconhecida, que, por isso, se mantém calada. Não por silenciamento. Mas por vergonha. Daí a inabilidade das pessoas contarem as suas experiências de *forma narrativa*. Como não existe integração entre o mundo privado da pessoa que recorda e o mundo social que essa pessoa habita, as suas memórias ficam presas na subjetividade pela ausência ou carência de palavras – de discurso – suficientes e adequadas para dar validade à experiência vivida. Nesse momento o testemunho corre o risco de desaparecer, não só por via do desaparecimento da própria testemunha, mas também pelo risco de o testemunho «ser incompreensível, tido por insensato, inimaginável»[12].

Testemunho procura ativamente criar um espaço de *fala*. Não com o objetivo de se constituir como um projeto político de reconstrução identitária ou como um projeto terapêutico de cura psicológica, ou de catarse, para libertar as pessoas do peso do passado ou de acolher uma confissão. Procura antes criar um espaço intersubjetivo, de fala e de escuta, capaz de reconhecer a validade da experiência vivida e da existência humana. Grande parte da população portuguesa das gerações anterior e atual foi implicada, diretamente ou indiretamente, no projeto colonial e nas consequências do seu fim. Se contabilizarmos as populações coloniais e seus descendentes, a maioria dos quais hoje a residir em Portugal, junto com os contingentes de militares metropolitanos, suas famílias e seus descendentes, facilmente verificamos, mesmo sem rigor, a elevada proporção populacional afetada pelo sofrimento causado pelo fim do projeto imperial português. Este facto é, por si só, evidência da necessidade de ouvir o que estas pessoas têm para dizer, reconhecendo a possibilidade de as suas histórias poderem desafiar no âmago os discursos de poder que ilegitimam as verdadeiras causas do seu sofrimento.

Se considerarmos que a memória se refere aos atos de recordação que ao mesmo tempo são atos de fala, entendemos que a memória, longe de poder ser remetida para uma faculdade mental humana, deve antes ser entendida enquanto processo de enunciação de atos de recordação, assim articulados – em *fala* – para se tornarem memória. Estes atos de recordação, sujeitos a negociações e

[10] Giorgio Agamben, *O Poder Soberano e a Vida Nua – Homo Sacer* (Lisboa: Editorial Presença, 1998).
[11] Elsa Peralta, «Conspirações de Silêncio: Portugal e o Fim do Império Colonial», in *Este País Não Existe – Textos contra Ideias-feitas* (Lisboa: Deriva / Le Monde Diplomatique – Edição Portuguesa (Outro Modo), 2014), pp. 127-134.
[12] Georges Didi-Huberman, *Imagens…*, p. 19.

submetidos a esquecimentos, têm inevitavelmente uma existência social, pois são culturalmente articulados na e para a transmissão[13]. *Testemunho* enfatiza essa *ação* da rememoração, colocando a memória fora do mundo subjetivo do indivíduo e no seio no seu contexto de transmissão, ou seja, no centro da vida social. Essa ação que mobiliza a passagem do privado para o público bem como o legado da experiência entre gerações. Por esse motivo, este projeto inclui relatos testemunhais de pessoas que viveram diretamente a experiência do «retorno» junto com relatos de pessoas que, pela sua juventude, apenas viveram essa experiência de forma *diferida*, mas que ainda assim a incorporaram em sentimento, em gestos, em «mundos de vida». Não como uma pós-memória ou uma segunda vida, como a concebeu Marianne Hirsch, mas como uma vida própria, a partir da vida que lhes foi legada[14].

Por outro lado, ao apontar para esta necessidade de estreitar a distância entre a vida subjetiva e a vida pública, abrindo um espaço de fala *com* outros, *Testemunho* mistura – quase arbitrariamente – trechos ficcionais com excertos de entrevistas também elas testemunhais. Diz-nos Didi-Huberman que «a imagem surge onde o pensamento (...) parece impossível, ou pelo menos suspenso: estupefacto, estupidificado. Precisamente no momento em que uma memória é, contudo, necessária.»[15]. As imagens ficcionais – literárias ou artísticas – muitas vezes de natureza testemunhal e autobiográfica, imaginam as primeiras palavras para dar legenda à experiência. A publicação, a partir de finais dos anos 2000, dos livros de Isabela Figueiredo e de Dulce Maria Cardoso, cujos trechos são reproduzidos nesta secção, ao darem conta da dissemia evidente entre a história oficial e a experiência privada, entre o que se mostra e o que se esconde, entre o dito e o não dito, entre o público e o privado, abriram o espaço de fala necessário para acolher o testemunho. Ou Ryszard Kapuściński[16] que, através de um olhar subjetivo, nos oferece o relato *possível* dos acontecimentos. Ou, já fora do campo literário, o trabalho do artista plástico Manuel Santos Maia que, através de composições imagéticas feitas a partir de objetos como fotografias, filmes, álbuns familiares, selos, documentos ou livros escolares, dá expressão e forma ao vazio que habita tanto os relatos familiares (seus próprios) como as narrativas da história oficial (de todos).

Testemunho é assim um espaço habitado por fragmentos testemunhais que, *juntos*, são a *memória a fazer-se*. Este exercício não tem o propósito de curar supostas vítimas da violência da história, mas apenas de sugerir uma relação mais humana e mais *verdadeira* com essa história. Contudo, como bem nota Hannah Arendt, existe um paradoxo: «na tradução da experiência da privacidade para a publicidade, elementos vitais são inevitavelmente perdidos ou traídos»[17]. Esta perda é desde logo sugerida pelas escolhas e seleções que eu própria faço sobre o testemunho direto que me é dado. Por mais literal que seja a transcrição dos testemunhos orais para a sua forma escrita, e por mais fidedigna que seja a sua reprodução neste livro, existe todo um trabalho de edição e de corte que acompanha a metamorfose das meras irrupções de lembrança em memória. Ao fazer estas escolhas sou simultaneamente agente de investigação e agente de construção de memórias.

[13] Elsa Peralta, «Abordagens Teóricas ao Estudo da Memória Social: Uma Resenha Crítica», *Arquivos da Memória: Antropologia, Escala e Memória*, n.º 2 (nova série) (2007), pp. 4-23.

[14] Marianne Hirsch, *Family Frames: Photography, Narrative and Postmemory* (Cambridge, Mass.: Harvard University Press, 1997). Ver sobre este entendimento de pós-memória Elsa Peralta e Joana Oliveira, «Pós-memória como Herança: Fotografia e Testemunho do "Retorno" de África», *Configurações*, vol. 17 (2016), pp. 181-197.

[15] Georges Didi-Huberman, *Imagens...*, p. 50.

[16] Originalmente publicado na Polónia em 1976 e publicado em português pela Tinta da China em 2013.

[17] Hannah Arendt, *Human...*, p. 187..

Páginas seguintes:

[97] *Testemunho*. Fotografia de Bruno Simões Castanheira. Exposição *Retornar – Traços de Memória*, EGEAC, Lisboa, novembro de 2015 a fevereiro de 2016.

Mas sejam escolhas feitas sobre excertos ficcionais ou sobre trechos testemunhais, em todos os casos estamos perante fragmentos, de verdades incompletas, provisórias e contingentes. Uma amálgama de coisas reveladoras misturadas com coisas enganadoras, de coisas visíveis e de coisas invisíveis que, por isso mesmo, valem como testemunhos *verdadeiros* da experiência histórica. Não podemos pedir a estes fragmentos «toda a verdade» sobre a história. Aliás, não se lhes deve pedir toda a verdade como se estes fragmentos bastassem como documentos históricos. Seguindo de novo Didi-Huberman, devemos antes olhar para estes fragmentos – do mesmo modo como olhamos para imagens lacunares – como *acontecimentos* (um processo, um trabalho, um corpo a corpo)»[18], com as suas zonas cinzentas, as suas hesitações e silêncios. Devemos também olhar para os modos de recordar diversos, expressando-se em formas paradoxais, que se evidenciam nas múltiplas contradições e conflitos internos que as narrativas de vida frequentemente expõem e também nos diferentes modos de recordar que são externalizados no seio de uma população que, embora tenha sido classificada na categoria única de «retornada», é caracterizada pela heterogeneidade e atravessada por muitas diferenças de género, classe e fenótipo. É em todas estas contradições e antinomias, internas e externas, que resulta, no meu entender, a formação de um campo memorial sobre o «retorno», merecedor de atenção e estudo.

Ouvir as histórias que as pessoas nos contam sobre as suas vidas ou lê-las em textos ficcionados é, portanto, mais do que compilar relatos ou confirmar pormenores factuais sobre acontecimentos pretéritos. É procurar alcançar um entendimento dos significados que as pessoas atribuem a si mesmas, às suas vidas e a processos históricos enquanto participantes e agentes de determinados «mundos de vida». Por vezes estas histórias comportam por isso distorções factuais em relação ao passado *tal como aconteceu*. Muitas vezes determinados aspetos são exagerados; noutras vezes são omitidos. Nem por isso são mentiras, ou têm menor valor enquanto experiência histórica e social, porquanto tais omissões ou exageros continuam sendo atos de construção da experiência e de reconstrução de identidades[19].

Muitos, porém, excluem estes fragmentos lacunares do campo histórico porque os consideram incompletos e falsos. Contudo, excluir a experiência subjetiva pelo facto de esta ser lacunar e inautêntica é privá-la de transmissão social. É importante lembrarmo-nos de que a autenticidade do passado não consiste numa realidade congelada, para todo o sempre. A verdade da experiência é resultado de razões práticas e de escolhas calculadas. Quando contamos as histórias das nossas vidas, estes processos são evidentes. As «histórias que construímos das nossas vidas», diz-nos Ken Plummer, «são as "histórias pelas quais vivemos"», tornando-se «construções morais, contos de virtude e não--virtude»[20], através das quais procuramos dar sentido às nossas vidas e às nossas circunstâncias (mesmo que não as controlemos ou entendamos), perseguimos um sentido de continuidade entre o que foi, o que é e o que será, e tentamos uma integração do nosso mundo subjetivo na comunidade a que pertencemos. Como nos diz Michael Jackson, inspirando-se na noção sartriana de *praxis*,

[18] Georges Didi-Huberman, *Imagens...*, p. 56.

[19] Alessandro Portelli, «What makes Oral History Different?», em Robert Perks e Alistair Thompson (orgs.), *The Oral History Reader* (Londres: Routledge, 1998), pp. 63-74.

[20] Ken Plummer, «The Call of Life Stories in Ethnographic Research», in Paul Atkinson et al. (orgs.), *Handbook of Ethnography* (Londres, Thousand Oaks, Nova Deli: Sage, 2007), pp. 395-406, p. 395.

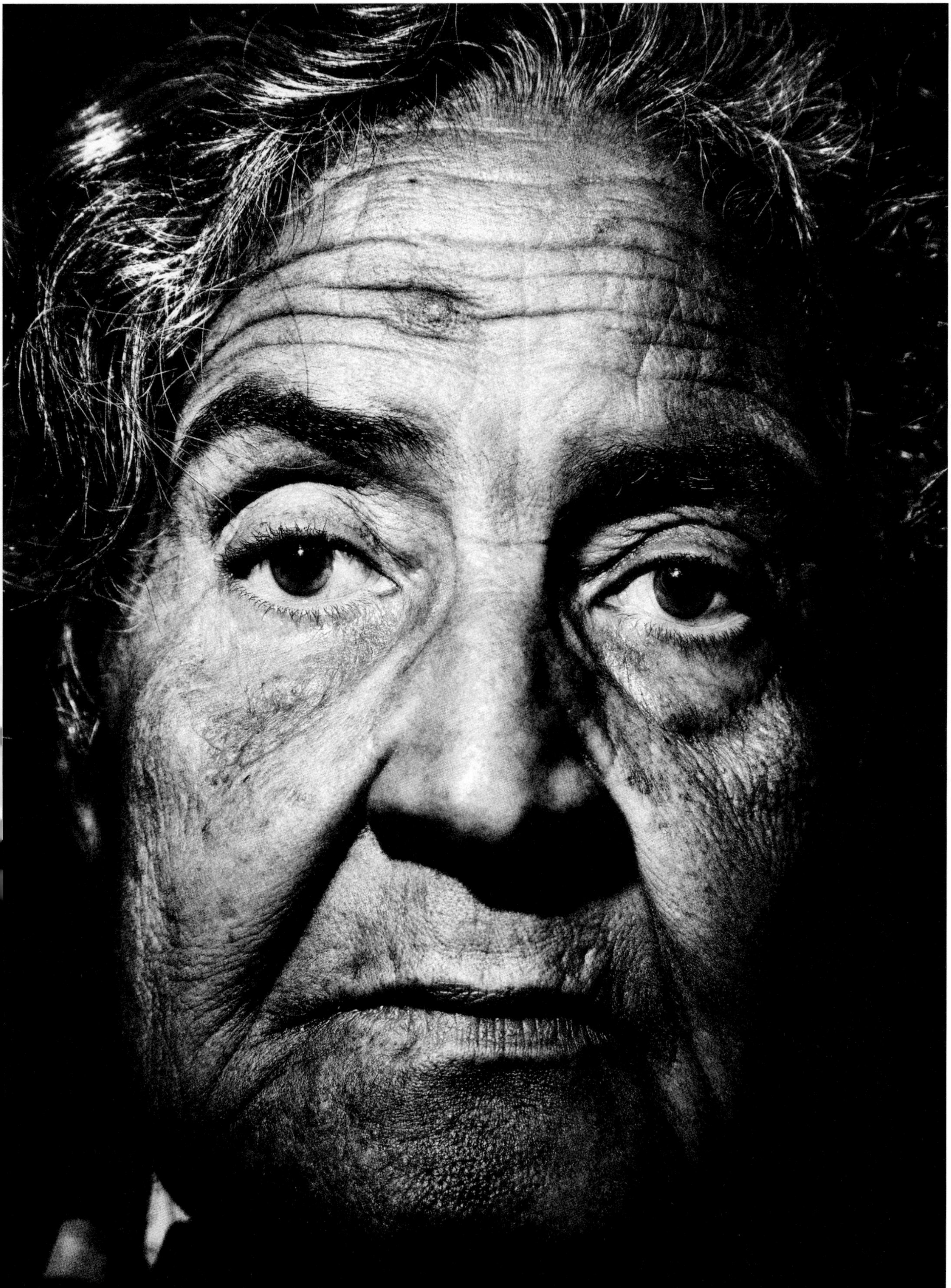

«sempre que construímos estes momentos retrospetivamente, recontando histórias em que fomos vítimas ou heróis, passivos ou ativos, somos sempre estrategas num jogo em que ganhar é julgado de acordo com o grau de sucesso em encontrar formas de responder às situações em que nos encontramos e de as suportarmos»[21].

Tais estratégias são diversas. Nuns casos, a testemunha procura ser um sujeito ativo, tomando em mãos a sua própria história de vida e fazendo dela uma história de conquistas, de quem se safou, de quem conseguiu dar a volta à vida. Noutros casos, conta-se como uma vítima ressentida das ações dos homens e da história do colonialismo português, revisitando perdas e procurando reconstruir uma memória de si e aí encontrar um espaço de redenção. Em todos os casos, porém, estamos perante estratégias humanas de lidar com a perda e com o sofrimento, lembrando que a sujeição, ao invés de se bastar como uma fatalidade do destino, deve ser entendida a par com a agência, como uma estratégia de sobrevivência.[22] Essas estratégias, podendo ser mais ou menos calculadas conforme os casos, revelam-se no contexto performativo da entrevista e não são independentes da qualidade da relação entre entrevistador e entrevistado[23]. Como nos lembra Michael Jackson, «o que sabemos do mundo depende da forma como interagimos com ele»[24]. É neste contexto intersubjetivo da entrevista que a recordação *acontece* e o passado é imaginativamente revivido no presente etnográfico através do testemunho. Dito de outro modo, o contexto etnográfico-performativo da entrevista é *memory at work* (memória em ação)[25]. Shoshana Felman, que trabalhou sobre o papel do testemunho na produção da memória do Holocausto, torna evidente esta relação, quando refere a propósito de uma recitação testemunhal:

> A própria narradora não sabe mais quem era, exceto *por meio do seu testemunho*. Este conhecimento ou autoconhecimento não é nem um dado antes do testemunho, nem um conhecimento substancial residual consequente a ele. Em si mesmo, este conhecimento *não existe*, ele só pode *acontecer* através do testemunho: não pode ser separado dele. Só se pode revelar no processo de testemunhar, mas nunca se pode tornar uma substância que possa ser possuída quer pelo falante quer pelo ouvinte, fora desse processo dialógico. No seu aspeto performativo, o testemunho, desta forma, pode ser considerado como uma espécie de assinatura. (...) testemunhar é envolver-se, precisamente, no processo de reencontrar o nome próprio de cada um, a sua assinatura.[26]

É, portanto, nessa instância intersubjetiva, fundada na relação entrevistador e entrevistado, e entre estes e o contexto mais vasto no seio do qual o ato testemunhal é produzido, que se dá o reconhecimento da verdade da experiência e o passado congelado dá origem à vida – do que se foi e do que se é. Alguns sentem que o ato de contar a história é altamente terapêutico, enquanto outros sentem que tal ato é muito perturbador. Em todos os casos é um ato de intimidade, marcado pela disposição para a fala e para a escuta. Apenas

[21] Michael Jackson, *Lifeworlds...*, p. 19.
[22] *Idem, Ibidem.*
[23] Susana de Matos Viegas e José Mapril, «Mutualidade e Conhecimento Etnográfico» *Etnográfica*, 16 (3) (2012), pp. 513-524.
[24] Michael Jackson, *Lifeworlds...*, p. 8.
[25] Johannes Fabian, «Forgetful Remembering: A Colonial Life in the Congo», *Africa*, 73 (2013), pp. 489-504, p. 492.
[26] Shoshana Felman, «Education and Crisis, or the Vicissitudes of Teaching», in Cathy Caruth (org.), *Trauma: Explorations in Memory.* (Baltimore, Mayland: The Johns Hopkins University Press, 1995), pp. 13-60, p. 53.

na intimidade se podem ouvir os nascimentos e as mortes, a culpa própria e a culpa alheia, as conquistas e as falências perante a vida. Mas intimidade não é o mesmo que fusão; pesquisador e pesquisado mantêm uma diferença ontológica fundamental que deriva da posição e da agenda própria de cada um. Intimidade implica tão-somente uma recusa em colocar o entrevistador numa posição de superioridade em relação ao entrevistado e numa atitude de julgamento em relação à sua experiência. Como Veena Das observa, o objetivo «não é uma espécie de ascensão ao transcendente, mas uma descida à vida quotidiana»[27].

Essa relação de intimidade e de confiança é propiciada pelas próprias condições materiais e contextuais da realização da entrevista. Geralmente, e sempre que possível, as entrevistas têm lugar na própria casa dos entrevistados. A casa permite um certo mapeamento das emoções e da memória. As molduras de fotografias que decoram os móveis e as prateleiras, bem como objetos decorativos africanos, como máscaras e lanças, não só elucidam percursos migratórios e perfis sociais como também remetem para um interior afetivo muitas vezes rememorado em silêncio. Álbuns de fotografias são uma presença comum ao longo das demoradas entrevistas. São fotografias de família, banais instantes de um quotidiano desaparecido no tempo, mas que detêm a força da prova da realidade vivida. Frequentemente mostram-nas à medida que o relato vai acontecendo, detendo-se em gestos simples, em acontecimentos normais, entrando dentro das imagens para aí se reconhecerem, no momento presente. Por vezes é um diálogo que se estabelece com o entrevistador. Outras vezes um monólogo. Outras ainda um diálogo consigo próprios, apanhados no espanto do momento em que pela primeira vez são convidados a pensar a própria experiência: «que estranho... nunca tinha pensado nisso...», dizem-me muitas vezes.

Nuns casos, o ouvinte deve dirigir a atenção aos muitos silêncios que atravessam os momentos em que acontece a recordação. Silêncios que são motivados por receios de exposição perante uma história pessoal feita de perdas, humilhações e vergonha. A vergonha pelo desapossamento. Muitos dizem não se querer lembrar. Não querer lembrar não é uma brecha na narrativa. É um esquecimento ativo que indicia a recusa da aceitação de uma situação maior do que o próprio e que lhe é imposta. Noutros casos, o testemunho é uma erupção crispada, repleta de ressentimentos indiscriminados em relação aos brancos, aos pretos, aos colonialistas da metrópole, aos libertadores das colónias, mas especialmente dirigido aos suspeitos do costume que fizeram a descolonização: Mário Soares, Almeida Santos, Rosa Coutinho... Noutros casos ainda, a atenção foca-se numa nostalgia ativa, que tem relutância em abandonar o passado, vertida através de um *script* memorial que conhecem de cor. A juventude passada em África, os passeios e os safaris, as festas e o cheiro quente da terra compõem o cenário vivido de um idílio africano que tiveram de deixar para trás. A dor do que tiveram de deixar para trás encontra materialidade na casa. A sua narrativa está repleta de lamentos sobre a perda da casa, das coisas que foram conseguidas com «o suor do trabalho» e que ficaram «para lá», abandonadas à selva da natureza e dos homens.

[27] Veena Das, *Life and Words: Violence and the Descent into the Ordinary* (Califórnia: University of California Press, 2007), p. 15.

A casa, os bens, os locais de pertença, o passado, toda uma vida anterior que foi exterminada. Talvez por isso muitos manifestam não ter intenção nem vontade de regressar a África. Porque o que lá deixaram não existe mais. Não existe a casa nem os bens, tal como não existe o sistema colonial que dava existência a uma vida que não poderá ser recuperada. São narrativas atravessadas por contradições, em que relatos sobre o sacrifício do trabalho suado existem lado a lado com relatos de instâncias de privilégio ou de preconceito (racial ou social) declarado. E também por omissões e apagamentos que creio serem mais ou menos voluntários, e os quais evidenciam claramente as escolhas relativamente à posição que se assume enquanto sujeito histórico. Mas são sobretudo narrativas fragmentárias que denunciam as fraturas identitárias e existenciais provocadas pela quebra da linha de continuidade com o passado, negando a estas pessoas qualquer ligação com a sua própria história.

Aqui a tragédia pessoal sobrepõe-se largamente à tragédia nacional e os relatos centram-se na unidade familiar, na sua sobrevivência, nas suas perdas, nos seus enganos, nas suas falências, tantas vezes misturando-se de forma imaginativa com as perdas e os logros da nação, como é por de mais evidente no livro de Isabela Figueiredo, mas também no livro de Dulce Maria Cardoso e nos muitos relatos testemunhais. O testemunho é sempre um relato pessoal, próximo, contado como um drama familiar de perdas e humilhações, onde tanto o drama nacional do fim do império como o drama do colonialismo parecem habitar uma ordem alheia à da subjetividade individual. Os assuntos críticos relacionados com política colonial, violência racial ou exploração são geralmente justificados através de *clichés* vários – o que Hannah Arendt chama «elação»[28] – a maior parte das vezes resultado da incorporação narrativa dos discursos de propaganda colonial e pós-colonial. Que se tratava bem os pretos, que o colonialismo português não era racista, que não havia comparação com o *Apartheid* sul-africano e que Portugal estava em África há 500 anos tendo, por isso, legitimidade para ficar, são alguns dos *clichés* mais comuns que servem de legenda ao processo histórico.

Estas elações colocam-me por vezes difíceis questões morais. Sei bem que, muitas vezes, contar e validar uma história pessoal de sofrimento significa que muitos eventos históricos horrendos são voluntariamente esquecidos e atirados para debaixo do tapete da história. Será possível conceber que estas pessoas vivessem então, e ainda vivam hoje, num estado de infantilização tal que não sejam capazes de discernir sobre os males do colonialismo e sobre a sua própria posição enquanto participantes desse mal? Será plausível que estas pessoas tomassem o projeto colonial como de tal forma garantido que não suspeitassem da iminência do seu colapso, tal como viria a acontecer, mais não fosse para assegurar uma vinda mais tranquila? Será possível que, tal como tantas vezes me têm dito em entrevistas, as pessoas nem sequer soubessem da existência de guerras de libertação nos territórios coloniais, tendo sido apanhadas de surpresa pelo desenrolar dos acontecimentos após o 25 de Abril em Portugal? Viviam estas pessoas numa espécie de «paraíso de tolos», endoutrinadas pela propaganda colonial e ludibriadas pela censura do regime?

[28] Hannah Arendt, *Eichmann in Jerusalem: A Report on the Banality of Evil* (Nova Iorque: The Viking Press, 1963).

Seria demasiado fácil responder a todas estas inquietações dizendo que tudo é uma questão de disfarce e que todas estas pessoas são mentirosas calculistas. Podemos também seguir a argumentação de Hannah Arendt a partir da noção de «banalidade do mal»[29], dizendo que estas pessoas estavam enquadradas num sistema colonial e que mais não fizeram do que agir conforme a ordem moral de uma sociedade colonial tida como *banal*. Na verdade, o que existe nestas populações coloniais não é culpa, é indignação. Mas talvez mais importante do que procurarmos as respostas para estas questões seja quedarmo-nos nas perguntas e, a partir desse sítio tão cambaleante, realmente ver e ouvir as populações coloniais portuguesas para perceber os seus «mundos de vida» e o tanto que trazem do passado colonial para o presente pós-colonial. Isto não quer dizer que convidemos a uma denegação da história. Pelo contrário, apelamos a uma história que, olhando de frente a face humana daqueles que estiveram implicados nesta experiência, seja capaz de fazer a ponte entre os domínios público e privado e contribua para a regeneração da vida social. E a partir daí fazer «casas nossas», como sugere Andrea Witcomb no epílogo de *Testemunho*, mesmo quando o caminho da pertença nem sempre é evidente.

Referências

Agamben, Giorgio, *Poder Soberano e a Vida Nua – Homo Sacer* (Lisboa: Editorial Presença, 1998).

Arendt, Hannah, *Human Condition* (Chicago: University of Chicago Press, 1958).

Arendt, Hannah, *Eichmann in Jerusalem: A Report on the Banality of Evil* (Nova Iorque: The Viking Press, 1963).

Das, Veena, *Life and Words: Violence and the Descent into the Ordinary* (Califórnia: University of California Press, 2007).

Didi-Huberman, Georges, *Imagens apesar de Tudo* (Lisboa: KKYM, 2012).

Du Bois, William Edward Burghard, *Dusk of Dawn: An Essay Toward an Autobiography of a Race Concept* (Nova Jérsia: Transaction Publishers, 1984 [1940]).

Fabian, Johannes, «Forgetful Remembering: a Colonial Life in the Congo», *Africa*, 73 (2013), pp. 489-504.

Felman, Shoshana, «Education and Crisis, or the Vicissitudes of Teaching», in Cathy Caruth (org.), *Trauma: Explorations in Memory.* (Baltimore, Mayland: The Johns Hopkins University Press, 1995), pp. 13-60.

Figueiredo, Isabela, *Caderno de Memórias Coloniais* (Coimbra: Angelus Novus, 2009).

Hirsch, Marianne, *Family Frames: Photography, Narrative and Postmemory* (Cambridge, Mass.: Harvard University Press, 1997).

Jackson, Michael, *Lifeworlds: Essays in Existential Anthropology* (Chicago: University of Chicago Press, 2013).

[29] *Idem.*

Peralta, Elsa, «Abordagens Teóricas ao Estudo da Memória Social: Uma Resenha Crítica», *Arquivos da Memória: Antropologia, Escala e Memória*, n.º 2 (nova série) (2007), pp. 4-23.

Peralta, Elsa, «Conspirações de Silêncio: Portugal e o Fim do Império Colonial», in *Este País Não Existe – Textos contra ideias-feitas* (Lisboa: Deriva / Le Monde Diplomatique – Edição Portuguesa (Outro Modo), 2014).

Peralta, Elsa e Joana Oliveira, «Pós-memória como Herança: Fotografia e Testemunho do "Retorno" de África», *Configurações*, vol. 17 (2016), pp. 181-197.

Portelli, Alessandro, «What Makes Oral History Different?», in Robert Perks e Alistair Thompson (orgs.), *The Oral History Reader.* (Londres: Routledge, 1998), pp. 63-74.

Plummer, Ken, «The Call of life Stories in Ethnographic Research», in Paul Atkinson et al. (orgs.), *Handbook of Ethnography.* (Londres, Thousand Oaks, Nova Deli: Sage, 2007), pp. 395-406.

Viegas, Susana de Matos e José Mapril, «Mutualidade e Conhecimento Etnográfico», *Etnográfica*, 16 (3) (2012), pp. 513-524.

Waterston, Alisse, «The Story of my Story: An Anthropology of Violence, Dispossession, and Diaspora», *Anthropological Quarterly*, 78 (1) (2005), pp. 43-61.

White, Bob W. e Kiven Strohm, «Preface: Ethnographic Knowledge and the Aporias of Intersubjectivity», *Hau: Journal of Ethnographic Theory*, 4(1) (2014), pp. 189-197.

FRAGMENTO I

MAIS UM DIA DE VIDA, ANGOLA 1975*

RYSZARD KAPUŚCIŃSKI

* Excertos de Ryszard Kapuściński, *Mais um dia de vida: Angola 1975* (Lisboa, Tinta da China, 2013), pp. 27-36.

Luanda não estava a morrer da forma que as nossas cidades polacas morreram na última guerra. Não havia ataques aéreos, não havia «pacificação», não havia destruição de bairro após bairro. Não havia cemitérios nas ruas e nas praças. Não me lembro de um único incêndio. A cidade estava a morrer como morre um oásis quando o poço seca: esvaziou-se, prostrou-se inanimada, caiu no esquecimento. Mas a agonia viria mais tarde; naquela altura, havia uma actividade febril por toda a parte. Toda agente estava cheia de pressa, toda a gente se ia embora. Toda a gente tentava apanhar o avião seguinte para a Europa, para a América, para qualquer lado. Convergiam para Luanda portugueses de todos os cantos de Angola. Caravanas de automóveis carregados com pessoas e bagagem chegavam dos cantos mais remotos do país. Os homens traziam a barba por fazer, as mulheres vinham despenteadas e amarrotadas, as crianças, sujas e cheias de sono. No caminho, os refugiados juntavam-se em longas filas e atravessavam o país dessa forma, visto que, quanto maior o grupo, tanto mais seguro se tornava. Ao princípio, iam para os hotéis de Luanda, mas, mais tarde, quando já não havia vagas, seguiam directamente para o aeroporto. Uma cidade nómada sem ruas nem casas despontou à volta do aeroporto. As pessoas viviam ao ar livre, permanentemente encharcadas, porque não parava de chover. Viviam agora em piores condições do que os negros no bairro africano próximo do aeroporto, mas encaravam a situação com apatia, com uma resignação desanimada, não sabendo quem amaldiçoar pela sua má sorte. Salazar morrera, Caetano tinha ido para o Brasil e o governo em Lisboa mudava constantemente. A culpa de tudo era da revolução, atiravam eles, porque antes estavam em paz. Agora, o governo prometera a liberdade aos pretos e os pretos tinham-se desavindo entre si, queimando e matando. Não são capazes de se governarem. Deixe-me dizer-lhe como é o preto, atiravam eles: embebeda-se e dorme o dia inteiro. Se puder enfeitar-se com umas missangas, fica todo contente. Trabalhar? Ninguém trabalha aqui. Vivem como há cem anos. Cem? Mil! Vi tipos desses a viverem como há mil anos. Pergunta-me quem sabe como era há mil anos? Oh, claro que se sabe. Toda a gente sabe como era. Este país não dura muito. O Mobutu vai-lhe tirar um pedaço, os do sul levam a sua parte e é o fim. Se ao menos eu pudesse ir-me embora imediatamente. E nunca mais lhe pôr os

[98] Ponte Aérea, transporte de refugiados do sul de Angola. Jornal *O Século*, 24/02/1976. Fotografia de Fernando Baião. Imagem cedida pelo ANTT.

olhos em cima. Deixo aqui quarenta anos de trabalho. O suor do meu rosto. E agora, quem é que mo devolve? Acha que alguém pode começar tudo de novo outra vez?

As pessoas estão sentadas em cima de trouxas cobertas com plásticos, porque está a chuviscar. Estão a meditar, ruminando tudo. Nesta multidão abandonada que aqui vegeta há semanas, a chispa da revolta deflagra por vezes. Há mulheres que batem nos soldados destacados para manter a ordem e homens que tentam sequestrar um avião para que o mundo saiba o desespero a que foram levados. Ninguém sabe quando vai partir, ou para onde. Predomina uma confusão cósmica. A organização não é fácil para os portugueses, individualistas empedernidos que por natureza não conseguem viver confinados, em comunidade.

[99] Ponte Aérea, transporte de refugiados do sul de Angola. Jornal *O Século*, 24/02/1976. Fotografia de Fernando Baião. Imagem cedida pelo ANTT.

As grávidas têm prioridade. Porquê elas? Eu sou pior, só porque dei à luz há seis meses? Está bem, as grávidas e as mulheres com bebés têm prioridade. Porquê elas? Eu sou pior, só porque o meu filho tem três anos? Pronto, as mulheres com crianças tem prioridade. Ah? E eu? Lá porque sou homem, deixam-me aqui para morrer? Então, os mais fortes embarcam no avião e as mulheres com crianças atiram-se para a pista, para debaixo das rodas, de forma que o piloto não pode iniciar a descolagem. O exército chega, expulsa os homens do avião, manda as mulheres embarcarem, e elas sobem a escada triunfalmente, como uma unidade vitoriosa a entrar numa cidade recém-conquistada.

Concordemos em deixar partir aqueles cujos nervos estão em franja. Óptimo, não vá mais longe, porque, se não fosse a guerra, há muito que eu já estava no manicómio. E nós, em Carmona, fomos assaltados por um bando de homens tresloucados que nos levaram tudo, nos espancaram, queriam matar-nos. Nunca mais parei de tremer. Dou em doido se não sair daqui imediatamente. Meu caro senhor, só lhe digo o seguinte: perdi o fruto de uma vida de trabalho. Além disso, lá onde vivíamos, em Lumbala, dois soldados da UNITA agarraram-me pelo cabelo enquanto outro me apontava uma arma aos olhos. É razão suficiente para perder o juízo.

Nenhum critério obtinha aprovação geral. A multidão desolada apinhava--se à volta de cada avião e passavam-se horas até se decidir quem ocuparia os lugares vagos. É preciso transportar meio milhão de refugiados numa ponte aérea para o outro lado do mundo.

Toda a gente sabe porque se quer ir embora. Sabem que sobreviverão em Setembro, mas Outubro será muito mau e ninguém sobreviverá a Novembro.

(...)

À semelhança de uma pessoa doente que a meio da sua agonia subitamente se reanima e recupera forças por um momento, assim, no final de Setembro, a vida em Luanda adquiriu um certo vigor e ritmo. Os passeios estavam apinhados de gente e os engarrafamentos cortavam o trânsito nas ruas. As pessoas corriam de um lado para o outro, nervosas, apressadas, resolvendo os últimos pormenores de milhares de questões. Ir embora tão depressa quanto possível, escapar a tempo, antes que a primeira vaga de ar mortífero invada a cidade.

Não queriam Angola.

Estavam fartas daquele país, que era supostamente a terra prometida, mas só lhes trouxera desilusão e humilhações. Despediam-se dos seus lares africanos com uma mistura de desespero e de raiva, pena e impotência; com a sensação de partirem para sempre. Tudo o que queriam era sair dali com vida e levar consigo os seus bens.

Toda a gente se afadigava a construir caixotes. Mandaram vir pilhas de tábuas e de contraplacado. O preço dos martelos e dos pregos subiu astronomicamente. Os caixotes eram o principal tópico de conversa – como os construir, qual o melhor material para os tornar mais resistentes. Apareceram subitamente peritos autoproclamados, especialistas de caixotes, arquitectos caseiros de caixotaria, mestres de estilos de caixote, escolas de caixotes e modas de caixotes. Dentro da Luanda de betão armado e tijolos, erguia-se uma nova cidade de madeira. As ruas por onde eu andava pareciam-se com uma enorme carpintaria. Tropeçava em pranchas de madeira deixadas ao acaso; pregos espetados de vigas rasgavam--me a camisa. Alguns caixotes eram tão grandes como casas de férias, porque se tinha estabelecido, de um momento para o outro, uma escala social de caixotes. Quanto mais ricas eram as pessoas, tanto maiores os caixotes que faziam. Os caixotes dos milionários eram impressionantes: com vigas e forrados a lona, tinham paredes sólidas e elegantes construídas com as madeiras tropicais mais caras, os nós e os veios polidos como se fossem antiguidades. Dentro destes caixotes metiam-se salões e quartos inteiros, sofás, mesas, guarda-fatos, cozinhas e frigoríficos, cómodas e cadeirões, quadros, carpetes, candelabros, porcelanas, roupa de cama e de mesa, peças de vestuário, tapeçarias e vasos, até mesmo flores artificiais (vi-as com os meus próprios olhos), todo o lixo monstruoso e interminável que atulha as casas da classe média. Nos caixotes, metiam-se estatuetas, conchas, bolas de vidro, vasos de flores, lagartos empalhados, uma miniatura em metal da catedral de Milão, trazida de Itália, cartas! – cartas e fotografias, fotografias de casamento nas suas molduras douradas («Porque não deixamos ficar isso?», pergunta o marido, e a esposa enfurecida grita, «Devias ter vergonha!») –, todas as fotografias das crianças, e nesta foi a primeira vez que ele se sentou, e aqui a primeira vez que ele disse dá-dá, e aqui está ele com um chupa-chupa, e aqui com a avó – tudo, tudo mesmo, porque esta caixa de garrafas de vinho, este pacote de macarrão que eu pus de lado quando começou o tiroteio, e depois a cana da pesca, as agulhas do croché – a minha lã! – a minha espingarda, os cubos coloridos do Totó, pássaros, amendoins, o aspirador e o quebra-nozes têm de caber, é o que é, têm de caber e hão-de caber, e cabem, por isso tudo o que deixaremos ficar será o chão vazio, as paredes nuas, despidas. O striptease da casa vai até ao fim, até às argolas dos cortinados – e só resta fechar a porta à chave, fazer paragem na avenida a caminho do aeroporto e atirar as chaves para o oceano.

Os caixotes dos pobres são inferiores a vários títulos. São mais pequenos, muitas vezes diminutos, e não têm bom aspecto. Não se comparam em qualidade; a mão-de-obra deixa muito a desejar. Enquanto os ricos podem contratar marceneiros, os pobres têm de fazer os caixotes com as suas próprias mãos. Como material, usam sobras desirmanadas do madeireiro, restos da serralharia, vigas empenadas, contraplacado com fendas, tudo o que se possa arranjar em segunda mão. Muitos dos caixotes são feitos de chapa batida, de latas de azeite, tabuletas velhas e placas enferrujadas; parecem-se com os bairros de lata em ruínas dos africanos. Não vale a pena espreitar-lhes para dentro – não vale a pena e, realmente, não é coisa que se faça.

Os caixotes dos ricos estão nas ruas principais do centro ou nas transversais sombrias de zonas residenciais caras. Pode-se olhar para eles e admirá-los. Os caixotes dos pobres, por outro lado, agonizam em portais, em pátios traseiros, em alpendres. Escondem-se, por agora, mas acabarão por ter de atravessar toda a cidade até ao porto, e a ideia daquela procissão patética é pouco atraente.

Devido à abundância de madeira que se juntou aqui em Luanda, esta cidade do deserto cheia de pó e quase sem árvores cheira agora como uma floresta em crescimento. É como se a floresta tivesse subitamente lançado raízes nas ruas, nas praças, nos pátios. Ao fim da tarde, escancaro a janela para respirar fundo e a guerra desvanece-se. (...).

A construção da cidade de madeira, da cidade dos caixotes, continua dia após dia, do amanhecer até ao fim da tarde. Toda a gente trabalha, encharcada pela chuva, queimada pelo sol; até os milionários em boas condições físicas põem mãos à obra. O entusiasmo dos adultos contagia as crianças. Também elas constroem caixotes para as suas bonecas e outros brinquedos. O encaixotamento processa-se a coberto da noite. É melhor assim, quando ninguém mete o nariz

[100] Lisboa – Caixotes contendo as bagagens de retornados das ex-colónias no cais da Gare Marítima de Alcântara, s/d. Fotografias de Gouveia. SNI – Arquivo Fotográfico. Imagens cedidas pelo ANTT.

no que não lhe diz respeito, ninguém toma nota de quem põe quanto e o quê (e todos sabem que há muita gente dessa laia, os que trabalham para o MPLA e estão mortinhos por lhe darem informações).

Assim, à noite, quando está escuro como breu, transferimos o conteúdo da cidade de pedra para o interior da cidade de madeira. É preciso muito esforço e suor para levantar aqueles pesos e carregá-los, os ombros doridos da estiva, os joelhos pisados de empurrar a carga para caber, porque tem de caber, e, ao fim e ao cabo, a cidade de pedra era grande e a cidade de madeira é pequena.

Gradualmente, noite após noite, a cidade de pedra transferiu o seu valor para a cidade de madeira. Gradualmente, também, as pessoas alteraram a sua estimativa da cidade de pedra. Deixaram de pensar em termos de casas e de apartamentos e passaram a falar somente de caixotes. Em vez de dizerem «Tenho de ir ver o que está em casa», diziam «Tenho que ir ver o meu caixote». Nesta altura, era a única coisa que lhes interessava, a única coisa com que se preocupavam. A Luanda que iam abandonar transformara-se num estranho e tenso palco, vazio, porque o espectáculo tinha terminado.

Eu nunca vira uma cidade assim em parte nenhuma do mundo, e talvez não volte a ver nada que se assemelhe. Existiu durante meses e, de súbito, começou a desaparecer. Ou melhor, bairro após bairro, foi levada de camião para porto.

Agora, espalhava-se à beira-mar, iluminada à noite pelas lanternas do porto e pelo clarão das luzes dos navios ancorados. De dia, as pessoas deambulavam pelas ruas caóticas, a pintarem o nome e a morada em pequenas placas, tal como qualquer pessoa em qualquer parte do mundo quando constrói uma casa. Por consequência, era quase possível convencermo-nos de que se tratava de uma cidade normal, de madeira, mas que tinha sido fechada pelos habitantes quando, por razões desconhecidas, tiveram de partir à pressa. Mais tarde, quando a situação na cidade de pedra já tinha piorado muito e nós, o seu punhado de habitantes, esperávamos como fatalistas pelo dia da destruição, a cidade de madeira fez-se ao mar. Foi levada por uma grande frota e, ao fim de várias horas, desapareceu com ela para lá da linha do horizonte. Isso aconteceu subitamente, como se embarcações de piratas tivessem aportado, pilhado um tesouro valioso e escapado com ele.

(...)

FRAGMENTO II

O RETORNO*

DULCE MARIA CARDOSO

* Excertos de Dulce Maria Cardoso, *O Retorno*, Lisboa (Tinta da China, 2011), pp. 48-73.

Tocam à campainha. Ficamos à espera de ouvir o código, um toque rápido duas vezes e um terceiro espaçado e mais demorado. Não tocam mais. A mãe diz que o tio Zé pode ter-se esquecido do código mas a Pirata ladra, foi um desconhecido que tocou à campainha. A mãe e a minha irmã fecham-se no quarto dando duas voltas à chave e arrastam a cadeira contra a porta. O pai tira a arma da gaveta mais pequena da cristaleira e esconde-a no cós das calças. Os brancos não podem andar armados mas a balalaica é suficientemente larga para que ninguém se aperceba que o pai esconde uma arma. Quando o pai abre a porta, a Pirata corre para o portão. Do outro lado está um soldado preto e a Pirata não pára de ladrar. Atrás do soldado está um jipe com mais soldados pretos. O soldado que está de pé junto ao portão aponta a arma à Pirata. O pai cumprimenta-os e grita para a Pirata, calou, a Pirata senta-se obediente, a abanar a cauda. Temos de cumprimentar os soldados com a saudação do movimento a que pertencem, os pretos de um movimento ainda odeiam mais os pretos dos outros movimentos do que odeiam os brancos, não podemos confundir as saudações, perde-se a vida por menos do que isso. O soldado não baixa a arma, um branco é um esclavagista, um colonialista, um imperialista, um explorador, um violador, um carrasco, um gatuno, qualquer branco é isso tudo ao mesmo tempo e não pode deixar de ser odiado. No jipe também estão crianças, algumas fardadas e armadas, têm ranho seco do nariz aos lábios e alguns nas bochechas, um dos mais pequenos tem bolhas com pus na cabeça, as espingardas parecem de brincar mas não se pode ter a certeza.

Antes que o soldado diga ao que veio, o pai vira-se para mim, vai buscar umas cervejas, rapaz, que estes homens estão cheios de sede, traz também cigarros. Obedeço prontamente mas o pai brinca, dá corda aos sapatos, rapaz, que estes homens não têm o dia todo. A cara de um dos soldados, o que está sentado na ponta do jipe, uma cara quadrada e uns olhos semicerrados, não me é estranha, já o vi mas não me consigo lembrar onde, talvez tenha sido há dias a fazer uma ronda, há sempre jipes de soldados pretos de um lado para o outro. Volto com a grade de cerveja e com um volume de cigarros que o soldado rapidamente distribui pelos outros. Nem sequer olham para nós. O da cara quadrada, sem dar mostras de me conhecer, abre a garrafa com a ponta do canivete e bebe a

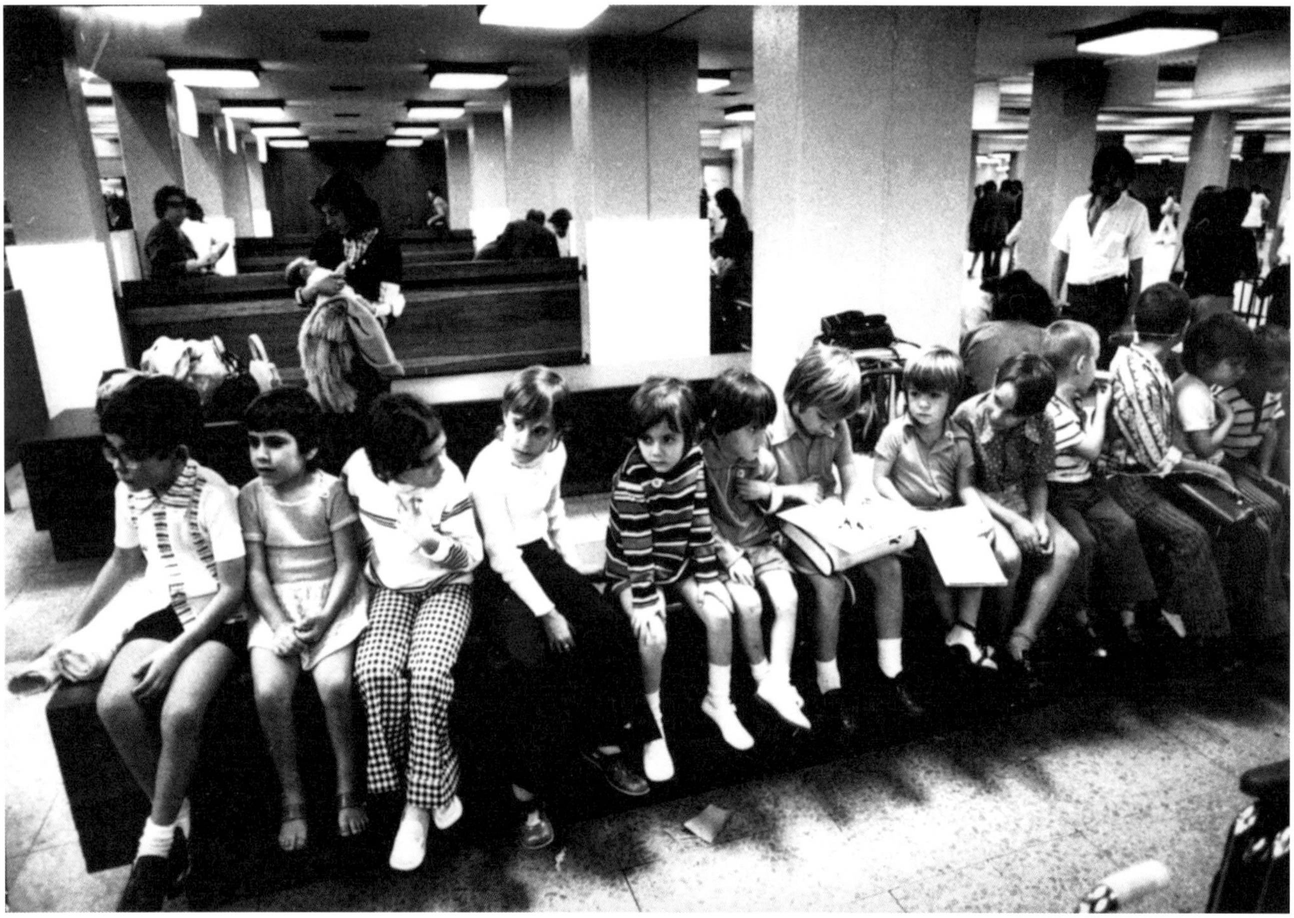

[101] Crianças refugiadas de Angola no aeroporto de Lisboa, 1975. *Flama*, 27/06/1975. Autor não mencionado. Imagem cedida pelo ANTT.

cerveja de um trago, arrota, acende um cigarro e abre outra garrafa. Os soldados têm os olhos barrentos como os morros e as fardas tingidas de suor. Na rua só nós, os soldados e o sol do princípio da tarde. Vem-me à cabeça um jogo de futebol no campo de terra batida ao lado do liceu, o jogo de futebol em que o Lee chamou preto de merda a um dos colegas por causa de uma finta malaica. O meu coração bate mais depressa. O preto de merda pode ser o soldado da cara quadrada e dos olhos semicerrados que veio vingar-se. Foi um desentendimento como muitos outros, preto de merda, não era uma ofensa, o Lee era o caixa de óculos e quando nos zangávamos era o caixa de óculos de merda, o Gegé era o lingrinhas mas também era o lingrinhas de merda se havia estrilho, preto de merda não era ofensa e só mesmo um preto se podia ofender com isso a ponto de ter querido bater no Lee. Eu e o Gegé segurámos no preto e o Lee deu-lhe um murro bem assente no estômago. O preto saiu do campo a cambalear, espero que tenha aprendido a lição, disse o Lee, e chamou o Garrincha para jogar no lugar dele. O preto nunca mais jogou connosco e nem me lembro se passou de ano. Não, não é este. Há muitos pretos com a cara quadrada e olhos semicerrados como se custassem a abrir. Não é este, não pode ser.

O suor vai colando o pano fino da balalaica do pai às costas. Tenho medo que se note a arma, um branco armado está a pedir maca da grossa. Endireito as costas e engulo em seco, um branco com uma arma é um racista que não abdica dos seus direitos, um elemento menos evoluído que tem medo de perder as suas regalias, um imperialista ressentido por já não viver num mundo que nunca devia ter existido. O soldado que está de pé à nossa frente atira a garrafa partindo-a de encontro ao muro da casa e a Pirata começa a ladrar outra vez. Não queremos olhar para os estilhaços da garrafa para não parecer uma crítica mas os vidros ficam a brilhar ao sol e é difícil desviar os olhos. O soldado pergunta, há algum problema, eu e o pai respondemos ao mesmo tempo que não, de certeza que eles perceberam que estamos amedrontados. O medo do pai também se nota nos lábios contraídos e retesados, mesmo quando sorri, mas talvez os soldados não se apercebam disso. O soldado da cara quadrada parece divertir-se a olhar para mim. Se calhar é mesmo o preto do jogo de futebol. Se calhar já se lembrou do jogo. Ou nunca se esqueceu e é por isso que aqui está. Veio ajustar contas.

Os soldados falam mas não os compreendemos. Nunca aprendemos a língua dos pretos, as línguas, aliás, que os pretos também têm várias línguas e se calhar é por isso que não se entendem, não se conseguem compreender uns aos outros. Neste caso não precisamos de compreender o que os pretos dizem, sabemos o que querem dizer as armas que nos apontam mesmo que tentemos não prestar-lhes muita atenção. As lojas do largo para onde estamos virados estão todas fechadas e até as casas que já foram ocupadas têm as persianas corridas. Algumas lojas ainda mantêm os tapumes com que os donos as deixaram mas a maioria já foi assaltada, as montras partidas e as portas arrancadas. O medo faz-nos transpirar mais do que a humidade do cacimbo.

Dois tiros, um dos soldados do jipe dá dois tiros para o ar. A Pirata ladra outra vez e o pai dá-lhe um pontapé que a faz ganir e depois calar-se e sentar-se ao lado dele. Mesmo que lhe batamos a Pirata nunca se vai embora, gosta de nós, tanto faz que lhe batamos ou não. Mando-a para casa mas a Pirata continua à nossa frente, protege-nos dos desconhecidos como sempre fez. Alertados pelos tiros, os ocupantes da casa da D. Gilda vêm às janelas e às varandas e acenam ao jipe dos soldados. Os ocupantes das casas mais afastadas também vêm às janelas. Um grupo de miúdos pretos pendura-se no baloiço de ferro forjado da D. Gilda.

Um dos maples de veludo castanho da sala da D. Gilda foi arrastado para o quintal e está todo desconjuntado. Se a D. Gilda visse o que lhe fizeram à casa, se visse o maple de veludo castanho assim, era capaz de ter um ataque de coração. Talvez a D. Gilda esteja sentada num maple melhor na metrópole. Nos muros das casas escreveram, Kwacha UNITA, por cima a tinta preta, A Luta Continua, por cima, Oyé Oyé Angola Liberté, Angola Populé. Também escreveram a letras maiores e mais carregadas, Brancos rua, Brancos fora daqui, Brancos para a terra deles e Morte aos brancos.

O soldado cospe para o chão, o jacto de saliva cai no asfalto quente deixando uma mancha que me enoja mas que me distrai do medo. Tento evitar os olhos do soldado da cara quadrada, deve estar aqui para vingar-se e ninguém o pode impedir, nem mesmo o pai, nem mesmo a arma do pai. Tenho tanto

[102] Retornados nos hotéis Tivoli e Altis, 1975. Jornal *O Século*, 06/05/1976. Fotografia de Júlio Marques. Imagem cedida pelo ANTT.

medo que quero desaparecer, se desatasse a correr, se atravessasse o largo, se me escondesse atrás dos taipais da drogaria, passam-me mil ideias pela cabeça mas continuo parado, até respirar me custa. Nunca tinha tido a boca tão seca, a língua cola-se ao céu da boca, um amargor que vai até à garganta, nunca a boca me soube tão mal. O pai diz-me, estes homens precisam de mais bebida, vai buscar outra grade, o soldado que está de pé esborracha a beata com a bota, e

mais cigarros, grita o pai, os soldados do jipe parecem desinteressados, o soldado que está de pé diz, dá corda aos sapatos, rapaz, imitando o que o pai disse há pouco, os outros soldados riem-se e o pai também, pode parecer que está tudo bem, que são homens que se divertem, mas não, se o pai tivesse tido escolha, se pudesse ter escolhido rir-se era diferente, o pai tem de se rir. Dantes era o pai que decidia quando se ria, como te chamas, Malátia, patrão, que matumbo, nem o nome sabes dizer, o Malaquias também tinha de se rir quando o pai se ria, agora é a vez de o pai ser o último a rir, e não é verdade que quem ri por último ri melhor, quase nada do que se dizia é verdade, Angola já não é nossa, foi na manhã de quatro de fevereiro que os heróis cortaram as algemas para vencer o colonialismo e criar uma Angola renovada.

Trago mais cerveja e cigarros. Quis beber água mas não consegui engolir nem uma gota. Tento não correr para não mostrar que tenho medo mas sei que estou a andar depressa e desengonçado e que o pai deve ter vergonha de mim. As cervejas e os cigarros são novamente distribuídos pelos soldados. É então que o pai diz, meus senhores, despedindo-se com um aceno de cabeça e virando as costas aos soldados. Põe-me a mão por cima do ombro para que o imite, tenho medo de ficarmos ambos de costas voltadas para as armas dos soldados, as pernas não me acompanham. A mãe e a minha irmã devem estar a espreitar-nos através da persiana da janela do quarto, sei que tenho de me virar e começar a caminhar, não posso ter medo de ficar de costas para as armas dos soldados, o soldado da cara quadrada veio vingar-se, a Pirata já está na entrada da casa a abanar a cauda, não posso ser cobarde, só tenho de ir ter com a Pirata, sê tudo na vida menos cobarde, rapaz, um cobarde atraiçoa pai e mãe, decepciona os amigos, é pau mandado dos inimigos, um cobarde é pior do que um assassino, do que um ladrão, um cobarde não tem outra sujeição senão a do medo, ouve-me com atenção, rapaz, um cobarde vale menos que um morto, há histórias de mortos que ressuscitaram mas um cobarde até disso teria medo, toda a vida ouvi o nojo que o pai tem aos cobardes, não posso ser um cobarde.

Ei tu que fumas, a voz não pertence ao soldado que está de pé, ei tu que fumas, foi outro soldado, talvez o da cara quadrada. Antes de isto ter começado um preto podia levar uma sova por tratar um branco por tu e nem pensar, ei tu que fumas. Os soldados riem-se e o pai ri-se outra vez. De cima do jipe o soldado da cara quadrada está cada vez mais divertido, chegou a altura de vingar-se do murro que o Lee lhe deu, já não tem os olhos semicerrados, peço a deus que os soldados se vão embora, prometo rezar uma ladainha inteira, das da emissora católica, peço a deus que o tio Zé chegue, o tio Zé anda a ajudar o povo oprimido, tem um cartão e tudo, talvez eles o ouçam e nos deixem em paz, peço que o soldado não se lembre do jogo de futebol nem de mim, peço tantas coisas a deus mas deus, como sempre, mais surdo do que uma porta, os soldados continuam à nossa frente satisfeitos pelo medo que nos provocam. O soldado da cara quadrada faz de conta que a mão é uma arma e aponta-me o indicador. Dispara imitando o estalido do tiro com a boca e ri-se. Deixa o indicador espetado como se fosse atirar outra vez. Odeio o Lee e o Gegé, estejam eles onde estiverem, odeio os vizinhos que se foram embora e nos deixaram aqui. O soldado que está de pé dirige-se ao pai, temos de te fazer umas perguntas, os olhos do soldado ficam mais barrentos. O pai não se mexe, o corpo grande do pai endireitado, as mãos fechadas, tenho medo do que o pai possa fazer, o pai não tem andado bom da cabeça, ainda há pouco rasgou as dálias da toalha, põe-me o braço esquerdo sobre o ombro, diz-me baixinho, vai para casa e fecha-te à chave.

Não posso abandonar o pai, pertencemos ao mesmo clube, não sou cobarde ainda que não consiga fazer com que as pernas não tremam, vai para dentro, insiste o pai entre dentes, a Pirata ladra, vai para dentro. O soldado diz, fomos informados de que o carniceiro do Grafanil esteve aqui. O pai franze o sobrolho e atira o corpo para trás, aqui, pergunta surpreendido. O preto da cara quadrada aponta o indicador que faz de arma ao pai, dá outro estalido com a língua, já nos matou aos dois com o seu dedo-arma, queremos fazer-te umas perguntas, o pai começa a rir-se, baixinho, depois mais alto, ri-se, o carniceiro do Grafanil, aqui, e ri-se cada vez mais alto. O pai não pode ser o carniceiro do Grafanil nem sabe nada do carniceiro do Grafanil, o pai não andou a matar pretos nem a fazer emboscadas. Nunca tinha visto o pai rir-se assim, as gargalhadas são tão fortes que o dobram, devem estar a brincar comigo, o soldado não sabe como reagir às gargalhadas, o pai não devia ter começado a rir-se, os outros pretos esperam ordens, o pai e eu, lado a lado, a Pirata à nossa frente a proteger-nos, olho em redor, já quase todos os ocupantes das casas se desinteressaram e foram para dentro, os poucos que ficaram olham-nos desatentos, o pai avança, aproxima-se do jipe, olhem bem para mim, fala alto como para uma multidão, digam-me o que vêem, eu digo-vos o que estão a ver, estão a ver um homem que se matou a trabalhar nesta terra, descarreguei sacas de café contigo, contigo, aponta para cada um dos soldados, com teu pai, com o teu tio, com o teu irmão, com o teu filho, não há homem que tenha descarregado mais sacas de café nesta terra do que eu, trabalhei dia e noite e agora, o pai pára de falar e quando recomeça fá-lo com a voz mais baixa, como se lhe custasse falar, tudo o que tenho vai ficar aqui, olhem para as minhas mãos, não cabem mais calos nas minhas mãos e mesmo assim a pele ainda sangra contra a juta das sacas, o pai estende as mãos enormes para os soldados, tanto trabalho para agora ficar tudo aqui, o pai aponta para a casa, para um dos camiões que está mais à frente, os soldados continuam calados, o pai parece estar a ganhar, lembrem-se da minha cara de cada vez que se sentarem à minha mesa, de cada vez que passarem o portão da minha casa, o pai levanta mais a voz, a cara do homem a quem tudo foi roubado não deve ser esquecida, lembrem-se bem, se não fosse tão velho podia ter sido o carniceiro do Grafanil, se não tivesse mulher e filhos, se não estivesse tão cansado, o pai leva a mão à arma, a única arma que tenho está aqui e nunca a usei, os soldados agitam-se, é agora que vamos morrer, os soldados apontam-nos as armas, é agora, tenho esta arma para proteger a minha família, não sou o carniceiro do Grafanil, o pai quase sussurra, os ocupantes que estavam nas varandas chamaram outros, agora estão todos à espera de nos ver morrer, o pai levanta mais a voz, sempre vos paguei a tempo e horas, bebi cachaça e comi funge convosco, nunca abusei das vossas mulheres nem das vossas filhas, dei-vos dinheiro para os medicamentos dos vossos filhos, façam o que quiserem.

O pai põe novamente o braço sobre os meus ombros, vamos, rapaz, não tem medo de lhes virar as costas mas eu tenho, não consigo virar as costas às armas dos soldados, a Pirata salta satisfeita à nossa volta, não consigo andar, o pai empurra-me, os soldados vão disparar, as paredes brancas da casa põem-me ainda mais tonto, agora percebo por que se matam os pássaros contra as

[103] Crianças retornadas comendo num hotel de Lisboa. *Flama*, 14/05/1976. Fotografia de Carlos Gil e A. Xavier. Imagem cedida pelo ANTT.

paredes da casa nas manhãs de cacimbo, o pai empurra-me outra vez, não consigo andar, não sou cobarde, não consigo andar mas não sou cobarde, eles vão disparar se começarmos a andar, não quero que o pai passe pela vergonha de ter um filho cobarde, estou tonto, vou desmaiar como quando tive paludismo, tenho de andar, vamos rapaz, não consigo olhar para o pai, as roseiras da mãe, as armas dos soldados apontadas às nossas costas, tenho de me portar como um homem, a Pirata à nossa espera nas escadas, desculpe pai, as paredes da casa a andar à roda, a casa, o largo, se dermos um passo eles matam-nos, vamos rapaz, o pai puxa-me, vamos para casa, não consigo andar, pai, as paredes da casa apagam-se, anda rapaz, de repente tudo escuro, as pernas dobram-se sem que eu possa evitar, eles devem ter disparado, se calhar não se dá conta quando nos atingem, se calhar morremos e não damos conta, vamos para casa, rapaz, vamos para casa.

FRAGMENTO IV
«TEMOS UMA CASA PARA COMEÇAR»

TESTEMUNHO*

* Trechos selecionados de entrevista realizada a uma mulher branca natural de Cáala, Angola, descendente de colonos de origem madeirense estabelecidos no sul de Angola em finais do século XIX. Residia em Catofe em 1975, data em que vem para Portugal através da ponte aérea Nova Lisboa-Lisboa. A entrevista foi realizada por Elsa Peralta e Bruno Góis no âmbito do projeto de investigação *Narrativas de Perda, Guerra e Trauma: Memória Cultural e o Fim do Império Português* (IF/01530/2014).

FRAGMENTO III

«NÓS? DE COR AINDA POR CIMA?»

TESTEMUNHO*

* Trechos selecionados de entrevista realizada a uma mulher de ascendência mista (portuguesa branca pelo lado paterno e angolana negra pelo lado materno), natural de Angola e residente em Luanda até 1975, data em que vem para Portugal através da ponte aérea Luanda-Lisboa. A entrevista foi feita por Elsa Peralta e Bruno Góis no âmbito do projeto de investigação *Narrativas de Perda, Guerra e Trauma: Memória Cultural e o Fim do Império Português* (IF/01530/2014).

Eu vim de Angola. Eu sou natural da Baía Farta, distrito de Benguela. E depois saí dali muito nova e fui para a zona da Catumbela, que é a zona ali onde o meu pai tinha uma fazenda. Estive lá, uns anos também, e depois fui para... fui para Porto Amboim, e depois para Luanda... A minha mãe era natural de Angola. O meu avô era natural de Cabo Verde. A minha avó é natural de Angola. A mãe era natural de Angola. E o meu pai era natural de Portugal. O meu pai era construtor de barcos. Lá construía barcos. A minha mãe era mais nova que ele. Não tem nada a ver. Era uma miúda. Mas ele era casado cá. O meu pai era casado. E entretanto estabilizou-se lá bem, como estava lá bem, mandou ir a minha madrasta. Porque quem tomou conta de nós foi a minha madrasta. Ela aceitou-nos porque disse que nós não tínhamos culpa. O culpado era ele. E foi ela que nos criou.

(...)

E assim foi, lutei pela vida e depois tive dois filhos lá. Um nasceu em 73 e o outro nasceu em 75. O pai do mais velho não é o mesmo que o pai... Eram os dois portugueses, sim, sim... Apesar de ele ter ido para lá pequenino, mas era português. E o pai do mais velho também era português. Então fiquei com o pai do mais novo. Mas, entretanto, o pai do mais novo lembrou-se de arranjar outra mulher, que até era portuguesa e muito mais velha do que ele, e eu... Separei ainda estava grávida. Nem ele sabia que eu estava grávida, pois. Depois ele andou atrás de mim porque sabia que eu estava grávida, mas eu disse assim:

– «Tens outra...»

(...)

Aquilo depois houve aquela guerra toda e então foi quando a situação piorou mesmo e então foi quando cada qual... Eu por mim não vinha. Se não fosse por causa do meu filho eu não vinha. Porque o meu filho mais velho, uma vez ia sair com ele, e graças a Deus quem me salvou foi a tropa portuguesa, que os nativos lá estavam a dizer que eu estava a tomar conta de uma criança que não era minha. E o filho era meu, mas como ele era muito branco não aceitavam e se não fosse a tropa portuguesa tinha ficado sem ele. Ele é muito clarinho. E então eles não acreditavam. Pensavam que eu era empregada de uns brancos e que estava a tomar conta do filho dos brancos. E não fui eu só. Lá havia filas, que a gente chamava bicha, não é? E lá havia filas para o pão. E então, quantas vezes a fila desmanchou por gente de cor! Houve uma delas, em que estava uma rapariga novinha, até mais nova do que eu. Estava na fila como os outros estavam e veio uns miúdos. Não sei se ouviu falar em pioneiros? São os miúdos que, portanto, vestiam as fardas. As calças faziam assim, enrolavam, e davam a arma para a mão desses miúdos. O que é uma arma nesses miúdos? É mostrar-se valente. Então estávamos na fila e começavam a mandar vir com aquela miúda que lá estava de cor:

– «Vai para a tua terra, vai atrás do teu pai, vai lá para o Tejo!»

Eu nem sabia o que era o Tejo! Depois que vim para cá é que fiquei a saber o que era o Tejo que é o rio Tejo. Pois, e a miúda nem sequer conhecia quem era o pai, quanto mais.

– «Ela não tem culpa, ela não tem culpa. Deviam era ir ter com a mãe porque é que dormiu com o branco. Mas não com ela. A miúda não tem culpa de a mãe ter abrido as pernas a um branco, ter abrido as pernas ao pai dela.»

(...)

O que também fazia confusão é que muitas brancas não tinham filhos em Angola. Eu depois percebi mais tarde porque é que havia isso, porque diziam que os filhos que nasciam lá nasciam de cor. Só depois é que eu vim a perceber porque é que foi isso. Porque muitos tiveram filhos de cor. Não souberam foi explicar porque é que os filhos eram de cor. Disseram que é porque nasceram em Angola, e então os filhos nasceram de cor! Mas não! Esqueceram foi de dizer que tinham filhos com gente negra de Angola! E eu só percebi isso mais tarde. Essa confusão. As pessoas só nascem de cor se tiverem gente de cor. Se não tem não nasce. Ah, pois é.

– «Então não é o sol de lá? O clima?»

– «Não tem nada o clima de lá, não tem nada a ver com as pessoas! O clima de lá não tem nada a ver com as pessoas!»

– «Ah, pois, tem o fulano não sei quê, como o miúdo nasceu lá, saiu escuro...»

– «Não! Isso é mentira! A mãe dele é que é escura!».

Porque muitos a desculpa que deram foi essa. Nasceram lá, vieram escuros. Esqueceram-se no forno! É tudo mentira! Não vale a pena, que é tudo mentira.

(...)

Eu trabalhava em Luanda na Avenida dos Combatentes, onde era a padaria, e os meus serviços era o segundo prédio, era mesmo ali. Era doméstica. Sempre trabalhei de doméstica. Sempre, sempre, sempre. Trabalhei em várias casas, a fazer comida e assim, mas a principal era só um, os meus patrões era só um. Eram portugueses. E então trabalhava para eles.

(...)

Entretanto fiquei lá e a situação cada vez foi piorando e para quem tinha crianças... e entretanto o meu filho adoeceu também e então eu vim mesmo. Disse aos meus serviços que a solução era mesmo... Eles até queriam que eu viesse com eles. E eu disse:

– «Não, vou ver se aguento, vou ver se aguento mais...»

Mas aquilo não foi para aguentar. Eu estava naquela coisa: a guerra lá passa, isto é só agora enquanto não há a independência... Só que aquilo a situação era mesmo debaixo de fogo.

(...)

Estou-lhe a dizer, eu não morri porque Deus não quis. Eu tinha pessoas para comer e pessoas para lavar roupa. Peguei numa bacia de roupa fina, assim de camisas finas. Eu tinha pessoas só para lavar mesmo coisas finas, calças e tudo à mão. Mas tinha havido tiroteio e eu que tinha de entregar roupa. Não faço mais nada. Pego numa bacia de roupa, ponho para descer cá baixo. E estavam uns rapazes que tinham trabalhado para o patrão, que o patrão estava lá em cima, era do... 3.º. E os rapazes estavam ali à espera para o patrão ir fazer o pagamento. Os rapazes estavam sentados em cima do tanque. Pois os soldados vieram, entraram por trás, pois tudo o que ali estava só pegaram na metralhadora e foi fazer assim. Eu tinha acabado de sair dali, a bacia da roupa, as camisas, não se aproveitou nada. Ficou tudo cravejado. Tudo cravejado. Eu quando chego lá acima, olho cá para baixo, só vejo o sangue a escorrer. Eu já nem sabia, se ficava a olhar se... Eu disse assim:

– «Que desgraça! Mas que desgraça!»

Uns tinham apanhado pelas pernas, outros tinham apanhado pela cintura, todos esticados ali no chão, nós a pedirmos ambulância. Qual ambulância qual carapuça! Todos ali...

(...)

Cheguei cá no dia... que dia é que foi? Foi em outubro, cheguei cá em outubro, outubro de 75. Já não nos estavam a deixar trazer nada. Estivemos seis dias no aeroporto, à espera... O aeroporto era uma fronteira, porque era o único sítio que a pessoa... só aquele espaço... Ninguém nos garantia nada, que não houvesse tiroteio e que ficássemos ali... Dentro do aeroporto é que já estava seguro, porque estava lá a tropa portuguesa...

O pior é que depois deixámos de ter aviões. E depois começaram a pôr o avião da Rússia, que era um avião todo luxo, todo não sei quê. Começaram a dizer que ele trazia o pessoal e, em vez de vir para Portugal, não vinha para Portugal, ia para a Rússia. Ninguém queria ir! Pois está claro. Nem eu!

– «Isso é que era bom! Então? Estou a fugir de um sítio para ir para outro? Nem pensar nisso! Ai é? Então não vou!»

O avião cheio de lataria, cheio de coisas assim. Os únicos que vieram nesses aviões foram os oficiais.

– «Nós? De cor ainda por cima? Enfiar ali dentro? Nem pensar nisso! Não tem voo para mim? Também não vou! 'Tou aqui no aeroporto!»

Eu só pedia para ir lá à Cruz Vermelha para trazer o meu filho porque o meu filho tinha apanhado... tinha apanhado sarampo, e já estava com o sarampo recolhido. O meu menino podia ter problemas e então eu só pedia que encaixassem num voo, mas que tivesse a certeza que viesse para Portugal...

(...)

Então e assim foi e então aquilo foi uma autêntica confusão! Então foi quando:

– «Estão aqui dois aviões, já são um bocado velhos...»

[104] Refugiados de Angola chegando ao aeroporto da Portela em Lisboa. *Flama*, 23/05/1975. Fotografia de Carlos Gil. Imagem cedida pelo ANTT.

– «Chega lá ou não chega?»
– «Não, chegar, chega...»
– «Está bem!»

Mas o avião era tão velho, meu Deus, com tantos remendos... trazia pessoas a mais. Vinha tudo! Vinha tudo! Tudo! Crianças, bebés, recém-nascido. Vinha tudo. Tudo o que coube lá dentro. Foi só empilhar. Mas ficou lá muita gente. Aquilo ficou muita gente mesmo. As bagagens é que não trouxemos. Não trouxeram muitas bagagens porque o avião também não podia levar. Já não aceitavam. O meu filho e as outras crianças vieram dentro tipo dum caixote, assim tipo de um caixote, vieram assim todos ali, com as almofadas e todos separados...

Trouxe a roupa, algumas peças minhas, vim só..., que era só para vir e pensei, para a independência faltavam poucos dias. Então eu vim em outubro.

– «Ah! Não levo quase nada!»

[105] Ocupação da Colónia Balnear O Século pelos retornados. Jornal *O Século*, 11/03/1976. Fotografia de Júlio Marques. Imagem cedida pelo ANTT.

Fechei a porta e vim. O meu filho estava doente, eu quero é pôr o meu filho a milhas. Levo o meu filho e um saco de roupa. Até documentos nem levei.

(...)

Então quando cheguei a Portugal ainda foi a maior desilusão. Ai Nossa Senhora! Tudo a monte no aeroporto. Tudo a monte. Cheguei a Portugal, cheguei ao aeroporto de Lisboa, perguntei, eu disse assim:

– «Então, quando é que vamos para a metrópole?»

– «Nós já cá estamos!»

– «Estamos em Portugal?»

– «Sim!»

– «Isto é que é o aeroporto de Portugal?»

(...)

Saímos, e depois ficámos todos ali. Procurei onde era a Cruz Vermelha onde estava o meu filho. Ficaram lá num canto do aeroporto, assim tipo um quarto onde estavam as crianças todas, não era só o meu filho, havia muitas crianças. E então eu todos os dias ia lá ver o menino e estávamos ali. De noite, dormir era em pé, tanto sono dava que esticávamos mesmo ali no chão, no chão.

Entretanto, chego ao aeroporto e eu trago dinheiro. O meu patrão deu dinheiro, eu tinha dinheiro, toda convencida que vinha bem, não é? E quando chego no aeroporto:

[106] Família desalojada de Angola que vive no parque de campismo do INATEL, na Costa da Caparica. *Flama*, 22/08/1975. Imagem cedida pelo ANTT.

– «Ah, não, só pode trocar x por cada pessoa.»

– «Ah é isso? Ah, não! Eu vou almoçar!»

– «Vais almoçar aonde?»

– «Então, não está a ver ali o restaurante? Está cheio de gente, eu tenho dinheiro vou almoçar!»

– «Não, esse dinheiro não recebem!»

– «Não! Recebem porque é português. Eu vou lá!»

Cheguei lá, vi assim uma mesa com dois lugares, né? O senhor ficou já assim a olhar para mim.

– «Eu quero comer!»

– «Ah, não! Aqui, não é para os desalojados!»

– «Oh, outra vez! Desalojado é quê?»

[107] Retornados em São Bento. Jornal *O Século*, 05/05/1976. Fotografia de Noé Ramos. Imagem cedida pelo ANTT.

Mas já se viu a desgraça? Uma pessoa com dinheiro e não pode fazer nada? (...)

Até que passou a aparecer pessoas conhecidas.

– «Ah, já chegaste, estás cá?»

– «Ah! Pois estou! E vocês onde estão?»

– «Ah, nós ainda não temos lugar, vamos não sei para onde...»

Para mim os nomes era igual. Não me dizia nada... Depois perguntaram quem quer ser alojado. Eu disse assim:

«E isso ser alojado é quê?»

Até que depois aparece essas pessoas:

– «Olha nós estamos do outro lado do rio, estamos no Inatel. Não é preciso mais nada. Vais lá dizer que vais para o Inatel.»

– «Vou dizer o quê?»

– «Vai lá dizer que vais para o Inatel.» Como o miúdo já estava melhor, então peguei nele e fomos para o Inatel. Entretanto estive lá e depois começaram, depois de estar lá, depois começaram a pedir pessoas para trabalhar. E eu disse assim:

– «A minha madrasta disse sempre, onde se tira e não se põe, acaba e não há nada. O meu dinheiro já está a acabar, e eu não vejo a guerra em Angola acabar, as coisas não estão a melhorar. Não! Tenho que trabalhar.»

– «Depois o que é que vais fazer?»

– «Olha, o que eu fazia em Angola faço aqui, então qual é o problema?»

– «Ah, se tu tens comida, tens roupa, tens alojamento, ainda tens...»

Recebíamos por mês, quanto é que recebíamos por mês? Bastava ir ao IARN. Tínhamos x por mês, que eu já não me lembro quanto é que era por mês.

– «Não, eu quero juntar dinheiro porque quero ir para Angola e levar algum. Vou então trabalhar.»

Depois foi quando a doutora assistencial disse que para trabalhar tem de dar baixa do sítio onde estava. Eu disse:

– «Pois, e se eu não gostar?»

– «Então vais experimentar trabalhar um ou dois meses e depois vê-se. Se queres continuar nós vamos dar baixa.»

– «Está bem.»

Assim foi. Trabalhei, gostei, afinal de contas eram angolanos. Então estive lá, e lá estou. Passados 40 anos. Foram passando, assim.

FRAGMENTO IV

«TEMOS UMA CASA PARA COMEÇAR»

TESTEMUNHO*

* Trechos selecionados de entrevista realizada a uma mulher branca natural de Cáala, Angola, descendente de colonos de origem madeirense estabelecidos no sul de Angola em finais do século XIX. Residia em Catofe em 1975, data em que vem para Portugal através da ponte aérea Nova Lisboa-Lisboa. A entrevista foi realizada por Elsa Peralta e Bruno Góis no âmbito do projeto de investigação *Narrativas de Perda, Guerra e Trauma: Memória Cultural e o Fim do Império Português* (IF/01530/2014).

Eu saí de lá com 21 anos. Nasci na Cáala. Vivi na Cáala, lá estudei até à 4.ª classe. E depois saí por um ano, tinha mais ou menos nove anos, regressei com dez. Fui trabalhar para uma professora e quando voltei sempre trabalhei em vários empregos até me casar. Tinha 14 anos quando conheci o meu marido e de lá a dez meses casei pela Igreja. Deste casamento nasceram três filhas, ainda lá, que são as filhas que estão hoje na América. A mais velha tinha quatro anos, a do meio dois anos e a mais nova tinha dois mesinhos quando saímos de Angola.

(...)

Quando casámos fomos viver para Sá da Bandeira, estivemos lá uns meses depois fomos viver para o Techamutete outros tantos meses. Nós corremos muito Angola. Viemos para o Catofe e dali ainda tornámos a sair para Henrique de Carvalho aonde nasceu a nossa filha mais velha. Depois voltamos para trás para o Catofe, que foi quando os pais do meu marido convenceram para nós fazermos uma leitaria. O nosso negócio era termos gado, ter uma fazenda e o nosso princípio de vida foi lá. Lá nasceu depois a nossa segunda filha e a terceira, e quando nasceu a terceira filha foi quando a guerra rebentou.

(...)

Nós tínhamos uma vida muito linda, muito difícil, muito trabalhadora. Quando a guerra rebentou, o pai do meu marido estava connosco lá. Todos tinham leitarias. E quando ele se pressentiu que a guerra ia rebentar, ele pediu ao seu pai que viesse aos Estados Unidos para... como ele tinha papéis americanos, para nos legalizar, para a gente poder começar uma vida noutro lugar porque nós tínhamos que abandonar Angola.

Aquilo rebentou em abril de 1975, foi mais ou menos nessa altura, com um mês ou dois de diferença.

(...)

O que aconteceu foi que os pretos ficaram com a liberdade igual ao branco. Por exemplo, o preto era uma pessoa que tratava o branco por você e naquele dia perdeu o você e és tu. Lá eu era patroa, tinha empregados, e para eles eu morri de patroa, eu era igual e aquilo dava medo porque eles revoltaram-se por causa de muitos e muitos anos eles foram escravizados. Não por nós, mas pelos antepassados, e quando eles sentiram a liberdade só quem pagou

[108] Agostinho Neto.
Flama, 21/02/1975.
Imagem cedida pelo ANTT.

fomos nós. Mas numa parte eles ainda foram bons, porque eles disseram ao meu marido:

– «Se o patrão não fugir esta noite, não vai escapar.»

E quando o meu marido chegou, ele disse:

– «Vamos embora, nós temos que ir para Nova Lisboa.»

Para a Cáala, que era onde estavam os meus pais. A minha filha nasceu… nasceu em maio, e tinha talvez… não tinha um mês ainda quando nós fugimos para a Cáala.

(…)

Fizemos o caminho de carro. Aquilo não houve nada organizado, ele chega um dia à noite e só diz:

– «Arruma umas roupas para a gente ir embora!»

E vamos embora. Ali não tens que embalar nada, não tens que pensar nem em levar mobílias, nem em levares nada. Levas a roupa vestida e um saquinho para vestires e acabou e sais. Abandonas tudo e vais-te embora. Trouxemos só roupa vestida e o camião que ele tinha… Eu não estou bem… eu não tenho assim muitas lembranças… E fomos então para casa dos meus pais e lá é que a gente… Fomos parados e eu parece-me que me recordo de nos pararem uma vez ou duas, mas não revistaram nada. E conseguimos chegar salvos até à casa

Página seguinte:

[109] Crianças-soldado angolanas. *Flama*, 27/02/1976. Imagem cedida pelo ANTT.

dos meus pais. Foi mais ou menos em junho e estivemos lá dois meses na casa dos meus pais.

(…)

Aquilo era preto contra preto, branco contra branco, pretos e brancos, aquilo não era só pretos contra nós, também havia brancos juntamente, e aquilo não foi… era feio… havia muito tiroteio. Eu vi muita guerra, muito tiroteio, eu vi, já na Caála…

A minha filha era muito doente, a mais pequenina, e eu tinha de lhe ir dar uma injeção todos os dias ao hospital da Caála, que aquilo talvez a lonjura… talvez seja… dois, eu penso uns dois quilómetros, a pé. O meu marido tinha carro naquele tempo, mas ele estava transtornado, não era ele. Ele tinha perdido… eu posso dizer, a noção de tudo. Ele dedicou-se à bebida para esquecer…

E eu tinha de fazer aquele caminho todos os dias a pé com a minha menina e eu já nem me recordo com quem é que deixava as outras. A minha memória… eu sofri muito naquele tempo. Ou deixava com a tia… Não sei onde é que as deixava. Eu só me recordo de andar com a minha bebé no colo e quando os tiros começavam a passar por cima, aquilo era horrível, eu abaixava-me debaixo das árvores até acalmar. A gente só via aqueles tropas que passam de um lado para o outro, mas são tropas… pretos e brancos, não é só o preto, que a gente diz que a guerra era os pretos, não, tinha o branco também misturado. Porquê? Eu não posso entender porque havia muito branco. Só eu ia todos os dias dar aquela injeção à minha filha e vinha para casa cheia de medo, já se sabe que sim, mas passou.

(…)

Nós tínhamos em casa da minha mãe … eu penso que recordo, eu era muito nova ainda, nós tínhamos 50 e tal pessoas a viver dentro da casa da minha mãe. Pessoas que vieram, famílias, de longe. Eu, as minhas irmãs, quem éramos casados, com os nossos filhos, eu tinha a minha sogra, também lá na Cáala, mas ela ficou em casa de uma filha. Aquilo era tudo famílias de refugiados em casas de uns e de outros, à espera de podermos sair de Angola para outro país qualquer. A ideia nunca foi vir para Portugal. A ideia era ir para os Estados Unidos porque era onde a gente podia começar uma vida tendo o pai dele lá, ou então para o Brasil.

(…)

Ficámos na Cáala, fomo-nos registar, eu penso que em Nova Lisboa, que é outra cidade grande, era a cidade maior naquele tempo, para escolhermos o lugar para onde nós queríamos vir. Tínhamos que registar. Eles davam, o governo lá, como nós perdemos tudo, o governo, eu penso que o governo porque se apoderou de tudo quanto era nosso, ele é que pagou as passagens para gente ir para onde a gente quisesse. Nós escolhemos os Estados Unidos porque a gente queria ir para a América. Como não era possível ir já diretamente de Angola para a América, porque o meu sogro não fez os papéis em tempo, o governo pagou para nós irmos de Angola para São Jorge, que era onde o meu marido tinha nascido. Ficámos em São Jorge sete meses, à espera que o meu

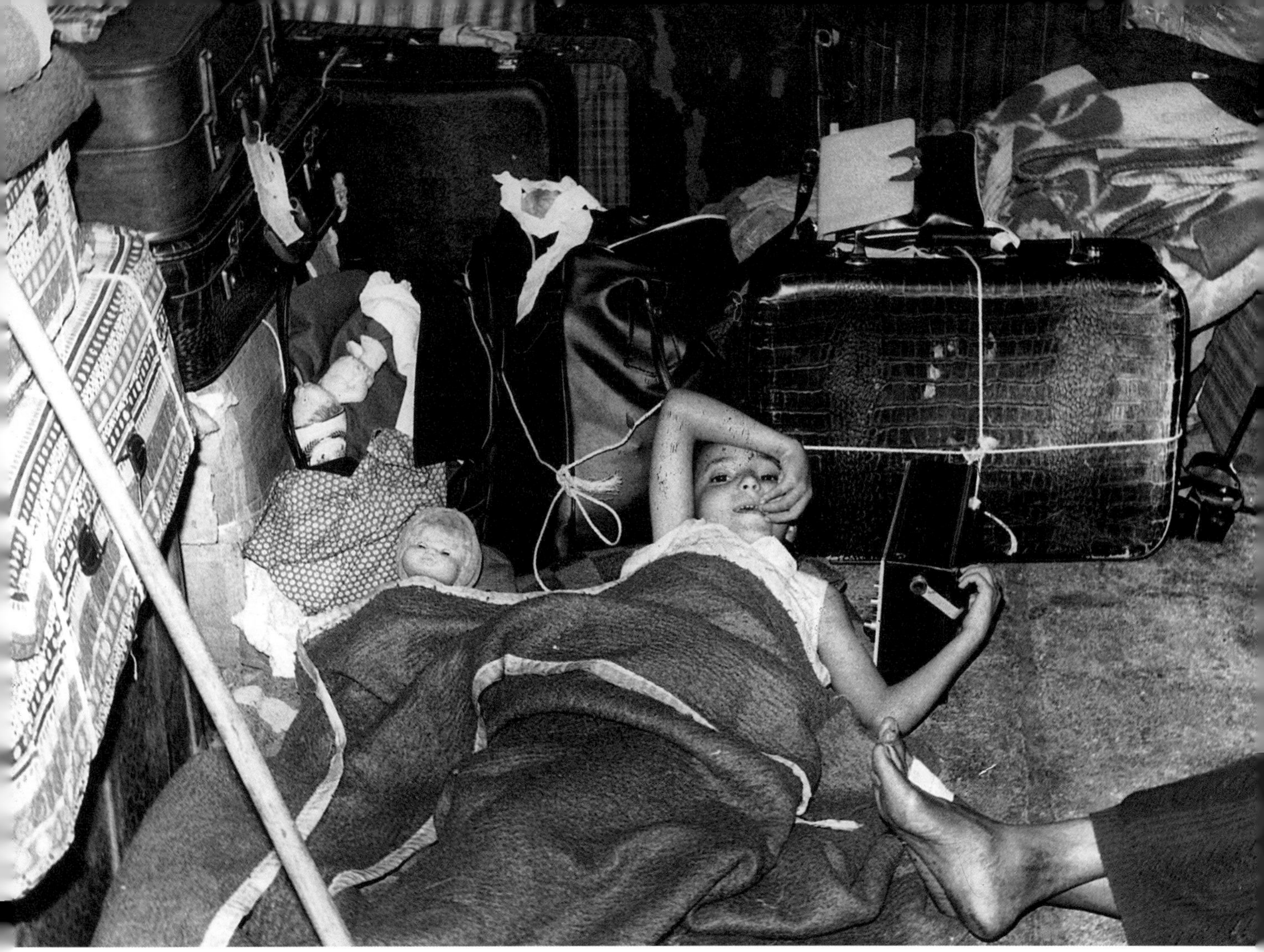

[110] Retornados no aeroporto de Lisboa, outubro de 1975. Fotografia de Abreu Morais. SNI: Arquivo fotográfico. Imagem cedida pelo ANTT.

sogro tratasse dos papéis, e o governo tornou a pagar as passagens de São Jorge diretamente para a América.

(...)

Aquilo estava... a gente regista e dá os nossos nomes, e agora vais para casa e escutas a rádio todos os dias. Nós vamos anunciar, davam-nos um papel, olha isto é o teu voo, vais sair neste dia a esta hora, bota sentido. E a gente *through the* radio, todos os dias ouvia a notícia:

– «Amanhã sai este voo diretamente para São Jorge, número tal...»

E então a gente tínhamos de nos apresentar no aeroporto nesse dia para podermos sair. Aquilo era milhares de pessoas, a dormir, aquilo era um horror... Eu já nem me recordo muito bem. Eu sei que aquilo era muita multidão. Aquilo era pessoas, um horror. Mas no dia que eles disseram para nós que íamos sair, foi no dia que saímos.

(...)

Quando chegou o dia da partida de irmos para São Jorge viemos todos juntos. A minha mãe não. A minha mãe partiu para... saíram todos primeiro do que eu... eu fui a última a sair. Fiquei na casa da minha mãe. Mas eu nem sequer sabia onde e quando é que tornava a ver os meus pais, eu sabia que eles iam para Lisboa, eu nem sequer sabia que a minha mãe ia para a Madeira.

Tanto que quando ela saiu, não temos direções para dar a ninguém para a gente se poder comunicar, a gente estava todos numa revolução sem saber. Deixei a minha direção, porque depois o meu marido tinha a direção para onde nós íamos para São Jorge e dei a uma prima e eu disse a ela:

– «Se um dia encontrares os meus pais dá-lhes esta direção porque é para aqui que eu vou.»

E por obra e graça de Deus, assim foi. Passado... eu penso que já estava em São Jorge talvez já há uns quatro meses, quando recebo uma carta a dizer:

– «Os teus pais estão na ilha da Madeira e está tudo bem.»

E assim foi. Começámos então a nossa vida lá e experimentámos esquecer Angola, porque não foi fácil ver as minhas irmãs, irmãos, todos partir e eu fiquei sozinha porque ali vais por escala, hoje és tu, amanhã é aquele, família por família.

(...)

Mas olha, agradeço a Deus ter saído de lá. Não tenho vontade nunca mais na minha vida de tornar a ir lá, não, nem que me pagassem um milhão de dólares. Para dizer:

– «Queres ir ver a tua casa, queres ir ver as tuas coisas?»

Não. Porque... é doloroso. Quando eu era tão nova, sofri tanto, trabalhei tanto e sair da minha casa sem sequer fechar a porta... é custoso. Sei que destruíram tudo, o nosso gado desapareceu, não temos nada. O que é que eu vou lá ver? Só a terra? Não! P'ra mim acabou. Há pessoas que gostam de ir ver... Não. Fechei a minha memória, como aquilo... foi um sonho. Um mau sonho, talvez, que eu tive, e às vezes não quero acordar. Só quando há, assim como agora estamos a falar, ou quando eu vejo as notícias na televisão sobre guerra, como estes refugiados que estão a vir agora, isto faz a gente voltar para atrás, a memória e pensar que eu também já estive assim. A gente chegar como eu cheguei a São Jorge com três filhas e sem nada. A gente não sabe o que é que vai fazer, o que é que vai comer amanhã, para onde é que vamos.

(...)

Fomos para uma casa com muita gente. Era de um cunhado do meu marido. Ao fim de um mês ele disse:

– «Eu tenho que trabalhar para ajudar a sustentar.»

Nós tínhamos que comer. Então um senhor disse-lhe:

– «Olha eu tenho uma casa para tu viveres.»

E eu recordo-me daquela casa, aquilo são quatro paredes, que a gente pode dizer, sem nada. Tinha lá camas, eu não vou dizer que não, uma cama em cada quarto e tinha uma mesa, mas não tens nada. Não tens um prato, não tens um copo, não tens uma panela e não tens dinheiro e tu olhas para aquela casa e eles dizem:

– «Podes viver aqui.»

Mas eu penso que Deus ajudava, eu estava feliz porque tinha uma casa para viver, isto é verdade e disse:

– «Temos uma casa para começar.»

Mas nisto vejo aquelas velhinhas, que Deus lhes dê o céu, uma trazia-te um pão, outra trazia-te um cobertor, outra trazia-te um copo, uma panela e assim

[111] Retornados trabalhando para a construção de pavilhões para avicultura e suinicultura, s/d. *Flama*, 02/07/1976. Fotografia de José Ruiz. Imagem cedida pelo ANTT.

[112] Retornado trabalhando no aviário da Cooperativa *Comida*, de Viana do Castelo. *Flama*, 02/07/1976. Fotografia de José Ruiz. Imagem cedida pelo ANTT.

foi. Entre todas aquelas velhinhas ali naqueles arredores, na minha casa não faltava nada e o meu marido trabalhava todos os dias e assim vivemos sete meses.

(…)

Mas eu digo, quando eu saí de lá, eu… ainda hoje, ele às vezes diz:

– «Gostava de ir a São Jorge.»

– «Não, não…»

Não quero ir àquele lugar onde eu sofri tanto porque… porque não. Na América é diferente. A Califórnia para mim foi dos melhores lugares do mundo que eu pudesse ter ido. Trabalho duramente, que ainda hoje trabalho, posso começar às seis da manhã até às nove, dez da noite, que não tenho medo do trabalho. O meu marido trabalha, já com 72 anos e ainda trabalha, mas somos felizes, a gente tem o que quer. Para passear muito não. Não é como aqui que todos têm as suas férias. Eu não tenho férias. Eu trabalho cinco anos para tirar umas férias por um mês como eu vim agora aqui. A vida lá também é custosa. As pessoas pensam que a América é a América, é riqueza, mas não... A América é bom para trabalhar e é bom para a gente viver, mas não é rica de fortunas como muitos pensam. Tenho a minha casa, graças a Deus, tenho tudo o que quero dentro dela. Criei três filhas, eduquei-as bem graças a Deus, estão todas casadas, todas amparadas, e tenho oito netos.

(...)

Eu vou sentir-me sempre portuguesa. Embora tenha os papéis americanos, isso não quer dizer nada, eu vou ser sempre portuguesa. Em Angola era portuguesa. A mesma coisa ainda hoje. Uma portuguesa da América, *Yes*, vou-me considerar sempre portuguesa... e eu gosto sempre de falar o nosso português, sempre, sempre. Não vou dizer que uma vez por outra a gente lá mete uma palavra em inglês, mas eu adoro falar o português... eu, eu acho que é lindo nós continuarmos com a nossa língua, com a nossa tradição e adoro quando em ajuntamentos em minha casa com as nossas filhas, é português, português. Os genros são todos americanos e eles olham, e já percebem alguma coisa, mas nós gostamos do português.

(...)

Eu já nem me recordo... chorámos muito, chorámos, uma revolta por muito tempo, mas tudo se esquece, Deus me livre se a gente não esquecesse, a gente tem de esquecer. Tudo acaba. A revolta maior foi o afastamento da família porque levou muitos e muitos anos para nos podermos encontrar. Isso foi horrível. Quinze anos. Para ver a minha mãe. Nem era contactos por telefone. Era por escrito. Cartas que escrevia para aqui e a minha mãe para lá e os meus irmãos. Depois a minha filha já ia casar-se, a mais velha, e eu paguei as passagens para a minha mãe ir lá ao casamento da minha filha... Hum, hum. Desde Angola, eu tinha 21 anos a última vez... e via-a passados 15 anos. Depois viemos cá ao fim de 20 anos ver os meus irmãos. Estive 20 anos sem vê-los. E agora temos vindo sempre de cinco em cinco anos, que é o melhor que a gente pode fazer. Mas foi custoso. Aquilo foi uma família, foi uma guerra que destruiu... as famílias separaram-se, que talvez muitas famílias nunca mais se vão tornar a ver. Tenho tios no Brasil, os outros tios estão aqui, estes ainda os vejo, os do Brasil só vi uma vez e talvez nunca mais. E isso é custoso, porque se não fosse este governo... aquilo que aconteceu, nós estávamos lá todos. Mas o destino... temos de seguir para a frente, não temos outra alternativa.

FRAGMENTO V

CADERNO DE MEMÓRIAS COLONIAIS*

ISABELA FIGUEIREDO

* Excertos de Isabela Figueiredo, *Caderno de memórias coloniais* (Coimbra: Angelus Novus, 2009), pp. 51-53; 69-71; 83; 115; 123.

13.

Ernesto não ia trabalhar há três dias. Era preto e os pretos eram preguiçosos, queriam era passar o dia estendidos na esteira a beber cerveja e vinho de caju, enquanto as pretas trabalhavam na terra, plantavam amendoim ao sol, suando com os filhos às costas, ao peito, e a enxada a subir e descer para o chão. Preto era má rês. Vivia da preta. Não pensava na vida, no futuro, nos filhos. Só queria descansar, dormitar, dançar, cantar, beber, comer, viver vida boa.

Era absolutamente necessário ensinar os pretos a trabalhar, para seu próprio bem. Para evoluírem através do reconhecimento do valor do trabalho. Trabalhando, poderiam ganhar dinheiro, e com o dinheiro poderiam prosperar, desde que prosperassem como negros. Poderiam deixar de ter uma palhota e construir uma casa de cimento com telhado de zinco. Poderiam calçar sapatos e mandar os filhos à escola para aprender ofícios que fossem úteis aos brancos. Havia muito a fazer pelo homem negro, cuja natureza animal deveria ser anulada – para seu bem.

De maneira que, ocasionalmente, aos sábados à tarde, meu pai tinha de ir ao caniço procurar o Ernesto.

O caniço era para os lados de Xipamanine, ou do aeroporto, ou longe, longe. O caniço era como o labirinto do Minotauro, e o meu pai era o Minotauro que aí entrava e saía, quando lhe apetecesse, para exercer a sua justiça.

O caniço encontrava-se talhado de caminhos estreitos, recortados por entradas para aglomerados de palhotas, onde se juntavam mulheres falando, crianças chorando ou brincando, cães sarnosos dormindo, cabritos remoendo capim, pilões pilando milho, vozes altas, latas de comida fumegando sobre o carvão; basicamente, a vida. O caniço era de cana velha, já cinzenta, ou nova, cor de café com leite clarinho.

O meu pai levava-me pela mão, e eu sentia-me portátil como uma mochila leve; ia quase no ar. A terra era vermelha e havia uma poeira cor-de-rosa sobre todas as coisas. Por vezes o meu pai parava e perguntava, onde fica a casa do Ernesto tal e tal? Ah, era mais adiante, perto duma árvore grande, duma cantina velha, dum cruzamento onde estava uma palhota nova, e depois ia, ia, ia,

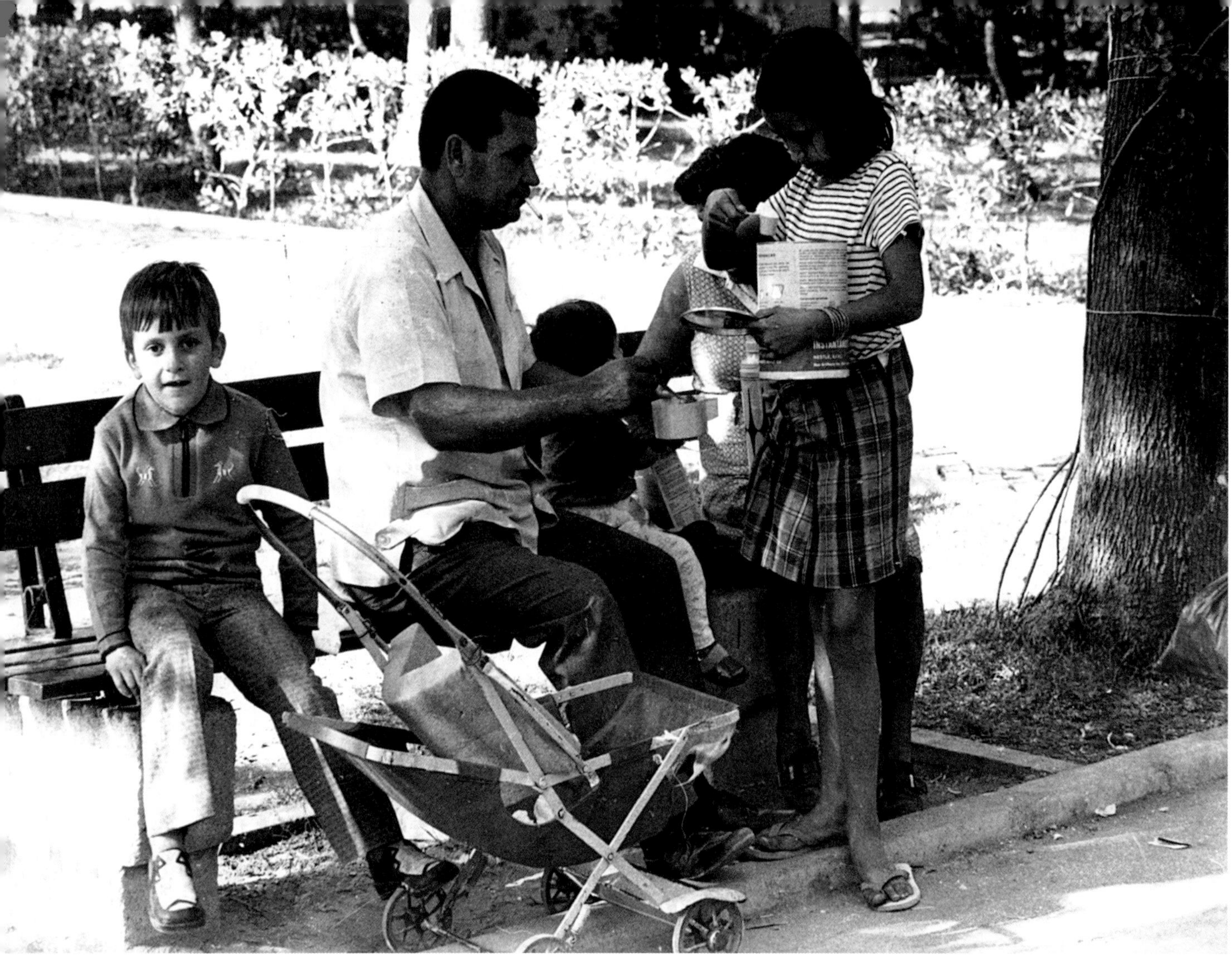

[113] Retornados. *Flama*, 22/08/1975. Imagem cedida pelo ANTT.

encontrava. O meu pai perguntava, e eu ia atrás, voando sobre o solo vermelho, espreitando pelos recortes no muro de caniço atrás do qual se escondia a vida dos negros, essa vida dos que eram da minha terra, mas que não podiam ser como eu. Eram pretos. Era esse o crime. Ser preto. Depois o meu pai encontrava o lugar, é aqui que mora o Ernesto? Onde está o preguiçoso? A mulher apontava a palhota. O meu pai largava-me a mão, e entrava, enquanto eu ficava cá fora abraçada ao meu peito, no meio das galinhas, dos filhos descalços do preto, da preta, dos outros pretos todos da vizinhança que tinham visto o branco e vinham saber.

O meu pai gritava lá dentro, e aos safanões trazia-o para fora, atordoados ambos. Segunda, vais trabalhar, ouviste? Segunda, estás nas bombas às sete. Vais trabalhar para a tua mulher e para os teus filhos, cabrão preguiçoso. Queres fazer o quê da vida? Safanão. Soco. E a mulher e os filhos e o bairro todo, e eu, estávamos ali, imóveis, paralisados de medo do branco.

E eis que o branco mete uma nota na mão da negra e diz-lhe, dá de comer aos teus filhos; depois levanta-me no ar, atrás de si, presa pelo seu pulso, enquanto grita ao negro, Segunda, nas bombas, ai de ti.

E voamos ambos para fora do caniço. De todo o lado sai, assoma gente, e cães, galinhas, cabras assustadas. Já um nervoso miúdo no caniço. O branco foi lá dentro, deu porrada no Ernesto, agora vai a sair, o branco trouxe a menina, é a filha do branco.

E o homem branco que me leva pela mão voando, atravessa o caniço veloz, procura a *Bedford* estacionada lá fora, senta-se, põe o motor a trabalhar, arranca, olha para mim, então, estás cansada, queres ir beber uma Coca-Cola? Queres que te deixe provar o meu penalti? Olho-o, não respondo. Aquele homem branco não é o meu pai.

20.

No Maputo, após a independência, e mesmo antes, certos militares desmobilizados do exército português que não regressaram à pátria, por serem moçambicanos, negros ou brancos, foram perseguidos e assassinados. Dizia-se, entre brancos, que era a FRELIMO em vingança de guerra. Havia comités de bairro; formavam-se comissões. Ia-se a casa. Revistava-se. Tudo era possível nesse tempo sem lei.

Morrer sempre foi fácil naquela terra, antes ou depois.

O meu primo tinha sido educado no mais profundo desprezo pelo negro. Quando fez 19 anos, e o mandaram para o Niassa, partiu contente. Ia lutar pela califórnia portuguesa.

Descia a Lourenço Marques de nove em nove meses, mas já não era o mesmo. Deixou crescer a barba. Era a guerra, e o meu primo nunca falou da guerra. Ninguém falava da guerra. Suponho que não se fale da guerra, nunca.

«Então, são tesos, os gajos, lá no Norte?» Ele sorria, não respondia. «Mas vocês limpam-lhes o sebo, hein? Eles ainda vão ver quem fica com isto.» O meu primo falava pouco e evitava a roda social. Fechava-se no quarto a fumar, e calou-se para sempre. Mesmo que tenha dito uma ou outra coisa depois disso, «sim, não, talvez, não sei», nunca mais falou. Tinha vergonha, o meu primo. Olhava-me com uns olhos vivos, e tinha vergonha de mim.

Era um homem moreno e bonito. Eu tinha 10 anos muito em fogo, amava-o em segredo, e embora não soubesse o que era o sexo, sonhava viver com ele intensas aventuras eróticas. Espreitava-o no seu quarto, que mantinha sempre em meia-luz, onde se refugiava fumando muito. Não sabia o que dizer-me. Tinha vergonha de mim. Eu fechava os olhos e fantasiava que nos amarravam, abraçados um ao outro, lançando-nos a uma piscina incendiada, e que a intensidade do que era realizado, essa violência, nos queimava de prazer. O meu primo acordou o meu primeiro estranho desejo, e, uns anos mais tarde, matou-se.

25.

Após o 25 de Abril já se ouvia falar livremente sobre a guerra. Até porque os turras entraram pela cidade dentro e foi necessário explicar de onde vinham, quem eram esses invasores cheios de poder.

Percebi que os colonos desejavam a independência, mas sob poder branco. Eventualmente, partilha de funções administrativas com um ou outro mulato educado, maleável. A FRELIMO era indesejada. Aquela terra, diziam, não seria

[114] Retornados em São Bento. Jornal *O Século*, 07/05/1976. Fotografia de Noé Ramos. Imagem cedida pelo ANTT.

para os negros nem para a metrópole, mas para os brancos que ali viviam. Seria uma independência branca; pretendia-se erguer ali uma África do Sul-califórnia-portuguesa.

Ainda hoje os vejo envolvidos na mesma nostalgia. «A independência foi mal feita, e os culpados foram o Mário Soares e o Almeida Santos, que nos venderam e entregaram tudo aos pretos». Eu traduzo, «aquilo que entregaram aos pretos deviam tê-lo entregue a nós, que logo tratávamos da negralhada». Quando revelam, com lágrimas sinceras, «deixei o meu coração em África», eu traduzo, «deixei lá tudo, e tinha uma vida tão boa.»

O meu pai, na véspera de morrer, sonhou que andava a fazer uma instalação no Sommershield, e que eu tinha ido com ele na carrinha; depois fomos petiscar ao Sabié, uns pregos; Coca-Cola, eu; ele, um tricofaite. Estou a ver o meu pai a sorrir. «Gostas?» Sorrio. «Gosto.»

Precisamos de tempo para compreender. Para matar. Para poder olhá-los de novo na cara com o mesmo amor. Para perdoar.

[115] Manifestação de angolanos. Jornal *O Século*, 08/08/1975. Fotografia de Novo Ribeiro. Imagem cedida pelo ANTT.

[116] Manifestação de retornados em São Bento. Jornal *O Século*, 06/04/1976. Fotografia de Fernando Baião. Imagem cedida pelo ANTT.

[117] Procissão silenciosa de refugiados angolanos. Jornal *O Século*, 06/03/1976. Fotografia de Abel Fonseca. Imagem cedida pelo ANTT.

34.

Eu tinha andado a roubar os pretos. Julgava que me iam lavar os pezinhos com água de rosas?!

Isto não eram as Áfricas!

«Ah, não gostas de bofe com arroz? Andaste a roubar os pretos e julgas que havemos de te servir camarão num prato de ouro!»

Não se responde. Baixam-se os olhos. É mentira e é verdade. mas ambas precisam de voz, e não a temos. É muito cedo. Eu ainda estava na raiz da verdade. Ainda lá dentro, húmida, crescendo, comendo terra, esperando terra.

Todos os lados possuem uma verdade indesmentível. Nada a fazer. Presos na sua certeza absoluta, nenhum admitirá a mentira que edificou para caminhar sem culpa ou caminhar, apenas. Para conseguir dormir, acordar, comer, trabalhar. Para continuar. Há inocentes-inocentes e inocentes-culpados. Há tantas vítimas entre os inocentes-inocentes como entre os inocentes-culpados. Há vítimas-vítimas e vítimas-culpadas. Entre as vítimas há carrascos.

Passa muito tempo até termos a voz, até termos saldado, a bem ou a mal, a dívida que pensámos dever; até cuspirmos no dever e na honra e na fidelidade, essas cordas tão sujas, tão forçadas. Até não nos importarmos de ser apenas umas cabras, párias do sangue e da raça. Até perder a fé e a cortesia. Tudo.

38.

A metrópole era suja, feia, pálida, gelada. Os portugueses da metrópole eram pequeninos de ideias, tão pequeninos e estúpidos e atrasados e alcoviteiros. Feios, cheios de cieiro, e pele de galinha, as extremidades do corpo rebentadas de frio e excesso de toucinho com couves. Que triste gente! Divertiam-se a mofar connosco, atirando-nos à cara que estava difícil, pois estava, que aqui não havia pretinhos para nos lavarem os pés e o rabinho, que tínhamos de trabalhar, os preguiçosos de merda, que nunca fizeram a ponta de um corno pela vida, que nunca souberam o que era construir uma vida e perdê-la, os tristes, os pequeninos, os conformados. Sabiam lá eles o que eram os pretos, e o que éramos nós e o que tínhamos acabado de viver, cobardes filhos de uma puta brava. Insignificantes cabrõezinhos, se eu havia de dizer a verdade, se eu havia alguma vez de dizer a verdade. Os lerdos das ideias, lentos, com conta no Montepio, doentes dos olhos por olhar de viés para esses gajos que vêm cá roubar o pouco que é da gente, que a gente cá tem, esses retornados, tão altivos como príncipes que perderam o trono, e que hão-de recuperá-lo, julgam eles, oh, se não!, porque nada atiça as ganas como perder, e perder bem, à americana. Tão feios, tão pobres de espírito esses portugueses que ficaram, esses portugueses de Portugal, curtidos de vinho do garrafão. Feios, sombrios, pobres, sem luz no rosto nem nas mãos. Pequenos.

FRAGMENTO VI
«TUDO ISTO É PESO»

TESTEMUNHO*

* Trechos selecionados de entrevista realizada a um homem branco, natural de Santarém, Portugal, estabelecido em Moçambique com a sua família, numa fazenda em Vila Pery, hoje Chimoio, em 1957, onde viveu, até regressar a Portugal, em 1975, meses antes da declaração de independência do país. A entrevista foi realizada por Elsa Peralta e Bruno Góis no âmbito do projeto de investigação *Narrativas de Perda, Guerra e Trauma: Memória Cultural e o Fim do Império Português* (IF/01530/2014).

Eu fui para África porque o meu pai foi para África, em 1957. Eu fui com ele, e o meu irmão também. Ainda não tinha três anos, eu. O meu irmão foi com seis meses. O meu pai foi para lá para uma fazenda. O regime antigo criava espaços da agricultura para enfim… os portugueses que quisessem ir, se instalarem, portanto, dava tudo, tudo, desde o trator, à fazenda, à limpeza da mata, tudo, e o meu pai foi exatamente fazer esse trabalho. Deram-lhe uma fazenda, assim como deram a outros, a pessoas assim daqui da região, também. Era de todo o país. Pessoas que se dispunham a ir para lá. Porque o meu pai estava ligado, sempre esteve ligado à agricultura, até por traços familiares, enfim, ascendentes, foi sempre agricultura.

Ele aqui não se sentia satisfeito, era um homem de aventura, era um homem de horizontes mais largos, e diz que aqui assim não tinha espaço e foi-se embora. Levou a minha mãe. A minha mãe tinha 24 anos nessa altura, uma rapariguinha metida no mato em África, no mato mesmo, a 50 km da cidade mais próxima, coisas muito giras…

Isto em Moçambique, na zona de… hoje Chimoio, na altura Vila Pery, que era na altura a zona agrícola forte de Moçambique.

(…)

E houve ali períodos um bocado turbulentos. Eu lembro-me perfeitamente, eu era menino. Quando a guerra estalou em Angola, em 1961, Moçambique não tinha tropa. Não tinha militares. E o meu pai, como civil, e não era militar sequer, era um simples fazendeiro, teve de andar com uma arma na mão a fazer rondas noturnas. Portanto, o estado pegava naquela gente jovem na altura, e substituíam as forças militares. Eu nessa altura teria os meus seis anitos… não, não, tinha mais… foi na altura em que eu entrei para a escola. Ainda não tinha os oito. E eu recordo perfeitamente que havia um depósito de água que abastecia aquele vilarejo, e que tinha um holofote muito potente no topo, com um gerador a trabalhar, a mandar aqueles focos de luz para o ar para ver se havia aviões inimigos. Coisas que fazem parte da nossa vivência… E isto são… e é engraçado isto que eu estou a dizer… De facto, eu estou a ter uma vivência e estou a ter recordações, que muitas vezes eu penso nelas quando estou deitado.

(…)

[118] Angola. *Flama*, 11/08/1969. Imagem cedida pelo ANTT.

Eu estou a dizer toda a realidade. Era assim que funcionava. Portanto, os miúdos, brancos, negros, indianos, porque Moçambique era muito cosmopolita, não havia propriamente… havia chineses, japoneses, alemães, italianos, que vieram depois da Segunda Guerra Mundial e instalaram-se ali, vieram da Alemanha e assim… Portanto, nós tínhamos esta gente toda como nossos colegas. Não venham dizer que eram só os brancos. Todos, desde a escola primária, primeira classe, até ter saído com o curso, tive sempre negros ao meu lado, sempre, sempre, sempre, sempre. Não havia ali distinção absolutamente nenhuma.

(…)

O meu pai tinha para aí uns cinquenta. Mas os trabalhadores eram recrutados, e aí sim, é uma nódoa um bocado negra, que são os contratados, uma nódoa um bocadito complicada do sistema. O contrato… aquilo era um bocado complicado porque as pessoas acho que eram obrigadas a terem de ir para sítios, eram deslocados dos locais onde tinham a família e tinham... Isso era um bocado complicado e... Se bem que o meu pai sempre os tratasse bem! Isto não quer dizer que não houvesse uma ou outra zanga com um trabalho feito ou mal feito, mas sempre os tratou bem que eles viviam ali mesmo ao pé da casa.

Eu era muito miúdo na altura para poder fazer essa apreciação. No entanto hoje já com a idade que tenho, é muito natural que eles não se sentissem bem, como é óbvio. É exatamente como nós sairmos de junto das nossas famílias, não é? Mas ali é sair compulsivamente. Portanto, ali é um bocado diferente. Eu posso sair daqui para o Porto, mas ninguém me obriga a ir. Eu vou e a família é avisada. Mas ali não. Ali tinham mesmo de ir. Era um bocado complicado... E os chamados angariadores ganharam muito dinheiro com isso. Porque depois ganhavam uma percentagem sobre cada trabalhador.

Em relação aos outros trabalhadores, que não eram contratados, que havia muitos, havia mecânicos, havia eletricistas, havia muitos mesmo, que eles tinham profissões. Havia até os trabalhadores de casa mesmo, os domésticos, portanto, havia tudo isso. Nenhum desses era contratado. Os filhos, as mulheres, eram... a maior parte deles vinham trabalhar para a cidade e as mulheres ficavam no mato com os filhos e elas próprias a fazer a agricultura de subsistência.

Mas o próprio sistema, o estado, os ia buscar para a escola. Eles vinham, eu não estou a mentir, eles vinham para a escola. Portanto, o estado obrigava-os a vir para a escola. Certo? Os que viviam ali muito perto das escolas eram obrigados a vir à escola. Os que viviam assim mais no interior, isso é que era um bocado mais difícil porque também não havia meios para trazer essa rapaziada toda lá dos sítios mais recônditos. Então o que é que o estado fez? Instalou escolas, certo? Com professoras negras, professoras negras a ensinar. Eu cheguei a ver, os bancos da escola eram troncos de árvore, e a escola era numa daquelas palhotas assim com um quadro negro. Pode ser depreciativo, eh pá, isso era uma exploração... não era exploração nenhuma. Era o que havia. Agora a informação chegava. A formação podia ser a formação portuguesa, mas chegava. Certo? Igualzinha à outra escola.

(...)

Porque ali não havia distinção. Por muito que digam que havia o racismo, não havia nada, é mentira. É pura mentira. Eu não estou a defender nada. Eu estou a ser um indivíduo mais sério possível. É mentira. Eu sempre, como disse, eu sempre desde a escola primária, até ao fim da minha vida. Ali assim não havia distinções, não havia distinções. Por mais que digam. Digam o que disserem. Eu sempre tive colegas negros. E indianos. Muitos indianos, negros, na escola, sentados ao meu lado. Portanto nunca houve aquilo que se diz, que eles eram, é mentira, é mentira, que eram desprezados. É possível que há cem anos isso existisse, mas depois com a própria evolução, com a própria evolução, eles começaram a ser integrados...

(...)

A situação era uma situação crispada, era aquela chamada paz podre. A população não tinha, os civis não tinham confiança absoluta do que se estava a passar devido às tais ameaças pontuais, porque também acredito que do lado

[119] Café no terreiro, Angola.
Flama, s/d. Imagem cedida pelo ANTT.

de lá, da população negra também houvesse... revanchismo, ajuste de contas... naturalmente havia ajuste de contas, de algumas coisas que se passaram, e algumas coisas mesmo normais que a minha mãe me dá uma chapada, e naturalmente alguém deu uma lambada, a professora primária ao cachopo que estava na escola, não sei se me faço entender, mas tudo isso serviu para criar as tais situações pontuais e de ameaças mesmo. Quando for a independência tu és minha, isso sucedeu com a minha mãe, sucedeu com a minha mãe...

(...)

A população ficou de sobreaviso e começaram, alguns começaram, muitos ainda estavam iludidos e muitos começaram a dizer que não, que isto não vai dar nada. Mas nunca houve informação daqui. Porque claro aqui também não havia pretensão, ou pelo menos não era de bom-tom vir aquela rapaziada toda para cá que enchia isto, assim como acabou por ser. Então tentaram camuflar e não dizer bem em termos políticos o que é que se estava a passar com as ex-colónias, mas iam fazendo o trabalho para a entrega. Certo? E a população andava ali um pouco...

(...)

Houve uma coisa que foi determinante. Para as pessoas virem. Foi o discurso do Samora Machel. Em Dar Es Salaam... Antes da independência. Quando ele falou e disse, eh pá, atenção, porque nós vamos tomar conta disto, branco

[120] Mulheres angolanas trabalhando na agricultura. *Flama*, 05/04/1974. Imagem cedida pelo ANTT.

é racista, branco é não sei o quê. Ora o chefe que ia tomar conta daquela coisa, ao dizer isto, a rapaziada veio-se embora mesmo. Ali não havia mais hipótese nenhuma, não é? Então aí é que se começou a dar a partida dos brancos... A maior parte veio antes da independência. Quem lá ficou, depois, foi alguns funcionários públicos e dos caminhos de ferro...

(...)

A coisa foi complicada. Porque nada foi assegurado. Nada foi assegurado, porque não houve... O meu próprio pai estava preparado para em 74 vir cá vender tudo para investir lá. Em 74! Não foi em 71 nem em 69... Portanto, aquilo foi mesmo de surpresa. Assim como o meu pai *n* indivíduos que foram apanhados de surpresa. Nunca nos passou pela cabeça! Porque primeiro estávamos guardados pela África do Sul. Em segundo lugar pela Rodésia. Influência inglesa, certo? Bom... e por outro lado, as coisas estavam de tal maneira a evoluir em Moçambique, mais do que em Angola, a evoluir que era uma coisa doida, exatamente com base na África do Sul, com base nessa influência inglesa. E nós lá, nunca se imaginava que aquilo acontecesse o que aconteceu. Foi demasiado rápido... ninguém contava.

(...)

O que a população queria... vamos lá ver. A guerra durou uma série de anos e de facto quem fazia a mortandade, portanto os nossos inimigos, eram

[121] Retrato de um aspeto da vida nas colónias. s/d, s/l. Arquivo Privado.

a Frelimo. Por exemplo, se aquilo fosse entregue à Joana Simeão ou mesmo ao Dhlakama, que é este da Renamo, a população era capaz de não se chatear muito, agora à Frelimo é que não, porque matou soldados nossos, filhos de nossos.

(...)

A sorte foi que depois o meu pai tinha cá as coisas montadas, o meu avô tomava conta das coisas e tal, nunca tinha abandonado aqui a produção, e tínhamos a casa de habitação... E depois o meu pai seguiu o ritmo de vida normal cá, mas sempre a lembrar-se de lá, não é?

(...)

Foi um choque muito grande porque... Vamos lá ver, em termos financeiros eu não lhe posso dizer que nós mudámos muito porque lá também não éramos ricos. E aqui também não éramos ricos. Portanto... não se notou muito. Agora notou-se mais ao nível social. Os hábitos lá eram uns, cá passaram a ser outros, e nós tivemos de nos adaptar. E muito especialmente eu, que era um jovenzinho. Portanto, foi muito doloroso, foi muito complicado. A sociedade moçambicana com muita abertura, em estilo inglês, muita abertura, horizontes muito largos, sem haver coscuvilhices, intrigas, uma sociedade em termos gerais muito mais aberta... Em termos de relacionamento eu notei uma diferença tremenda. Uma diferença mesmo muito grande, muito grande.

[122] Ocupação da Escola de Carcavelos pelos desalojados. Jornal *O Século*, 03/01/1976. Fotografia de Júlio Marques. Imagem cedida pelo ANTT.

Mesmo em relação a pessoas da mesma idade eu notava uma diferença muito grande, muito grande mesmo. Mas pronto, lá me fui integrando, lá fui percebendo também a sociedade...

(...)

A namorada de lá... a descolonização até isso estragou. O pai dela era funcionário dos caminhos de ferro, porque houve funcionários que fizeram os tais contratos para depois da independência, e o pai dela foi um dos que fizeram o tal contrato que terminava em 77. E ela tinha de lá ficar com os pais, e eu ficava cá, e logo que eu encontrasse um trabalho, que encontrei, graças a Deus, logo em 75, eu mandava-a vir. E tentei isso. E fiz isso. Só que depois no meio disto tudo, houve uma série de turbulências, e começou a desarticular as coisas. E ela acabou por… Está no Porto. Tem piada, tenho o número de telefone dela. Nunca a vi, depois de 74. Há 41 anos que não a vejo. Mas tenho o número de telefone e de vez em quando falamos. É engraçado, não é?

(…)

Porque eu de facto se me perguntar se eu ainda hoje estou adaptado, sou capaz de não estar, sou capaz de não estar, eu quando falo nisto os meus olhos brilham. Não é? Eu fico arrepiado em determinadas conversas, quer dizer que ainda estou a viver o que vivi lá… Porque lá está, porque a minha infância, adolescência, foi toda lá… a namorada, que tem muito peso nisto… aqueles encontros que um indivíduo tinha no clube… eh pá… tudo isto é peso, não é? Tudo isto é peso. Os colegas, as colegas… portanto, eu continuo… se me perguntarem, eu não tenho um momento em que não me estou a lembrar daquilo. Não é pelo facto de estar hoje a falar. Eu quando vou aí na rua lembro-me, quando vou não sei aonde lembro-me, quando estou não sei o quê, lembro-me, quando estou nas reuniões lembro-me. Basta vir uma frase, basta vir uma imagem, basta vir… pumba… vai logo para ali. São 40 anos depois. Agora imagine os nossos pais, que fizeram a vida e que perderam tudo, o que é que eles sofrem ainda hoje, e eu no fundo não era dono de nada. Eu era um jovem!

(…)

Éramos africanos. Éramos africanos, com os mesmos sofrimentos, com as mesmas guerras, com as mesmas vivências, com as mesmas mortes, com as mesmas, com os mesmos nascimentos, com o mesmo bife naturalmente… Éramos africanos! Ainda hoje. Ainda no outro dia veio uma senhora que esteve lá em Moçambique, e no outro dia estivemos aqui e só falámos de Moçambique… tem piada não tem? Estivemos aqui e só falámos de Moçambique!

(…)

As pessoas não compreendem. Eu posso ter uma conversa aberta, mas como eles estão imbuídos do espírito da informação que a televisão dá, que a rádio dá, que os comentadores dão… Ideias preconcebidas! É difícil nós termos, portanto, a conversa. Portanto não se fala porque as pessoas não entendem. Eu por exemplo recordo-me de uma coisa em relação a Macau. Quando eu cá cheguei, a única coisa que a televisão mostrava, eh pá, eu tenho esta imagem nítida, era os bairros de lata de Macau. Então a televisão dizia que Macau era aquilo, que não prestava para nada. Quando afinal de contas a informação que eu tinha recebido ao longo da minha vida ao longo dos vinte anos, eram os arranha-céus, os casinos, os não-sei-quê. E quando a televisão cá começa na altura a dar imagens de Macau dos bairros da lata, eu disse: das duas uma, ou eu estou doido, ou me engaram anteriormente, ou estão-me a enganar agora.

FRAGMENTO VII
ALHEAVA

MANUEL SANTOS MAIA
(POR SARA CASTELO BRANCO)

Sólo una cosa no hay. Es el olvido.[1]

Jorge Luis Borges

O projeto *Alheava* inscreve uma investigação que o artista Manuel Santos Maia vem urdindo, desde 1999, acerca do passado colonial e do presente pós-colonialista português, tendo como impulso a condição de alheamento dos portugueses. Num percurso entre Portugal e Moçambique, o artista cinge o singular e o plural, procurando, a partir de um fracionamento disciplinar, consciencializar o outro, manifestando-se num movimento destoante face à cadência do esquecimento. *Alheava* procura, portanto, suscitar a necessidade capital de não esquecer, tornando tangível o vazio que subsiste nos relatos familiares tergiversados e nas narrativas obliteradas pela historiografia oficial. A presentificação dos legados coloniais através de objetos como fotografias, filmes, álbuns familiares, selos, documentos ou livros escolares, resultam numa pluralidade de imagens que convocam questões como a segregação racial, a Guerra Colonial ou a imagética popular e identitária. Partindo de um desígnio revisionista, a persistência memorialista de *Alheava* cruza, assim, a experiência individual com as representações coletivas, procurando potencializar as possibilidades de leitura dos sedimentos significantes, matéricos e mnésicos projetados por cada objeto.

A denominação do projeto – *Alheava* – assoma numa conjugação em pretérito imperfeito, sitiando-se, portanto, no «presente do passado» do verbo alhear, um modo verbal expressivo face ao contexto do projeto: o de aludir à potência e à consciencialização da memória. Neste sentido, é possível admitir que, de alguma forma, os objetos e as ações de *Alheava* procuram cumprir o papel de «testemunho», desempenhando assim o que Primo Levi chamou «o dever de memória», o dever de não esquecer. Ao concertar a ação de quem conta – a testemunha – com a ação de quem ouve – que assim toma conhecimento, *Alheava* alia a memória individual às fendas da memória coletiva, aquela que define aquilo que devemos esquecer ou recordar conforme as necessidades do presente. Deste modo, o projeto *Alheava* encerra em si a passagem do dissimulado

[1] Jorge Luís Borges, *Obra Poética*, 2. (Madrid: Alianza Editorial, 1998).

[123] *Alheava – para Depósito*, de Manuel Santos Maia. Exposição *Retornar – Traços de Memória*, EGEAC, Lisboa, novembro de 2015 a fevereiro de 2016.

LISBOA
PORTO DE NACALA
NAMPULA
MOÇAMBIQUE

ao não encoberto, posicionando-se na dimensão do «reconhecimento»: embora o passado não esteja mais lá, ele é reconhecido como tendo estado, sitiando-se num espaço mnemónico ativo, político e simbólico.

Eduardo Lourenço defende que, com o fim do império, os portugueses, na sua proporção particular e global, deveriam finalmente reconhecer-se como «apenas um povo entre os povos. Que deu a volta ao mundo para tomar a medida da sua maravilhosa imperfeição»[2], podendo, finalmente, viver o presente no presente, e não um presente encoberto pelo passado e pela perspetiva de um futuro messiânico. Em 1974, o derrube do Estado Novo trouxe a possibilidade de uma confrontação dos portugueses consigo. O tombo do sonho imperial das colónias, que nos ligava a um passado distinto, constituiu uma nova realidade, pois representou a contingência de uma necessária reconfiguração mitológica. Neste sentido, Lourenço reflete sobre uma espécie de amnésia coletiva que adveio perante a falência de saber lidar com uma penosa herança de treze anos de Guerra Colonial e pela chegada avulta dos «retornados». Se durante o Estado Novo a questão africana era oblíqua, pois não era permitido debatê-la, «após o 25 de Abril tudo se passa como se não fosse necessário discutir os problemas africanos»[3]. Neste contexto, Lourenço coloca o acento nas continuidades que herdámos do antigo regime, tais como este «nosso impensado». Ao trabalhar sobre esta tentativa falhada de integrar enquanto memória coletiva a colonização portuguesa, Manuel Santos Maia vai tocar na fraqueza fundamental do que é a identidade nacional.

Alheava apela a uma tentativa de reconhecimento como lugar de reconstrução, tendo em conta que as falhas – aquilo que se apaga ou se omite na esfera da memória pública – são tão importantes quanto o que está escrito na História legível, abordando, de alguma forma, o pensamento *benjaminiano* que versa a possibilidade de resgate e inscrição do passado esquecido dos vencidos, no sentido de «não apenas conservá-lo, mas libertá-lo, pois cada presente resgata seu próprio passado e esse movimento é por um futuro diferente.»[4] Desta forma, o artista questiona o efeito desmemoriado da comunidade através de um movimento introspetivo que, é, também prospetivo, procurando projetar-se nas contingências e inapreensibilidades do presente.

Referências

Bizello, Maria Leandra *Hiroshima mon Amour: Memória e Cinema* (2010). Consultado em 28-8-2014, em: http://www.marilia.unesp.br/Home/RevistasEletronicas/BaleianaRede/Edicao05/5-hiroshima.pdf

Lourenço, Eduardo, *Do Colonialismo como nosso Impensado* (Lisboa: Gradiva, 2014).

Lourenço, Eduardo, *O Labirinto da Saudade* (Lisboa: Gradiva, 2007).

Luís Borges, Jorge, *Obra Poética*, 2. (Madrid: Alianza Editorial, 1998).

[2] Eduardo Lourenço, *O Labirinto da Saudade* (Lisboa: Gradiva, 2007), p. 83.

[3] Eduardo Lourenço. *Do Colonialismo como nosso Impensado* (Lisboa: Gradiva, 2014), p. 203.

[4] Maria Leandra Bizello, *Hiroshima mon Amour: Memória e Cinema* (2010). Consultado em 28-8-2014, em: http://www.marilia.unesp.br/Home/RevistasEletronicas/BaleianaRede/Edicao05/5-hiroshima.pdf

O ESFORÇO DE PERTENCER: A NECESSIDADE DE APRENDER A SENTIR E A OUVIR O TESTEMUNHO DOS RETORNADOS

ANDREA WITCOMB

Memórias: a África na nossa sala de jantar, Coimbra, 1975

Quando eu era pequena, sentada à mesa da nossa sala de jantar, costumava ver dali uma pequena estatueta de ébano de uma figura masculina africana. A minha família chamava-lhe o cego. De pé, muito direito, segurava uma vara comprida na mão esquerda. A madeira era negra como breu, incrivelmente macia, e a figura delicada. Penso que foi essa a minha primeira experiência de uma escultura e o meu primeiro contacto com a cultura material africana e, por extensão, com a paisagem política daquela que era conhecida como a África portuguesa. Isto porque o meu pai a comprara numa digressão que fizera a África quando tocava violino na orquestra da Universidade de Coimbra. O meu pai era inglês e veio a ser professor no departamento de Germânicas da Universidade. No entanto, considerava-se português de coração. Depois de terminados os exames e de os ter corrigido na mesa da sala – feita de cerejeira africana e de pau-cetim –, passava sempre pelo menos um fim de semana de julho a torrar grãos de café que tinha também trazido da mesma viagem e que nos daria para um ano. Lembro-me ainda do fumo que saía dos grãos, do aroma intenso do café a torrar e das inevitáveis enxaquecas com que o meu pai ficava por estar de pé, debaixo de um sol ardente a torrar aqueles grãos num pequeno fogão a gás sob o telheiro da lavandaria exterior no nosso quintal. Nós, os miúdos, sabíamos muito bem que não o podíamos incomodar nesses dias.

Durante esses verões quentes eu costumava descer a Avenida Dias da Silva para ir à casa da Ana buscá-la. Depois descíamos o Penedo da Saudade até às piscinas municipais, onde costumávamos ter aulas de natação. Ir a casa da Ana era como pôr o pé em África, pois a família dela era uma das muitas que tinham regressado a Portugal no período confuso que se seguiu à descolonização. A casa era uma pequenina Angola em Coimbra – toda a mobília tinha obviamente vindo de lá. Os tapetes eram peles de tigre e de zebra, nas paredes havia troféus de caça e viam-se estatuetas de figuras africanas negras por todo o lado. A mobília, conforme eu a recordo, era escura e toda esculpida.

Esta paisagem da memória tem, no entanto, também o seu lado escuro. A África pode ter sido exótica na minha imaginação de menina, mas, após

[124] Infelizmente não posso mostrar uma fotografia do homem cego pois agora ele existe só na minha memória. Mas ele é lembrado com muita amizade e ainda faz parte da minha vida.

a revolução, também eu fui apanhada nos consequentes movimentos maciços de pessoas e na sua necessidade desesperada de alojamento, emprego e segurança básica. Por todo o lado se ouviam boatos de pessoas que voltavam para casa depois do trabalho e a encontravam ocupada por retornados. O medo era palpável, um medo que se concretizou para nós quando, uma tarde, enquanto os meus pais estavam no trabalho, um estranho entrou no nosso jardim. A partir desse dia nunca mais nos sentimos à-vontade em casa, uma sensação que se agravou no dia em que regressávamos de umas férias de verão em São Pedro de Moel e, quando chegámos, vimos que tinha sido assaltada. Um dos objetos roubados foi a figura delicada do cego. O nosso pequeno mundo tinha sido destruído e começámos a viver num clima de medo. O meu pai chegou a ensinar-me a usar uma pistola e dormia com uma debaixo da almofada. A minha mãe, que era australiana, pedia-lhe para irmos embora do país. Nós próprios acabámos por nos tornar migrantes, vindo viver para a Austrália em 1978. No entanto, lá em casa, o medo de estranhos continuou. Muito tempo depois de eu já não viver com eles, os meus pais ainda fechavam a porta com ferrolho por dentro – ninguém entrava e ninguém saía. Parece que as memórias traumáticas se embrenham nos nossos comportamentos quotidianos, um fenómeno muito conhecido na literatura sobre trauma e frequentemente mencionado na literatura sobre sobreviventes do Holocausto e suas famílias. Charlotte Delbo, ela própria sobrevivente de Auschwitz, define as memórias sensoriais como aquelas que podem irromper no nosso corpo em qualquer altura, alterando a distância temporal normal entre o passado e o presente[1]. Por sua vez, Jacob Climo[2] discute o modo como, apesar do silêncio que envolve as experiências dos sobreviventes, ou talvez até devido a ele, as respetivas famílias incorporaram essas experiências traumáticas e as transmitiram sob a forma de comportamentos somáticos, em torno da alimentação ou da higiene, por exemplo, ou mesmo do medo de estranhos. Essa situação é igualmente extrema para os refugiados ou para as pessoas que deixam os seus países em circunstâncias de tensão. Lembro-me de um texto extraordinário e sensível de Anne Grønseth em que a autora descreve a dor somática sentida por refugiados tâmil numa pequena cidade no norte da Noruega, consequência do trauma que viviam por se encontrarem longe da pátria. O texto é admirável pela forma como documenta o facto de a tentativa de se lidar com a dor resultante de «relações sociais em rotura, fragmentadas e difíceis, obriga as pessoas a criarem um espaço social e momentos de agência que produzem novos significados e nova práticas»[3], uma questão a que voltaremos na parte final deste artigo. Para já, o que é importante perceber é que o trauma tem uma sobrevida. Isso aplica-se também ao contexto da exposição *Retornar*, que trata das memórias dos retornados e as suas experiências de fuga e de acolhimento ao regressarem àquela que julgavam ser «a sua casa».

O que é «a nossa casa»?

Contudo, para os retornados, bem como para outros refugiados, «a sua casa» não é tão simples como a sua «terra» – o lugar onde se nasceu. Enquanto alguns regressavam de facto ao lugar onde haviam nascido, outros não, pois tinham nascido «lá», em África. Para esses, não se tratava de um regresso e sim de uma chegada à terra dos pais, ou mesmo dos avós. O que é para estas pessoas «a sua casa» quando já não têm a possibilidade de viver na sua terra, no lugar em que nasceram? Ou, pelo menos, a possibilidade de regressar com tranquilidade às paisagens conhecidas, reencontrando o mesmo ambiente físico, as mesmas relações que constituem as nossas memórias de infância? Como é que se cria um sentido de pertença numa terra que faz parte da paisagem da memória da nossa família, mas da qual não tínhamos experiência até nos encontrarmos lá, em circunstâncias estranhas e de tensão – incluindo a resistência daqueles que pensávamos serem os nossos compatriotas?

Para os que regressavam literalmente à sua terra, a que é que realmente regressavam? Todos os migrantes sabem que regressar não é fácil, pois, embora possamos sentir que pertencemos ali, a realidade é que o tempo não parou e as relações não são já as mesmas. Já não pertencemos da mesma maneira. Quando essa experiência de se ser um estranho numa terra que se julgava conhecer é

[1] Em Jill Bennett, *Empathic Vision: Affect, Trauma, and Contemporary Art* (Stanford: Stanford University Press, 2005).

[2] Jacob J. Climo, «Prisoners of Silence: A Vicarious Holocaust Memory», in *The Labyrinth of Memory: Ethnographic Journeys*, org. Marea C. Teski e Jacob J. Climo (Westport, Connecticut: Bergin and Garvey, 1995), pp. 175-184.

[3] Anne Sigfrid Grønseth, «Experiences of Pain: A Gateway to Cosmopolitan Subjectivity?» in *We the Cosmopolitans: Moral and Existential Conditions of Being Human*, org. Lisette Josephides e Alexandra Hall (Nova Iorque/Oxford: Bergahn, 2014) pp. 90-110, p. 91.

[125] A mobília de madeira africana na sala de jantar na casa da minha mãe, na Austrália. As pinturas são de Coimbra e arredores. Arquivo Privado.

[126] Pormenor que mostra uma pintura da colina em Coimbra onde se situa a universidade e onde o meu pai trabalhava. Arquivo Privado.

agravada ainda pela ausência de serviços sociais, de sistemas de alojamento e pela má vontade óbvia da população, como se consegue construir «a nossa casa»? Como estabelecer um lugar que seja nosso?

Memórias materiais – o passado no presente

Uma das formas de se construir «a nossa casa» é exatamente aquela que a família da Ana adotou – mudar todo o conteúdo da nossa casa para outro lugar. Nós também o fizemos, mas no nosso caso de Portugal para a Austrália. Vivo até hoje cercada de objetos que o meu pai acumulou nos 40 anos que viveu em Portugal. Apesar de termos deixado de falar português, era eu adolescente, e de nos termos começado a relacionar com outras pessoas em inglês[4], ainda nos sentávamos à mesma mesa numa divisão da casa a que ainda chamávamos a sala de jantar, ou apenas a sala, porque a sala de estar fazia parte do mesmo espaço amplo. Faziam-nos companhia as mesmas prateleiras, com os mesmos objetos decorativos, à exceção do cego africano.

Para nós e, tenho a certeza, também para a Ana e a sua família, e para muitas das famílias cujas histórias se poderiam encontrar na exposição *Retornar*, fazer isso era uma forma de ter a certeza de que o nosso passado não se divorciava do nosso presente. Esses objetos representavam a nossa família e, por extensão, «a nossa casa». «A nossa casa» não era um lugar em termos geográficos, mas

[4] Veja-se Andrea Witcomb, «Growing up Between Two Languages/Two Worlds: Learning to Live Without Belonging to a *Terra*» in *Translating Lives: Living with Two Languages and Cultures*, org. Mary Besemeres and Anna Wierzbicka (St Lucia: UQP, 2007) pp. 83-95, que inclui uma discussão sobre a importância da linguagem na formação do sentimento de si no contexto de migração.

uma paisagem sensorial feita de memórias que tomavam corpo nos conjuntos materiais específicos de que nos fazíamos rodear – mobílias, cortinas e tecidos, quadros, objetos decorativos e até candeeiros. Esses objetos eram efetivamente extensões de nós. Mas também contribuíam, e de uma forma muito importante, para aquilo que éramos, ou seja, faziam-nos ser quem éramos. Como reconhece Susan Pearce,

> Os objetos não são inertes nem passivos; ajudam-nos a dar forma à nossa identidade e um objetivo à nossa vida. Relacionamo-nos com eles numa complexa dança relacional ou comportamental no decurso da qual o peso do significado que carregam afeta a forma como pensamos e sentimos, e o modo como agimos.[5]

Esses objetos ajudavam-nos então a garantir a estabilidade da nossa identidade, da nossa subjetividade. Sem eles, teríamos ficado a flutuar, sem referências óbvias que ancorassem as nossas memórias e a sensação de sermos nós mesmos. Trata-se de um fenómeno que está descrito na literatura. Ainda que a extrema importância dos objetos na construção da nossa noção daquilo que é «a nossa casa» e na incorporação de um sentido de identidade seja desde há muito estudado pelos especialistas (por exemplo, já em 1981 Csikszentmihalyi e Rochberg-Halton[6] manifestavam interesse nessa questão), existe um reconhecimento cada vez maior de que, em contextos de deslocação, como por exemplo a migração, a possibilidade de manter próximos de nós objetos que conhecemos bem tem uma importância muito considerável[7]. Como reconhecem os estudos sobre o tema, a possibilidade de nos rodearmos de coisas que conhecemos e nos são próximas permite a manutenção de uma paisagem emocional também ela reconhecível como nossa, uma vez que esses objetos acabam por representar lugares de que gostamos, a família, os amigos. Assim, corporizam literalmente a sensação de pertença, algo que não é possível sentir-se «fora de casa». Mas a sua existência temporal é também importante. Ao estabelecerem ligações entre as circunstâncias passadas e as presentes, esses objetos tornam-se mais do que lembranças ou recordações. O que gostaria de propor é que esses fenómenos são mais do que uma expressão de nostalgia do passado. Apesar de ser fácil entendê-los como uma expressão de saudades, como uma manifestação material de um desejo de voltar atrás no tempo a um lugar que associamos à sensação de bem-estar que experimentamos «em nossa casa», esses objetos são agentes ativos na mediação do presente. No contexto das vivências dos retornados, esses objetos não se referem apenas ao modo como criaram uma «sua casa» no domínio do privado, mas ilustram também o facto de, fora desse domínio, as pessoas terem sentido dificuldade em pertencer. Ou seja, esses objetos lembram-nos também da sua estranheza no seio da comunidade política da nação na qual se encontravam. Esses objetos tanto dão conforto como causam dor. Conforto, porque ajudam a matar saudades; dor, porque nos lembram também de que possuímos uma outra história, uma outra identidade, e de que a nossa sensação de pertença não é algo simples.

[5] Susan Pearce, *On Collecting. An Investigation into Collecting in the European Tradition* (Londres & Nova Iorque: Routledge, 1995), p. 18.

[6] Mihaly Csikszentmihalyi e Eugene Rochberg-Halton, *The Meaning of Things: Domestic Symbols and the Self* (Londres: Cambridge University Press, 1981).

[7] Raj Mehta e Russell W. Belk, «Artifacts, Identity and Transition: Favorite Possessions of Indians and Indian Immigrants to the United States», *Journal of Consumer Research,* 17, March (1991), pp. 398-411; David J. Parkin, «Mementoes as Transitional Objects in Human Displacement», *Journal of Material Culture,* vol. 4, n.º 3 (1999), pp. 303-320.

[127] «A minha terra». Arquivo Privado. Estes azulejos eram ambos do meu pai. O da lebre estava numa casa que foi demolida quando fizeram a nova Universidade de Coimbra nos anos 40. Era de uma casa onde ficou o Samuel Johnson! A outra é do rio Mondego. Como eu nasci em Coimbra, estes azulejos são, para mim, imagens da minha terra e também me dão memórias do meu pai.

[128] Recordação da nossa sala de jantar em Coimbra. Arquivo Privado. Uma das minhas memórias da nossa sala de jantar em Coimbra é de um candeeiro muito velho do século dezassete que tinha estado sobre um cofre igualmente velhinho. Este arranjo destes objetos continuou na sala da casa em que eu cresci aqui na Austrália e agora está na minha casa.

Para além das saudades: criar novos futuros

Neste contexto gostaria de voltar aos argumentos de Grønseth[8]. O seu texto é uma reflexão etnográfica sobre os encontros entre os refugiados tâmil e os habitantes noruegueses, no âmbito dos quais os esforços dos tâmil para serem capazes de lidar com a deslocação e conseguirem ajuda criou um espaço que permitiu o seu reconhecimento, por parte dos noruegueses, enquanto seres humanos e não como simplesmente o seu «outro». A figura do estranho tornou-se uma oportunidade para o estabelecimento de laços que tornaram possível o direito de todos a serem alguém, a não serem anónimos. Grønseth defende que as interações que se seguiram representam a esperança firmada na prática de uma ética cosmopolita no âmbito da qual a nossa própria humanidade se realiza pelo reconhecimento da humanidade do outro. Para mim, esta posição lembra os argumentos de Annette Auerhahn e de Dori Laub[9] em relação à importância dos testemunhos dos sobreviventes de traumas, no caso das autoras, do Holocausto. Segundo elas, os testemunhos têm uma tripla função: dar testemunho daqueles que não sobreviveram; fornecer provas para evitar o esquecimento; e chegar aos que ouvem esse testemunho, para que o recebam e possam agir a fim de prevenir atrocidades semelhantes no futuro. Como afirma Roger Simon, um testemunho é um «presente terrível», pois traz consigo um fardo: o pedido de que se mude o futuro[10].

[8] Grønseth, «Experiences of Pain: A Gateway to Cosmopolitan Subjectivity?».

[9] Nanette C. Auerhahn e Dori Laub, «Holocaust Testimony», *Holocaust and Genocide Studies*, vol. 5, n.º 4 (1990), pp. 447-462.

[10] Roger I. Simon, «The Terrible Gift: Museums and the Possibility of Hope Without Consolation», *Museum Management and Curatorship*, 21 (2006), pp. 187-204, p. 188.

[129] «Uma nova casa». Arquivo Privado. Esta coleção de objetos simboliza os traços da minha vida em Portugal e aqui na Austrália. Todos os objetos têm um significado pessoal. O azulejo com o coelho foi comprado por mim, em Lisboa, em 2010. Queria fazer companhia ao azulejo do meu pai, mas desta vez comprado por mim! A escultura da Nossa Senhora era do meu pai e o pequeno relógio também. Os pratos de prata e de estanho – um é português e foi dado aos meus pais no seu casamento por amigos portugueses e os outros são da família do meu marido. A pintura foi feita por um amigo em Perth, aonde vivemos cerca de dez anos. Sobre o armário, a pintura é da mãe do meu marido e foi pintada quando ela tinha 21 anos; os outros objetos são de Portugal. No seu conjunto, abrangem a minha vida em Portugal, a família do meu marido e a nossa vida juntos.

[130] «Amigos». Arquivo Privado. Esta pintura foi feita por um um velho amigo da nossa família, o escultor António Duarte. Ofereceu-ma quando eu voltei a Portugal pela primeira vez, em 1988, durante uns dias em que eu fiquei com ele e a sua mulher, Regina. A imagem é da vista da casa deles em Óbidos. Quando era pequenina costumava almoçar com eles em São Pedro de Moel. Ainda me lembro de ver o António a pintar e a fazer esculturas e das minhas conversas com a Regina.

Se aplicarmos estes conceitos à exposição *Retornar*, a inclusão de histórias orais claramente ligadas a seres humanos através do uso da fotografia deveria, em minha opinião, ser entendida como uma forma de testemunho e como uma tentativa igualmente corajosa, por parte daqueles que nela participaram, de verem as suas experiências reconhecidas e procurarem um futuro diferente – um futuro em que o seu direito de pertencer e serem considerados parte da comunidade política seja reconhecido. Isso apenas poderá acontecer se as suas experiências forem reconhecidas e se os legados presentes do antigo império português forem finalmente verbalizados, discutidos e resolvidos. A exposição *Retornar* e este livro representam não só um momento-chave para os retornados, mas também para a população portuguesa em geral, a qual também precisa de resolver as suas memórias daquele período. O público da exposição representa a esperança – a esperança de que possam ser construídas as «nossas casas» mesmo quando a relação com a nossa terra é complexa e o caminho da pertença nem sempre evidente. Com o decorrer do tempo, novas ligações se criam, novas memórias se estabelecem e outros conjuntos de elementos da cultura material passam a ter um papel na nossa vida emocional. Nesse momento já construímos uma nova «casa», embora os vestígios da antiga permaneçam para sempre connosco. Um espaço para a criação desses novos conjuntos, de novas memórias, é aquilo que todos temos de facultar a todos aqueles que, seja por que razão for, vêm viver na nossa terra.

Referências

Auerhahn, Nanette C. e Dori Laub, «Holocaust Testimony», *Holocaust and Genocide Studies*, vol. 5, n.º 4 (1990), pp. 447-462.

Bennett, Jill, *Empathic Vision: Affect, Trauma, and Contemporary Art* (Stanford: Stanford University Press, 2005).

Climo, Jacob J., «Prisoners of Silence: A Vicarious Holocaust Memory», in *The Labyrinth of Memory: Ethnographic Journeys*, org. Marea C. Teski e Jacob J. Climo (Westport, Connecticut: Bergin and Garvey, 1995), pp. 175-184.

Csikszentmihalyi, Mihaly e Eugene Rochberg-Halton, *The Meaning of Things: Domestic Symbols and the Self* (Londres: Cambridge University Press, 1981).

Grønseth, Anne Sigfrid, «Experiences of Pain: A Gateway to Cosmopolitan Subjectivity?» in *We the Cosmopolitans: Moral and Existential Conditions of Being Human*, org. Lisette Josephides e Alexandra Hall (Nova Iorque / Oxford: Bergahn, 2014) pp. 90-110, p. 91.

Mehta, Raj e Russell W. Belk, «Artifacts, Identity and Transition: Favorite Possessions of Indians and Indian Immigrants to the United States», *Journal of Consumer Research,* 17, março (1991), pp. 398-411.

Parkin, David J., «Mementoes as Transitional objects in human displacement», *Journal of Material Culture,* vol. 4, n.º 3 (1999), pp. 303-320.

Pearce, Susan, *On Collecting An Investigation into Collecting in the European Tradition* (Londres & Nova Iorque: Routledge, 1995), p. 18.

Simon, Roger I., «The Terrible gift: Museums and the Possibility of Hope Without Consolation», *Museum Management and Curatorship*, 21(2006), pp. 187-204.

Witcomb, Andrea, «Growing up Between Two Languages/Two Worlds: Learning to Live Without Belonging to a *Terra*», in *Translating Lives: Living with Two Languages and Cultures*, org. Mary Besemeres e Anna Wierzbicka (St Lucia: UQP, 2007) pp. 83-95.

PARTE IV

ATMOSFERAS: DISCURSOS NO PÓS-COLONIAL

RETRATO (PÓSTUMO) DO NOSSO COLONIALISMO INOCENTE II*

EDUARDO LOURENÇO

* Eduardo Lourenço, «Retrato (Póstumo) do Nosso Colonialismo Inocente II», *Critério, Revista Mensal de Cultura*, ano 1, n.º 3 (janeiro de 1976), pp. 5-10.

Estas reflexões fazem parte de um longo ensaio escrito entre 1961 e 1963 e conservado inédito por motivos óbvios, dedicado ao problema do colonialismo português.

Cette puissance coloniale a la structure d'une colonie – R. Cartier.

Desde o início da nossa Expansão (eufemístico vocábulo que prova bem que as palavras não são «neutras»...) o facto colonial aparece-nos sob modalidades singulares. São elas que explicam o nascimento e em seguida a perpetuidade da mais espectacular boa-consciência colonial que a História regista. As consequências desse fenómeno só hoje se nos mostram em toda a sua amplitude, constituindo uma das faces da nossa tragédia em curso. O que espanhóis, franceses, ingleses, holandeses mesmo, não alcançaram, os portugueses o obtiveram com uma espécie de perfeição tão excessiva que eles mesmos se esqueceram que o seu Império era fruto da Colonização; isto é, de o encontro com outrem sob uma forma que não exclui, nem excluiu a violência.

Tudo se passa ou como se esse Outro jamais tivesse constituído um problema, ou como se a violência ingénita de todas as colonizações tivesse sido reabsorvida sem resíduos, ao menos na consciência do Colonizador. Acaso facto algum o revele melhor do que a surpresa fantástica ocasionada pelos acontecimentos de Angola, junta, ou a par, da verificação da exígua cobertura militar dessa Colónia na mesma altura. Se se pensa no contexto – lutas congolesas mesmo às portas – não se sabe que mais admirar: se a espantosa inconsciência que isso revela ou se a inexcedível boa-consciência de uma presença colonial incapaz de supor que ela seja motivo de escândalo ou de contestação, a tal ponto ela se tornou invisível e como que transparente. Não houve e não há exemplo de um colonialismo inocente de tal género. Em que radica um tal comportamento? É ele a prova de uma Colonização *sui generis*, como nós o apregoamos nos corredores das Nações Unidas sob os aplausos de raros e a incredulidade de quase todos? Resolvemos nós positivamente, e mesmo definitivamente, como a propaganda oficial o desejaria fazer crer, o problema essencial da Colonização

[131] Instalação urbana junto ao Padrão dos Descobrimentos. Exposição *Retornar – Traços de Memória*, EGEAC, Lisboa, novembro de 2015 a fevereiro de 2016. Fotografia de Alberto Plácido.

que é o de anular-se como tal? São Angola e Moçambique províncias como o Minho ou o Algarve, segundo a provocante mitologia do ultracolonialismo actualmente cultivada entre nós?

Por uma dessas habilidades políticas «à rebours» que confinam com o génio, o Presidente do Conselho inventou o conceito de Democracia Orgânica. Sem habilidade alguma, mais lícito será ver no nosso Colonialismo, antigo e moderno, um fenómeno realmente «orgânico», ou que em tal veio a parar. É esta «organicidade» que torna tão difícil pensá-lo, pois o mesmo significa, ou pouco menos, repensar a nossa inteira história de portugueses. Isto acontece não apenas porque a quase totalidade da nossa existência – mais de 500 anos – é a de Nação Colonizadora, exemplo único nos tempos modernos, mas sobretudo por ser a sua Colonização de raiz compensatória, necessidade de pobre, num grau desconhecido de todas as outras formas de Colonização. Quando nos confundimos com o que fazemos, quando, ainda por cima, temos o sentimento de que não podíamos ter feito outra coisa, a boa-consciência é de norma, e a impossibilidade de nos vermos diferentemente do que somos quase fatal. O português é colonizador como é português e não vê motivos para se problematizar enquanto colonizador pois também os não vê enquanto português. É este um desses círculos viciosos de que ninguém dá conta senão de fora. Na verdade, a situação africana é a problematização da nossa existência inteira e não só a de Colonizadores. Ela significa o fim de uma Mitologia, que é ao mesmo tempo caso ímpar, nacional e colonial e a sua metamorfose, como justificação exacerbada, em Mitologia Colonialista, quer dizer, numa Imagem tal que possa ocultar magnificando-a a realidade histórica e presente da Colonização portuguesa, o mesmo é dizer da imagem mesma de Portugal enquanto ele se concebe inseparável da sua existência de Colonizador.

A mitologia colonialista portuguesa não é tão original como os seus profetas imaginam. Encontram-se nela reflexos, convicções, dogmas idênticos aos que todas as nações com colónias sempre souberam fabricar. A missão providencial civilizadora, a barbárie indígena que de si mesma apela por ela, o desinteresse da metrópole, a defesa de valores eminentes, outrora da civilização cristã, agora do Ocidente em geral, já aparecem com toda a clareza nos defensores da Expansão espanhola e portuguesa dos séculos XV e XVI. Tratava-se então de cobrir uma inegável violência adstrita à Conquista e à Colonização. Mais tarde, tornadas facto consumado, Conquista e Colonização dispensaram justificações. O olhar do Mundo era europeu e a Europa não precisava já, em época mercantilista, de justificação mais evidente que a do seu comércio. As rivalidades deste mesmo comércio quebraram aqui e ali essa harmonia preestabelecida, ajudadas pelo progresso da consciência política da Europa. Mas o essencial manteve-se: a necessidade da presença europeia e o seu papel indiscutivelmente justo, natural e benéfico. Tudo isto o encontramos na mitologia colonialista portuguesa mas com um condimento muito particular. A sua nota distintiva é a de se afirmar uma «Colonização-outra» e ao fim e ao cabo de a conceber como uma «portugalização sem fim» dos territórios e povos que a História pôs no nosso caminho. Como exemplo concreto Portugal apresenta o Brasil e nele aquilo que uma sociologia delirante chama de «civilização mundial», e da qual Angola e Moçambique seriam também elos, actuais ou futuros.

Uma parte dos argumentos tendentes a provar essa «Colonização-outra» é de ordem polémica intra-europeia ou internacional, o que é implicitamente colocar o problema colonial fora do seu âmbito. Assim, faz-se ver o carácter brando das nossas relações com o indígena, o carácter não-guerreiro da nossa empresa colonial, a capacidade ímpar de compreensão de raças, costumes e religiões diferentes da nossa, a facilidade de miscigenação. Entre europeus ou brancos, participantes em experiências coloniais, esta argumentação é aceitável, e dispõe a um acordo como aquele que normalmente se verifica entre patrões quando falam dos operários ou entre as donas de casa dos países subdesenvolvidos ao falar da criadagem. A única coisa que aí não figura é a opinião dos colonizados. É aqui, porém, que a mitologia colonial portuguesa atinge a sua expressão sublime: essa opinião, assevera-se-nos, é a mesma dos portugueses, pois os africanos são tão portugueses como os oriundos da Metrópole. Os desmentidos da realidade nada significam ao lado do que não é da ordem dos factos, mas do mito. Tribalismo nunca reabsorvido, e até incentivado como

[132] Instalação urbana junto ao Padrão dos Descobrimentos. Exposição *Retornar – Traços de Memória*, EGEAC, Lisboa, novembro de 2015 a fevereiro de 2016. Fotografia de Alberto Plácido.

factor de divisão, trabalho em condições nada europeias, não participação do que constitui a própria essência do «ser português», língua e religião, ou ausência dela, tudo isso conta pouco ao lado de textos, emendados sob pressão dos acontecimentos, para que a mitologia se confirme. Aí sim, nos textos recebe um começo de execução a celebrada «filosofia da colonização portuguesa» cuja essência seria a de uma natural e cristã faculdade de tratar o colonizado segundo normas políticas e humanas não especificamente diversas daquelas que em Portugal foram ou são vigentes. Se não houvesse um abismo entre eles – ou melhor, a sua oportunista versão recente – e a realidade colonial, seria exacto afirmar que nós – e nós apenas – nos aproximámos do ideal de que a política ultramarina neles explícita se reclama, a saber, o integracionismo ou a assimilação, abolindo assim a própria essência da Colonização – a diferença entre Colonizador e Colonizado.

A vigência do Mito como Mito não é contestável. A primeira fase da Expansão emprestou-lhe oficialmente uma certa realidade, pelo menos em relação ao índio. Mas basta a trágica mancha, para sempre indelével, da Escravatura, para reduzir o quase nada no passado – passado bem longe que lambe a fímbria do presente – a mentira solene da nossa excepção colonizadora. Decerto, e mau grado esse atroz crime de lesa-humanidade que só em Vieira encontrou, em parte, um eco à sua altura, algumas das nossas pretensões mitológicas foram alcançadas pela Colonização portuguesa num grau desconhecido por outras. Mas mesmo esta concessão aos argumentos colonialistas costumeiros não pode fazer-se sem a expressa reserva de fraquezas próprias da nossa Colonização que noutras, por provirem de nações cultural e economicamente mais evoluídas, são menos visíveis. O que há de mais profundo e verdadeiro na mitologia colonialista portuguesa deve-se ao facto, esse sim, ímpar, da coerência histórico-cultural da nossa Colonização, a qual, bem examinada, se resume paradoxalmente à inexistência de uma autêntica Colonização, se entendemos por isso uma empresa da totalidade da Nação, concertada e levada a cabo com método e continuidade. Em lugar dela houve um rosário de aventuras coloniais, uma série de peripécias avulsas, formalmente sempre ligadas à Metrópole, é certo, mas salvo nas grandes ocasiões (Brasil, reconquista de Luanda, campanhas do século XIX) verdadeiras empresas de colonizadores sem projecto global de Colonização. Assim, por mais estranho que pareça, uma Nação que em dada altura da sua história se confundira com o projecto colonizador, nos tempos de um Silva Porto só o mantinha pela presença frágil de núcleos ou de indivíduos que se sentiam «abandonados» numa missão que eles retomavam por sua conta e risco sem que a Pátria se importasse muito com isso. É bem sabido como Lisboa, a Lisboa dos últimos anos de Eça, considerava os acontecimentos coloniais e a consciência amarga que disso resultava na raça dos Mouzinhos. É a título histórico, ou ao nível de interesses privados que o metropolitano de então sente (ou se sente) tudo o que toca a matéria colonial. Do que fazer nessas Colónias nada saberá até que a República, pelas mãos de Norton de Matos, e em seguida o Estado Novo, retomem, segundo uma perspectiva de conjunto, o projecto colonizador de outrora.

Como explicar então o contraste entre a vigência, nunca abolida, da mentalidade colonialista e este tão frequentemente repetido desinteresse prático pela realidade concreta das Colónias? O carácter passivo da nossa acção colonizadora de sobra o explica. Comerciantes, é a riqueza de troca que nos interessa. Quando se esgota um filão busca-se outro. Durante séculos não houve em Angola outro filão que o escravo. Isso bastava para nos tornar aí presentes e como presentes irradiar, manter a maneira de ser nacional sem necessidade de ser ou se sentir agente de qualquer vontade colonizadora bem precisa. Aqui radica o fenómeno de uma Nação que se assume enquanto Imagem como exemplo de Colonização e cujos filhos afinal, salvo os que oficialmente representam a sua ideologia, se sentem tão pouco colonizadores e quase nada colonialistas. Só recentemente uma certa camada de portugueses – a que dá o tom a Luanda ou a Lourenço Marques – pôde adquirir uma autêntica mentalidade colonialista. Por um lado a sua superioridade técnica enquanto pertence à raça branca é inegável, por outro usufrui de maneira convincente não só de consciência dessa superioridade e do bem-estar que lhe assegura, como do salto que a sua condição significa em relação à que seria normalmente a sua na Metrópole. O colonialismo não tem

[133] Instalação urbana junto ao Padrão dos Descobrimentos. Exposição *Retornar – Traços de Memória*, EGEAC, Lisboa, novembro de 2015 a fevereiro de 2016. Fotografia de Alberto Plácido.

outra base. Ora a África só com Salazar foi aparecendo como «terra de salvação», uma entre outras das muitas que o português demanda desde que se conhece. Até há bem poucos anos – e hoje ainda... – África era «terra de desterro», como o Brasil o fora e ainda para o «brasileiro» de Camilo o era. Deste modo a tão celebrada vocação nossa de Colonizadores aparece como o que de facto sempre foi, salvo em raros momentos de empresa estatal: um subproduto de uma realidade mais original e potente que é a do português emigrante.

Já não estranho verificar o carácter de Colonialismo Inocente e Orgânico da Colonização Portuguesa. Orgânica o é ela pela ligação visceral que sustenta com a pobreza metropolitana a que serve de exutório. E inocente também, pois o português médio nela envolvido não tem consciência bem definida de qualquer projecto colonizador. Acusarem-nos pois de «colonialistas» parece menos como um insulto, o qual até há pouco nem o era, do que como uma espécie de «semsentido». No fundo, o português pensa que está em Angola como podia estar na China ou na Austrália (onde também está ...) e é este perfeito «à vontade» que empresta ao nosso melhor espelho da aventura exótica portuguesa (*As Peregrinações*) o seu brilho exemplar. Como nele «o exotismo» é negado por esse natural convivente, também na colonização vivida como necessidade orgânica o não-natural dela acaba por desaparecer. Contudo, tal atitude subjectiva não é de molde a apagar a realidade objectiva da Colonização. O pobre emigrante torna-se, e mesmo independentemente da sua qualificação ou valor próprio, apenas como elemento da Mãe-Pátria, um eleito, um representante da Civilização por excelência que em parte alguma se sabe e sente mais civilizado que nas Colónias em contacto com homens de costumes diferentes dos seus, catalogados por longa tradição como inferiores. Pouco importa o seu desinteresse ideológico, que no português emigrante é grande, até pela prodigiosa incultura que adorna a maioria, ou até a sua incompreensão da vontade geral colonizadora manifestada pela nossa Presença. Na sua qualidade de português, o mais pobre camponês das Beiras ou do Algarve acabará por se converter num «colonizador autêntico», e na medida em que se não dá conta da ideologia oficial mas a serve objectivamente, num colonialista.

A situação do português como colonizador «orgânico» explica o mistério aberrante da sua recusa interessada em se ver na pele colonialista habitual, neste momento pouco cómoda. Atenção, porém: foi ele quem se instituiu, quem se escolheu historicamente como colonizador desse tipo e até quem durante séculos tirou disso o seu maior título de glória. Classificar de «orgânico» o colonialismo português não é de modo algum «justificá-lo» e muito menos ver nele a expressão sublime, segundo a mitologia do ultracolonialismo, de não se sabe que essência lusa, destinada de toda a eternidade a manifestar-se como Colonizadora, o que é apenas uma forma grosseira de endereçar a Deus um comportamento histórico de que se não ousa reivindicar a dura responsabilidade. O fenómeno português de «Colonização» aparece mais do que outros com um carácter de «organicidade» que o torna resistente à análise comum pelo simples facto de ser uma Colonização levada a cabo por uma Nação cuja estrutura económica arcaica e a profunda passividade tecnológica que a exprime são por sua vez de natureza quase-colonial. É pois com lógica perspicácia que podemos tranquilamente asseverar à face do mundo que nós não somos Colonizadores. O que torna o nosso caso único nos anais humanos é a harmonia inegável entre a nossa situação histórica e económica, enquanto metropolitanos, e a nossa situação enquanto colonizadores. Assim como não há mais que diferença de lugar e cor entre o homem que sobe o rio Mondego na sua barca servindo-se de um sistema neolítico e o homem dos rios da Guiné ou de Angola, também não a há entre o proprietário feudal do Alentejo ou do Ribatejo e o concessionário algodoeiro de Angola e Moçambique. Como ainda ninguém se lembrou de chamar aos nossos ricos alentejanos de «colonialistas», também parece insensato apelidar assim os seus homónimos de Angola ou Moçambique. Leibniz em pessoa não poderia encontrar melhor exemplo de harmonia preestabelecida que o que formam em conjunto Portugal e as suas Colónias. É aliás este sentimento de uma visceral unidade de destino, abusivamente confundida com o destino da Pátria, quando o é apenas de uma classe privilegiada incapaz de encontrar uma saída positiva para as contradições que a estrangulam, que serve de alma à actual ideologia portuguesa.

[134] Instalação urbana junto ao Padrão dos Descobrimentos. Exposição *Retornar – Traços de Memória*, EGEAC, Lisboa, novembro de 2015 a fevereiro de 2016. Fotografia de Alberto Plácido.

Examinemos mais em detalhe essa pré-harmonia trágica, alicerce ainda sólido do nosso Colonialismo. A maioria das chamadas virtudes da Colonização portuguesa radicam nesse fenómeno, mau grado a inumerável coorte de gregos e troianos, desde um Jaime Cortesão a um Gilberto Freyre, que nelas vêem a manifestação de uma sem-par essência lusa. O seu exame é a melhor ocasião de verificar como foi quase fatal que a acção colonialista portuguesa se tenha tornado invisível a nossos olhos. As ideologias justificativas da excelência colonizadora lusa – sejam do tipo «liberal»-romântico de Cortesão, sejam do tipo «racista» à Gilberto Freyre – seriam bem irrisória fantasmagoria sem esse pano de fundo de «organicidade» característico do fenómeno luso da Colonização. A quem podem convencer como fundamento de virtudes colonizadoras «sui generis» a distinção entre o português, «homem do campo», e o espanhol, «cavaleiro», na qual Cortesão via a grande explicação? Que português passou ao Brasil para cultivar a terra, ele mesmo? Que textos pode alegar alguém que permitam distinguir fundamentalmente «o senhor de engenho» e o «encomendero»? Quanto à apologia racial (e racista) de Freyre nem é bom falar. Ter tido necessidade de apelar para uma sociologia tão elementar e tão arbitrária como a de Gilberto é só por si uma prova e uma confissão de fraqueza da parte dos nossos ideólogos oficiais. Cortesão e Gilberto – sem querer estabelecer um paralelo entre a muito diversa nobreza espiritual de um e outro – implicitamente assimilam diferença a valor. Colonização diferente, a portuguesa seria a mais «valiosa». Mas nem sequer fundamentam aos olhos do leitor avisado a convicção séria da existência histórica de uma tal diferença. Nessas como em outras apologias da nossa Colonização – e os portugueses, com excepção de Oliveira Martins, só escreveram apologias – o comparativismo é superficial, a escala de valores proposta, arbitrária ou gravemente tendenciosa, e a todos escapa essa «organicidade» exemplar a que nos referimos e fora da qual é impossível não só julgar, como até «compreender» o fenómeno da Colonização portuguesa.

A organicidade estrutural da Colonização portuguesa – e do Colonialismo, sua sombra – apresenta duas faces e é na harmonia delas que o fenómeno consiste. Uma é a da relação Colonizador-Metrópole, outra a da relação Colonizador-Colonizado, real ou potencial. Tornou-se um lugar-comum historiográfico, pelo menos desde o memorável ensaio de António Sérgio, considerar a crise portuguesa de 1385, e em seguida a Expansão que dela procede, ou a segue, como um triunfo da burguesia nacional. A justeza deste ponto de vista merece uma discussão aqui descabida. Triunfo da burguesia? É possível. Mas conviria definir com mais rigor o que então era já verdadeira burguesia, ou o que só muito debilmente a era. Enquanto classe enraizada no comércio e acessoriamente na terra, merecem muitos «burgueses» nossos esse título, mas não plenamente como os homens de Milão, Florença ou Gand criadores de riqueza, ou exploradores activos dela, o que dá no mesmo. Assim, a nossa burguesia, então como sempre, em perpétuo atraso, verá a sua salvação numa como que sublimação da sua natureza de intermediário. Deste modo a prodigiosa epopeia dos Descobrimentos e consecutiva Expansão poderá muito bem aparecer, ao invés do que se escreve, como uma das mais fantásticas fugas para diante de que a História dá conta, a pôr ao lado da de Alexandre, por exemplo, levada a cabo por uma classe dirigente em atraso sobre a História. Que tenha sido um Príncipe a alma dessa Empresa e não um burguês, que a configuração anímica desse Príncipe esteja toda voltada para a Idade Média é menos misterioso e paradoxal do que parece, literalmente falando, deitámo-nos ao mar, por não saber que fazer em terra. Mas a terra no regresso recuperava o que o nosso suor, sangue e violência arrancavam ao mar ou ao ultramar. Lisboa era vitrina do mundo, mas vitrina só. O coração do mundo burguês verdadeiro batia em Florença, em Paris, em Antuérpia, em Lubeque. Também não é surpresa, nem mistério, nem espanto, como nós o proclamamos, a chamada falência ibérica da revolução científica burguesa, que normalmente parecia dever coroar a operação de vanguarda que as Descobertas significariam. Elas o foram, com efeito, mas «por acréscimo», ou incidentalmente, pelas consequências, não pela intenção que foi e permaneceu comercial. E aqui se prende a primeira das virtudes que é tradicional atribuir à nossa Colonização: a não-violência.

Que pensar dela? Em primeiro lugar essa não-violência é relativíssima e é discutível que distinga de facto a nossa Colonização de todas as outras, se exceptuarmos, e com reservas, a norte-americana. Certas cartas de Vieira podem pôr-se ao lado dos requisitórios de Las Casas e os bandeirantes pedem meças aos pioneiros ianques. E isto sem falar na sucessão ininterrupta de conflitos que a ocupação de Angola suscitou até aos dias de hoje... O que é verdadeiramente original no comportamento português é o silêncio, uma outra versão, acaso, da tão famigerada política de «sigilo», esse espantoso silêncio que hoje mesmo nos «protege» entre outros motivos pelo facto da nossa pouca relevância no cenário internacional. A Europa bramiu com os relatos de Las Casas, mas nunca soube nada de nós. Em verdade, a nossa violência foi sempre camuflada, sem o alarde espectacular da espanhola. Mas também essa menor violência se explica pelo que nós éramos, somos, e desejávamos então. Em princípio, toda a moderna colonização é pacifista ou tende a sê-lo, embora a contradição básica de toda ela obrigue fatalmente à violência. Mais do que todas a especificamente moderna, filha da revolução industrial, mau grado a aparência de maior cinismo. Contudo, colonização alguma estava obrigada, pela natureza das coisas, a ser menos violenta que a nossa. A diferença de concepção entre Almeida e Albuquerque liga-se a esta questão. Por mal dos nossos pecados, ou imperiosa necessidade, foi a política de Albuquerque que triunfou, quer dizer, a entrada em Goa a tiro de bombarda. Apesar disso é para a «não-violência» que o mesmo Albuquerque tende, como Cortez, depois de conquistar o México. Como poderia ser de outra maneira? Uma pequena nação não poderia fundar uma política comercial na pura força, mas numa combinação flutuante de força, interesses, divisões, etc. A conquista, à maneira de Cortez, estava-nos vedada. Nós não podíamos, por debilidade, conquistar a Índia, nem sobrepor à sua civilização uma outra que, salvo sob o aspecto religioso e militar, nenhum português considerava inferior à sua. Também não podíamos, nem tinha sentido, conquistar as terras de Santa Cruz. A história, plausível, da não-violência da nossa Colonização não resulta pois de uma essência lusa, da famigerada brandura dos nossos costumes, mas da harmonia normal, que noutros também se exprimiu, entre as nossas forças e as nossas intenções, sem contar o laço mais profundo que religou a situação sem saída de metropolitanos pobres e a necessidade de se fixar em terras estranhas, pacificamente, sempre que foi possível, e só à força, quando o não foi.

A relação Colonizador-Colonizado oferece, por seu lado, um outro género de harmonia. Um sociólogo das sociedades coloniais pôde escrever que, de uma maneira geral, a civilização colonizável representa objectivamente uma espécie de vazio, uma como que indefinida espera que o Colonizador preenche pela sua chegada. A mais célebre expressão desta antecipada derrota e submissão ser-nos-ia dada pela lenda do regresso de Quetzalcoatl, o deus asteca morto e redivivo com a chegada do homem branco. A verdade parece ser outra. Tecnologicamente inferior, a civilização colonizável é, enquanto tal, presa fácil e obrigatória de uma outra que lhe apareça no caminho representando um estádio mais complexo de civilização. Tal foi, em geral, o caso da civilização hispânica em relação com os novos povos descobertos. Não é porém dessa genérica conformidade que queremos falar, mas da muito particular afinidade que o colonizador português parece ter ressentido em face dos novos povos,

[135] Instalação urbana junto ao Padrão dos Descobrimentos. Exposição *Retornar – Traços de Memória*, EGEAC, Lisboa, novembro de 2015 a fevereiro de 2016. Fotografia de Alberto Plácido.

segundo se diz. Também neste capítulo, e pese ao sem-número de afirmações abusivas sobre o assunto de sociólogos pouco escrupulosos, como Gilberto Freyre e seus imitadores, o caso português é bem menos excepcional e exemplar do que se diz. A maravilhada e humaníssima descrição da carta de Pero Vaz de Caminha é quase, palavra a palavra, a de Cristóvão Colombo, e será repetida por muitos. Nos novos povos, os primeiros descobridores viram «semelhantes» e às vezes, até, seres por algum lado mais valiosos. Quanto à famosa e tão gabada promiscuidade sexual entre a Índia e o Branco (ou mais tarde, entre a Negra e o Branco) – aliás com sentido de domínio bem claro – ela foi comum a portugueses, a espanhóis, franceses e muitos outros, em situações idênticas, como era de esperar. De resto, esta tão cantada miscigenação – mas bem pouco apreciada pelos Anchieta e pelos Nóbrega – nada teve de sábio cálculo, como nos querem fazer crer. Ao contrário: foi a normal consequência de uma consideração das colónias como terra bárbara, indigna da mulher branca. De algum modo é exacto termos sido agentes de uma civilização multirracial – como os espanhóis e os franceses das Antilhas... – mas é preciso acrescentar: na medida em que sem o trabalho escravo, e o amor escravo, a intenção colonizadora branca teria soçobrado. Que não venham inverter-nos infantilmente os termos da questão, apregoando que essa civilização multirracial é nosso produto conscientemente concebido, quando é mais exacto dizer que é o colonizador o fruto dela. Aqui, como no resto, o nosso mérito supremo – se pode ser mérito o que não pressupõe escolha mas fatalidade e se o «multirracialismo» é outra coisa que a expressão sublimada do colonialismo mais extremo – é o reverso da nossa fraqueza visceral. E é bem neste profundo acordo entre a nossa imperial impotência e a fraqueza técnico-cultural dos nossos índios e dos nossos negros que se alicerça o carácter «orgânico» da colonização portuguesa, quer dizer, daquela colonização que, à primeira vista, oferece o mínimo de contradições históricas, económicas, sociais, antropológicas e culturais de todas as nossas conhecidas.

O mistério não é difícil de aclarar. Por um lado, os povos com que entrámos em contacto, no Brasil ou na África, não usufruíam de um nível civilizador comparável ao dos Astecas ou dos Índios do Peru, o que excluiu *a priori* um choque cultural tão impressionante e violento como o da Conquista espanhola. Por outro não podia a Colonização lusa sobrepor-se, como no México, com o relevo normal que a espanhola adquiriu, não só porque não havia necessidade de bater o Índio sobre o seu próprio terreno, mas porque não dispúnhamos nem de homens nem de meios para o fazer. Comparada com a espanhola a nossa Colonização é uma Semicolonização. Não é por acaso que nem o Brasil, nem Angola, nem Moçambique receberam nome de baptismo lusitano. Isso não testemunha da nossa parte tanto de uma menor violência imperialista, ou de uma menor capacidade e possibilidade de moldar as realidades novas – nós baptizámos meio globo… – como do papel que durante largo tempo, que vem até hoje, nós atribuímos a essas terras. Um dos «slogans» da mitologia colonialista – e o eco encontra-se reiterado em vários discursos do Presidente do Conselho – repete que o português, e ele maximamente, ia para ficar. Ficou, de facto, mas não ia para ficar. É imensa a literatura do século XVI e XVII – e posterior – literatura crioula, denunciando, ao contrário, esse vezo do português, de resto, natural, de ir em busca de riqueza rápida e fácil para voltar de novo à sua terra. Já o dissemos, o «brasileiro» de Camilo é herdeiro desse tipo colonizador. Aos poucos, a natureza das coisas, criou «novas pátrias» – aliás pouco desejadas da ciosa Metrópole que só no passado, ou pela boca liberal dos António José de Almeida «agradece» aos Brasis as independências que não pôde evitar, nem soube antever – mas não foi para «criá-las» que o português atravessou todos os Bojadores. Nem ele, nem ninguém. O Brasil ainda hoje paga – e com língua de palmo – a essência de puro objecto a que a nossa Colonização o submeteu, objecto todo orientado em função da vontade e interesses metropolitanos. Como todos os europeus, o português partiu para explorar as novas terras, mas diferente de muitas outras colonizações a nossa foi eminentemente exploradora e mesmo devastadora. A bem dizer, só com Salazar a nossa colonização, embora timidamente, passou à fase construtora, de que Norton de Matos, e mais longinquamente, um Pereira Coutinho, foram intermitentes pioneiros. Mas passiva, ou construtiva, a colonização jamais mudou de sentido. A sua essência é a da subalternização da realidade histórica, económica, social e cultural do colonizado. Que, no nosso caso, esse colonizado apareça, sob certos aspectos, menos distante do colonizador do que é habitual não é argumento de vulto em favor da Colonização Portuguesa. Bem examinada, essa menor soma de contradições – dando de barato que existam – não só não altera o carácter colonialista da nossa empresa, mas exprime-o em termos que por serem originais não são menos os de um colonialismo extremo. Basta, aliás, a pretensão de não o querer ser para o marcar desse signo absoluto. No fundo, essa famigerada harmonia entre colonizador e colonizado, que explicaria a nossa colonização sem problemas, só na óptica aberrante de um supercolonialismo – que é tecnologicamente «infra» – aparece como uma maravilha. Quando se compara a ficção dessa harmonia, ou melhor, as formas reais dessa «harmonia» – bem relativa, pois se existisse efectivamente não haveria problema – com a realidade da relação colonizador-colonizado é essa ausência apregoada de problemas, correlativa da não-solução de nenhum problema vital e cultural do homem negro, a maior de todas as condenações.

O Regime poderá mil vezes apresentar a tranquilidade africana de Angola e Moçambique em certa medida exacta como a prova suprema do nosso sucesso. Ninguém se pode enganar quanto ao significado dessa tranquilidade. Não é ele positivo, consequência de promoção histórica e cultural realmente cumprida, mas quando muito – e pondo de lado o não desprezível argumento de uma presença que por relativamente desarmada sempre foi de ferro – testemunho de uma infantilização do colonizado, cultivada com um ardor igual ao que outras colonizações – aparentemente mais chocantes – empregaram para, apesar de tudo, o elevarem a um nível técnico, intelectual e político incomparavelmente superior àquele que nós nos propusemos. As formas e processos singulares da Colonização Portuguesa não significam menor contradição que outras, tidas como colonialistas até pelos nossos apologistas que pensam assim exaltar-se por contraste, mas explicam bem que haja na consciência dos portugueses um sentimento profundo de não contradição em matéria colonial. Como poderá ser de outro modo quando, objectivamente, a condição servil da mão-de-obra alentejana ou as relações sociais nela implicadas, não difere senão em grau mínimo da condição do trabalho e do trabalhador africano? Não se louva a nossa burguesia, protegida e inconsciente até ao delírio, do «bom povo português», tão «humilde» tão «tranquilo», exactamente como se louva da tranquilidade do «nosso» negro? A imagem idílica do «homem do povo» português é a prova da sua neutralização social e política mas igualmente e sobretudo, a prova de que nenhum dos seus problemas obteve o começo de uma solução profunda. A mitologia colonialista cumpre o mesmo ofício em relação ao africano. Num caso e no outro, uma mesma ausência: a do interessado. Não admira pois que as atitudes da classe dirigente actual e da burguesia retrógrada que representa sejam de uma inultrapassável coerência. É vão querer mostrar do interior, quer dizer, do ponto de vista da classe que a forjou, a mistura de ficções, erros, contradições de toda a ordem dessa mitologia. Mas por isso mesmo mais necessário se torna mostrar, detalhar as absurdidades a que essa expressão sublimada de um colonialismo orgânico dá lugar, quando se comparam as suas asserções líricas com a realidade efectiva da Colonização.

DESCOLONIZAR O «INDESCOLONIZÁVEL»? PORTUGAL E AS INDEPENDÊNCIAS AFRICANAS*

ANTÓNIO TOMÁS

* António Tomás, Descolonizar o «indescolonizável»? Portugal e as Independências Africanas, *Próximo Futuro*, n.º 19 (junho-setembro 2015) pp. 5-8.

O tema da descolonização constituiu-se, praticamente, como um subgénero da história contemporânea portuguesa, a que todos os anos são acrescentados vários livros, monografias, teses e artigos. Porém, o que me parece que não recebeu ainda suficiente análise é o próprio conceito de descolonização.

Para se descolonizar é preciso que haja colónias. Ora bem, quando têm lugar as independências dos espaços sob domínio português em África, em 1975, Portugal já não tinha formalmente colónias desde 1951. Mudanças no ordenamento jurídico levaram a que se tivesse adaptado o conceito de províncias ultramarinas. Poder-se-á objetar que esta questão é de somenos importância, uma vez que na prática as províncias ultramarinas nunca deixaram de ser colónias.

Avançar por essa ordem de ideias pode parecer mera reprodução da retórica do Estado Novo. Afinal, a transmutação das colónias em províncias ultramarinas foi exatamente o que fez o Estado Novo para não acatar as pressões do mundo ocidental para descolonizar.

Ou seja, o argumento que então se construiu foi: como se pode descolonizar um país que não tem colónias?[1] Mas é também preciso ter em conta que o fim do uso da terminologia «colónias» na lei portuguesa dá-se muito antes de ter surgido nos territórios ocupados qualquer reivindicação nacionalista.

Isso permite fazer dois tipos de afirmações: 1) que as mudanças em terminologia não foram motivadas por pressões nacionalistas; 2) e que muito provavelmente terão vindo dessas mudanças as dificuldades em descolonizar.

Deste modo, torna-se quase tão previsível o que então se passou: que o império tenha caído de podre, que uma revolução tenha mudado a ordem constituída, e que se tenha dado não uma descolonização, mas um abandono, pura e simplesmente, das possessões africanas.

O que vale também a pena realçar é que essas mudanças foram muito para além da cosmética, como também se tem dito. Uma lei, qualquer que seja, cria sempre os seus efeitos. Dito de outro modo, se quisermos submeter a escrutínio a transformação das colónias em províncias ultramarinas, deveríamos usar o mesmo princípio para aferirmos a transformação dos territórios ocupados (ou reclamados ao abrigo da Conferência de Berlim) em colónias. Era de igual forma a lei a criar os seus efeitos.

[1] Norrie Macqueen, «Portugal's First Domino: Pluricontinentalism and Colonial War in Guiné-Bissau, 1963-1974», *Contemporary European History*, vol. 8, n.º 2 (julho de 1999), pp. 209-230, p. 210.

[136] Vida na aldeia, áreas libertadas, Guiné-Bissau, março de 1973. Fotografia de Roel Coutinho. African Studies Centre (Leiden), Coutinho Collection,

Colocar a questão nos presentes moldes, permite-me propor a seguinte reflexão: que a ideia de descolonização que serve de trave-mestra a muito do que se tem escrito sobre o fim do império português em África é redutora, uma vez que insiste numa explicação nacionalista (para as antigas colónias) e revolucionária (para Portugal), que ofusca a natureza de uma série de continuidades entre o antes e pós-revolução de Abril.

Colocar a questão nos presentes moldes implica, igualmente, ajustar a lente temporal. E ver, por exemplo, que para trazer alguma luz à problemática da descolonização o tempo histórico que devemos analisar não é a década de 60 em diante, mas sim a década de 30. A Europa emerge no início do século XX com o direito de civilizar os povos bárbaros. Portugal, que reclamava vários domínios em África, conseguiu preservar as suas pretensões coloniais – ainda que o sonho de um mapa cor-de-rosa, que unia Angola e Moçambique, tenha sido destroçado pela Inglaterra. Mas é nesta altura, através do Acto Colonial de 1933, que se balizam as ideias centrais da colonização. As colónias são integradas no ordenamento jurídico, e o direito de colonizar os povos africanos é inscrito como destino da nação portuguesa.

Porém, os paradigmas que sustentavam a colonização sofrem grandes mutações com o fim da Segunda Guerra Mundial. Emergem em várias partes do mundo movimentos de autodeterminação. A palavra «colónia» torna-se abjeta. Enquanto os outros poderes imperiais, pelo menos em África, mudam

[137] Comandantes militares do PAIGC na fronteira setentrional, Guiné-Bissau, 1974. Fotografia de Roel Coutinho. African Studies Centre (Leiden), Coutinho Collection, CC BY-SA 4.0.

as terminologias dos seus regimes de ocupação, de colónias para protetorados, e começam a trabalhar em calendários para a autonomia dos seus domínios, Portugal percorre o caminho inverso. É mais colonialismo. Porém, é colonialismo em novos moldes. É o que se vem a chamar integração.

Muito se tem escrito sobre como o Estado Novo se apropriou das ideias do sociólogo brasileiro Gilberto Freyre[2], que descreviam o modo em que se estariam a criar sociedades originais nos domínios portugueses em África, verdadeiras sociedades multirraciais. Porém, só um certo elogio à mestiçagem se tira da obra de Freyre (coisa que o regime nunca abraçou), porque Portugal já vinha de um longo debate, de séculos, sobre o lugar de África no imaginário nacional. Grande parte dessas ideias foram plasmadas no que então se passou a chamar integração, ou política de integração, que consistia numa fusão progressiva entre Portugal e as suas possessões[3]. Mas tudo isso foi mais do que o atualizar da mitologia dos Descobrimentos. Tinha as suas valências práticas muito específicas, ainda hoje presentes nesses espaços que foram de influência portuguesa.

Adriano Moreira foi precisamente quem soube dar conteúdo material ao mito da integração, muito provavelmente pela sua posição de mediação entre as esferas académica e política. Como académico, é autor do mais substancial estudo sobre o Direito Colonial, Administração da Justiça aos Indígenas; como político, colocou em prática muitas das suas ideias, como a revogação do «Estatuto do Indigenato», como escreve no seu discurso, «Política de Integração».

[2] Ver Cláudia Castelo, *«O Modo Português de Estar no Mundo»: Luso-tropicalismo e Ideologia Colonial Portuguesa (1933-1961)* (Porto: Edições Afrontamento, 1999).

[3] Ideias Muito Próximas do Integracionismo Lusitano, ver Cláudio Tomás, *Angola como Experiência de Humanidade, nos Discursos e nas Práticas Alternativas de Nação e de Reconciliação Nacional.* Tese de doutoramento. Lisboa: ISCTE-IUL, 2016, p. 8.

[138] PAIGC Colégio de Campada, fronteira setentrional, Guiné-Bissau, verão de 1973. Fotografia de Roel Coutinho. African Studies Centre (Leiden), Coutinho Collection, CC BY-SA 4.0.

[139] Mulher soldado jogando às cartas, Guiné-Bissau. Fotografia de Roel Coutinho. African Studies Centre (Leiden), Coutinho Collection, CC BY-SA 4.0.

[140] Avião militar português abatido com soldados do PAIGC, Guiné-Bissau, 1974. Fotografia de Roel Coutinho. African Studies Centre (Leiden), Coutinho Collection,

Mas também neste texto ensaia duas outras ideias, que não me parece que tenham recebido suficiente tratamento. A primeira, no rescaldo da abolição do regime particular que regia a administração da justiça aos indígenas, afirmava uma cidadania única para todos os naturais das províncias ultramarinas. Afirma-se também que «o povo português está submetido a uma lei política que é igual para todos, sem distinção de raças, de religião ou de teor cultural predominante»[4]. A segunda defendia, que a «integração política» passava necessariamente por uma descentralização administrativa, o que esteve na base das reformas municipalistas.

Por esta altura, portanto, inicia-se um processo cujos efeitos se fizeram sentir não apenas no momento das independências, mas que estão ainda bem presentes hoje. Estabelece-se uma ideia que ainda hoje plasma as relações entre Portugal e os seus antigos territórios em África, principalmente Angola e Moçambique. A questão foi construída, por Adriano Moreira e outros, não como a necessidade que Portugal tinha em aceder a mercados de matéria-prima e mão de obra, mas como um dever de civilizar África. Num contexto já de independências de um punhado de nações africanas, Moreira vê no povoamento de África por contingentes continentais, sobretudo «trabalhadores portugueses», «a possibilidade de então se criarem novas sociedades em África, pois o português europeu nas terras do Ultramar [...] não vai mercadejar um serviço, vai, muito pelo contrário, viver a sua vida normal, servindo, com os aborígenes, a mesma prática, e, portanto, interesses comuns»[5]. Aí estão as bases da cultura portuguesa do trabalho expatriado em África.

[4] Adriano Moreira, «Politica de Integração», *Boletim Geral do Ultramar*, vol. XXXVII, n.º 434-435 (agosto e setembro de 1961), pp. 3-28, p. 12.
[5] *Ibidem*, p. 8.

Mas a construção desse regime de interdependência não aprisionava apenas as províncias ultramarinas. Portugal ver-se-ia igualmente refém do mesmo. Uma das consequências mais visíveis de um fascismo tardio foi Portugal virar as costas à Europa. O Estado Novo construía assim a inviabilidade destes futuros territórios fora das relações de dependência que ele próprio criava. Mas Portugal constituía também com África a condição da sua própria inviabilidade. Tanto é assim que desde a primeira hora os que mais tarde haveriam de integrar os movimentos de libertação perceberam que a questão colonial estava intrinsecamente ligada à questão do fim do fascismo em Portugal. Tal consciência pode muito bem dever-se ao facto de os primeiros nacionalistas africanos, Viriato da Cruz, Agostinho Neto, Amílcar Cabral e outros, serem ou membros ou muito próximos do Partido Comunista Português, que apregoava a ideia de que o problema do Ultramar deveria ir a reboque da luta contra o Estado Novo.

Amílcar Cabral tinha profunda consciência deste facto e é talvez por isso que foi na Guiné, onde conduziu a mais efetiva guerra de libertação, que o império português se confrontou com os seus próprios limites. A Guiné era, por um lado, o mais dispensável dos territórios. Mas, por outro, era na Guiné que Portugal se via face a face com a sua retórica. Em contexto de descolonização de África, os ideólogos do Estado Novo percebiam que salvar Angola e Moçambique (os dois únicos territórios que valia a pena manter) implicava também conservar os outros espaços, nomeadamente a Guiné, Cabo Verde e São Tomé. A este imbróglio Norrie MacQueen chamou «teoria do dominó»[6]. Portugal via-se ironicamente a lutar por um império na fração do Império que menos lhe interessava.

Curiosamente, não foi só na Guiné que o exército português foi derrotado militarmente pelas forças de Amílcar Cabral. Foi também na Guiné que se preparou a revolução que poria fim ao Estado Novo. Era na Guiné que estavam destacados muitos dos oficiais que mais tarde se organizariam em Movimento das Forças Armadas, e foi, também, entre estes militares que o General Spínola, então governador e comandante das Forças Armadas, distribuiu para comentário rascunhos do seu *Portugal e o Futuro*. O caso da Guiné é ainda interessante para compreender o que tenho tentado argumentar neste texto. A Guiné, por causa da sua independência madrugadora – em setembro de 1973[7], meses antes do 25 de Abril –, cria um importante paradigma. Era possível haver independência sem descolonização. Dito de outras formas, o modelo da independência dos territórios portugueses em África dá-se de forma unilateral. Não há propriamente passagem de soberania. Em Angola ainda se tenta, com a Conferência de Alvor, em janeiro de 1975, mas por esta altura, num ambiente de guerra civil, já pouco havia para descolonizar.

Portanto, analisar os acontecimentos de 1975 numa perspetiva que ponha em causa o conceito de descolonização permite, em última instância, encarar de frente a questão da integração, nos moldes em que foi colocada por Adriano Moreira, o que é também a questão da relação entre soberania e viabilidade económica. Integração não é apenas palavra-chave para se perceber

[6] Norrie MacQueen, «Portugal's First Domino…

[7] Ver, por exemplo, António Tomás, *Amílcar Cabral – O Fazedor de Utopias* (Lisboa: Tinta da China, 2007).

[141] PAIGC Base militar de Manten, áreas libertadas, Guiné-Bissau, abril de 1974. Fotografia de Roel Coutinho. African Studies Centre (Leiden), Coutinho Collection,

o que se passou entre Portugal e os seus espaços africanos nas últimas décadas. Mas é também palavra-chave para se perceber a viabilidade de Portugal depois das independências africanas, que passou pela integração na União Europeia.

O presente das relações entre Portugal e os antigos espaços em África não tem por base o momento fundador das independências, mas sim todo um reatualizar de velhos fantasmas, que constituem, talvez, mais continuidades que ruturas. Dito de outro modo, a integração de Portugal na União Europeia pode ter sido, até certo ponto, um novo alento para uma presença em África noutros moldes. Margarida Calafate Ribeiro escreveu sobre de que modo é que Portugal, com a entrada na UE, e em relação ao seu antigo império, se reconstitui como uma «periferia do meio»[8]. Portugal volta assim a ser placa giratória, quer em representação de interesses de outras organizações junto à Europa, como a CPLP (Comunidade dos Países de Língua Portuguesa), quer dos negócios de magnatas angolanos.

Em resumo, parece que nestes quarenta anos de independências africanas vale a pena voltar a falar em descolonização. Desta vez, não como uma descolonização que foi mal feita, à pressa, mas talvez como descolonização que nunca aconteceu. Colocar os termos desse modo não implica propriamente

[8] Margarida Calafate Ribeiro, «Império, Guerra Colonial e Pós-colonialismo», *Oficina do CES*, n.º 188 (maio de 2003), pp. 1-40. Disponível em: <http://www.ces.uc.pt/publicacoes/oficina/ficheiros/188.pdf>.

laborar numa tese revisionista, do tipo o colonialismo nunca aconteceu. Mas simplesmente dizer que a fixação num conceito de descolonização que põe fim à gesta colonial portuguesa pode impedir-nos de considerar criticamente outras possibilidades de articulação entre Portugal e os espaços que foram suas colónias.

Referências

Castelo, Cláudia, *«O Modo Português de Estar no Mundo»: Luso-tropicalismo e Ideologia Colonial Portuguesa (1933-1961)* (Porto: Edições Afrontamento, 1999).

Macqueen, Norrie, «Portugal's First Domino: Pluricontinentalism and Colonial War in Guiné-Bissau, 1963-1974», *Contemporary European History*, vol. 8, n.º 2 (julho de 1999), pp. 209-230.

Moreira, Adriano, «Politica de Integração», *Boletim Geral do Ultramar*, vol. XXXVII, n.º 434-435 (agosto e setembro de 1961), pp. 3-28.

Ribeiro, Margarida Calafate, «Império, Guerra Colonial e Pós-colonialismo», *Oficina do CES*, n.º 188 (maio de 2003), pp. 1-40. Disponível em: <http://www.ces.uc.pt/publicacoes/oficina/ficheiros/188.pdf>.

Tomás, António, *Amílcar Cabral – O Fazedor de Utopias* (Lisboa: Tinta da China, 2007).

Tomás, Cláudio, *Angola como Experiência de Humanidade, nos Discursos e nas Práticas Alternativas de Nação e de Reconciliação Nacional*. Tese de doutoramento. Lisboa: ISCTE-IUL, 2016.

OS LIMITES DO PODER DO PADRÃO DOS DESCOBRIMENTOS E O RETORNO AO ARQUIVO*

ÂNGELA FERREIRA

* Este ensaio foi escrito e proferido pela ocasião da minha participação na mesa-redonda que integrou o programa paralelo à exposição *Retornar – Traços de Memória*. O convite partiu da moderadora da mesa-redonda, Manuela Ribeiro Sanches, que descreveu o evento como uma «conversa sobre percursos artísticos e o retorno». Contando ainda com a participação de Vasco Araújo e de Manuel Santos Maia, teve lugar no dia 11 de fevereiro de 2016 no anfiteatro do Padrão dos Descobrimentos, em Belém, Lisboa. Optei por manter aqui a abordagem oral e direta para assim preservar o espírito que levou à conceção do texto e ao ambiente em que foram apresentadas as imagens.

Aproveitei este convite para pensar um pouco mais a temática do arquivo. Fi-lo, como é óbvio, no âmbito da exposição *Retornar*, cuja força motriz me pareceu ser, entre outras, a ideia do «arquivo». Neste caso a revelação de algum material de arquivo em torno da história aqui em questão – o retorno dos colonos –, que também constitui o contexto desta nossa conversa. Começo por admitir que não gosto nada de usar a expressão «retornar» precisamente por dar veracidade aos preconceitos nela contidos, mas agora, também por questões de tempo, opto por não me debruçar sobre essa terminologia. Confesso, igualmente, que como artista plástica com uma prática investigativa o assunto de pensar o arquivo tem grande utilidade concetual para mim. Em Bruxelas, em 2014, durante os trabalhos do ERG Seminaire: *Archives du Present - Généalogies du Futur*, em que participei e onde durante três dias se aprofundou o tema do arquivo, tive oportunidade de ouvir, reagir e me debruçar de novo sobre esta problemática, que, sem dúvida, todos concordamos, é profundamente política. A experiência em Bruxelas reavivou em mim a delicadeza e a complexidade do assunto... deixando vir à superfície as emoções em torno do ato de arquivar, do questionamento sobre o «poder ou o direito de arquivar». Admito que, por um lado, o facto de haver pessoas que decidem por si próprias «arquivar» em nome de «outros» me suscita um tremendo desconforto relacionado, como disse, com o ato de arquivar enquanto instrumento de poder. O assunto não é neutro nem fácil, pois, por outro lado, ouço os meus pensamentos mais racionais e sensatos, que o tempo de maturação das ideias beneficia, a lembrar a preciosidade e o privilégio que é poder «ler» um arquivo.

Para esta conversa retomei as minhas leituras de um texto de 2002 de Achille Mbembe, *The Power of the Archive and its Limits*, que me ajudou bastante. Permitam-me, portanto, deambular por entre as suas ideias e partilhá-las convosco. Mbembe é sem dúvida, para mim, o mais inspirado pensador africano. Começo então por lembrar a sua nota introdutória ao referido texto:

> *The term «archives» first refers to a building, a symbol of a public institution, which is one of the organs of a constituted state* (uma nação, neste caso Portugal). *However, by «archives» is also understood a collection*

[142] Ângela Ferreira, *Messy Colonialism; Wild Decolonization*, 2015. Instalação em *A Story Within a Story* (GIBCA, Gotemburgo, 2015).

of documents – normally written documents – kept in a building. There cannot therefore be a definition of «archives» that does not encompass both the building itself and the documents stored there. The status and the power of the archive derive from this entanglement of building and documents.[1]

Esta ideia vem ao encontro de uma das premissas mais importantes e mais férteis no meu trabalho e também é pertinente para nós hoje aqui, neste edifício, para podermos pensar o significado... dos edifícios, para podermos enveredar pelo desafio de desconstruir e questionar o significado do edifício escultórico que conhecemos como Padrão dos Descobrimentos – símbolo de celebração da história e contentor/arquivo de artefactos dessa mesma história. Há muito que acredito na possibilidade de «ler» os edifícios como textos políticos e é isso que tento fazer em muitas das minhas esculturas. Como estamos instalados dentro de um imóvel com uma carga política para mim quase incomportável, que infelizmente tem sido alvo de muito pouca reflexividade, e como esse é também o assunto da obra cujas imagens aqui apresento, aproveito para expor

[1] Achille Mbembe, *The Power of the Archive and its Limits*, in *A Story Within A Story*, org., Elvira Dyangani Ose (Gotemburgo: Göteborg International Biennial for Contemporary Art, 2015), pp. 16-25.

[143] Ângela Ferreira, *Messy Colonialism; Wild Decolonization*, 2015. Instalação em *A Story Within a Story* (GIBCA, Gotemburgo, 2015).

um pouco sobre o ponto de partida e metodologia do meu trabalho – vamos ver se consigo, pois nunca o fiz desta forma! Do meu ponto de vista, não basta identificarmos os assuntos que se querem tratar ou, como historiadores, saber contar a sua história com a maior das isenções. Neste caso é preciso identificar como metáfora o edifício que queremos usar e saber articular as leituras críticas que se fazem dele; é preciso juntar à ideia de edifício o poder dos conteúdos do «arquivo» para os quais ele próprio remete. Sei bem que, a reboque da sugestão de Mbembe e aproveitando este convite para estar dentro do Padrão dos Descobrimentos, estou a juntar os arquivos da exposição *Retornar* com os do espaço e história do edifício em que estamos inseridos – noto que esta conexão já foi estabelecida no programa expositivo que inclui o meu projeto dos contentores.

A obra que estou a mostrar, cujo filme veremos de seguida, chama-se *Colonialismo Sujo, Descolonização Selvagem* e materializou-se em fevereiro de 2015, mas é uma obra que eu tinha em mãos há cerca de quinze anos. A obra foi apresentada no México, no Brasil e na Suécia, mas nunca em Portugal[2]. Não resisti à tentação de a trazer hoje a esta mesa redonda. Sempre vi este edifício

[2] A obra foi, entretanto, apresentada em Portugal no contexto da exposição *Ângela Ferreira – Ressignificação*, Colégio das Artes. Coimbra (maio de 2016).

[144] Pormenor da Secção «Arquivo» da Exposição *Retornar – Traços de Memória*, EGEAC, Lisboa, novembro de 2015 a fevereiro de 2016. Fotografia de Alberto Plácido.

como contentor de significado político. Reconheço que esta é a primeira vez que aqui entro e espero humildemente conseguir investir o tempo aqui presente com significado útil. Mas voltarei ao edifício mais adiante para, através do meu filme e da minha escultura, contar o que penso da história nefasta do edifício e das áreas em seu redor, que, para mim, ainda estão assombradas[3].

Um outro ponto interessante que Mbembe nos ensina é que o arquivo, ao existir, é uma coisa que anula a dúvida. Ele ganha o estatuto de prova, a prova de que algo verdadeiramente existiu ou aconteceu, e que a partir dele nós somos capazes de reconstruir os eventos passados. Neste caso o evento do «retornar», que durante tanto tempo foi empurrado para a invisibilidade, num esforço de quase apagamento da existência dos factos. Imagino que entre os pensadores que se debruçam sobre estes assuntos haja consenso quanto ao valor de podermos ver os materiais de arquivo exibidos nesta exposição. O trabalho de dar veracidade e realidade a três arquivos diferentes – o do IARN, o das migrações coloniais e o dos jornais em torno da descolonização – como se estivessem a provar a existência dos factos complexos e controversos do fim «oficial» do colonialismo português torna esta exposição importante e corajosa.

[3] Uma amiga sul-africana em visita turística a Lisboa (2014) visitou o edifício e a sua área circundante. O guia turístico apontava orgulhosamente o chão com a rosa dos ventos em frente ao padrão, oferecido pelo governo do *apartheid* sul-africano ao Estado Novo português, sem a menor necessidade de mencionar que se tratava de uma dádiva de um estado ditatorial a outro estado ditatorial.

[145] Ângela Ferreira, *Messy Colonialism; Wild Decolonization*, 2015. Instalação em *A Story Within a Story* (GIBCA, Gotemburgo, 2015).

No entanto, como diz Mbembe, o verdadeiro destino do arquivo está sempre situado fora da sua materialidade, está na história que ele torna possível. Mas, como todos sabemos, não há histórias sem pontos de vista, pelo que ao apresentar um arquivo estamos sempre a apresentar uma (sua) perspetiva. As apresentações não se querem sectárias, muito menos aquelas que, como esta, têm como pano de fundo um regime político ditatorial. Eu, como artista plástica, vejo o arquivo como um texto autoral imagético. Dou-lhe o tom da minha posição sem ser autoritária, mas não o deixo sem ponto de vista. Imbuo sempre as minhas obras de um ponto de vista que muitas vezes pode ser subtil… e por vezes não tão subtil, como poderão ver adiante pelo texto do filme que transcrevo no final deste ensaio.

Um terceiro ponto que Mbembe nos ensina reporta para a qualidade sepulcral do arquivo, para o facto de, na sua opinião, ao arrumarmos os vestígios de eventos e de pessoas estarmos a conferir-lhes uma certa paz que é própria da cerimónia funerária (*lay to rest*). Os factos, os eventos, os elementos retratados deixam de poder causar a desordem que causavam antes de serem arquivados, antes de serem arrumados.

> *Assigning them to this place* (the archive / funeral sepulture) *makes it possible to establish an unquestionable authority over them and to tame* (em português, «domar») *the violence and cruelty of which «the remains» are capable, especially when these are abandoned to their own devices.*[4]

Neste nosso caso, no entanto, a situação é mais complexa, pois estes arquivos existiam e, portanto, o material estava neutralizado, mas na verdade os materiais estavam duplamente neutralizados, quer pelo esquecimento imposto pelas normas societais, quer pela euforia pró-europeia que existiu neste país pelo menos até ao fim do século XX. E até agora, como nos diz Mbembe, eles estavam quase perigosamente abandonados.

É muito importante lembrar ainda como o texto de Mbembe nos ensina que não importa qual a forma como definimos os arquivos, pois estes não têm o menor significado fora do âmbito subjetivo dos indivíduos que os utilizam. Contudo, a experiência subjetiva é guiada por vários fatores em torno dos próprios arquivos, por exemplo: quem os fez, a quem pertencem, de que autoridade dependem (estado/nação), qual o contexto político em que são visitados, quais as condições de acesso, a forma como estão codificados ou ainda como o seu conteúdo é apresentado e mostrado ao público. Uma vez consideradas estas condicionantes e variáveis, percebemos que os conteúdos dos arquivos podem ser variados e contraditórios e que se (enquanto artistas plásticos) trabalhamos com arquivos temos o dever de considerar todas as leituras que se fazem dos mesmos. O simples ato de mostrar um arquivo não constituiu um procedimento claro de crítica dos factos e eventos aí contidos. Pelo contrário, pode mesmo tornar-se um ato nostálgico e sepulcral de celebração.

Pensemos no processo de exibir materiais de arquivo num tempo em que os museus de arte contemporânea se tornam cada vez mais mercantilizados; em que os museus se transformam em autênticos centros comerciais de artes visuais e da história de arte; ou em que os diretores de museus se perguntam não sobre o que mostrar dentro dos museus, mas o que fazer com os milhares de pessoas que a eles afluem como espaços de entretenimento. Temos de nos lembrar que a mercantilização da memória (arquivos) destrói a diferença entre a vítima e o carrasco e, como tal, permite ao estado (nação) realizar aquilo com que sempre sonhou: o abolir da dívida da história e a possibilidade de começar de novo, de tudo fazer tábua rasa.

Uma nota final sobre o Padrão dos Descobrimentos para que possamos pensar o edifício e o arquivo no emaranhar de conteúdos que Mbembe nos desafia a fazer.

Trabalhando, como faço, bem inserida no discurso pós-colonial – apesar de eu própria por vezes questionar a sua pertinência – não posso deixar de relembrar alguns dos princípios axiomáticos desse discurso, nomeadamente, por se aplicar neste caso a ideia de reflexividade. Este edifício transborda com o discurso nacionalista dos descobrimentos que, do meu ponto de vista, ainda está por desconstruir no imaginário português, mas, pior ainda e muito importante para o contexto específico desta exposição e deste projeto, remete para a

[4] Achille Mbembe, *The Power of the...*

[146] Ângela Ferreira, *Messy Colonialism; Wild Decolonization*, 2015. Instalação em *A Story Within a Story* (GIBCA, Gotemburgo, 2015).

temática do colonialismo. Não nos esqueçamos de que o colonialismo, período tecnicamente de curta duração, teve os seus alicerces firmemente implantados na história dos descobrimentos portugueses e, subsequentemente, na história da escravatura. O edifício e a sua história escultórica são como um condensar de material de arquivo – um buraco negro absorvente de todo este material. Tenho dúvidas de que meramente por estarmos aqui hoje, com boas intenções, a ter esta conversa, consigamos contrariar as forças nefastas que ele suporta.

Mas como estou a apontar para a prática da reflexividade, usando este fórum um pouco como um confessionário, adianto ainda que há outro problema que me persegue e tem que ver com a ideia da «ética da forma». Talvez este problema seja insignificante para outros, mas sempre me pareceu que referenciar algo só por referenciar pode ser um exercício inútil e fútil que pode até apontar para conteúdos opostos aos desejados. Não conseguimos usar algo «belo» para mencionar algo «horrível», a não ser que abordemos os assuntos de forma crítica. Assim, a ideia de criticidade e reflexividade é vital para que os conteúdos não

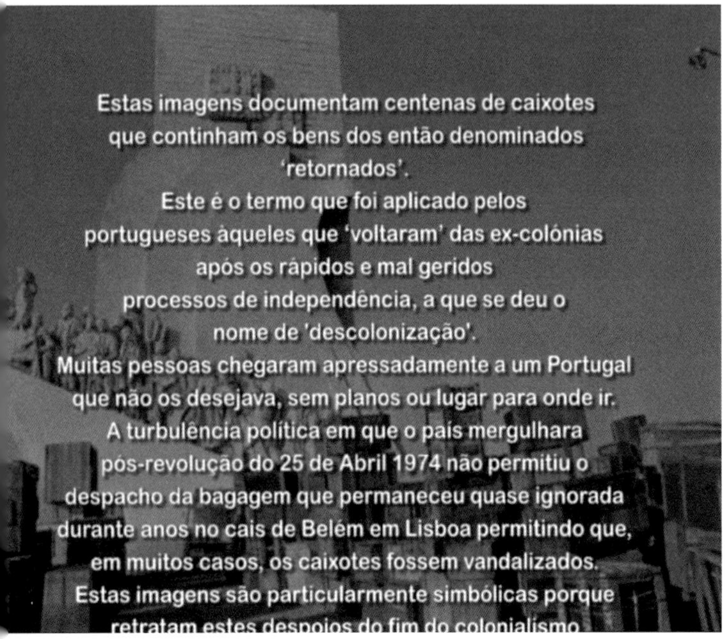

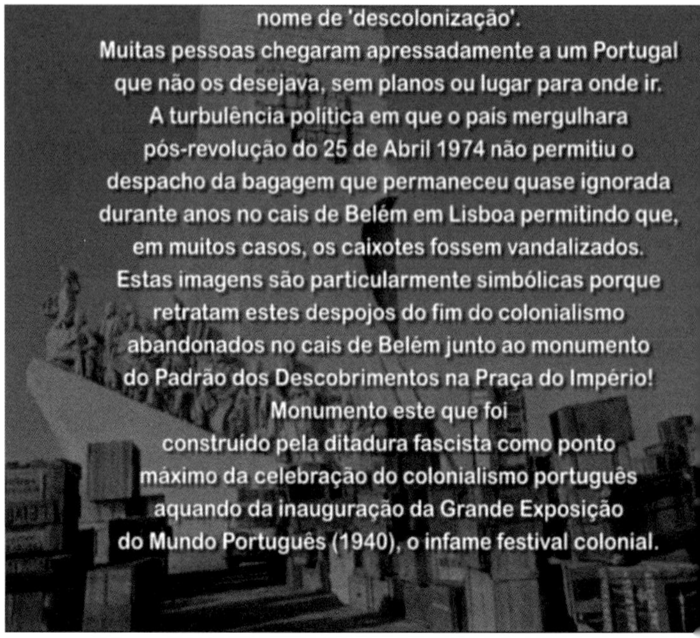

[147] Ângela Ferreira, *Messy Colonialism; Wild decolonization*, 2015. *Still* do vídeo.
5:56 min, sem som, preto e branco.

se tornem confusos ou neutros. Ou, pior ainda, que possam ser apropriados por outros discursos bem diferentes dos nossos – os discursos saudosistas. Na verdade, se não impregnarmos as nossas referências de criticidade podemos cair na celebração dos assuntos que pretendemos criticar, enfraquecendo assim toda uma abordagem.

Finalmente uma nota, agora sobre o porquê de ter levado quinze anos a tratar este assunto nesta obra de arte. É que o assunto dos «retornados» não é só simplesmente um assunto de vítimas. É um assunto de colonos, muitos deles racistas e coniventes com um regime político colonial. O processo que está mesmo em causa aqui não é tanto o do «retorno», mas antes o do processo da descolonização portuguesa – que foi mais um projeto politico português mal pensado, mal gerido e, em alguns casos, a roçar mesmo o ridículo –, processo que ainda continua indevidamente analisado ou avaliado e muito menos objeto de uma tão necessária comissão de «verdade e reconciliação».

Referências

Dyangani Ose, Elvira, org., *A Story Within A Story* (Gotemburgo: Göteborg International Biennial for Contemporary Art, 2015).

Mbembe, Achille, *The Power of the Archive and its Limits*, in *Refiguring the Archive*, org., Carolyn Hamilton (Cidade do Cabo: Kluwer Academic Publishers, 2002), pp. 19-27.

BREVES NOTAS SOBRE O IMPÉRIO POR CUMPRIR

JOSÉ ADELINO MALTEZ

Era uma vez um pequeno e velho reino medieval que, há mais de seiscentos anos, se lançou numa sucessão de impérios, procurando o *d'além*, para salvar o *d'aquém*. Depois da ascensão e queda dos impérios marroquino e indiano, veio o império brasileiro. Um insustentável peso do passado que sofreu com o grito do Ipiranga e foi obrigado a gerir dependências na balança da Europa. Nas possessões coloniais, onde se conjugava o verbo *ter*, foi continuando o tráfico de escravos, mas não deixou de tentar o de mercadorias, indeciso, entre o sonho do fomento e a tentativa de venda das colónias. Assim, chegou o capitalismo colonial e até se procurou a ciência da colonização, com a partilha de África. Sofreu-se a bancarrota, gerou-se o protecionismo e sempre em guerras de ocupação, que se prolongaram com o patriotismo imperial dos republicanos. Não há mundo que nos chegue, nem Índia que tenha sítio na nossa esfera armilar. Portugal sempre foi mais do que o seu próprio lugar.

A história colonial portuguesa ainda não é um *lugar-comum* (*topos*) que permita o diálogo entre posições diversas, porque eivado de preconceitos e ideologias, não admitindo perspetivas e plataformas analíticas que partam de factos e façam intercâmbio de fontes e de escolas. Alguns transformam certos estrangeirados, como Gilberto Freyre, num *santo laico* e até elevam, a pensamento oficial, autores subsidiados pelos *sacos azuis* da propaganda institucional, contratando agentes literários da globalização alternativa e do respetivo folclore de conferências. Outros fazem *traduções em calão* de anticolonialismos alienígenas e sacralizam quem fez militância, ao serviço de interesses exóticos, nomeadamente das superpotências e suas toupeiras. Ambos repetem editoriais de oficiosos situacionistas e oposicionistas, continuando uma espécie de guerra civil historiográfica, onde a *Escola Colonial* fica sempre manchada pela *leyenda negra*.

Até certa pretensa história, que se arroga monopolista do científico, olhando-se no umbigo das citações em rede fechada, não passa de um mero processo de *storytelling* para uso do *agenda setting* das várias propagandas dos regimes, inventando sucessivos binários, sobretudo na política pública colonial, ou ultramarina, com colonialistas contra os *ventos da história* e da *modernidade*, ou com sucessivas gradações diabólicas entre integracionistas e autonomistas, tal como outra historiografia, sua *irmã-inimiga*, fala em patriotas e traidores.

Página anterior:

[148] Algodão. *Flama*, 22/09/1973. Imagem cedida pelo ANTT.

Apesar de tudo, seis séculos de expansão, e até com algum pioneirismo, aquele que Miguel Torga qualifica como *telurismo oceânico*, o *duma nesga de terra / debruada de mar*, não deixam de produzir uma pluralidade de perspetivas que não podem ser banidas dos inventários da relação da Europa com o resto do mundo, só porque alguns julgam, com alguma soberba, que é só a partir dos respetivos padrões classificativos que podemos atingir o *promontório dos séculos* e os consequentes *amanhãs que cantam*, chamando-lhes *modernidade* ou *progresso*, como se o *patriotismo* não pudesse rimar com o *cosmopolitismo*.

É evidente que o imperialismo e o colonialismo usam a técnica antiga de dividirem os dominados para melhor os controlarem, nomeadamente pondo brancos contra pretos, pretos contra pretos e todos contra os mestiços, apesar de, por vezes, ser conveniente a mobilização, de uns ou de outros, para a montra do poder da *teatrocracia*, quando se torna conveniente exibir os *criados* em boa relação com o *patrão* desse sistema hipócrita.

Até no plano do recrutamento militar, seguem goeses para Moçambique, moçambicanos para a Índia, ou tropas africanas para Timor, para não falarmos nos cabo-verdianos em teatros de operações anti-guerrilha, na Guiné e em Angola, nesse dividir para imperializar, a que chamamos excecionalismo de um *modo de estar no mundo*, que se usa no Brasil, com os índios a expulsarem os franceses da Guanabara, ou os brasileiros a reconquistarem Angola aos holandeses e sempre por aí fora. Face à invasão japonesa de Timor, a própria resistência chega a ser protagonizada pelos deportados antifascistas que, depois da vitória dos Aliados, até entregam formalmente a soberania ao agente salazarista que aí desembarca, engalanadamente.

Aliás, nem sequer pode esquecer-se que o imperialismo assenta numa corrupção sistémica, onde circulam os petrolíferos, atingindo o clímax quando Moses Bensabat Amzalak ainda serve de assessor para exploração de petróleo no Timor posterior a Abril de 1974; os diamantíferos, como Ernesto de Jardim Vilhena e a DIAMANG a subsidiarem a revista da PIDE; cafeeiros, como os herdeiros de José Celestino da Silva, em Timor; chocolateiros, como a mulher de José Luciano de Castro a fundar uma roça em S. Tomé; oleaginosos, como Alfredo da Silva, na Guiné; ou banqueiros, como Francisco Vieira Machado no BNU.

Falta até adequado inventário dos traficantes de armas na mais recente Guerra Colonial, ou a guerra de sucessivos ninhos de dependências de polícias secretas estrangeiras em Portugal, no mesmo período, nomeadamente da polícia sul-africana e da sua generosa concessão de graus maçónicos em jantaradas, tudo culminando com alguma cobertura do futebol, até com representantes de alguns dos nossos clubes a aproveitarem viagens à Checoslováquia, para se importarem armas soviéticas.

Aliás, nunca apareceu, entre nós, em plena Guerra Colonial, um Raymond Aron avisando que, numa guerra colonial, era inevitável que a autoridade colonial usasse a tortura e que o movimento de libertação seguisse a via do terrorismo. A guerra é o mal absoluto.

[149] Algodão. *Flama*, 22/09/1973. Imagem cedida pelo ANTT.

Quem diz que a Guerra Colonial acabou em 1974 comete erro tão crasso como quando se proclama que ela começou em 1961. Começou uma centena de anos antes e continuou mesmo quando Portugal saiu dos teatros de operações da Guiné, Angola e Moçambique, onde fomos peões de muitas guerras por procuração.

Guerra Colonial é a designação das campanhas de África de 1961 a 1974, segundo a terminologia das forças armadas portuguesas. Guerra de libertação, ou guerra da independência, segundo os movimentos políticos guineenses, angolanos e moçambicanos, assumidos como movimentos de libertação nacional, defensores e praticantes da luta armada, visando a independência. Guerra do Ultramar, conforme a expressão oficial e oficiosa do regime da Constituição de 1933. Para outros, mera guerra de África.

Seguindo Raymond Pélissier, Guerra Colonial, de 1848 a 1878, são 80 meses de campanhas militares, isto é, cerca de 22 por cento do período. Já de 1879 a 1926, serão 254 meses de campanha, cerca de 44 por cento do tempo. Pormenorizando, de 1902 a 1920, a percentagem atinge os 83 por cento em Angola, com cerca de 330 meses.

[150] Venda de produtos manuais nas ruas de Angola e aspeto da sua fabricação manual. *Flama*, 05/04/1974. Imagem cedida pelo ANTT.

Umas das nossas *vergonhas naturais*, que também mostram a face gloriosa de construção de uma efetiva comunidade de afetos, quando é aproveitado o futebol multirracial do Benfica de Mário Coluna e de Eusébio, nas taças dos campeões europeus, do primeiro ano da Guerra Colonial, ou dos *Magriços* de Inglaterra, em 1966. E enquanto Salazar se fotografa com o *pantera negra,* Américo Tomás recebe os maometanos da Guiné que vêm, de Bissau para Lisboa, para daqui peregrinarem a Meca, numa demonstração da forma como se instrumentaliza o fator islâmico na luta contra o marxismo ateu do PAIGC. Num método também usado em Moçambique a favor das autoridades portuguesas, então exímias no aproveitamento científico da *psico*, para se evitarem os erros dos franceses na guerra da Argélia.

António Maria Fontes Pereira de Melo, por exemplo, o fiel leitor de Saint-Simon, só pode ser acedido se recordarmos a respetiva experiência cabo-verdiana e o consequente *empirismo organizador*, onde o *pragmatismo* superou o sonho e a *aventura*, mas mantendo certo método de *cartilha* que acabou por impregnar algum salazarismo do *Ato Colonial*, como o que foi assumido por Armindo Monteiro.

Já Eduardo Vilaça é o engenheiro e professor da arte, como o será Norton de Matos, mas misturando a *alma mater* com o ativismo militar, como Paiva Couceiro, que também obedece a um plano de campanha, sempre com a fé do soldado, em nome de um valor mais a que tem de obedecer, nomeadamente aquilo a que, com muita justeza, chamou pátria.

A todos estes não chega apenas a pesada herança de um passado glorioso, dado que também querem escrever *fundacionalmente* a história das respetivas vidas de servidores públicos, dado saberem que a política é, essencialmente, *pilotagem de futuro*, capaz de mobilizar colaboradores e de gerar consensos comunitários. E o que fica, para além das vidas públicas de cada um, é esse espaço de *mais além* que congrega o presente e futuriza, naquilo a que se costuma dar o nome de esperança, conseguir colorir com emoção o cinzento da ditadura dos factos.

O império colonial atravessa todos os regimes, incluindo a presente democracia, que também tem o seu momento de centro metropolitano, por ocasião da administração do território de Macau, para onde os presidentes da coisa pública recrutam, a partir do palácio de Belém, a fina-flor de certas elites do respetivo partido, em modelo de nomeação quase monárquica. Com efeito, *Portugal contemporâneo* é inseparável da história do império, da religião católica e da maçonaria, da ditadura ou da tropa. Porque todas estas ordens coincidem em idênticos princípios, práticas comuns e estratégias unificadas. Logo, ai de quem faça interpretação retroativa de conceitos, ou tenha mera visão reacionária ou progressista, entre os *utopistas do passado*, pessimistas quanto ao presente e ao futuro, e os adeptos dos *amanhãs que cantam*, pessimistas quanto ao passado e paralisantes do presente. Sobretudo, aqueles que se ficam nas meias-verdades e nas muitas mentiras de algumas historiografias, controleiras do presente, para poderem culpabilizar o passado, em nome de ideologias tão estreitas quanto as seitas onde se congregam, num *neodogmatismo* pretensamente *antidogmático*, o que seleciona os factos em nome da doutrina.

Nomes como *escravatura*, *indígena* e *guerra colonial* podem servir para a diabolização inquisitorial e para que se agravem os que, aqui e agora, as querem glorificar, numa falsa legítima defesa, a que apouca quem é pequenino, mas se dobra em mesuras perante os grandes, os fortes ou os ricos que os subsidiam, numa *desnacionalização,* promovida em nome de um contar de história que é tão falso como os manuais e anais que eles dizem ser sempre falsos, em nome de um errado atualismo, sem respeito por uma herança que não é o pretenso *choramingas* que o pode desvendar.

Um dos maiores negreiros da história é o conhecido filantropo e maçom, com o nome simbólico de *Colbert*, Joaquim Ferreira dos Santos, feito barão, visconde e conde de Ferreira, num paradoxo que leva o último ministro salazarista e marcelista, Manuel Pereira Crespo, a ser também um *iniciado*, para não falarmos no antigo líder do PCP – *Partido Comunista Português*, o médico Vítor Hugo Velez Grilo, da *Loja Rebeldia*.

Muito menos nos servem as dicotomias da esquerda contra a direita, dos republicanos contra os monárquicos ou dos liberais contra os absolutistas. Em todos os gloriosos lados, há esclavagistas e abolicionistas, colonialistas e libertacionistas, imperialistas e reformistas, racistas e defensores da miscigenação. Nem na longa oposição ao salazarismo se consegue encontrar coerência quanto a uma alternativa de política colonial, desde uma Maria Archer, lusotropicalista, a um Norton de Matos, tão racista quanto António Vicente Ferreira ou Marcello Caetano, enquanto há monárquicos racistas, como José Hipólito Raposo, na senda de António Sardinha, não faltando salazaristas pluriculturais, como José Osório de Oliveira e Manuel Maria Múrias Júnior, deputado de 1942 a 1957, para não falarmos em cabo-verdianos, como Martinho Nobre de Melos, a angolanos como Pinheiro da Silva. Mas o *patriotismo* é sempre invocado, mesmo quando se contabiliza a venda das possessões. Só pelo controlo memorialista das posteriores *literaturas de justificação* conseguem silenciar-se passados, reinterpretar-se discursos e gerar-se o coloquial épico, saneando saneamentos, ocultando *persigangas* e refazendo retóricas, sem mostrar perdão, nem arrependimento.

Podemos até dizer que o colonialismo, o do *fardo do homem branco*, criador do *Euromundo*, em *defesa do ocidente*, é marcado pelo intuito civilizador de certo nacionalismo místico, liberal ou republicano, incluindo o da propagação da democracia, com um estado moderno e nacional, o que pretende formar cidadãos a partir de pretensos *selvagens*, elevando-os pela educação e, às vezes, pelas varadas e chibatadas, até quando invoca a necessidade de criação de um instituto jurídico especial para os *autóctones*, ou *indígenas*, a fim de os proteger dos abusos dos conquistadores, missionários, exploradores ou colonos, que se justificam com o uniformismo cidadânico do *Código Civil* do Visconde de Seabra, de 1867. Onde são *todos iguais*, mas com alguns *bem mais iguais do que outros*, sem uma efetiva cidadania de igualdade de oportunidades. Mas, como diria Thomas Carlyle, *a civilização não passa de um invólucro dentro do qual a natureza selvagem do homem pode arder eternamente num fogo infernal.*

A *questão* colonial, ou imperial, é bem mais complexa do que um mero problema de micropolítica, preso a determinismos causais, de caráter económico ou social, ou ligado a histórias de intrigas de corte, de personalizações de poder numa escola, numa seita, num ministério ou num projeto de conquista do poder político. Situa-se, sobretudo, a nível das *representações*, assumindo a macropolítica das *índoles*, das *mundividências* (*Weltanschauung*) ou do *modo de ser*, ou *de estar*, no *mundo* de certa comunidade política, dado que implica uma opção profética, a partir de uma certa *conceção do mundo e da vida*, não apenas pelo que os portugueses haviam sido, ou eram, mas antes por aquilo que se determinasse que deveriam ser.

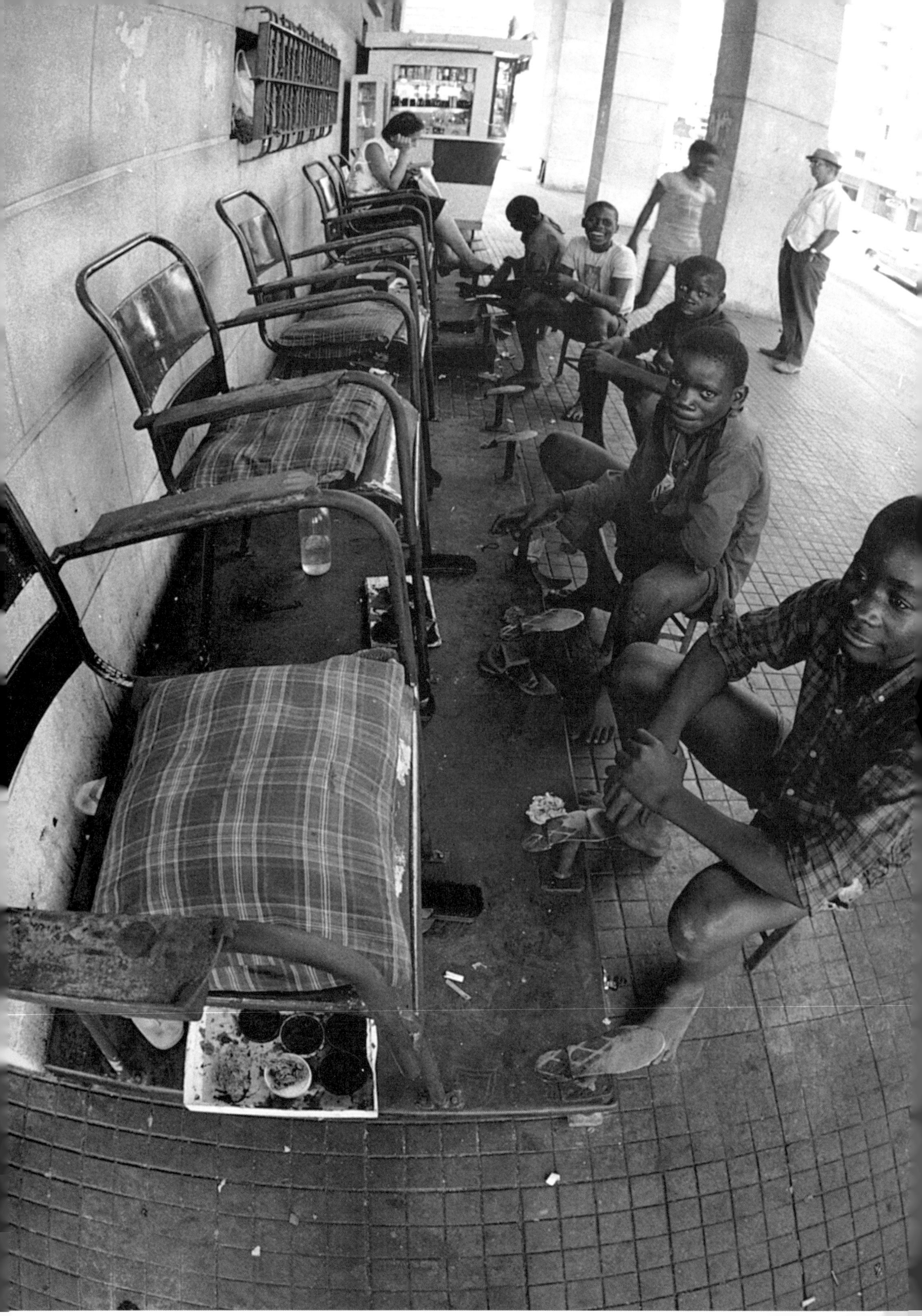

Página anterior:

[151] Engraxadores negros numa das ruas de Angola. *Flama*, 05/04/1974. Imagem cedida pelo ANTT.

Daí que os poderes estabelecidos procurem manuais de vivência, de *cartilhas coloniais* a *decálogos do império*, em torno de paradigmas, trazidos de passados remotos, do Infante de Sagres a Vasco da Gama, de Bartolomeu Dias a Afonso de Albuquerque, ou na órbita de poetas ditos nacionais, de Luís de Camões a Fernando Pessoa, como transparece dos livros adotados para o uso nas escolas, nos romances históricos, nos filmes e séries televisivas, nos faustos comemorativos ou na própria toponímia, dando nome a povoações, no além, e a nomes de ruas, no *d'aquém*.

O imaginário da utopia do passado tende a ser rigorosamente selecionado para se controlar o presente e semear o futuro. O império tanto é macropolítica construtivista, a partir do centro do aparelho de poder, como mera vulgata da propaganda, onde velhos ou recentes poemas épicos se transformam em páginas seletas, ou antologias, para educação infantil e juvenil, até que, de vez em quando, se regressa ao *trágico-marítimo* e à literatura de guerra.

Mas os discursos desta utopia do passado, a que injustamente chamam *saudosismo*, são tão irrealistas quanto os seus inversos sobre o *papão lusitano*, o esclavagista, o racista, o massacrador e o genocida, numa espécie de combate entre a montagem científica da *psico* e o populismo controleiro da *agitprop*. De um lado, a denúncia do desertor, que foge à guerra para Paris, Bruxelas ou Estocolmo, do traidor, ao serviço de Moscovo, ou de Pequim, dos infiltrados, agentes de interesses estrangeiros e, sobretudo, dos terroristas e cripto-terroristas, sempre em nome da *defesa do quadrado*, liderado pela tropa, que nos permitiria resistir.

O império, sonhado por alguns, mas *impensado* pelo todo, nunca existe, como parcela de uma comunhão minimamente consensualizada pelas elites, ou pelo povo. Anda sempre aos *solavancos*, arrastado pelas circunstâncias de uma série de *acasos* e nem as escolas o pensaram, conforme as necessidades e o futuro. Os impérios são sempre *prisões de povos*, onde basta que se criem *movimentos de libertação*, para que a implosão ocorra, mesmo que ela dê a ilusão ao centro de a poder controlar com campanhas de pacificação ou operações de polícia.

As nações, as pátrias, os povos ou os países, bem como as suas expansões imperiais, incluindo as colónias, antigas e contemporâneas, porque se ficcionam como *pessoas em ponto grande*, tanto *nascem, crescem e morrem* como também se *educam*, ou *prospetivam*, pela imaginação dos discursos de reis, ministros, governadores, deputados, professores e simples cidadãos, não faltando as consequentes propagandas, vulgatas e cartilhas, editadas pelas *sentinelas* da *sociedade civil*, pelas *agências* dos aparelhos estaduais, pelas *escolas de regime*, ou pelos subsídios estaduais para a investigação científica conveniente. Logo, uma entidade com mais de oito séculos e meio de tempo, e com sucessivos acrescentos, misturas e retroativos, no modo, nas gentes e nos terrenos, entre reinos e repúblicas, domínios e conquistas, com posteriores *estados* e abstratas *soberanias*, arregimentando *livres*, *libertos*, *serviçais*, *indígenas* e *escravos*, junta a celtiberos, moçárabes, judeus, mouros, índios, malabares e negros, e assim se fez mais antiga e mais universal, isto é, com mais futuro.

O verdadeiro projeto de império colonial português nunca é o que está, mas aquilo que apenas pode ser. Daí que o assunto nunca passe dos visionários para o povo em massa, o qual nunca o sufraga, sobretudo dando os corpos, pela emigração, em colónias de povoamento. Porque tanto teme a África, como *sepulcro do europeu*, por causa das febres e sezões, como nunca vê nela o *cheiro da canela* ou o *negócio da China*. Daí que, de forma *manholas*, acabe por preferir a Europa, a que se chega num *salto* e sem necessidade de *carta de chamada*.

A verdade do império é que vivemos sempre de uma política colonial aos solavancos, dependente dos impulsos de opinião que conquistam o centro metropolitano, meros fogachos que revelam a nossa impotência, a nossa ignorância e sobretudo os nossos interesses de empreguismo, do *partido dos funcionários*, e de mercantilismo por parte dos grandes da esquerda, do centro ou da direita dos interesses que condicionavam a política da capital.

A política colonial, apesar da abundante retórica oficial, tem mais preconceitos do que planos, e muito mais informações do que esforços coletivos de ciência, desde logo porque a maioria dos representantes ultramarinos ao parlamento sempre é de nomeação pelos diretórios partidários de Lisboa.

O pior de uma guerra, depois da guerra, é a guerra civil, fria, ideológica, em torno das interpretações da guerra. Perde-se em tiros nos pés. Não se respeitam os mortos. Nem se veneram os heróis. E os principais foram os soldados anónimos que responderam à chamada de serviço público. Exigem a comunhão em torno das coisas que se amam, para sermos pátria e pátrias.

Falta ainda que chegue uma leitura dramática, mas autêntica, da dimensão do Portugal colonial, um qualquer Oliveira Martins, bem pós-colonial, que faça o balanço desse novo *Portugal Contemporâneo* que, no prefácio de 1881, clamou: *os radicais hão de condená-lo como herético, os conservadores repeli-lo como inoportuno, os ultramontanos fulminá-lo como perverso*. Porque *o Brasil é melhor colónia para nós do que a África; porém a melhor de todas as nossas colónias seria o próprio reino*.

O colonialismo português é facílimo de definir: *a escravatura, as guerras da pacificação, os abusos do poder, as violências físicas exercidas pelas autoridades administrativas, o trabalho forçado com todo o seu séquito de consequências bem pouco agradáveis de relatar, o errado uso e abuso da tutela durante o regime do indigenato, as medidas administrativas, a expropriação das terras que por direito costumeiro eram pertença da comunidade e não suscetíveis de apropriação individual, a deslocação das populações, as culturas obrigatórias, os inúmeros atentados contra o direito tradicional e a escala de valores dos africanos, etc., etc.* As palavras não são de um movimento de libertação, mas de um especialista português em questões de trabalho, doutorado pelo ISCSPU, em 1966, com *O Trabalho Assalariado em Angola*, Afonso Mendes, regente da disciplina de *Política Ultramarina* na escola, de 1969 a 1971, em *Aspectos Relevantes da Contra-Subversão*, Luanda, Instituto do Trabalho, Previdência e Acção Social, 1968, estudo, depois desenvolvido e apresentado no conselho de contrassubversão de Angola, onde defende que *deverá criar-se com a maior premência uma doutrina justificativa dos erros do passado, minimizadora das suas consequências*.

Página seguinte:

[152] Parque de diversões em Angola. *Flama*, 05/04/1974. Imagem cedida pelo ANTT.

É evidente que não posso ter *saudades de futuro* face a um modelo que produziu o colonialismo, a escravatura e o racismo, o lado sombrio de um outro luminoso sonho que o tempo não quis cumprir. E tenho de agradecer a todos esses povos o facto de quererem ser independentes.

A melhor forma de continuarmos a procurar Portugal fora de Portugal passa por ter acesso ao universal, tecendo futuros laços que venham a estabelecer-se entre essas várias pátrias da mesma língua comum, que pode ser *mátria*. Uma *supernação* intermediária, feita de várias nações, a caminho de uma *supernação futura*, ou *república maior*. Porque aquilo a que chamamos *comunidade dos países de língua portuguesa* ainda é imperfeito esboço de um mais vasto sonho que, dia a dia, as plurais identidades e culturas podem referendar, pela *comunidade das coisas que se amam*.

Portugal que partiu já não pode regressar. Quem foi além de si mesmo, nunca mais pode voltar. Entre 1926 e 1976, a mesma entidade assistiu ao regresso ao *d'aquém*. O salazarismo, primeiro, ensaiou um *Ato Colonial*, que durou até às consequências da *Segunda Guerra Mundial*. Seguiu-se uma tentativa de regresso às *províncias ultramarinas*, com a oficialização de uma nova doutrina, o lusotropicalismo. Finalmente, sucedeu-se a última das guerras coloniais. Com o *Vinte e Cinco de Abril*, deu-se o fim do Império da terra, pela descolonização, mas não tardou que se entrasse numa corrida à integração europeia, uma espécie de sucedâneo do velho *Quinto Império*. Mas a história continua. Fomos o princípio do caminho marítimo para o sonho de um novo mundo, fomos a primeira partida para todas as sete partidas e o último regresso de além-mar. Somos ainda quem fomos e, na raiz do mais além, continuamos a procurar o mistério de um império, que não foi mas há de ser.

DESCOLONIZAR OS DESCOLONIZADORES: ALGUMAS NOTAS SOLTAS EM JEITO DE ADVERTÊNCIA

MANUELA RIBEIRO SANCHES

O futebol ocupa, ainda, um lugar predominante na construção de comunidades imaginadas nacionais[1] – e agora também transnacionais –, passados os tempos em que a imprensa e a literatura eram os seus principais pontos de ancoragem. Com efeito, nenhum desporto como o futebol tem tido a capacidade de mobilizar paixões de forma tão poderosa, tendo, por isso, sido motor e objeto de manipulação por parte dos órgãos de poder – também de propaganda, no sentido explícito do termo, nomeadamente no campo dos processos de identificação desse espaço coletivo que é o estado-nação. Este, longe de ter desaparecido em tempos de internacionalismos vários ou de globalização mais ou menos celebrada, permanece no imaginário dos povos, com os seus momentos mais sombrios e xenófobos ou como referência contra as forças desterritorializadas de um capital financeiro sem rosto nem pátria, mas, por isso, tanto mais poderoso.

A complexidade destes fenómenos em vários planos, desde os dos discursos oficiais aos processos de identificação neles inspirados, mas que os podem ultrapassar, pode ser ilustrada de forma exemplar através da figura de Eusébio, desde o «assimilado» e objeto de propaganda do Estado Novo, ícone de uma nação una e multirracial, até ao imaginário que essa figura alimentou noutros contextos, nomeadamente, aqueles em que Eusébio pôde ser visto como uma outra pantera negra, lutando pela visibilidade dos jogadores negros no terreno de um desporto controlado pelas elites brancas, recorrendo a outros meios que não a luta armada, defendida e praticada, nos limites do possível, pelos seus homónimos do outro lado do Atlântico, estes inspirando-se na via escolhida pelos movimentos de independência e seus teóricos e militantes, de Fanon a Cabral, a fim de reivindicar uma cidadania plena no lugar que habitavam, reduzidos que ainda eram a meros «indígenas» internos. Eusébio, o «assimilado» lutador, optaria por outra via, identificando-se sempre com a antiga metrópole, o que lhe viria a garantir a consagração como herói nacional em tempos pós-coloniais, com direito a habitar a eternidade no cenáculo dos heróis da nação por excelência, o Panteão nacional cuja construção foi iniciada pelo ditador dos brandos costumes. Em suma, o futebol pode ser pensado não apenas como uma mera distração das massas, na senda do pão e circo de tiranos romanos, de alienação daquelas na era industrial e pós-industrial, mas como lugar onde a complexidade dos

[1] Benedict Anderson, *Imagined Communities: Reflections on the Origin and Spread of Nationalism*, 2.ª edição revista e aumentada (Londres: Verso, 1991).

[153] *Acção tradução: Black Panthers in America Vs Pantera Negra em Portugal.* Serigrafia de Francisco Vidal, 2005.

processos de identificação se afirmam, as memórias dos indivíduos e de grupos se unem ou digladiam, consoante os usos que delas fazem tanto as identidades pessoais como as coletivas, se se recorrer a uma leitura atenta desses fenómenos.

Mas o futebol pode ainda ser utilizado em contextos inesperados, como aquele que a seguir se apresenta, para reelaborar algumas ideias tão só esboçadas nos parágrafos introdutórios a este texto. Giorgio Agamben[2] evoca um episódio, descrito por Primo Levi em *Os Submersos e os Salvos,* em que o futebol, criando um «momento de normalidade»[3], é utilizado para enunciar uma questão central para os processos de trabalho de memória que pode ser relevante para o contexto pós-colonial. Levi recorda um momento particularmente perturbador, em que os *Sonderkommandos* dos campos de morte nazis, numa pausa entre as suas atividades de eliminação de quaisquer vestígios desses maiores crimes da humanidade, segundo os ditames dos assassínios em massa, dos critérios da racionalidade instrumental e produtiva, esses comandos especiais jogam à bola com os seus carrascos.[4] São esses critérios – acrescente-se – que são hoje recuperados sob a capa de um falso individualismo, subjugado à tirania de uma produtividade cega, em que as massas são mais uma vez votadas à engrenagem impiedosa, que as transforma em meras peças de mecanismos – também de

[2] Giorgio Agamben, *Remnants of Auschwitz: The Witness and the Archive*, trans. Daniel Heller-Roazen (Zone Books: Nova Iorque, 1999).

[3] *Idem*, p. 26.

[4] Primo Levi, *The Drowned and the Saved*, tradução de Raymond Rosenthal (Nova Iorque: Random House. 1989), p. 55.

entretenimento –, explorando recursos humanos e ambientais sem outro fim que não o do lucro repetido até à exaustão dos meios. Para Agamben, esse momento é particularmente sintomático, na medida em que, essa «cumplicidade imposta», resultado de um «vínculo imundo»[5], permitiria um simulacro de igualdade e normalidade, a aparente suspensão da divisão absoluta entre espécies que justificara a *Shoa*, as deportações em massa, a guetização, a recusa de qualquer direito a um mínimo de dignidade, em suma, o direito a ter direitos.[6]

Essa aparente igualdade, aproximando vítimas e carrascos, ilustraria, segundo Levi, também o que designa por zona cinzenta, normalidade obscena habitando o estado de exceção que era o quotidiano desses condenados. Normalidade que podemos também encontrar na recusa em pensar o horror desse passado, em enfrentá-lo, normalizando a memória, curando-a do trauma que deveria permanecer incurável.

Não se pretende encontrar quaisquer equivalências fáceis entre a *Shoa* e as práticas do colonialismo, embora a ligação entre as mesmas tenha sido esboçada por Arendt [7], tal como antes Aimé Césaire já o fizera[8], mas, a partir dessa reflexão, tentar traduzir esse momento para o modo como a memória do império, da colonização e da descolonização integra complexidades que não podem ser reduzidas nem a um mero processo de reconciliação pós-colonial, nem a uma normalização fundada, seja no recalcamento de traumas passados, seja na cura asséptica dos mesmos. Muito menos numa reconciliação sob o signo de um passado comum ou de interesses económico-estratégicos, como sucede, também, agora, em Portugal.

Se é certo que, como afirma a teoria pós-colonial, antigos impérios e colónias se encontram irremediavelmente unidos para o melhor e o pior, essa união não pode ser pensada tão só sob o signo de uma utopia crioula, ou lusotropical, nem sob a forma de um apagamento radical do passado. Ambas as vias foram tentadas e continuam a sê-lo.

A primeira persiste sob a ilusão de uma excecionalidade portuguesa, de um modo mais manso de colonizar, com muita mestiçagem e lusofonia, assim se confundindo interdependências em vários planos, desde as que resultaram de encontros afetivos ou instrumentais entre os dois sexos ao estabelecimento de relações de intimidade mais ou menos felizes entre colonizador e colonizado, ignorando-se as zonas cinzentas que podem, se utilizadas sem critério e lucidez, ser o veículo ideal para uma neutralização do terror que o colonialismo passado e presente tem vindo a reafirmar. Para não falar da vitimização em vários contextos, como a dos objetos da violência colonial e seus retornos e ricochetes sob diversas formas – desde a violência explícita ou oculta sofrida pelo antigo combatente pelos defensores da independência ou pelos defensores da manutenção da colónia, pelas populações «indígenas» deslocadas à força à dos colonos que estavam no lugar errado, à hora errada, e que se viram forçados a regressar a uma pátria a que, em alguns casos, já não pertenciam ou onde passariam a ser vistos como representando um passado de que a antiga metrópole tinha de se desembaraçar em tempos de revolução permanente e de aliança com a causa do terceiro mundo – a guerra do Vietname acabava de

[5] Giorgio Agamben, *Remnants of Auschwitz...*, p. 26.

[6] Hannah Arendt, *The Origins of Totalitarianism*, nova edição com prefácios (Nova Iorque: Harcourt Brace Jovanovich, 1973).

[7] *Idem.*

[8] Aimé Césaire, *Discurso sobre o Colonialismo*, tradução de Noémia de Sousa com prefácio de Mário Pinto de Andrade (Lisboa: Presença, 1978).

B-3

Página anterior:

[154] Balumuka (Ambush). Série de 12 fotografias. Fotografia de Kiluanji Kia Henda, 2010. Cortesia do artista e da Galleria Fonti.

terminar. A descolonização consagrada na tríade dessa revolução europeia tardia, que incluía ainda o apelo ao desenvolvimento e à democratização – os três D's do Programa MFA –, impediria, até hoje, uma reflexão coletiva e pública sobre as complexidades desse momento traumático e o reconhecimento de que, se a democracia, como Cabral sempre afirmara, era uma condição indispensável para a descolonização política, ela não garantia a descolonização efetiva das mentes. Pois frequentemente essa descolonização foi – e ainda é vista – como dádiva generosa ou cedência escandalosa aos objetos de colonização e não como resultado de uma afirmação de subjetividade plena, leia-se, na terminologia dos movimentos de libertação, de autodeterminação. Quem descoloniza quem?

Mas centremo-nos naqueles que se tornariam, por motivos vários, nos novos objetos passivos desse processo de descolonização, os que se viram forçados ou optaram por regressar à antiga metrópole. Foi tempo de pontes aéreas e de cidade de madeira, com as suas diferenças de classe, que o caos não apagava, tempos descritos por Kapuscinski[9], que, com outros, permaneceria na cidade de pedra, receando pela sua vida e pela causa de uma libertação efetiva.

Mas a esses primeiros retornos suceder-se-iam outras vagas de imigração das antigas colónias, geradas agora pela violência na pós-colónia, em que a independência e a soberania nacional revelariam, confirmando-se as suspeitas de Fanon e Cabral, de que aquelas podiam não equivaler a uma libertação efetiva, não só da nação como da humanidade. Com efeito, as desventuras da consciência nacional[10], alimentadas pela geoestratégia da guerra fria confirmar-se-iam e «jovens africanos», muitos deles já nascidos em Portugal, embora nem todos cidadãos, são, ainda, remetidos a *ghettos* ou transformados em mercadorias exóticas, mediante uma retórica da interculturalidade ou da miscigenação, retórica que recusa o conflito sob a capa de um discurso lusotropicalista inconfessado, mas que alimenta identidades puras de ambos os lados de uma cidade que se quer cosmopolita, mas que o é tão-só no centro. Este é, agora, cada vez mais colonizado por turistas «autenticamente» europeus ou chineses e angolanos ricos, o que alimenta o ressentimento de uma sociedade que se sente traída por sonhos de democracia e civilização europeias. Sonho esse que ignora a relação estreita entre a consagração desse modelo nas grandes capitais civilizadas e parlamentares e a sua recusa aos espaços colonizados, numa relação simbiótica de violência colonial que as atuais segregações reproduzem.

A segunda via perdurou, até à crise europeia, quando Portugal, depois de sonhos terceiro-mundistas, descolonizador colonizado, tentando libertar-se das peias da Guerra Fria, sonhou ser finalmente parte integrante de uma Europa civilizada, da qual nunca se sentira verdadeiramente parte. Com efeito, a crise viria a remeter o país, de novo, para uma posição periférica, posição essa que agora se tem tentado contrariar, seja obedecendo cegamente aos ditames das grandes potências europeias hegemónicas, seja optando-se novamente pelas Áfricas e pelos Brasis, quando não pelo Oriente do primeiro império, sonhos esses contrariados pela colonização europeia ou outras, agora, de sentido inverso, a colonização de angolanos e chineses, que, dizem os nacionalistas mais pressurosos, se apropriam de um capital que apenas os sonhos de autonomia nacional

[9] Ryszard Kapuscinski, *Mais um Dia de Vida. Angola 1975,* prefácio de Pedro Rosa Mendes, tradução de Ana Saldanha (Lisboa: Edições Tinta da China, 2013 [1976]).

[10] Frantz Fanon, *Les damnés de la terre* (Paris, La Découverte, 2002 [1961]).

poderiam garantir. Descolonização ou deslocalização da Europa e dos seus antigos estados-nação imperiais?

Os diversos tipos de interdependência entre a Europa e as suas antigas colónias, entre Ocidente e Oriente, entre passado e presente não podem – é o que aqui nos parece de realçar –, ser entendidos como mero mote para uma falsa reconciliação, que pode correr o risco de reproduzir essa zona cinzenta que o jogo evocado por Primo Levi[11] constata e denuncia. A memória e a presença do império têm antes de oferecer o pretexto para um confronto com o passado e os seus usos no presente que incluam não só as cumplicidades e intimidades, as zonas cinzentas, mas também a violência cometida não só a colonizadores, mas também a colonizados, reconhecendo-se, ao mesmo tempo, o modo como os direitos e privilégios nas antigas metrópoles se encontravam diretamente imbricados com a sua recusa na colónia. O que persiste em tempos de globalização desigual, como o revelam as políticas europeias em relação às migrações, em que esses seres destituídos do direito a ter direitos, insistem em acreditar no sonho europeu.

Dito de outro modo, e situando-nos perto do quotidiano português e do tema deste volume, é preciso considerar os conflitos que estas várias memórias pessoais e coletivas têm de gerar, não os recusando, mas antes deles fazendo um lugar menos de negociação – expressão por demais associada ao modelo mercantilista e neoliberal –, do que de confronto entre vários modos de usar o passado no presente, não evitando invocar feridas que dividem mais do que unem, para assim se imaginar um futuro menos inclusivo ou tolerante do que um espaço em que o litígio permita o emergir de formas inéditas de se pensar esses usos que os liberte da institucionalização cinzenta e lhes devolva a dimensão do político. Na sua imprevisibilidade e na sua capacidade de inaugurar formas de reivindicar direitos por parte daqueles que não têm direito a tê-los.

Talvez aí comece o longo percurso, sempre a recomeçar, de uma efetiva descolonização de antigos colonizados e colonizadores, da Europa e das suas nações, unidos não só pela violência do passado colonial[12] e da pós-independência, mas também pelas formas antagónicas de os recordar ou recalcar, memórias contraditórias que apenas o desentendimento[13] pode questionar, no litígio constante sobre os usos, que unem e dividem – partilha e partição –, que delas se podem fazer. Sem árbitros superiores que determinem o seu resultado, nem complacência por parte das muitas partes envolvidas nesse litígio. Só assim se poderá reconhecer o risco da zona cinzenta, permitindo que as linhas de demarcação surjam num confronto doloroso com traumas que há menos que curar do que reviver a fim de, pelo menos, tentar evitar a sua repetição.

Nunca a tarefa pareceu tão urgente e atual em tempos aparentes de normalização – leia-se de neutralização – do passado colonial e das violências várias a ele ligadas. E da política em geral.

Página seguinte:

[155] *Re-Descoberta*. Foto de Kiluanji Kia Henda, 2007. Cortesia do Artista.

[11] Primo Levi, *The Drowned and Saved…*, p. 55.

[12] Aimé Césaire, *Discurso sobre…*; Frantz Fanon, *Les Damnés…*

[13] Jacques Rancière, *La Mésentente* (Paris: Galilée, 1995).

Referências

Anderson, Benedict, *Imagined Communities: Reflections on the Origin and Spread of Nationalism*, 2.ª edição revista e aumentada (Londres: Verso, 1991).

Agamben, Giorgio, *Remnants of Auschwitz: The Witness and the Archive*, tradução de Daniel Heller-Roazen (Zone Books: Nova Iorque, 1999).

Arendt, Hannah, *The Origins of Totalitarianism*, nova edição com prefácios (Nova Iorque: Harcourt Brace Jovanovich, 1973).

Césaire, Aimé, *Discurso sobre o Colonialismo*, tradução de Noémia de Sousa com prefácio de Mário Pinto de Andrade (Lisboa: Presença, 1978 [1950]).

Fanon, Frantz, *Les Damnés de la Terre* (Paris, La Découverte, 2002 [1961]).

Kapuscinski, Ryszard, *Mais um Dia de Vida. Angola 1975*, prefácio de Pedro Rosa Mendes; tradução de Ana Saldanha (Lisboa: Edições Tinta da China, 2013 [1976]).

Levi, Primo, *The Drowned and the Saved*, tradução de Raymond Rosenthal (Nova Iorque: Random House, 1989).

Rancière, Jacques, *La Mésentente* (Paris: Galilée, 1995).

Lista de contribuidores

ANDREA WITCOMB

É Professora de Património Cultural e Museologia na Deakin University, Melbourne, Austrália. A sua investigação incide sobre o potencial dos museus e sítios históricos para encontros interculturais. O seu trabalho centra-se, assim, nas relações entre museus e comunidades e na interpretação de histórias difíceis, conduzindo-a não apenas ao estudo das políticas de representação, mas a um desejo de entender quais as estratégias de curadoria que melhor permitem questionar as narrativas bem estabelecidas sobre o passado e as identidades coletivas. Neste contexto, tem especial interesse nos usos de multimédia e no papel do design de exposições. O seu trabalho é enformado pela recente viragem sensorial, bem como por um interesse pelas teorias de memória. Entre os seus livros destacam-se: *Reimagining the Museum: Beyond the Mausoleum* (Routledge 2003); *South Pacific Museums: An Experiment in Culture* (with Chris Healy) (Monash Epress 2006; 2012); *From the Barracks to the Burrup: The National Trust in Western Australia* (with Kate Gregory) (UNSW Press, 2010); e, com Kylie Message, *Museum Theory*, parte do *Handbooks of Museum Studies Series* editado por Sharon Macdonald e Helen Rees-Leahy (Wiley Blackwell, 2015).

ÂNGELA FERREIRA

Nasceu em 1958 em Maputo, Moçambique. Cresceu na África do Sul e obteve o seu mestrado pela Michaelis School of Fine Art, University of Cape Town, e o doutoramento pela Universidade de Lisboa. Vive e trabalha em Lisboa e ensina Belas Artes na Universidade de Lisboa. O seu trabalho centra-se no impacto contínuo do colonialismo e pós-colonialismo na sociedade contemporânea, numa investigação que é conduzida através da pesquisa em profundidade e da destilação de ideias em formas concisas e ressonantes. Representou Portugal na 52.ª Bienal de Veneza em 2007, continuando as suas investigações sobre as formas pelas quais o modernismo europeu se adaptou, ou não se conseguiu adaptar, às realidades do continente africano, traçando a história da «Maison Tropicale», de Jean Prouvé. Entre alguns dos seus trabalhos recentes mais significativos contam-se: *For Mozambique*, 2008; *Cape Sonnets*, 2010-12; *Collapsing Structures/Talking Buildings*, 2012; *Political Cameras*, 2012; *Stone Free*,

2012; *Mount Mabu*, 2013; *Entrer Dans la Mine*, 2013; *Independence Cha Cha*, 2014; *SAAL Brigades*, 2014; *Revolutionary Traces*, 2014; e *A Tendency To Forget*, 2015.

ANTÓNIO TOMÁS

Doutorou-se em Antropologia pela Columbia University, em Nova Iorque. É autor de uma biografia do nacionalista africano Amílcar Cabral com o título *O Fazedor de Utopias: Uma biografia de Amílcar Cabral* (Lisboa, Praia; Tinta da China, Spleen; 2007; 2008). Ensinou no Makerere Institute of Social Research, em Kampala, Uganda, e foi bolseiro Ray Pahl no African Centre for Cities, na University of Cape Town, na África do Sul. É coordenador do mestrado em Estudos Urbanos, no African Centre for Cities, da Universidade de Cape Town, na África do Sul.

BRUNO GÓIS

Bruno Góis é investigador e ativista político, mestre em Relações Internacionais pelo ISCSP (2012), doutorando em Antropologia e bolseiro de investigação no Instituto de Ciências Sociais da Universidade de Lisboa no projeto *O Império Colonial Português e a Cultura Popular Urbana: Visões Comparativas da Metrópole e das Colónias (1945-1974)*, coordenado por Nuno Domingos. Foi membro da comissão científica da exposição *Retornar – Traços de Memória*. Atualmente desenvolve o projeto de tese «Classes e vida colonial em Angola 1945-75: história e memória de migrantes coloniais realojados em Portugal por conta do IARN», sob orientação de Elsa Peralta. É descendente de colonos madeirenses que se estabeleceram na Chibia, Sul de Angola, no final do século XIX.

BRUNO SIMÕES CASTANHEIRA

Nasceu em Lisboa, Portugal, em 1979. Trabalha e publica como fotojornalista *freelance* desde 2003. Entre os seus trabalhos destacam-se os projetos *Grécia, onde a crise económica criou uma catástrofe social* (2012), *A Troika foi embora, mas a austeridade ficou* (2014) e *The Unwanted: Refuge interdict in Anti-Europe* (2015), realizado na ilha de Lesbos e no campo de refugiados de Idomeni, na Grécia. Foi o autor dos retratos testemunhais da exposição *Retornar – Traços de Memória* (2015).

CHRISTOPH KALTER

Historiador alemão, é atualmente Wissenschaftlicher Mitarbeiter (Assistant Professor) no Center for Global History, na Universidade Livre de Berlim. A sua investigação centra-se nos efeitos da descolonização nas metrópoles europeias, sobretudo na França e em Portugal. Após um primeiro livro sobre a dupla emergência de uma nova esquerda radical e do conceito do Terceiro Mundo na França entre os anos 1950 e 1970, obra publicada pela Cambridge University Press em 2016, encontra-se a preparar uma monografia sobre os chamados retornados que tem como título preliminar *Postcolonial People: Migration and Decolonization in Portugal, c. 1974-2014*.

CLÁUDIA CASTELO

Nasceu em Lisboa, em 1970. É doutora em Ciências Sociais – Sociologia Histórica (2005) pelo Instituto de Ciências Sociais, Universidade de Lisboa. Desde 2014, é investigadora FCT no Centro Interuniversitário de História das Ciências e da Tecnologia, Faculdade de Ciências, Universidade de Lisboa. Os seus atuais interesses de investigação centram-se na história do imperialismo e do colonialismo e nos cruzamentos entre ciência e império (séculos XIX-XX). As suas publicações abordam nomeadamente o lusotropicalismo e a ideologia colonial portuguesa, a migração colonial para Angola e Moçambique, as interações entre ciência, ideologia e desenvolvimento no colonialismo português tardio.

DULCE MARIA CARDOSO

Nasceu em Trás-os-Montes, em 1964, e publicou em 2001 o seu romance de estreia, *Campo de Sangue*, Grande Prémio Acontece, escrito na sequência de uma bolsa de criação literária do Ministério da Cultura. Desde então publicou os romances *Os Meus Sentimentos* (2005), Prémio da União Europeia para a Literatura, e *O Chão dos Pardais* (2009), Prémio Pen Club. Uma antologia de contos, *Até Nós*, foi editada em 2008. Em 2011, pela Tinta da China, publicou o seu livro mais conhecido, *O Retorno*, que recebeu o Prémio Especial da Crítica Literária 2011 (Ler|Booktailors) e o Prémio Livro do Ano («Público», «Expresso», «Ler»). A sua obra encontra-se traduzida em várias línguas, está publicada em duas dezenas de países e é estudada em diversas universidades. Em 2012, recebeu do estado francês a condecoração de Cavaleira da Ordem das Artes e Letras.

EDUARDO LOURENÇO

Nasceu em São Pedro de Rio Seco (Almeida) a 23 de maio de 1923. Formado em Ciências Histórico-Filosóficas pela Universidade de Coimbra, foi professor nessa mesma universidade entre 1947 e 1953. A partir de 1954 lecionou em várias universidades estrangeiras, como a da Baía, no Brasil, e nas universidades de Hamburgo, Heidelberg, Montepellier, Grenoble e Nice, nesta última até à jubilação. A sua abordagem crítica da realidade, inicialmente inspirada pelo neorrealismo, aproximou-se depois do existencialismo, embora sem se condicionar a estas influências. Em complementaridade com o seu trabalho de crítica literária, o ensaísmo de Eduardo Lourenço é marcado por uma interrogação sobre o destino português, e nela sobre o seu colonialismo, sobretudo em obras como *Labirinto da Saudade: Psicanálise Mítica do Destino Português* (1978), *Portugal como Destino seguido de Mitologia da Saudade* (1999) e, mais recentemente, *Do Colonialismo como Nosso Impensado* (2014).

ELSA PERALTA

É doutorada em Antropologia e investigadora do Centro de Estudos Comparatistas da Faculdade de Letras da Universidade de Lisboa, onde coordena a linha de investigação *Legados do Império e do Colonialismo em Perspetiva Comparada* e o projeto *Narrativas de Perda, Guerra e Trauma: Memória Cultural e o Fim do Império Português*. O seu trabalho baseia-se em perspetivas cruzadas da antropologia, dos estudos de memória e dos estudos pós-coloniais e centra-se na intersecção entre os modos privados e públicos de recordação de eventos passados, nomeadamente dos passados coloniais. É autora de vários trabalhos académicos sobre os seus temas de pesquisa e foi Curadora e Coordenadora Científica da Exposição *Retornar – Traços de Memória*, produzida pela EGEAC.

FILIPA LOWNDES VICENTE
Investigadora no Instituto de Ciências Sociais da Universidade de Lisboa, doutorou-se na Universidade de Londres, em 2000, com uma tese que deu origem ao livro *Viagens e Exposições: D. Pedro V na Europa do Século XIX* (2003). É autora de *Outros Orientalismos: a Índia entre Florença e Bombaim, 1860-1900*, publicado em Portugal (2009), na Índia e em Itália (2012), e *Arte Sem História: Mulheres e Cultura Artística, Séculos XVI-XX* (2012). Em 2014, editou na Edições 70, *O Império da Visão: Fotografia no Contexto Colonial Português (1860-1960)*, resultado de um projeto de investigação que coordenou. Mais recentemente, publicou o catálogo da exposição que comissariou, no Porto, sobre a pintora oitocentista Aurélia de Sousa e o livro *Entre Dois Impérios. Viajantes Britânicos em Goa (1800-1940)*. Foi Professora Visitante no King's College da Universidade de Londres, em 2015, e na Brown University, RI, EUA, em 2016.

ISABELA FIGUEIREDO
Nasceu em Lourenço Marques, Moçambique, hoje Maputo, em 1963. Após a independência de Moçambique, em 1975, rumou a Portugal, incorporando o contingente de retornados. Foi jornalista no *Diário de Notícias* e é professora de Português. Estudou Línguas e Literaturas Lusófonas, Sociologia das Religiões e Questões de Género. Publicou os seus primeiros textos no extinto suplemento DN Jovem, do *Diário de Notícias*, em 1983. É autora de *Conto É Como Quem Diz* (Odivelas: Europress, 1988), novela que recebeu o primeiro prémio da Mostra Portuguesa de Artes e Ideias, em 1988, e de *Caderno de Memórias Coloniais*, cuja primeira edição, pela Angelus Novus, data de 2009. Escreve regularmente no blogue *Novo Mundo*. Desenvolve *workshops* de escrita criativa e participa em seminários e conferências sobre as suas principais áreas de interesse: estratégias de poder, de exclusão/inclusão, colonialismo dos territórios, géneros, corpo, culturas e espécies.

JOANA GOMES CARDOSO
Preside ao Conselho de Administração da EGEAC, empresa municipal de cultura de Lisboa, desde janeiro 2015. Foi doutoranda do programa de doutoramento em Antropologia do Instituto de Ciências Sociais da Universidade de Lisboa, tem um Mestrado em Culturas e Desenvolvimento da Universidade Católica de Lovaina e uma licenciatura em Relações Internacionais. Entre 1998-2005 foi jornalista e correspondente em Nova Iorque, Nova Deli e Bruxelas. Foi também

Vice-Presidente da Secção Portuguesa da Amnistia Internacional e diretora de comunicação do escritório europeu da ONG em Bruxelas. Dirigiu o Gabinete de Planeamento, Estratégia, Avaliação e Relações Internacionais do Ministério da Cultura entre 2010-2012.

JOANA OLIVEIRA
Nasceu em Coimbra, em 1979. Fez a sua formação académica em Antropologia na Universidade de Coimbra e na Universidade de Lisboa. Atualmente é doutoranda em Antropologia no Instituto de Ciências Sociais da Universidade de Lisboa com o tema «A Vida e a Morte: As Histórias das Fotografias no Contexto Português Pós-Colonial», sob orientação de Elsa Peralta. Foi cocuradora da exposição *Retornar – Traços de Memória*.

JOSÉ ADELINO MALTEZ
Natural de Coimbra (1951). Professor catedrático da Universidade de Lisboa (Instituto Superior de Ciências Sociais e Políticas), desde o século passado. Formado em direito por Coimbra. Doutorado em ciências sociais e políticas, na especialidade de Ciência Política (Universidade Técnica de Lisboa). Iniciou a sua carreira docente na Faculdade de Direito de Lisboa, transitando, há mais de um quarto de século, para o ISCSP. Foi docente nas universidades de Díli, Brasília e Estrasburgo e conferencista-convidado em Luanda e Bissau. Publicou *Do Império por Cumprir*, na qualidade de decano da velha Escola Colonial, comemorando o 110.° aniversário da instituição.

MANUEL SANTOS MAIA
Nasceu em Nampula, Moçambique, em 1970. Vive e trabalha no Porto. Expõe regularmente desde 1999. Contemplando diversas práticas artísticas, como a instalação, a fotografia, a pintura, o cinema, o vídeo, a performance, o teatro e o som, tem apresentado o seu trabalho artístico em diferentes países como Inglaterra, França, Estados Unidos da América, Brasil, Bélgica, Espanha, Noruega, Macau e Argélia e em diversas cidades e localidades nacionais como Porto, Lisboa, Coimbra, Lagos, Oeiras, Guimarães, Braga, Tomar, Cascais, Bragança, entre outras.

MANUELA RIBEIRO SANCHES
Professora aposentada da Faculdade de Letras da Universidade de Lisboa. O seu interesse por literatura de viagens levou-a a alargar a sua área de investigação ao campo da História da Antropologia, em articulação com os Estudos Culturais, a partir de uma perspetiva pós-colonial. Tem dedicado a sua atividade de docência e investigação a estudar os efeitos e repercussões, até ao presente, dos processos de (des)colonização a nível cultural e político e, mais recentemente, dos movimentos anticoloniais, nas suas vertentes nacionalista e inter/transnacional. As suas áreas de interesse e investigação incluem ainda o cinema africano e questões ligadas às migrações e racismos na Europa numa perspetiva comparada.

MARIA JOSÉ LOBO ANTUNES
É investigadora integrada do CRIA – Centro em Rede de Investigação em Antropologia. Doutorada em Antropologia pela Universidade Nova de Lisboa, é autora de *Regressos quase Perfeitos. Memórias da Guerra em Angola* (Lisboa: Tinta da China, 2015).

NÉLIO CONCEIÇÃO
É doutorado em Filosofia (Estética) pela Faculdade de Ciências Sociais e Humanas da Universidade Nova de Lisboa, com uma tese que explora as relações entre o pensamento filosófico e a fotografia. É membro integrado do IFILNOVA – Instituto de Filosofia da Nova, onde realiza atualmente um projeto de pós-doutoramento subordinado ao tema das ramificações filosóficas e artísticas do pensamento de Walter Benjamin. Não concorda com o Acordo Ortográfico da Língua Portuguesa de 1990.

NUNO DIAS
É doutorado em Ciências Sociais pelo Instituto de Ciências Sociais da Universidade de Lisboa e investigador do Dinâmia'CET-IUL. É professor convidado do Departamento de Sociologia da Faculdade de Ciências Sociais e Humanas da Universidade Nova de Lisboa. Tem pesquisado a questão racial em contextos coloniais e as relações entre etnicidade, classe e género. Publicou recentemente *Remigração e Etnicidade. Trânsito Colonial entre a África de Leste e a Europa*.

NUNO DOMINGOS
É investigador auxiliar no Instituto de Ciências Sociais da Universidade de Lisboa. Doutorado em antropologia social pela School of Oriental and African Studies. Publicou *Futebol e Colonialismo, Corpo e Cultura Popular em Moçambique.* (Lisboa: ICS, 2012) e, com Elsa Peralta, *Cidade e Império. Dinâmicas Coloniais e Reconfigurações Pós-coloniais* (Lisboa: Edições 70, 2012).

PEDRO AIRES OLIVEIRA
É docente no departamento de História da FCSH-NOVA e, desde 2016, diretor do Instituto de História Contemporânea. As suas temáticas de investigação principais são a história das relações externas portuguesas e as dimensões internacionais do colonialismo português. Entre as suas publicações mais recentes contam-se a *História da Expansão e do Império Português* (Esfera dos Livros, 2014), em coautoria com J. P. Oliveira e Costa e J. Damião Rodrigues, e *O Adeus ao Império. 40 Anos de Descolonização Portuguesa* (Nova Vega, 2015), coeditado com F. Rosas e M. Machaqueiro.

RYSZARD KAPUŚCIŃSKI
Nasceu em 1932, na Polónia. É unanimemente considerado o grande autor da reportagem literária e o seu trabalho foi por vezes apelidado de «jornalismo mágico». Colaborou com vários órgãos de comunicação, mas distinguiu-se enquanto correspondente da agência noticiosa polaca, a PAP. Ao longo de dez

anos, cobriu 50 países. Kapuscinski viveu 27 revoluções e golpes de estado, foi preso cerca de 40 vezes e sobreviveu a quatro sentenças de morte. Assistiu, por exemplo, ao golpe de estado no Chile e à revolução no Irão. Os seus trabalhos mais conhecidos datam dos anos que passou em África, nas décadas de 60 e 70, onde assistiu em primeira mão ao fim dos impérios coloniais europeus. Nunca fez uma única pergunta em conferências de imprensa. É autor de dezenas de livros, de reportagem e ficção, e também de livros de fotografia. Em Portugal estão traduzidos *Ébano*, *O Imperador*, *Andanças com Heródoto*, *O Outro*, *Os Cínicos Não Servem para Este Ofício* e, pela Tinta da China, *Mais Um Dia de Vida – Angola 1975*. Ryszard Kapuscinski morreu em 2007.